中国の伝統思想

島田 虔次

みすず書房

目次

I

中　国　5
明代文化の庶民性　50
文運栄える乾・嘉　69
士大夫思想の多様性　87

II

中国の伝統思想　109
王　艮　132
良知説の展開　136
明清の思想界　139
明代思想研究の現段階　155

陽明学と考証学 170
序（小野和子『明季党社考』） 177
序（福本雅一『明末清初』） 186

Ⅲ

大学・中庸 解説 195
王陽明集 解説 213
注釈ということ 257
『大学』の解釈 260
安田二郎『中国近世思想研究』解説 262
狩野直喜『春秋研究』解説 277

Ⅳ

黄宗羲と朱舜水 301
朱子と三浦梅園 305
武内博士の学恩 309

似つかぬ弟子　313
無　題　317
私の内藤湖南　322
宮崎史学の系譜論　329
あとがき（川勝義雄『中国人の歴史意識』）　338
跋（森紀子訳『中国近世の宗教倫理と商人精神』）　345
跋（山本和人訳『論語は問いかける』）　353

V

自　述　361
解　説（小野和子）　425
出典一覧　439
索　引　i

中国の伝統思想

I

中　国

誤解　「それ人は万物の霊とて、天地間に生まるるもの、人より尊きものはなし。殊に我国は神州と号して、世界のうちあらゆる国々、我国に勝れたる風儀なし」。明治元年京都府が府下人民に与えた「告諭大意」の書き出しであるが、中村光夫『現代日本文学史』第一章「明治初期」第二節「啓蒙思想」はそれを引用して次のごとく論じている。「この一節の文章に見られる奇妙な思想の混合は、明治人の心理を象徴しています。人は「万物の霊」であり天地間にあるもので「人より尊きはなし」というのは西洋の近代思想の反映であり、明治新政の原則であった「四民平等」の精神と表裏をなしています。この近代ヒューマニズムの主張が、一方において封建制度を打破する力として働きながら、他方「神州」の信仰と何の矛盾もなく結びつき……」。日本の代表的知識人の言葉として、これはまことに奇怪千万といわねばならない。なぜなら、江戸時代の、否、明治中期ごろまでの書生たちにおいては常識中の常識であったごとく、「人は万物の霊」というのは儒教の古典のうちでも最もポピュラーな『書経』泰誓篇の言葉、そして「天地の生むところ唯だ人を尊しとなす」は、そのすぐ下に割りつけられた注釈の言葉にほかならぬからである。

さらにいま一つ例をあげるならば、井出孫六の小説『太陽の葬送』の中に、乃木将軍の殉死に対して「儒教的な、あまりに儒教的なその死」と批判的な感懐を述べたくだりがある。しかしながら、多少とも儒教というものに知識をもつ人であれば、この感懐もまた不思議以外の何物でもあるまい。乃木将軍の死は武士道の精華とこそいうべきであろうが、どう考えても儒教的ということはできないように思われる。君父に対するいかに深い哀痛であろうとも、それを礼によって抑制して「性を滅せしめない」のこそ儒教の教えであった。汨羅《べきら》に身を投じた忠臣屈原《くつげん》の自殺がしばしば遺憾とせられるのは、すなわちそれである。儒教が要求するのは何よりもまず思慮、そして思慮によって中庸を守ること、である。直情径行は戎狄の美学にすぎない。「士は己を知るもののために死す」とは俠者のことにすぎない（俠と儒とは対極概念）。事実、歴史をふりかえってみても、社稷《しゃしょく》（国家）に殉じた臣というものはいくらでも思い出せるが、君主に殉じた臣というものを思い出すのはむつかしい。

日本と中国　中国について何かをいうことは、やさしいようで実は大変むつかしい。それは何よりもまず、中国と日本との関係の地理的歴史的な密接さに起因する。日本はおそらく、歴史の最初から中国文化の不断の波をかぶってきたと思われる。もちろん多くの場合、朝鮮半島の民族と国家が中間で媒介したということはあるが、やがては直接の接触が主流となる。大局的に見て日本が、中国文明の圏内に、ただしその最周辺部に、あったことは疑いない。漢字、儒教、律令（国家体制、政治制度）、仏教、の四者を指標として中国を中心とする東アジア世界というものを構想することもできるし（西嶋定生）、指標としてはさらに稲作（南中国）、ある時期から木綿布を着用すること、食事に箸を用いること、等々を取ることもできよう。ただし、少なくとも明治維新以前まで、中国から日本への影響はまったくの一方交通であって、日本から中国への影響は、扇子のごとき例はあるにしても、ゼロに等しかったといってよい。日本のかな文字のごとき、もし中国に対して何らかの示唆を与えていたならば、大きな貢献として特筆されたであろうが、そのようなことはまるでなかった。

ただ注意すべきことは、日本は中国に対して、海を隔てて辺境に位置していたので、陸つづきの地域にくらべてその独自性（たとえばその主情性）をはるかに有利に保持することができたということである。中国は政治的には諸外国を朝貢国として扱ってきたが、日本は然るがごとく然らざるがごとき態度、しばしば明確に独立の態度、をよく維持してきた。さらにまた日本は明治以後、西欧文明を進んで受け入れたという事実がある。それには、日本にはすこぶる有利な（心理的に有利な）事情があった。つまり、日本はつねに外国を師としてやってきた、これまでは中国文明を師としてきたが、今日それはもはや最高のものではない、今日、西欧文明を摂取するに何らためらう理由はない云々。西欧文明に対していわば無駄な抵抗を重ね、そのためにさまざまな苦しみを嘗めざるをえなかった中国、われわれはその頑迷固陋さを笑うが、しかし借物の文明をまるで衣がえするように乗りかえるのと、自己のいわば血肉そのものを入れかえる痛みを経験せざるをえない場合と、この二つを同一に見なすことはできないと思う。

要するに明治に至って歴史上初めて中国→日本という流れが逆転して、日本→中国という流れが生まれた。その最も顕著なものは言葉であって、政治、思想、学術、あらゆる方面に日本製の新漢語がはんらんし、今日ではもはや完全に定着して誰ひとりその由来を意識しないまでになっている。日本より逆輸入されたこれらの漢語をぬきにしては、今日いかなる文章をも成すことはできないであろう。もとはといえば日本人が欧米の文物を摂取しようとして苦心して作り出したものであるが、さらにまたそのもとはといえば、中国から輸入した漢字というものの存在と、儒教の書物などによってあらかじめ理論的抽象的思考の能力が養成されていたこととのおかげである。かくて、歴史上初めて本格的な日本研究書『日本国志』（黄遵憲著）が出現し、明治維新にならおうとする政治改革運動が起こった。留学生は日本に殺到した。その数は一九〇五、〇六年のピーク時に八、〇〇〇名といわれている。数千年来の王朝体制にとどめを刺した辛亥革命は日本留学生が行った事業といってよく、その策源地は東京であった。かくて日本人の先進国意識は抜きがたいものとなり、中国への軽侮は夏目漱石をして、少しは受けた恩義のことを考えたがよかろう、といわしめるまでになった。はやくも一八八五年、福沢諭吉は「脱亜論」を書いていた。日本はすでにアジアの固陋を脱して西洋の文明に移ったのに、不幸なることに固陋な儒教主義の国（支那、朝鮮）と隣りあわせている、日本として、とても「隣国の開明を待ちてともにアジアを起こすの猶予あるべからず」、隣国だからといって特別の考慮は不要である、アジア東方の悪友を謝絶することこそ急務であり、「まさに西洋人がこれに接するの風に従って処すべきのみ」と。

では西洋人はアジアに対してどのように接したか。一つには文明の師として、だが同時に、あたかも一枚の紙の表裏のごとく、二つには帝国主義者、侵略者として。日本は第二の風に従うことにはなはだ果敢であった。もちろん、ヨーロッパ帝国主義への抵抗、そのためのアジア連帯の意識もたしかに一部に生まれた。そしてその意識にとって、本来連帯の中核たるべき中国の現状は、何ともじれったいかぎりであった。いわゆる「右翼」の源流の一つに、このようなアジア主義の意識があったことは否定すべきではない。やがて大勢は、侵略に抵抗するための侵略、という大義名分に滔々として流れてゆく。だが中国の生れ変わりに協力し、中国を真に強くすることによって連帯を実現しようとした宮崎滔天のような人も、やはりいたのである。

要するに中国は日本にとって、愛憎二面的な対象である。少なくとも、明治以後はそうである。しかしいかに思い上がった傲慢さの底にも、欧米へのとは異質の身近さの感情は消失しなかった。「中国と日本の関係はギリシアと西欧文化の関係に等しい。日本人は中国へ観光客としてよりも巡礼として行く」（エドガー・スノー）。ある程度の教育をうけた日本人で孔子や孟子の金言のいくつか、李白や杜甫の詩の一句や二句を記憶にとどめていないものは少ないであろう。われわれは単なる風景、習俗、物産の珍しさを喜ぶよりも、孔孟、諸葛孔明、李杜韓白（李白・杜甫・韓愈・白居易）の国であることに感動する面が、たしかにある。さらにいま一つ無視できないのは、敗戦までの日中関係の特殊さの結果として、中国への往来にはビザを必要とせず、多くの日本人が自由に彼我を往来し、住みつき、商業その他を営んでおり、そのうえまた日中戦争で多くの庶民日本兵が肌身で親しく中国を体験した、という事実がある。そのことが侵略への荷担にすぎなかったといえばまさにその通りであるが、しかし、とにもかくにも肌身で中国を体験した日本人が飛躍的に増大したことは、中国への民衆レベルでの親近感という点で、無視することはできないであろう。

現代中国を見る尺度　今日では、さらに、社会主義中国（中華人民共和国）の出現という新しい事態がある。それはとくに、その革命成功にいたるまでのほとんど叙事詩的ともいうべき前史によって、イデオロギーを超えた感動を全世界にまきおこした。中国は今度は、日本の知識人、いわんや左翼知識人にとって、一転して金ピカの存在となる。侮蔑は一転して熱狂的な崇拝となり、それは当然反発を生みつつ、ほとんど一時代の「世相」とまでなった。やがてそれも文化大革命とその失敗によって、幻滅をもってサイクルを閉じるが、そしてその時期は社会主義国一般の信用失墜の時期と重なったが、ともかくこの社会主義中国の出現は日本の中国観に複雑な要素をつけ加えたのである。いわんや毛沢東時代の完全な終焉、現代化政策のなりふりかまわぬ開始は、イギリスの経済学者ジョーン・ロビンソンの有名な定義、「共産主義とは工業化におくれをとった民族が一挙にそれに追いつこうとするときにとる国家形態」を、否応なしに想起せしめるほどである。

かくて、新中国と旧中国の連続、非連続の問題は、われわれのこれから慎重に検討すべき課題である。もちろん革命である以上、単なる連続であるはずはない。事実、金ピカ時代、日本における論調には、中国は完全に過去から絶縁したという語気のものが多かった。しかし今日ではむしろ連続面に注目するものが多いようである。中国自身においても「文明の民族的風格」とか「中国的社会主義」というものが、さかんに強調されている。つまり、われわれの中国の理解——それはもちろん現代中国の理解ということに帰着する——の前には、①日本人であるがゆえの困難、に加えて、また②伝統的中国文明対西欧文明（五・四運動時期の標語によれば、デモクラシーとサイエンス）、という図式以上に、もっとも具体的には、③次のような課題が存在することを知る。つまりⓐ数千年にわたってまったく独自に形成せられた中国固有の伝統文明、ⓑマルクシズム、社会主義の国家体制、ⓒ国家体制のいかんを問わず今日の最大問題ともいうべき工業化、科学文明、少なくともこの三つの座標軸を用意してかからねばならないということである。最小限この三つの視点をかみあわせることなしには、例えば、今日の外国資本の大胆な導入や農業における野放図ともいえる生産請負制奨励などから誰もが容易に抱くであろうところの疑問、中国は社会主義をすてて資本主義に移るのではないかという疑問、などに有効な示唆を与えることは到底できないのではないかと思われるが、率直にいって筆者にはその力量はない。以下にはただ、これらの座標軸のことを頭におきながら、ただ一つ、伝統的中国の諸相を概観して、読者への参考としようと思うのである。

地大物博もしくは広土衆民　これは中国を論ずるものが誰でもまず第一に取りあげる点で、国土の広大、物産の豊富、住民の多さ、改めて説明の必要はない。今日の人民共和国の領土は、清朝のそれが原型となっており、それから外モンゴル（および台湾?）を引き去ったものといってよい。他に香港、澳門《マカオ》の問題。清朝では、①本部（内地ともいう）、②藩部（内蒙古、外蒙古、回部すなわち西北のイスラム教徒地域、青海、チベット）、③満州（清朝発祥の地なのでとくに直轄地とした）の三部建てで統治した。そのうち外蒙古はロシア革命の波及によって一九二四年にモンゴル人民共和国として独立している。満州つまり今日いう「東北」も中華民国時代、日本の傀儡政権「満州帝国」が一時独立を称していたことがあるが、これは日本の敗戦によって消滅した。中華民国は台湾で独自に政権を立てているが、要するに政権の問題であって、大陸側も台湾側も台湾が中国の一部分、つまり台湾省にすぎないことは明言している。広さはソ連、カナダに次いで世界第三位、全ヨーロッパとほぼ等しく、アメリカより大きい。日本の約二六倍。満州、つまり「東北」(遼寧、吉林、黒竜江の三省)のみで日本の三倍の広さ、四川省一省のみで日本全体より広い(四川省は人口もほぼ一億)。

いうまでもなく中国は農民の国であり、このような国土の広さは大きな強みのように思われがちであるが、実際には耕地として利用されているのは全領土の一〇パーセント程度にすぎないのである。その広い土地は、冬季マイナス五二度を記録したこともあるほどの黒竜江省より純然たる熱帯の海南島――ただし、最も暑いのは海南島ではなく新疆ウイグル自治区のトゥルファン盆地で、日中の最高気温が四七度を記録したという――、さらに高地帯では標高四〇〇〇メートル、年平均気温がマイナス六度、空気すら希薄なチベットを含む。山岳、砂漠、湖沼、単調な海岸、ありとあらゆる地形をそなえている。とくに注目すべきは、古来、ひとたび洪水を起こすとほとんど想像を絶する災害を引き起こす黄河や長江(揚子江)をその腹部にかかえていることである。筆者は一九三五年黄河の大水害(山東、それが波及して江蘇、その被災者五〇〇万人、救済を要するもの二〇〇万人、飢餓に瀕するもの二七万人)の際の被災農民の流浪の実態――ひっきりなしの貨物列車での輸送、山東省済南市での収容、を親しく見たことがある。政府の救済金、世界各国よりの義捐金《ぎえん》などは役人にピンはねされて末端に来ると雀の涙にも当たらないとのうわさであった。そのせいかどうか、城内各戸に割当てられた被災民は夕方うす暗くなると、厳重な禁止にもかかわらず、三三五五大通りにあふれ出、通行人に立ちふさがって物乞いをする。実に不気味な光景であった。曲りなりにも近代化した国民党政府のもとで、また必ずしも未曾有とはいえない規模の水災においてさえ、かくのごとく、歴史上、水災、蝗害、飢饉に際してややもすると数万、数十万という流民集団が発生し、一部はいわゆる流賊となって各地を襲撃、転戦してまわったのが実感的に納得できた。人民共和国の政府が、ともかく人民を食わせることに成功した、としばしば特筆される背景には、このような現実があったことを知るべきである。

歴史の南進　中国の領土は、というよりいわゆる中国文明の地は、最初から今日の広さをもっていたわけではない。黄河の下流地域、今の山西、河南、河北、山東の接触地帯のあたりにまず文明が開け（殷王朝）、ついで陝西省の西安の近くに周の民族が興り、東進して殷を倒し、いわゆる中原の文明を築いた。その文明の継承者たる秦・漢王朝は政治的、名目的にはベトナムにも達する範囲の支配者となったけれども、しかし南方地域がどれほど開発されていたかは疑問である。南方とは、①せまくは長江下流、江の南北にまたがっての一帯、とくに江蘇、浙江などの江南地域、②ひろくは長江以南の南中国全般を指す。漢（前漢・後漢）につづいて三国時代、次いで南北朝時代という大分裂時代（魏晋南北朝時代）、それが統一されて隋・唐の大帝国の時代を迎えるが、この時期に江南の開発は相当に進み、さらに五代十国という五〇年ほどの短期の分裂時代をへて宋（北宋・南宋）に入って福建、広東の地域まで本格的な開発と漢化が進んだこと、文化と経済の中心が江南に移ってゆきつつあったこと、はよく知られている。やがて元の時代をへて明・清時代に入ると、南方優越の形勢は決定的となる。科挙における進士合格者の数、学者芸術家の数、税負担の額、すべて江蘇、浙江を頂点とする南方が圧倒的である。モンゴル民族の征服王朝たる元朝が南人に対して過酷であったことが、かえって南方士大夫《したいふ》の文化を発展させ精彩を与えることとなったという（内藤湖南）。中国文明の歴史は、南進の歴史といってよい。南船北馬、南人は軽薄、北人は素朴、南方は地主小作関係が多く、北方は自作農が多い、南方の士大夫は晩年は仏教にふけり、北方の士大夫は道教にふける、など南北を対比したいい方は無数にある。辛亥革命、人民革命の革命家がほとんど南方（とくに浙江、湖南、広東の三省）出身であったことはよく知られている。

人口、民族　中国の人口の膨大なことも、近代にはじまったことではない。堅実な計算で漢代に人口六、〇〇〇万、宋代に一億五、〇〇〇万弱、清末に四億と計算されている。唐の玄宗皇帝（七一二即位）の時代に長安の人口一〇〇万、宋・元時代杭州の人口一五〇万。清の乾隆帝のとき、一七九三年（乾隆五八）、イギリスの使節マカートニーに随行したアンダーソンの旅行記を見ても最も印象的なのは、彼がいたるところ人間の多さに驚いていることである。山間の村落地帯を通過する際でも、人間の多さということを特筆している。当時のイギリス（あるいはヨーロッパ）はよほど人口が少なかったのであろう。今日、人口は一〇億八〇〇万（一九八二）、日本の人口の一〇倍。ただ注意すべきは、そのうち漢族人口は九三・三パーセント、非漢族いわゆる少数民族（その数は五六）は六・七パーセント、しかるにその居住地は、少数民族のそれが全中国面積の五〇〜六〇パーセントにわたっていることである。われわれは中国といえば、漢族の居住地と考えやすいが、中国人の九〇パーセント以上が漢族であるという点ではそのとおりであるが、居住地域については、いわゆる中国の半ば近い地帯は主として非漢族の居住する地域（もちろん漢族も混住する）であることを知っておく必要がある。行政区画は台湾省をふくむ二二省三直轄市、五自治区（ほかに香港、澳門《マカオ》）に分かつ。自治区（○○民族自治区）とはこれらの少数民族のとくに濃密な居住地帯を自治区として、行政上にも特別な地域としているのであり、その風習、言語、文化（なかには独特の文字を有する民族もある）の保護には、考慮が払われているが、同時に共通語としての漢語（中国語）の普及にも力が注がれている。教育の普及、情報伝達の利便、生活の向上……おそらく歴史始まって以来初めて、中国人（漢族プラス少数民族）が中国「国民」としての自覚にめざめる事態が名実ともに出現する日はそれほど遠いことではあるまい。一〇億の「国民」！　それは世界史上空前の出来事といわねばならない。

中華意識　地大物博の物博の面、つまり物産の豊かさについては、今は省略するとして、ここで一つ取り上げておきたいのは、中国文明が地理的に他の文明世界と隔絶して存在し、発展してきたという事実である。もちろん唐や元が世界国家であること、明代以降「西北」や雲南という辺境地帯にトルコ系その他のイスラム教徒の民族やイスラムを奉ずる漢族が独特な地域文化を造り上げていたことは周知のところである。いわんやインドや中央アジアからの仏教の伝来、普及、中国化のごとき、やがて天台、華厳の雄大で細緻な哲学をもつ宗教を生み、ついには禅宗という世界にまったく類例のない宗教を生んだ。それを前の諸子百家、後の宋学（朱子学・陽明学）につないで考えるとき、中国は通説に反して、世界有数の哲学国であったのではないかとさえ思われる。通説に反してといったのは、ヨーロッパ哲学の規準に合わないものを低次の哲学と考え、中国は要するに詩文の国であって哲学的思索に長じなかったとする傾向が根強くあるからである。生活様式の面でいっても、漢民族はもともと日本人と同じ座り方であったのが、五代・宋以降になると椅子が一般化し腰かけ式の生活が普及した。それは胡人の影響であるという。——しかし大局的に見て中国の地理的位置は、他文明の世界とは隔絶する方向に作用したことは、疑うことはできないであろう。それにまた、中国に近接する地域には、それと肩を並べるような文明は存在しなかった。このことがいわゆる中華意識、というより、他民族・他文化への無関心、を助長した大きな原因であったと思われる。中国におけるヨーロッパ研究の現況については知らないが、少なくとも日本研究、日本学は、吉川幸次郎がしばしば嘆いたように欧米にくらべてはるかに劣っている。そもそも日本のことなど、まともに研究するに値するなどとは思ってもみなかったのではないかとさえ疑われる。すでにあげた『日本国志』以後、戴季陶《たいきとう》『日本論』（一九二八）以外にどれほどの研究があるだろうか。このような中華意識が近代ヨーロッパ文明、ヨーロッパ帝国主義との接触以降、中国をして事々に失策を重ねしめた大きな原因の一つであったことも疑うべからざる事実である。しかし、同時にまた中国の中華意識というものが、ある時期までは決して単なる空威張りでなかったことも知っておく必要があろう。たとえば科学でいっても、中国が遂に「近代科学」を生み出さなかったのは周知の事実であるが、しかもまた「一六世紀以前の中国は、はるかにヨーロッパを凌駕する科学文明を築きあげていたのである」（藪内清）。

歴史の古さ　これも周知の特徴である。中国は一七、一八世紀ヨーロッパにおいても歴史の国として広く知られ、ヘーゲルのごときも、中国が世界で最も古い歴史記録をもつ国、また歴史家の輩出した国として特筆している。ただ、歴史の古さということには、いろいろな意味がある。①文字通りに中国史の始まりの年代的古さということ。もっとも単なる古さだけの問題ならエジプトやメソポタミアの古代王国もそうであるが、中国の大きな特徴は、②その歴史が、つまりその文明が、終始同じ漢民族によって、同じ中国の大地の上に、中断することなく、しかもつねに高水準に、維持し続けられたことである。このことは、ヨーロッパ人も一様に驚嘆の念をもって言及するところであって、世界史における奇跡と称せられる。すなわち今日のヨーロッパ文明の源流がギリシアとヘブライであることは誰もが知っているけれども、ヨーロッパ文明はギリシアの、またはヘブライの土地・民族において、展開され開花したわけではない。そのことを考えると、中国文明が同一地域・同一民族において「殆んどが彼ら自らの創作になる諸文化」を不断に維持発展しつづけてきたことは、驚異的事実といわねばならない。③古文献の豊富さ、とくに史書の豊富さにおいて、中国は世界に冠たるものがある。ある研究によると、一七五〇年までに中国で出版された書物の総数は、その年までに世界中で中国語以外で印刷された書物の総数を上回っていたといわれるが、そのうちで最も数量的に多いのは歴史書であった。

文献によると、漢民族の最初の天子、五帝の筆頭たる黄帝の即位は前二六七四年というから、今日まででほぼ四七〇〇年になる。もっとも、黄帝以前に神農、さらにその前に伏羲《ふつぎ》がいたが、伏羲の即位は前三三〇八年にあたる（もちろん書物によって数値はいろいろであるが今は董作賓《とうさくひん》による）。そうすると今日まで五〇〇〇年を超えることになる。もちろん伏羲、黄帝以後、堯帝、舜帝、禹王（夏王朝の創始者）、湯王（殷王朝の創始者）、文王・武王（ともに周王朝の創始者）などの諸帝王および周公（周王朝の諸制度、いわゆる礼の大成者）などの聖人が出現して、中国文明の伝統を築き上げたとされる。堯・舜から周公までの七人の天子（周公は天子ではないが天子に準じて扱う）と天子の位にはつかなかったがこれらの先王の道を大成し後世に伝えたところの孔子、とを合わせた八人が代表的聖人である。これらの聖天子の年代もすべて歴史書に与えられているけれども、もちろんそれが今日より見れば神話的、伝説的年代に過ぎないことはいうまでもない。中国史上学問的に確実な年代の最初のものは前八四一年（いわゆる共和元年）とされているが、しかしそれ以前でも、ほぼ確実な年代としては、周の武王が殷の紂《ちゅう》王を討って周王朝を開いた前一〇二七年あるいは前一〇六六年もしくは前一一一一年、さらに一王朝まえ、湯王が夏王朝の桀《けつ》王を攻め滅ぼして殷王朝を開いた前一五二三年などがあり、もちろん研究の進展により多少動くことはあるとしてもそれほど大幅な動きはないであろう。ただ、殷のさらに一代前の夏王朝については、今日まだ確実な遺跡が発見されていないので、『史記』などの記載がはたして史実であるか否か問題が存するが、要するに、おおよそ紀元前一〇世紀以後、文献の記載がほぼ史実を反映している時代に入っているといってよく、前八四一年以降一年の間断もなく編年されているのであって、このことは世界において全く類を見ない事実といわなければならない。日本の歴史と（たぶんギリシアの歴史とも）大きくちがうのは「神代《かみよ》」というものを設定しないことである。歴史はどこまでさかのぼっても人間の歴史である。たとえ伏羲が蛇身人面であったとしてもそれを神代とする意識は存しない。

ヨーロッパへの衝撃　中国の歴史の古さが大きな衝撃を与えたのはキリスト教世界に対してであり、それはあるアメリカ学者のいうように「ほとんど解決できない問題をつきつけた」のである。なぜかというと、聖書の教えるところによれば、人類は神の怒りにふれていったん大洪水で絶滅させられ、ただノアとその三人の子供のみが箱舟のおかげで助かったのであり、現在の人類はすべてノアの子孫にほかならないのである。しかるに、黄帝にしろ、さらに古く伏羲にしろ、大洪水（前二三三三年の出来事という）よりはるか以前の人物であり、しかもその人民はただの一度として絶滅に遭遇することなく連綿として生存し続けていることは、中国の史書が明確に記録している。そのうえ、かの大洪水のことが中国の史書に全然言及されていないというのも不思議な話であって、もしかするとかの大洪水は、ただユダヤ人の間におけるのみの局地的なものにしか過ぎなかったのではないか。いずれにしても、聖書の記述を疑わざるを得ないことになったのは、当時のヨーロッパにおいてはゆゆしき大事件であった。このことと、今ひとつ、中国の聖人天子が宗教の助けを借りず、ただ理性のみに立脚して理想的政治を行ったと認識されたこと（孔子の教えはその哲学化である）とは、ボルテールその他の啓蒙学者が盛んに賛美して、カトリックを支柱とするアンシャン・レジームの権威を動揺させることに少なからぬ貢献をしたのである。もっとも、ルソーのみは中国にきびしかった。韃靼《だったん》人（満州族を指す）の桎梏《しっこく》から国を守ることができなかったとすれば、シナに栄えた学問や哲学というものにいったい何の意味があったのか、と。

る。**政治機構——封建と郡県**　中国の文明はしばしばローマのそれにくらべられ、政治的文明と称せられる。たしかに両者は、多くの少数民族をも含む非常な広域、いわゆる「天下」が、中央政府より派遣する官吏によって統一的に統治せられた点で似ている。しかし中国の場合は周囲に先行する高度の文明をもたず、いわば独力で、すこぶる整備した政治機構を作りあげたのである。夏王朝、殷王朝は別として、周王朝以後の中国史は、秦王朝を境に明確に、封建・郡県の二つの時代に区分される。周の初期に全盛で春秋時期まで維持された封建制度の時代、これはとにもかくにも礼と徳が支配したとされる時代。それが徳の対立物たる「力」主義によって陥った「戦国」の分裂抗争という過渡期（春秋戦国時代）を秦の始皇帝が再び統一（前二二一）して以後の郡県の時代、これは法律と官僚の支配した中央集権の時代。秦以後、清朝の滅亡（一九一一）まで二〇〇〇年、郡県の制度というものはもはや動かすべからざる情勢となったが、しかも国家の教学としては道徳と礼楽を原則とする儒教が採られたので、聖人たる周公の定めたところであり、儒教経典の記載するところである封建の世は後々まで政治の理想としての魅力を失わず、封建に帰れ、とか、郡県制の中に封建の意を寓せしめよ、とかの声は事あるごとに繰り返された。徳川時代の漢学者の中には、郡県制下の中国よりも日本の方が優越している、なぜなら封建制だから、と主張したものもあった。なお、混乱を避けるためにことわっておきたい。現代中国歴史学の通用語として、中国の伝統的な歴史学でいう郡県制の時代を封建制の時代としているのは、まるであべこべの用語法であるが、これは上部構造たる政治体制によってでなく土台たる生産関係によって時代区分（原始共産制時代→奴隷制時代（古代）→封建制時代（中世）→資本主義時代（近代）→共産主義時代）を行うべきだとするマルクス主義理論によっているからである。つまり「封建」はfeudalismの訳語として用いられているのであって、この理論によれば、早い説では秦（前二四六―前二〇七）以前から、おそい説（日本のマルクス主義史学の一派）では宋代（九六〇建国）から（両説の差一〇〇〇年!）、アヘン戦争（一八四〇）までを封建時代（中世）とし、アヘン戦争以後を半封建・半植民地という特殊中国的近代とする。したがって政治体制としては中央集権的官僚体制という常識ではまるで正反対の体制が封建的と呼ばれることになり、ひいてはジャーナリズム用語としても旧時代的、アンシャン・レジーム的なものがすべて封建的と呼ばれるようになっているのである。

中央政府　郡県制下の中国の政府の形態はさまざまに変遷したけれども、唐・宋をへてほぼ明・清において完成した形としては、中央には六部（現代日本風にいえば六つの省）すなわち吏部、戸部、礼部、兵部、刑部、工部がキャビネットを構成し、地方は府・州・県によって行政を行う。州と県は大差ないので、あわせて県として数えるとその数は明代で一四〇〇ほど、現代で二一〇〇ほど。県の広さは大ざっぱにいって日本の郡くらい。府は県をいくつか合わせた単なる行政事務上の単位で、兵庫県のとなりが大阪府というようなものではない。あるのは県だけで、それをいくつかずつくくった単位が府である。別に、中央政府に対しては給事中、地方に対しては御史、という監察機構が置かれている。官（後述の「吏」に対していう）は、府・州・県の最末端の官にいたるまで、すべて中央より定期的に派遣される（任期は三年）。もちろん六部の上に、統括者としての宰相があるはずであるが、明の太祖がそれを廃止してしまって以来、明・清を通じて宰相は置かれなかった。君主独裁体制の完成とはすなわちこのことであって、中央・地方のすべての政務の指示、決裁は天子の一身に集まり、天子はおそるべき繁忙に追いこまれる。「世界でいちばん忙しい天子」（宮崎市定）が出現する。なぜなら、中国は徹底した文書行政の国であって、政務はすべて中央・地方の官僚より上奏文という形で直接天子に提案され、天子のそれへの決裁（回答）という形で発令され実施にうつされるからである。つまり、天子の性癖や怠慢が、政務にただちに反映することとなる。もちろん実際には天子の周辺にはおのずから顧問が生まれてくる。天子の学問上の助言者、もしくは秘書官として設けられた大学士が政治の相談にもあずかるようになり、これが「内閣」を形成し、少なくて二、三名、多くても六、七名程度の大学士の合議によって事実上最高決定がなされるようになる（わが国でいう内閣は六部、中国の内閣は複数の総理大臣グループのこと）。具体的にいえば、天子の決裁の下書きをひとつひとつの上奏文に貼付して天子に差し出す、天子はそれを自筆で写して書きこめばよいのである。つまり中央政府は内閣・六部というのが根幹の体制であるが、しかし清朝になると軍機密保持の便宜上、天子の側近にさらに軍機処（参謀本部）が設けられ、これがいつしか恒常的な政務機構となって、内閣の取り扱うべき政務を軍機処が扱うようになり、内閣は有名無実のごとくなったが、旧中国の特徴として、いったん存在しはじめた内閣を廃止してしまうことはしない。このような、誰が考えても任務や権限が重複し、実質的に無用に帰した官庁を廃止しようとせず、いつまでも存しておくのは、例えば二〇〇〇年前、漢代の九寺という行政最高官庁（法務庁たる大理寺、対属国外務庁たる鴻臚《こうろ》寺など）が六部その他と重複するにもかかわらず、重複したままで、ごく一部分でも職務を分け与えて、歴代綿々として存続せしめられたごとき、今日の常識からは到底理解できない。その繁雑さには中国史の専門家でも音をあげてしまう。「官は士を養うために設けられた」もの、といういい方がしばしば見られるが、政治を儒教でいう「礼楽」として考える考え方がその底に働いているのである。

地方行政　地方の場合は、さすがにもう少し解りやすくなっているが、不思議なことに、府以上を統括する官、つまり省の長官、というものは正式には置かれたことがない。もしその統括者が、つまり各省の長官が必要な場合は、臨時に巡撫あるいは総督という職名で中央から派遣される。それが地方長官として常設化してしまった清朝においても形式上はあくまで臨時派遣で、その下には何ひとつ部局は置かれない。私設秘書官（幕友）の一群がいるのみである。注目すべきは、すべてあるランク以上の官の間には、本質的に上下統属の関係が存しないことである。例えば中央の内閣・六部の間、また地方の督撫・布政使の間、地方と中央の間にも上下統属の関係は存在しない。六部は内閣とは独立に天子に意見具申（上奏）をし、命令をうけ、督撫は内閣・六部と独立にそうし、布政使もそうし、六部の長官と次官との間でもそうである。このことは、責任回避を事とする風を生み、重要案件が発生した場合には、非常に困難な問題を惹起するであろう。

監察制度　今ひとつ旧中国の政治機構の特徴として、監察機関が非常な威勢をもったということがある。つまり御史（および給事中）の制度であって、清朝の末には、御史の制度こそ中国政治の最大の癌とすらいわれるようになった。それは、御史は単なる風聞にもとづいて弾劾してもとがめられないという特権をもち、その官吏弾劾権というものが新しい、積極的なもののチェックを事とする傾向があり、またしばしば党派主義や報復の道具となったからである。梁啓超は「中国の政治は役人に善いことをさせようとはしないで、悪いことをさせないことにばかり気を配っている」と評した。「一利を興すは一害を除くに如かず」（耶律楚材）の精神である。しかし監察の重要性は中国人の政治感覚にしみついているので、中華民国の「五権憲法」にも立法・司法・行政の万国共通の三権のほかに、監察権というものが特に加えられ、考試権（科挙試験を想起せよ）とともに政治の五つの基本条項（五権）の内に数えられていた。

官僚——エピソード　要するに、問題は官僚である。郡県制中国は、とくに君主独裁政治の中国は、官僚の世界である。県の最下級の官まで、中央から派遣される。もし現代中国における旧中国との連続・非連続を論ずるなら、官僚制、官僚主義こそ連続の最も顕著な例であろう。ところでこの官僚は、同時に非連続的な面ももっているのであって、それはすなわち、旧中国の官僚が科挙試験を通過した士大夫＝読書人よりなっていたという点である。ここに一つのきわめて特徴的なエピソード、『紅楼夢』と並ぶ清朝の代表的小説『儒林外史』第八回に見えるエピソード、を紹介しておきたい。江西省南昌府の知府（府知事）蘧《きょ》氏が辞職引退し、後任の王氏が赴任してきたので前知府の息子の蘧公子が応接するが、王氏がしきりに利権の所在、裁判の運用（賄賂の収入源）のコツといったことばかり聞き出そうとするのがうるさくてたまらない。そこで次のような話をする。「父がこの南昌府を治めていたときは、父の役所では、詩を吟ずる声、碁を打つ音、曲をうたう声、この三種の音声がすると評判でしたが、このたび先生の御着任で、それが次のような三種の音声に変わるのではないかと思われます」。新知府の王氏、「どのような音に変わります」。「秤《はかり》の音、算盤の音、鞭の音」。王氏は皮肉られたとも気づかないで、顔色を正して答えるには、「われわれ朝廷のために執務する者は、お互いにこのように真面目にやらなくてはならないと存じます」。秤の音とは税金（当時の中国の銀貨はコインというよりは銀塊である）をはかる音であり、算盤の音とは財務一般、鞭の音というのは裁判（刑罰）にはげむことである。今日の常識では、よき地方官とはおそらく後者でこそあろう。詩作にふけり、碁を打ち、曲をうたう（義太夫をうなる）というのは、官庁としてあるまじき風景でなければならぬ。しかし、ここでは何のためらいもなく前者の方が称賛されているのである。

もちろん実際の政務がこういう文雅な読書人主義によって実効的に行われるはずはない。官僚のもとにはそのポケットマネーによっていわゆる幕友が招聘せられて実際の行政を分担し、さらにその下には読書人でもなく官でもない窓口実務者としての胥吏《しょり》というものが大量に存在する。官吏という語があるように吏＝官という用法ももちろんあるが、法制上の概念としては、吏と官とははっきりと別物である。胥吏は事実上無給にひとしいから直接人民からとりたてる手数料（これはいくらでも手かげんできる）で生活する。人民を直接相手にすることの少ない中央政府においても、官僚の新任・転任事務を扱う吏部の胥吏などは莫大な収入がある。官僚の俸給（俸禄）はほとんど滑稽というほかないまでに薄給である。いうまでもなく、官僚の懐にはいかに清廉潔白な官僚といえども、慣習的に黙認され、前提せられている役得というものが莫大に入るしかけになっている。役得といっても、われわれが想像するようなものとはけたがちがう。宮崎市定があげている例を借りると清朝の雍正年間、河南省巡撫の年俸は銀一五〇両、勤務地手当が年に銀三万両（本俸の二〇〇倍）、だが実際の収入は銀二〇万両であったという。単純に計算して一七万両ほどが役得なのである。まさにM・ウェーバーのいう家産官僚制の典型的なものといってよい。——要するに官僚はここでは学識と、学識が必然的にともなうところの道義、とによって権威をもち人民を教化指導する者であり、実務は二の次なのである。徳川時代の武士もある意味で官僚といってよいと思うが、その場合武士が徹頭徹尾実務家であったのと対照的である。もちろん「人民のサーバント」のイメージなどまったくない。今日中国政治の問題たる官僚主義を伝統の面から見るとき、このような点が目につくのである。

士大夫（読書人）と科挙　官僚はその実体において士大夫であり、士大夫とは読書人、つまり儒教経典の教養の保持者としての知識人である。ふつう士大夫とは読書人・官僚・地主の三位一体というい方があり、それぞれ literati, mandarin, gentry の語が当てられることがある。事実、官僚はほとんど例外なく地主（相当な規模な地主）であったが、それはしかし必須の条件ではない。あえて図式化していえば、読書人が官僚となり、官僚となることによって地主となるのである。「君子は多く前言往行を識《し》って徳を蓄える」（『易経』）。学問が徳を生む。徳こそ政治の原理である。科挙はこういう前提に立って、ただ儒教経典（ただしその解釈学は朱子学に限る）に対する知識とそれの応用としての作文・作詩の能力、書法（わが国でいう書道）の程度を見るのである。行政のための専門的知識を見ようとするのではない。そのようなことは必要に応じて幕友をやとって、まかせておけばよい。科挙受験のためには長期の勉強が必要であり、それにはもちろん相当な財力のあることが望ましいに相違ない。従来この点が過度に強調されてきたが、しかし実際はごく普通の家庭（都市の小商人、農村の小地主、自作農など）の子弟からの合格者もけっして珍しくはなかった。「倪煥之の父は両替屋の手代で、のち番頭まで出世したが、生活はむろん余裕などあろうはずはなく、どうやら雨露をしのいでいた。もうこれ以上望みはない、せめて息子だけでも出世させたい。その頃（清朝末期）はまだ科挙という制度のある時代で、科挙に受かって素《す》寒貧《かんぴん》から一足とびに出世した例が都会地ではいくらもあった。そこで父親は煥之が四、五歳になると、書のうまい、評判のいい私塾の先生を彼につけた。帳付け用の読み書きだけで終らせたくなかったのである」（葉紹鈞著・竹内好訳『小学教師』第二章）。この主人公は一九〇五年科挙が廃止になったので、結局、革新気運に乗って新しく出現した中学校に行くことになる。

読書人とは、①最広義ではもちろん官民を問わず知識人一般を指すが、②そのうち民間の読書人はほとんどが科挙受験志望者で、多くはすでに妻帯し何らかの収入の道を講じつつ、つまり社会人として生活しつつ、経書の暗誦、作文・作詩の修練にはげむ。そして根気よく生員の試験を受ける。一生涯受験生というのも珍しくない。この試験は三年間に二回挙行される。③生員。府学、州学、県学の学生で、俗に秀才という。生員にパスしたならば科挙の第一関門を通過したわけである。学校の学生とはいうものの、学校は授業や学業をするわけではない。学籍簿の保管、年何回かの試験、ときたま教官の訓話、の場所にすぎない。生員はすでに完成した正真正銘の読書人である。官僚に準ずる身分であることが法的に保証され、みだりに逮捕されず、税制上の優遇その他の特権を受ける。④挙人・

進士。生員はさらに試験によって挙人、ついには進士にまで進む。生員は任官することはできないが、進士は当然、また挙人ももし任官を望めば、実際に官僚になれる。つまり、②は民、③は準官、④は官の身分に入るわけである。いま便宜上、科挙の第一関門を通過したもの以上、すなわち生員、挙人、進士(③と④)の全体を士大夫と考えるならば、挙人、進士への関門ははなはだ狭いから生員はどんどん増加する一方で、生涯を生員のままで終わる者が多く(いわゆる落第秀才)、社会においてこの狭義の士大夫の九割方は生員である。もちろん彼らは税制上の特典を受けているが、挙人、進士とちがい官僚となることはできず、したがって順当な致富の道(任官→役得→致富→地主)をもたない。学校よりの給費はあるが生活はきわめて苦しいのがむしろ普通で、塾の経営、住込みの家庭教師、内々で商店の書記、ときには胥吏にまで身をおとすものすらあったらしい。士大夫といえばすぐ経済的社会的な名士、特権を悪らつに利用して官吏と結託し人民を苦しめる土豪劣紳、を連想する。事実またそのような人物はけっして少なくなかった。そもそも彼らが税制上の特権を有していたということ自体、それだけ人民の負担に転嫁されたということであった(旧中国の税制は一県定額制)。地方人民の害虫として郷紳(すぐあとに述べる)、生員、胥吏の三者をあげるのは定論であったといってよい。なかでも生員への糾弾はきびしかった。今日の研究は、しかし、生員が概して貧困であったことを明らかにしている。

これまでのような、一筆抹消的論法では、中国における知識人の意味を見失うことになりはしないであろうか。ベトナムのある歴史家は、旧ベトナムにおける人民と密接に接触する読書士大夫たちと官僚士大夫たちについて、ピープルの儒教とマンダリンの儒教とを区別し、反フランス闘争などにおけるピープルの儒教の役割を強調したが、この区別は中国においても有用なのではないかと思われる。明代の民変（悪役人などへの人民の反抗的騒擾《そうじょう》事件）などの先頭に立ったのは多くは生員であった。民変は実は士変だ、という声のあったゆえんである。従来そのような現象を、いずれに腹に一物ある行動、と知らず知らず官僚－郷紳の立場から、皮肉な眼でながめるのが例であったのは、反省すべきではあるまいか。

郷紳　挙人、進士は官僚となる。ただし、彼らはあくまで郷里に本宅をおいて税制上その他の特権を享有し、着々土地をふやして大地主となり、質屋その他に出資したりして富をふやす。退官後も特権が保証されて地方に大きな権勢をふるう。その特権、権勢の源泉は当人が官僚であったという事実であるから、その在官時代の辞令は大切な身分証明書であり、犯罪を犯した場合は官に没収される。知県・知府（知事）の最初の「政務」は彼らを表敬訪問することである。地方政治の実際は彼らの世論によってきまるとさえいわれる。これがいわゆる郷紳で、そのあくどい連中が土豪劣紳である。土豪劣紳は別として、普通の場合彼らは特権的地主としても慣習的に許容せられた範囲で行動し、慣習的に期待せられた義務を果たす。清朝初期の有名な学者・詩人の朱彝尊《しゅいそん》の乳母は朱氏が四歳のとき朱家を去って結婚したが、干ばつ、蝗害で大飢饉がおこり、たまたま夫も死んだので再び朱家に身を寄せた。ところが朱氏の家は、曾祖父には明朝の内閣大学士を出したほどの代々読書人の名家でありながら、しばしば食事にも事欠くほどの状態であったので、彼女はやがて流涕して辞去した。それから一〇年の間に五回嫁入りしたが、夫はいつも貧乏人であった。彼女はいつも嘆いた。「十郎坊ちゃん（朱氏のこと）が早く金持ちになって下さらないかしら。そうすればもうこれ以上、こんな年寄りが嫁にゆかなくてもすむのに」。郷紳には一族のみならず縁故者一同の熱い期待があつまる。それに答えるのは彼らのまず第一の義務であった。さらにその社会的地位に伴う義務として郷紳は、協議して恒常的もしくは臨時的な慈善事業、橋梁や堤防の修理・改築、争乱時における郷土防衛などの企画や遂行を指導・担当しなければならない。官は税金徴収と裁判など以外、例えば日本の諸藩のごとく殖産をすすめ指導するなどのことはほとんどなく、人民を完全に放っておいたので、「官は民と疎、士は民と近し、民の官を信ずるは士を信ずるにしかず」で、人民は郷紳の指導のもとに「自治」体制をとらざるをえなかったのである。旧中国がしばしば国家と社会の二重体制と呼ばれるのはこの点を指している。

同じく士と呼ばれても、日本の徳川時代の武士が城下に集中的に居住せしめられ、上から下まで完全な俸禄生活者で、いったん俸禄を離れるとその日の生活にさえ窮する状態であったが、しかし自国（自藩）を富強にするために職務に精励した、のとは大きな相違である。またこのように郷党に本拠をかまえていることが、「君臣は義合」、「義が合しなければ去る」という儒教の原則と見あうものであったことも指摘するまでもない。忠誠は命がけのものではない。「君子篤恭《とくきょう》にして天下平らかなり」（『中庸』）。郷党において身を修め家を斉《ととの》え、人民の指導者に任じていることで、天下国家の治平に十分貢献しているのである。ちなみに、一九世紀前半（太平天国の大反乱以前）で生員、挙人、進士つまり狭義の士大夫の総数一一〇万、前述のごとくその九〇パーセント、九八万が生員、挙人・進士は一二万という数字があり、一一〇万の当時の全人口四億に対する比率は〇・二七パーセント、つまり一万人につき二七人、一二万のそれは〇・〇二五パーセント、つまり一〇万人につき二五人、日本の武士が一般人に対して一〇パーセントであったのにくらべて、全くの桁ちがいといわねばならぬ。——なお、おことわりしておきたい。実際には買官によって生員相当、挙人・進士相当の地位や官職を手に入れるものも多く（売官）、また武官志望者のためのあまり尊敬されぬ武科挙による武生員、武挙人、武進士もあった。上の記述や数字はそれらをすべてひっくるめていることに注意されたい。

農民　士大夫に対して庶民はどうか。まず農民。今日中国人口の八〇パーセントは農民である。この率は歴史をさかのぼるほど高いであろう。農本主義の国であるから農民は定めし優遇せられたであろうと思われるかもしれないが、事実はそうでなかった。農は国の本、生業の正道である、ゆえに税金も農民から取るのが正道、商業など論ずるに足らず、という論理で、農民に対する税の方がはるかに重かった。小作人の地主への小作料が収穫のほぼ五〇パーセント、地主・自作農は税を納めるが規定の税率はもっと低く、また安定した率であってそれだけならばそれほど問題はない。農民をくるしめ疲弊せしめたのは、むしろ官僚の恣意的な付加徴収つまり役得であった。窮迫の極、田畑の売り払いは頻繁となる。明・清のころ「千年の田、八百の主（持主）」という諺があったという。中国の農村は、とくに先進地域の南方では零細な土地が目まぐるしく売買されたらしい。地主というのも普通、かかる飛び飛びの零細な土地の買いあつめで、したがって小作人といっても、農奴制の目やすとされる経済外強制というものは多くの場合、あまり顕著でなかった。中世的な一円領主といったおもむきではなく、むしろ近世的な光景である。経済外強制がもしあるとすれば、それは国家に対してであった。このように見てくると、少なくとも明・清時代の小作人は、どう考えてもあまり農奴らしくない。国家に対して農奴とはいえるかも知れないが、普通の意味での、つまり領主・農奴的生産様式の時代が封建時代（中世）といわれる場合の農奴には当たらないと考えたほうが穏当であろう。下部構造の面からいっても、旧中国はどうもマルクス主義史学的な意味での封建制ではないように思われる。

中国の農民において最も注目をひくのは、その爆発力であろう。つまり農民反乱（起義という）の規模の大きさ、はげしさ、頻繁さである。むしろ旗を押したてて百姓一揆、というようなものではない。一王朝を倒すほどの大規模なものとなればまさしく「農民戦争」である。漢末の黄巾の乱、唐末の黄巣の乱、元末の朱元璋ら「群雄」の乱、明末の李自成の乱、清朝中期の白蓮教の乱。太平天国も中国では農民戦争とされている。いずれも王朝の末期に爆発し直接に革命（一王朝を倒し別の王朝をたてること）しないまでも王朝の運命を決定した。朱元璋のごとく、ついに天子の座にのぼり、明王朝をひらいた者もいた（洪武帝）。農民起義→農民戦争は、その直接のきっかけはともかく、ほとんどが自然災害→飢饉を背景におこる。黄巾の乱や白蓮教の乱のごとく農民社会に広がっている秘密結社的宗教が中核となることが多い。明の太祖も明教という秘密宗教のメンバーであった。中国の農村にはこのような「香を焚いて結盟し夜集まりて暁に散ずる」秘密宗教結社が無数に存在していたのである。その教義は「真空家郷、無生父母」というふうに仏教と道教との混合であるが、どちらの教団とも関係はなく、それぞれ独自の教名（聞香教、白陽教、八卦教などなど）を名のるが、それぞれのあいだには何の連絡もない。本来メシア主義的要素をふくむものが多いが、さりとて平時けっして反官憲的ではない。しかし官憲は神経をとがらせ、ことに白蓮教系統のものにはきびしかった。――かくて政府軍を相手に各地を転戦して歩くうちに何万、何十万とふくれあがり、その過程で生員、挙人のような知識分子も加わり、組織、綱領が明確となり、ついには政権奪取が目ざされる。しかし農民軍の意識は結局「天子思想」を抜け出ることができず、結局は王朝の再生産に終わるのであった。中国の歴史を「一治一乱」（孟子）の語で表現することが多いのは、要するにかかる繰りかえし現象を指している。

商人　特権商人、なかでも塩商のこと。その官僚との癒着、文化的貢献、などについては周知のところであるから省略する。ここでとくに指摘したいのは町のごく普通の商人、商店主たちの意外な一面のことである。専制政治下の一般商人といえば長いものには巻かれろの典型のように考えられているが、中国の場合、かならずしもそうでないらしい。それは「罷市《ひし》」（商売をやめる、の意より同盟閉店）という行動である。罷市は近代では例えば五・四運動、五・三〇運動、国民軍の北伐、人民解放軍の進撃の際など、学生や工場労働者のストライキに呼応して決行されたものが記憶に新しいが、実はこの罷市は古くから存在した。少なくとも明代以後は頻繁に存在した。それも民族の危機というほどの大規模な問題でなくとも、例えば地方官憲の理不尽な暴政に反抗して、郷紳の非人道的な横暴を黙視するに忍びないで、あるいは道理ある民変（民衆暴動）への同情ストとして、大都会でも小都会でも、商人はしばしば罷市を決行した。なかには、前任地で悪名さくさくたる県知事が転任してくるというので一斉に罷市し、県城(県庁所在都市)の城門を閉ざして一歩も入れず、ついに追いかえしてしまったという例さえある。もちろんなかには、名知事の離任を惜しんで罷市、などといううさん臭いのもないではないが、いずれにせよこのような一般商人の政治的(?)意思表示行動というものは、徳川時代にはあまり聞いたことがないように思う。罷市についての研究はほとんど見当たらないので詳しくは語りえないが、ともかく、中国の商人といえば、打算一点ばりでただお上の風向き次第というイメージであるのは再検討を要するのではあるまいか。

士大夫文化　中国の文化は、世界においてもきわだった独自性をもっている。例えば、世界の文明国中、ただ中国だけが表意文字の漢字を使用している。その形の複雑さのゆえに人民共和国では簡体字を制定し、ゆくゆくは拼音《ピンイン》化、つまりローマナイズすることを国是としていたが、最近ではその便利第一主義と口頭語のみを言語として文字を言語要素とみとめないヨーロッパ風言語観とが反省され、漢字全廃論は大幅に後退しているらしい。漢字がすべて表意的に用いられているわけでもない今日、中国の急務はむしろかな式文字の創出ではあるまいか。漢字を素材にした独特の芸術であるところの書法(日本でいう書道)のごときは、東アジア以外の人々にはなかなか理解できにくい芸術であろう。西洋人にわりあい理解しやすいのはおそらく絵画であろうが、しかしそれも中国画に独特なジャンルである水墨画、山水画にいたっては(否、彩色画にあっても)、単なる絵画の専門家と見られることを極度に嫌悪し、おおよそ描写そのことを心がけない文人画つまり士大夫画(もちろん、描写主義の絵画がないというのではない）というものはなかなかとっつきの悪いもののように聞いている。「胸中の丘《きゅう》壑《がく》をえがく」とか「気韻生動」とかいう精神は、そう簡単には共感されるものではなかろう。詩というものは世界各国共通に存在するものではあるけれどもヨーロッパの場合、それは詩人という特殊な天分の文学者の仕事であるのに対して、中国では、少なくとも学問をしたほどの人はすべて原則として詩人なのであり、当人に財力さえあれば、作品は詩集として出版される。唐の詩の作者の数は約二〇〇〇人、作品として今日残っているもの四万八〇〇〇、宋では六八〇〇〇人、作品は唐の数倍に達するといわれる。その詩題も単に雄大な風景に接したとか、またとない感動をうたうとかのみでなく、行住坐臥、日常茶飯、すべてが詩の題材となるのである。吉川幸次郎がかつてアイザヤ・バーリン Isaiah Berlin にこのことを語った際、バーリンは、それでは大文学というものは現れにくいのではないかと疑い、吉川は、それは大文学ということの定義如何による、と答えたということである。種々の点で日本の和歌や俳句の場合と似ているが、ただ詩の場合は古典の教養をふまえた典故の使用という大きな条件がある点が異なる。詩と書とは、士大夫の必須のたしなみであり、書法が水準以下であり、詩が人並みに作れて人と応酬できない士大夫というものは、ちょっと考えることができない。今日中国の最高指導者たち、毛沢東、朱徳、陳毅、董必武などがみな自己の詩集をもっているのは、この伝統であろう。文人風気と完全に切れていると思われる周恩来にすら有名な雨中嵐山の詩がある。

儒教が国教ということ　これらすべての背景となっているものは、いうまでもなく儒教である。儒教はしばしば中国の国教といわれるが、しかしキリスト教が欧米諸国の国教的地位を占めており、イスラム教がイスラム諸国の国教であるのとはおもむきが異なる。それは、その教義を絶えず説ききかせる聖職者をもたず、教徒がつねに信仰を確かめるための教会をもたず、礼拝の儀式も、官の主催する孔子廟の釈奠《せきてん》の祭りと児童の入塾の際の叩頭礼くらいのほか、ない。他教徒に対してそれを異端邪教として迫害、殺戮したこともないし、国家に対抗して教会として起ちあがり抗争を試みるということもなかった。そもそも自己の教えを宣《の》べ広めようという伝道の熱情というものをまったく欠いている。儒教的人間とは「学ぶ者」であって「信ずる者」ではない。中国文化は非宗教的文化、中国人は非宗教的、というのは誰がいい出したことかは知らないが、キリスト教やイスラム教、徳川以前の日本仏教などから見たならば、そのような印象を受けることは当然であろう。徹底して儒教主義に立つ科挙試験も、イスラム教徒が受験し、パスし、高官に至る例は、別に希有ではない。ともかく儒教が孔子以来、普通の意味での宗教的色彩というものをほとんど欠いているということは否定すべくもない。天に対する儒教徒の感情には、確かにある意味で宗教的なものが認められるし、いわゆる宗廟の祭り（祖先祭祀）も宗教の一種といえないこともない。しかし宋学はそれを合理化することに力を注いできた。現代中国の代表的哲学者・哲学史家馮友蘭《ふうゆうらん》（北京大学）は宋学の伝統に立つことを明確に表明しつつ、人間の「境界」として自然境界、功利境界、道徳境界、天地境界の四者をあげ、哲学の使命は人間を最高の境界、天地（と合一する）境界、にみちびくことにあるとしているが、それは道徳境界よりも高次なものでありながら、しかも決定的にラショナルであくまで非宗教的なものであると力説している。ヨーロッパでも日本でも哲学の上には宗教という一層があり、哲学の窮極は宗教に通ずるというふうに説かれることが多いが、その点、馮友蘭の説ははなはだ異色というべきであろう。馮友蘭はコロンビア大学留学生の出身であり、欧米思想とキリスト教に対する理解は決して浅くないはずであるが、しかもその書の中でキリスト教をまるで迷信といわんばかりに論じているところがある。

儒教の政治思想　儒教の大きな特色はその政治主義である。それは儒教と並ぶ思潮である道家（老荘）の主張ときわめて明白な対照をなす。道家においては、国家天下を治めることは、人間最高の課題、道のエッセンスをもってすべき事業、ではない。それは要するに道の残余物、道の塵芥的な部分が適用さるべき分野にすぎない。「道の真は以て身を治め、その緒余は以て国家を為《おさ》め、その土苴《どしよ》は以て天下を治める」（荘子）。道家と儒家ではプロセスがいわば逆になっているのである。いかにみごとな詩であっても、国を憂え民を憂えるの情が流露していない作品は、第一流のものとは見なされないであろう。儒教の政治原理は徳である。徳は聖人の経典や先人の事跡、言語を読書して、仁の心を涵養し、礼すなわち正しい習俗を実践するところに養成される。儒教は政治主義であると同時に文化主義である。老荘のごとき反文化を理想とするものではない。儒教はしばしば礼（名教）の教えといわれ、礼は人間の自然を抑圧するもの、礼の外面性、ということがことさらに強調せられてきた。徳と礼とを掲げるところ、あるものは偽善のみといわれた。魯迅のいわゆる「人間を食う名教」である。毛沢東が人民を苦しめる四つの権力として挙げた政権、族権、神権、女性に対しての夫権も、要するに名教の名のもとに人民を圧迫したのである。たしかに礼・名教は郷紳士大夫の護符の役目を果たしたことは否定できない。キリストの言葉がことごとに領主たちに有利であったのと同様である。しかし儒教は一方において仁を説いており、仁が儒教のいわば魂であることは、儒教の発展とともにますます確認されていった。礼は仁の心に裏打ちされていないとき、単なる外面性に堕する。仁の心をやしない礼を正しい意味において実践する。そこに徳が形成せられる。徳を身につけたものが君子であり、君子が修己治人（己れを修め、人を治める）するところに儒教の真の姿がある。その修己治人の全過程を明確に示したものが、『大学』の「修身、斉家、治国、平天下」の四項目（くわしくは格物、致知、誠意、正心、修身、斉家、治国、平天下の八項目）である。その窮極において人間は「天地の化育を賛け、天地と参になる」（『中庸』）、天地と並立して恥ずかしからぬものとなる、という。このように儒教を簡明に体系化したのは何といっても朱子の功績である。孫文は『大学』の四項目を「外国の大政治家さえまだ見透していない最も体系的な政治哲学」と誇っているが、必ずしも単なる自賛ではないと思われる。たしかにそこに見られるのは素朴で安易な連続観であり、道徳と政治との無差別、であろう。しかし、①その全過程中にヨーロッパ風の政治哲学では必ずしも重要視されているらしくない家庭（家族）というものが必須の一環として立てられていること、②国の上に天下を置き、平天下ではじめて全過程が完結すること、③八項目からさらに進んでいえば天地の化育を賛けることが窮極とされていること――ともかく、個人、家族、国家、世界という四項方式で政治を考えようとする試みは、今日やはり吟味に値するのではあるまいか。中国に対してつねにかぶせられる形容句は「偉大なる文明の伝統」ということであるが、しかも一方で儒教について何かプラス面を承認することをほとんど恥とするような風が、今日なお、みとめられる。その偉大さは、儒教の抑圧にもかかわらず、それに抗して発揮された人民の創意に基づく文明であったがゆえに偉大であったのか。政治的プロパガンダとしてならばともかく、多少とも冷静に考えるならば、それはあまりに説得性に欠けるであろう。数千年の伝統をもつ大文明が、ひとえに非条理なものに立脚していたと考えるのは、およそ常識に反する。われわれは今日、文明の原理としてのキリスト教やイスラム教を内面から、いわば「同情」をもって理解しようとする、それが客観的理解への第一歩であるとする。いまや、儒教に対してもそうすべき時期に来ているのではないか。そしてその場合、儒教もまた歴史的展開を経てきていること、したがって、今後展開さるべきものがまだまだ眠っているかも知れないこと、を忘れるべきではない。

家について　中国の家というとすぐ大家族、同一家計下での大共同生活と考えられる傾きがあるが、それはむしろ特殊な場合で、普通は両親、未婚の子供数人、それに祖父母が加わったくらい、が独立家計の家族をなしている。もちろん一村一部落全体が同姓などというのは珍しくないが、それもただ独立の家が集まって村を成しているというのみで、特別に団結力に富むというわけでもなく、何の変哲もないものらしい。ただ、中・上流の場合、旧中国での家族は「一夫一婦多妾」制で妾たちは同じ邸内に住むし、結婚した子供たちが父母や祖父母と同じ屋根の下もしくは同じ郭に住むことが多く、特殊なわずらわしさがある。妾は下流社会から買われることが多いが、決して日蔭者ではない。妻が男児をめぐまれない場合はすすんで妾をすすめるのが美談とされている。ただ妾は正夫人の統制には絶対に服従しなくてはならない。夫人も妾も必ず異姓の人でなくてはならない。ときには正夫人をなかなか娶らず、永らく妾のみの場合もある。有名な大学者で辛亥革命の革命家でもあった章炳麟《しょうへいりん》（太炎）や、日本の陽明学者大塩平八郎（中斎）の場合がそれで、妾とはいうものの事実上、奥さんにほかならないのである。庶出の子も正夫人を生母と同様に尊敬しなくてはならない。科挙その他公式のことでは嫡出庶出を全然問題にしないから、庶出子でも正途（科挙を通過した官僚を正途出身という）によって大官となり名士となった者は数えきれない。子供の教育には、資力があれば家に家庭教師を賓客として寄宿させて行う。一族の貧困家庭の子供はそれに便乗させてもらうことが多い。しからざれば町や村の塾に通わせる。女子には教育を授けないのが原則であり、「才なきことこそ女の徳」という諺があったくらいであるが、実際は士大夫の家の夫人には教養ある婦人が珍しくない。父母の権威は大きく、その叱責に際しては子は相当大きくなってもしばしば地にひざまずき、むちを受ける。相続はもちろん長男が家をつぐ（祖先の祭祀をする義務・権利を継承する）が、財産は嫡出と庶出とを問わず男の兄弟全部に均等に分けられる（祭祀のための特別財産は別）。均分相続は上流・下流を問わずはなはだ厳格に、例外なく実行される。それゆえ、相当の名家でも財力を維持しつづけるのは代々の当主のよほどの努力、才覚が必要である。この制度が中国に資本主義のおこるのをさまたげたという説があるほどである。――もちろん、おじ、おば、いとこ、などの親族というものの存在すること、それが何かと家事に口を出すこと、日本と変りはない。普通、中国の大家族といっているものは、①前述のごとくそれぞれ家計を異にする近親が同居もしくは近接居住する風習を指すものであるらしいが、②しかし同時に指摘すべきは別に宗族というものがあるということである。つまり同一の祖先から分かれた諸家族（なかには相当遠隔地に住むものもいる）の結合組織で、その血縁系統を示す族譜、族約（祭祀の規則、貧困者救済、学資補助、一族に恥辱をもたらした者に対する制裁など）をもち、族長の主催によって定期に祖先祭祀を行い、親睦をはかる。宗族のうち誰かが出世した場合、一族の者から泣きつかれると、万難を排してその面倒を見ることは体面上当然の義務である。筆者はこの②の意味での大家族を過度に重く見ることには反対であるが、ともかく儒教には墨子の兼愛に反対して近きより遠きへという愛の差等性を強調する思想があること、それがネポティズムの根拠となっていることを知っておくべきである。康有為や孫文が「天下を公となす」（『礼記』）を強調したのは大いに意味があったのである。

人民主義の伝統　たとえば、さきにわれわれは士大夫のモットーは「己を修め人を治める」ことであり、官僚には治者の意識のみあって人民のサーバントという意識はなかったといったが、実は、韓愈とつねに併称される唐の柳宗元は早くすでに次のごとくいいきっている。「けだし民の役（民に使役される者）である。民を役する者であるのみではない」。民が租税を出し「吏ヲ傭《もち》イテ平ヲ我ニ司ラシム」、人民の間に不公正が存在しないように官吏を傭《やと》ってその仕事に当たらせているのである。報酬を受けながら仕事を怠る者は、盗みをはたらいているのと同然である。人民が怒り罰しないのは、単に現実の勢力関係によることにすぎない。「勢ハ同ジカラザルモ理ハ同ジキナリ。吾ガ民ヲ如何ンセン」。これが孟子の「民を尊しとなす」（民ヲ尊シトナス、社稷コレニ次グ、君ハ軽シトナス）、の直系であることはいうまでもない。儒教のうちには元来ラジカルな人民主義的伝統があったのである。もちろん孟子にはまた「大人の事あり、小人の事あり、或る者は心を労し或る者は力を労す。心を労する者は人を治め、力を労する者は人に治めらる。人に治められる者は人を養い、人を治める者は人に養わる。これ天下の通義なり」という有名な一節があって、まさしく士大夫存在の根拠づけを行っているのであるが、同時にまた人民のための政治をいたるところに主張し、人民をしいたげる天子は天子ではない、誅殺されても仕方がないという（いわゆる「革命」）。かかる『孟子』が朱子によって四書の一つに指定され、さらに科挙試験が朱子学を指定学説として以来、『孟子』は士大夫の必読書として言々句々暗記するまでに読まれたのである。明の太祖のごとく拒否反応を示した者もありはしたがそれも一時のことで、君主専制体制というものは、まことに大らかなものであった。おそらく偉大な文明、偉大な思想体系には、相反するものを同時に含んでいるようなところがあるのであろう。わが中江兆民は「此の（民権自由の）理や漢土に在りても孟軻、柳宗元はやく之を覰破《しよは》せり、欧米の専有に非ざる也」といい、ルソー、柳宗元を併称しているし、兆民の弟子幸徳秋水ははっきり社会主義者となったのちにも、仏教よりも神道よりも、とりわけ耶蘇教よりも「予は儒教を好む」と明言し、かつ自分を社会主義に導いてくれた書物の第一に『孟子』を挙げている。『孟子』の人民主義は君主をみとめているので真の人民主義ではない、民本主義にすぎないという説があるが、納得できない。奴隷制の上に立つアテナイの体制を人は民主主義とよんでいるではないか。

人民を疎外　儒教における人民主義のことを述べたが、しかし現実にはそれはぜんぜん実現されなかった。儒教政治では人間を、君・臣・民の三層に区分するうち、儒教の主体的実践が要求されるのは君臣の二層のみであって、民は圏外に置かれていた。官僚（もしくは準官僚）であるということが、「国の教え」においても優先したのであり、圧倒的多数を占める人民はただ治められるのみで、人を治めることを説く儒教においては主体ではありえなかった。その最も端的な証拠は年に一度官営でとり行われる孔子のまつり釈奠《せきてん》の礼に参列できるのは生員以上であって、一般人民は参列を許されなかったことである。黄帝が仕立て屋の守護神であり、魯班が大工の守護神であるのと同じ意味で、孔子は士大夫の守護神にすぎないといった人があるが、けっして荒唐の説ではない。清末改革運動のリーダーたる康有為が散砂のごとき中国人民を「国民」につくり変えようとして、そのためには、ヨーロッパ列強におけるキリスト教のごとき宗教が必要であると孔教を提唱したとき、彼が痛憤したのは、儒教がこれまで人民を疎外してきたという事実であった。もちろん儒教の側としては弁解の余地はあった。士大夫と民との間には、けっして日本の武士と百姓町人との間におけるごとき生れによる限界があるわけではなく、志を立てて聖賢の書を読み科挙の試験にパスさえすれば何びとといえども士となり臣となることができるたてまえだからである。しかしながら最も遺憾とせざるをえないのは、儒教国家が経典の教えに反して、一般人民の教育に何ら力を尽くさなかったことである。およそ世界の教えのうち、儒教ほど教育を重視したものはあるまい。キリスト教の人間像が信仰者であったとすれば、儒教のそれは「学者」、学ぶ者であった。周の盛時、「王宮、国都より閭巷《りよこう》に至るまで学校あらざることなく、人生まれて八歳なれば王公以下庶民の子弟に至るまで皆小学に入り、十五歳なれば大学に入る」のが聖人の制度であった。しかるに歴代王朝のしたことといえば、庶民教育のためにはせいぜい義学、社学という公立学校に補助金を出すことくらい、それすら実際にはほとんどなされなかったらしい。

仁の思想の展開　儒教の教理が発展の結果到達したもう一つの成果をあげてみよう。それは仁説である。仁はもともと「人を愛する」ことであったが、やがて宋学では「天地の生生」の徳の人間における発現とされ、「万物一体の仁」が唱えられるにいたった。王守仁（陽明）はいう、井戸に落ちようとする赤ん坊に対する惻隠の情、哀鳴する鳥獣に対する忍びざるの心、草木の枯折に対する憐憫、瓦石の破壊に対する愛惜の情、すべて人間生れつきの「一体の仁」の発現である、瓦石ともともと一体なるものでなくて、どうしてあのような愛惜の情がおこりえようか。もちろん、その本意が人間社会における仁の実現の要求にあったことは疑いないが、しかもまた天地の生生の徳の実現たる仁の徳が、生物はもとより無生物にまで及ぶものと主張せられていることは、十分に今日的な意味を有すると思われるのである。筆者は儒教哲学の人類への貢献の最大なものの一つとして、この「天地万物一体の仁」の思想をあげたいと思う。

徳の反対物――武力・労働・法律　儒教国家としての中国の非常に顕著な特徴は、力もしくは武的なものへの徹底的蔑視である。これはおそらく中国史を貫いて変わることのない特徴であった。政治の原理は力によって圧伏することではなく、徳によって化することである。壮大な理想としては王道主義。もちろん現実には軍隊を動かすことは絶えずあった。隋・唐の高句麗遠征、清朝の回部遠征のごとき、侵略といわれてもしかたのないものである。けれども、軍人は文官に対してはつねに一段低いものとせられ、また「武人は義理を知らず」というのはほぼ定論であった。義理は、すなわち道義、節操のことである。バートランド・ラッセルはいう、「徴兵を免れる為にみずから己の肉体を傷つけた青年を詩人が英雄扱いにしたような例は、他のいかなる国にも見られまい」と。白楽天「新豊の折臂翁」の詩を指して言ったのである。

もっとも、徳の強調、力の蔑視、にはもう一つの面があった。力といえば肉体労働も力である。孟子のいわゆる「心を労する」と「力を労する」との区別、つまり精神労働と肉体労働の区別、において明白なような労働の蔑視も、読書人社会の現実においては、要するに徳の優越の思想に帰着せしめてよいように思われる。かのばかばかしく長く伸ばした指の爪という士大夫独特の風俗は、まさにこのことを誇示していたのである。法律も徳の反対物としていやしめられる――といって悪ければ、やむをえないもの、政治の補助手段として、しぶしぶ承認されるにすぎない。中国の法律は古くから罪刑法定主義の立場をとって恣意を排しており、ことに明律・清律となると非常に詳備したものであった。「はじめのころ中国にやって来た西洋人は、中国の裁判によい印象を抱いていた。中国の法律体系が西洋にくらべて遅れるようになったのは、一八、一九世紀、近代西洋が法律や刑罰の改革を行ってから後のことである」(フェアバンク)。人を治める官僚としては法律の知識は当然要求されるはずであるが、「読書万巻、律を読まず」(蘇軾の詩の一句)というのが、平均的士大夫の心意気であったことは疑いない。そのような実務は、私的な顧問たる幕客にまかせておけばよいことであり、幕客はまた現場で先輩について学んでいったのである。ヨーロッパ中世の大学で、神学部とならんで法学部が早くから設けられていわば看板学部となっていたらしいのとは、大いにちがう。

宗教　儒教が意識的に非宗教的であろうとした教えであることはすでにいったが、しかし、では儒教が最も重視する祖先祭祀は宗教ではないのか。また、国内いたるところの県城に見られた城隍廟《じょうこうびょう》、郷賢祠（郷土の偉人たちをまつる）の類はどうか。鬼神（日本語でいうカミ）は陰陽二気の最高の活動形態（鬼神は二気の良能）といえばたしかに合理的な考え方であるが、「丘（孔子の自称）の禱《いの》るや久し」、儒教の徒はなぜそれに祈るのか。——儒教以外で見ると、もっと明白である。多くの壮麗な仏教の寺院と僧侶、道教の道観と道士、また農民戦争の項でふれた道教仏教混合の民間の無数の秘密結社的宗教（寺というものを持たないで教主や信徒の家にこっそり集まっておつとめをする）、孔子、老子、釈迦をいっしょにまつる三教堂。関帝廟にひざまずいて現世利益を哀求する老若男女、山車《だし》がくり出したり芝居がかかったりして盛大をきわめる廟会《びょうえ》（縁日）。中国社会はむしろ宗教的現象で満ち満ちていたといってよい。儒教主義官僚の厳格な者はしばしば淫祠邪教の整理を断行したが、すぐまた息をふきかえす。キリスト教徒たちは低級な偶像崇拝、迷信と軽蔑するが、中国にはおよそ宗教戦争とか異端迫害、魔女狩りというきちがいじみたものは存在しなかった。多くの問題の存在することはみとめるが、それはむしろ解決を民衆の教育水準の向上にまつべきもののように思われる。そして、中国における宗教の特徴として、仏教では大乗仏教をとり入れ、その哲学的大展開をなしとげたこと（既述）、一方またこれら悟りの宗教と対照的な祈りの宗教、心情の宗教、民衆的宗教として浄土教を生み出したこと、宋以後はほとんど禅と浄土教のみといってよい状態になったこと、しかし一般に僧侶は無学であまり尊敬は受けなかったこと、清末に改革革命運動の志士たちの間に仏学が、心力を強調し衆生救済を説く教えとして、また西洋哲学に対抗しうる組織的な哲学（たとえば唯識）として復興したこと、などを指摘したい。道教研究は戦後急激に開拓されてきた分野で、もちろん道士の専門的修行や儀式などもあるが、むしろ注目したいのは『太上感応篇』などの説く道教的立場よりの倫理説である。徳目など全般に儒教の影響下にあるのは当然であるが、善行悪行を数量化してプラス・マイナスの点数として毎日記録点検して、善にうつることに努めるという功過格の思想は本来道教のものであったという。民衆の内的自己鍛練のための方法として最も重視すべきもので、たとえば商人などをただむき出しの利欲でのみ行動するものと考えるのは早計であろう。そのほか、科学史の方面では、道士の錬丹術のための化学実験がとくに注目され、彼らの発見したのが黒色火薬であったこと、そのプロセス、などが確認されたりしている。

科学　本稿の冒頭に中国的なものに対する誤解の例をあげておいたが、いまひとつ、これは誤解といってしまってよいかどうか一抹の疑いは残るが、有名なジョゼフ・ニーダムが紹介している話がある。J・B・ビュアリ『進歩の観念』（一九二〇年）には、古代ヨーロッパ人には全然知られていなかった火薬、印刷、羅針盤を発明したという理由で「古代人」に対して「近代人」をうまく擁護したルネサンス期のひとたちの議論を評価している個所があるが、これらの発明が実は中国人のものだという脚注すら見当たらない、と。ニーダムはまたいう、「紙、印刷術、羅針盤、火薬がなかったら、どうして西洋における封建制度から資本主義への変化が可能であったろうか」。紙、印刷術、羅針盤、火薬が中国人の四大発明といわれるものであることは、いうまでもない。にもかかわらず、中国では科学が発達しなかったというのが、つい最近までほとんど定説であった。その定説を打破したのは戦後、藪内清、ニーダムの精力的な活動の結果である。かくて、問題は次のごとく立てられるべきであったのである。ヨーロッパに対して一歩もひけをとるものでなかったことが今日しっかり証明されている中国の科学文明は、なぜ近代科学を生み出すことができなかったのか、と。——個々の科学的技術的進歩の成果については省略するとして、今は上の「なぜ」の問題を考えてみたい。普通その原因として、①中国が極東に偏在して匹敵するほどの強国、文明国を周囲にもたず、したがってそれからの摂取ということもなく、中国が伝統の中に眠りこんでしまっていたこと、②儒学一本槍の科挙の試験に人材が殺到したこと、③専制主義のもとでは、天子がヨーロッパ科学の吸収を禁止したとあってはいかんともしがたかったこと、④元の世界帝国のもとで中国科学文明が高潮に達したあとをうけた明代が、学問衰退の時代であったこと、などなど。①②③については異論はない。しかし④については筆者は異なる見解をもっている。それは、明の学問が衰退して空疎だというのは清の考証学の立場からいったことであって、けっして妥当な認定ではないということである。それは考証学者が哲学(代表的には陽明学)や哲学と同時存在的に盛行した実用学を学問でないと非難しているにすぎない。しかし一面またある意味では妥当である。そして、まさに空疎で衰退であったことが、今日の科学史家もみとめている明末における科学書の輩出という事態を招いたのである。明代後期という時代はある現代の学者が、諸子百家の百家争鳴時代の再来、と評したような自由主義の時代であった。通俗歴史書、通俗百科全書、文学鑑賞読本……のような清朝の学者の顔をしかめさせるような書物、李贄《りし》の奔放過激な評論集などがにぎにぎしく出版され、大歓迎をうけていた。現に科学史家も承認しているように、薬物学の李時珍《りじちん》『本草綱目《ほんぞうこうもく》』、生産技術百科全書たる宋応星《そうおうせい》『天工開物《てんこうかいぶつ》』、探検地理学の徐弘《じょこう》祖《そ》『徐霞客遊記《じょかかくゆうき》』、造園学の計成《けいせい》『園冶《えんや》』、軍事学の戚継光《せきけいこう》『紀効新書《きこうしんしょ》』、茅元儀《ぼうげんぎ》『武備志《ぶびし》』のごとき、実際的研究の書もこの時代に続出しているのである。それらはすべて清朝の学者の仕事のような精密な古典研究ではない。清朝にはみることのできないような型の書物である。古典を引用しても、すこぶるあらっぽい。いいかげんなところでちょん切って意味不明にしたりしている。その背景に商工業の発展を考えることも、ヨーロッパ耶蘇会士たちのもちこんだ西欧科学の刺激を考えることもできるであろう。要するに中国科学を衰退せしめたのは、文字の獄に象徴されるような清朝の士大夫弾圧政策に萎縮して、ただひたすら高度に精密にして科学的な古典研究の一路に逃げこんでしまった清朝の学者の責任、彼らの格物致知放棄の責任、であったのである。筆者の中国論は、この指摘をもってしめくくることにしたい。

明代文化の庶民性

王陽明の悩み　それぞれの時代には、その時代を代表する学問がある。明のまえ、宋、元では朱子学、明のあと、清では考証学がそれであったのに対して、明では陽明学である。

王陽明《おうようめい》（一四七二―一五二八年）は本名を守仁《しゅじん》といい、浙江省の余姚《よよう》のひとである。当時の学問は朱子学ひといろであったから、陽明ももちろん、最初は熱心な朱子学者であった。しかし朱子学はどうしても彼を満足させてくれなかった。というのは、朱子学では人間の「心」を「性」と「情」とにきっぱりとわけ（心＝性＋情）、そのうち、理がやどっているのは「性」のみであるとする。いわゆる「性即理」であるが、同時にまた、自己の外にある事事物物の理もあくまで理であるから、それらを、たとえば読書などの方法によって、ひとつひとつ研究把握し、それによって「性」の理をふかめ、充実してゆかねばならぬ、と力説する。格物致知、すなわち、物に格《いた》ることによって知を完成する、というのはこのことであるが、まさにこの点が陽明を悩ましたのであった。天下のあらゆる事物の理をきわめつくす、そんなことが、いったい、可能であろうかという疑問もさることながら、自己の「内」なる理がたえず「外」の理によって補充してもらわねばならぬほど頼りないものにすぎない、ということに我慢がならなかったのである。

ちょうど、中央政府では宦官の劉瑾《りゅうきん》が横暴をきわめていて、それに対する反抗運動がおこりつつあったときである。科挙をパスして北京で下っぱ役人に任官したばかりの陽明は、たちまちこの運動に身を投じ、そして、たちまちまた、貴州省の山のなか、竜場にながしものの憂き目にあうことになった。

このあたりは、苗族《びょうぞく》など、いわゆる少数民族地帯である。ことばも通ぜず、つれてきた従者はホームシックで寝こんでしまうし、だいいち、住居からしてじぶんで作ってゆかねばならない。いつ劉瑾の刺客にみまわれるやもしれず、また、指針とすべき聖賢の書もない。士大夫としてじつにおそるべき境遇になげこまれた。このような境遇にあって、もし聖人であったらどうするだろうか——陽明は石室をつくって夜となく昼となく静坐《せいざ》瞑想《めいそう》、この公案《こうあん》を解こうとして必死に思索した。そして、ある夜、忽然《こつぜん》として大悟《たいご》したのである。

「聖人の道はわが「心」のうちに完全にそなわっている。これまで「理」を事物にもとめてきたのはまちがいであった」。

ときに陽明、三七歳であった。

良知、知行合一　朱子学の「性即理」にかわって、いまや、あたらしい原理「心即理」が提出された。心を「性」と「情」とにわけて考えるのでなく、それらが渾然《こんぜん》一体であるままの心、それがそのまま理である。社会のおきて、慣習など、いっさいの「外」の理は、あますところなくこの心のうちにふくまれている。たとえば「孝」の理は、外なる父母にあるのでなく、内なるわが「心」にある。父母がなくなっても孝はなくならず、ますます祭《まつり》につとめて追慕のおもいをますのは、その明証でなくて何であろう。

劉瑾が誅《ちゅう》せられてのち、陽明は召還され、正則な官僚コースをあゆみ、ついに南京兵部尚書、つまり陸軍大臣にまでのぼった。当時、中国の各地に、大規模な農民反乱が続発したが、彼は文官でありながら、つぎつぎにそれを平定し、軍略家、政治家としてひじょうな名声をえた。彼の哲学はこのようなあわただしい作戦行動のさなかにあって、ねりあげられていった。心即理であるような心は「良知」（孟子のことば）とよばれ、それが、認識（知）と実践（行）との統一体であることが説明され、学問の目的は、「良知を致す」すなわち、各人にうまれつきそなわっている良知を完全に実現すること、と規定された。しかし、その根本原理はあくまで「心即理」である。

良知とは要するに道徳的直観力、あるいは直観的道徳力ともいうべきものであるが、そのうちに情的な要素をつよくふくんでいる点で、ルソーのいう「心情《ハート》」にちかい。やむにやまれぬ「心情」、動的な「知行合一」、それが良知である。行動に発現しないような知は知ではない、と陽明は主張する。朱子の静的、理知的な哲学に対して、陽明学はいちじるしく動的、実践的、情意的である。「いかにひろくとも、ため池の水であるよりは、たといせまくとも、みずから湧きでてやまぬ泉でありたい」（陽明）。

万物一体の仁　心即理をとなえたのは王陽明がはじめてではない。はやく、宋の陸象山《りくしょうざん》（一一三九一九二年）もそれを説いた。それで、陸と王とをあわせて「陸王の学」とか陸王の「心学」とかよばれることもあるが、さらにいまひとつ、陽明の哲学で注目すべきものは「万物一体の仁」という思想である。これも宋の程明道《ていめいどう》（一〇三二―八五年）がとなえた説、そして朱子が排撃した説であるが、それが陽明によってとりあげられた。宇宙間のいっさいのものは、自己とおなじ生命を生きているもの、いわば「自己の肉体の一部である」。したがって、他者の苦悩はそのまま自己の苦悩である。他者の苦しみを救おうとするのは、自己の肉体の傷病をなおそうとするのと同様、人間としてやむにやまれぬ自然の情であり、良知の命令である。――儒教の最高の徳である「仁」はこのように解釈せられた。陽明学というと、とかく良知ばかりがとりあげられる傾向があるが、それではじゅうぶんでない。陽明学がやがて精神的救世運動として、はげしく熱狂的なものとなってゆく原因は、良知説と万物一体説とが結合したところにあるのである。陽明の語録として有名な『伝習録』でも、万物一体を説いているところは、ことのほか精彩《せいさい》をはなっている。

万物一体の説は、こののち、よほどはやったものらしい。利瑪竇《りまとう》すなわちマテオ＝リッチ（一五五二―一六一〇年）がキリスト教宣伝のために漢文で書いた『天主実義』は、それを論破するために大きなスペースをさいているし、また、当時の笑話にも、ひとのものを失敬して、万物一体でござる、というのがある。

心即理の帰結、陽明学左派　朱子学によって開始された人間の内面性の自覚は、いまや、自分以外のところに理が存在するということにがまんがならないほどに生長し、自分以外のどんな権威をもみとめまいとするまでになってきた。「わが心に問うてみて納得できぬことは、たとい孔子の言でも肯定しない」と陽明はいっている。陽明の「心即理」の哲学には、儒教的な権威に対して批判的となるような要素が内在していた。

そのほか、人の人たるゆえんであるところの「良知」は、天子、士大夫、庶民、まったく平等である、とくりかえし強調する平等観、かんじんの良知という一点さえしっかりしていれば、そのほかの領域まで倫理道徳でしばりあげなくてもよいではないか、という自由主義的傾向、人間の情的な側面を重視し、ひいては、自然的な欲望を率直にみとめて「人間の自然」という考え方にみちびく傾向——陽明学のこのような帰結は、すべて、朱子学的な礼教体制をおびやかすべきものといわねばならない。

はたして、陽明の弟子や孫弟子のうちから、大胆にこの方面を展開してゆくひとびとがあらわれてきた。王心斎《おうしんさい》、王竜渓《おうりゅうけい》、何《か》心隠《しんいん》など、陽明学左派とよばれる学者たちがそれである。彼らは陽明学に独特の熱情と、万物一体思想からくる使命感にうながされて、農民、職人、商人などのあいだに伝道した。その結果、木こり、陶工、百姓などが士大夫、読書人をあつめて「良知にめざめよ」と講演するなど、中国史上、未曾有の現象がうまれてきた。

左派の根本精神　右にあげた王心斎（本名は艮《こん》、一四八三—一五四〇年）は、陽明の高弟とはいうものの、もともと塩田の人夫頭であり、たいして教養のある人物ではなかったが、彼のつぎの文章は左派の精神をもっともよくものがたるものであろう。

「甕《かめ》のなかにうなぎがかさなりあって、気息《きそく》えんえんとしていた。ところが、一匹のどじょうが中からあらわれて、あばれまわったため、うなぎはやっと身うごきができ、いきができ、生気をとりもどすことができた。もっとも、どじょうとしては、ただ自己の本性のままにうごいたにすぎなかったのであるが。私はこれをみて感じた――私が同胞と天地の間に生きているのも、これとおなじことだ。大丈夫は天地万物を一体となし、「天地ノタメニ心ヲ立テ、生民ノタメニ命ヲ立ツ」とは、まさにこのことをいうのだ、と。そこで天下を周遊しようという思いがわいてきた。

忽然《こつぜん》として雷雨がおこった。どじょうは機に乗じておどりだし、大海にとびこんで、その愉快なこと、たとえようもない。ふと甕のなかのうなぎに気がつくと、身を奮《ふる》って竜となり、ふたたび雷雨をおこして、甕をひっくりかえす。かの気息えんえんとしていたものどもは、みなよみがえり、うちそろって大海にかえっていった」。

もちろん、これは革命をとなえているのではない。左派のひとびとも熱烈な儒教主義者であった。ただ、じぶんたちの良知の説こそ孔子の教えの真髄であると確信し、それを熱情的に伝道したにすぎない。しかし、やがてこの派から「儒教の反逆者」といわれる人物があらわれる。

儒教の反逆者　陽明学左派の最大にして最後の人物は李卓吾《りたくご》（一五二七―一六〇二年）である。本名は贄《し》、福建省泉州のうまれ。泉州は唐代以来、海外貿易がさかんで、そのため中国における回教徒の一中心地でもあった。数年前に発見された彼の一家の族譜によると、その家も回教徒であったらしい。雲南省の府知事を最後に役人をやめ、湖北省の仏寺に隠遁《いんとん》生活をおくりながら、評論家、著述家としてさかんに活動した。

卓吾は、知識や慣習によってゆがめられぬ以前の、人間の純真な自然状態を「童心」とよび、この童心を根拠として世の学者や政治家、「正人君子《せいじんくんし》」どもの偽善と無能とを徹底的に罵倒《ばとう》し、歴史上の人物に対する儒教的、朱子学的評価をかたっぱしからくつがえした。天がひとに童心をあたえたのは、ひとりひとり独自の判断をもたせ、独自の才能を発揮させようとしたのである。歴史についていえば、それぞれの時代は、それぞれ個性をそなえた文学や言論をもつはずである。しかるに、見わたしたところ、孔子の判断をもって自己の判断としないものが、いったい何人あるだろう。儒教の聖典たる六経や『論語』『孟子』は「道学先生のお題目、偽善者の養成所」、とてもとても童心のまえにもち出せるしろものではない。「天理《てんり》を存し、人欲を滅《めっ》す」とは道学先生の口ぐせであるが、これほど人間の自然を無視したはなしはない。聖人からどん百姓にいたるまで、欲望のない人間というものがあるだろうか。道徳は「めしを食い、着物をきる」こと以外のところにあるはずはなく、政治は時代に即して現実的でなくてはならぬ。あいもかわらぬ周公、孔子の法で天下を治めようなどとはチャンチャラおかしい。——まことに、内藤湖南《ないとうこなん》がいったように、卓吾は「古今未曾有の危険思想家」であった。

官憲や士大夫に迫害されればされるほど、卓吾はほとんど捨て身の文筆活動を展開し、その皮肉と罵倒の痛烈なこと、魯迅《ろじん》以前にその比をみない。あげくのはて、七六歳をもって獄中に自殺した。前後九〇年にわたる陽明学左派の運動はこれで結末をつけた。左派の運動は、道徳を混乱させ社会を崩壊させるものとして、礼教の立場からは「心学の横流《おうりゅう》」とよばれる。

卓吾の著書は何度も発禁処分にあい、清朝になってからはほとんど忘れられてしまった。三〇〇年ののち、中華民国にはいってからふたたびとりあげられ、今日のようにさかんに研究されるようになったのは、清朝の末ごろ、わが国にきた留学生によって、その名著『焚書《ふんしょ》』『蔵書』が中国に逆輸入されたことにはじまるらしい。さらにそのもとはといえば、三宅雪嶺《みやけせつれい》の名著『王陽明』（明治二六年）のあとがきで、陸羯南《くがかつなん》が卓吾を紹介したのが発端《ほったん》かとおもわれるが、あるいは吉田松陰の著書で知ったのかもしれない。吉田松陰がもっとも傾倒していたのが李卓吾であることはかくれもない事実であり、そのまた松陰を清末の中国留学生が崇拝したことは非常なものであった。

陽明学の評価　いったい中国では、左派にかぎらず、陽明学そのものが、ごく近ごろまで、すこぶる評判のわるい学問であった。陽明学は手のつけられぬ観念論である。おなじ観念論でも朱子学の方は、社会のおきて、しきたり、事事物物みな一定の理があるとして、それらの理をひとつひとつ着実に研究してゆこうとする客観的な面があり、その方法としては読書をおもんじて、いかにも士大夫の学たるにふさわしいところがある。ところが陽明学となると、理は心にそなわっていると主張して古典もろくに読もうとしないばかりか、どんなに不合理にみえることでも、よく考えてみればちゃんと道理にかなったところがあるものだ、という深い真理を洞察しようともせず、ほしいままに批判の声をあげ、自分勝手な説を主張しようとする。なかには心即理だ、心のままにおこなえばよいのだ、といって、社会のおきてなど平気でやぶり、欲望の満足にふけって、動物のような生活をおくる、そんな連中まで出てきた。朱子学は、まずくいっても、せいぜい頑迷固陋《がんめいころう》な道学先生か、偽善者をうみだすにすぎないが、陽明学が一歩をあやまれば、社会秩序の紊乱者《びんらん》、聖人の教えの反逆者をうむ。要するに、陽明学のもたらしたものは、にがにがしい空騒《から》ぎと、道徳的混迷にすぎない。

このような罵倒はすでに明代からあったが、清朝の考証学者たちによって明の学術、文化一般にまで拡大され、かつ、決定的なものとせられた。明代の学者には一片の学的良心もなく、創造的精神もない。明がほろびたのも、つまるところ、陽明学が内からほろぼしたのだ！

ところがこの情勢は、清朝の末ごろ、ヨーロッパ列強の侵略によって、国家的、民族的危機がひしひし感ぜられだしたころから、だいぶかわってくる。皮肉なことに、国をほろぼすものは考証学だ、というのろいの声があがってくる。明治維新を断行した日本を見ならえ！　大革新をなしとげた維新の志士たちをみならえ！　西郷隆盛、吉田松陰、みな陽明学によってきたえられた人物ではないか！　隆盛や松陰がほんとうに陽明学をやった人かどうかは別として、ともかく、こうして清末の改革主義者や革命家のあいだで、ふたたび、陽明崇拝がはじまることになった。

今日における陽明学と陽明学左派　おもしろいのは王陽明と陽明学左派－李卓吾に対する今日の中国での評価である。後者は、封建主義反対の進歩思想の先駆者としてひじょうにたかく評価され、とくに、いわゆる資本主義萌芽問題との関連で、その評価はいよいよ決定的である。ある中国の代表的歴史家が、明代の思想界を評して「戦国の諸子百家の時代にも比すべきもの」と称讃したのは、この左派－卓吾のラインを意識していたのである。

では王陽明の方はどうか。完全に逆である。今日、これほど評判のわるい思想家もめずらしい。それは、陽明の哲学が典型的な主観的観念論であり、主観的観念論こそ共産主義の哲学、すなわち唯物《ゆいぶつ》論《ろん》のまっこうの敵だからであるが、そこにはまた、つぎのような事情もからまっているとおもわれる。王陽明の農民暴動討伐は国民党、および、いまの台湾政府によって、「赤匪《せきひ》」討伐の先駆《せんく》として、つまり、王陽明は「赤匪」討伐の哲人として、つねにかつぎあげられてきた、げんに蔣介石は王陽明の再来をもって任じている、といわれる、そのことへの反撥である。要するに、中国では彼は農民を虐殺した「首切り役人」であり、反動思想の総本山《そうほんざん》というあつかいである。そしてこの両極端の評価の学問的つじつまは、陽明は主観観念論であったが、左派は陽明から出ながらもじつは唯物論である、というふうに説明されている。

文学と陽明学　朱子学に対する陽明学の大きな特徴のひとつは、文学に対して促進的であった、すくなくとも阻止《そし》的でなかった、という点にある。戯曲《ぎきょく》において明代第一の傑作とされる『牡丹亭還魂記《ぼたんていかんこんき》』の作者、湯顕祖《とうけんそ》（一五五〇―一六一七年）は、ふかく陽明学に傾倒したひとであったが、恋愛文学のようないやしいものはやめて、性理の学、つまり倫理学を講じてはどうか、と忠告されたとき、彼は昂然《こうぜん》としてこたえた。

「あなたは性理を講じ、わたしは情を講ずる、どちらも倫理学ではないか」。

文学の方面で、とくに大きな影響をおよぼしたのは李卓吾である。まともな文学、すなわち詩文の世界では、李夢陽《りぼうよう》らの前七子、王世貞《おうせいてい》らの後七子がとなえた擬古《ぎこ》主義、すなわち漢や唐の詩文をまねる運動が全盛であったが、袁中郎《えんちゅうろう》らのいわゆる公安派はそれに反対して個性主義をとなえ、真情の流露ということをもっともおもんじた。公安派のひとびとは、ほとんどが卓吾の崇拝者である。どんなに立派な作品を手本にしたにせよ、模倣はやはり模倣にすぎない。にせ物であり、死物である。

「もし、ながく生命をもち、後世にまでつたわるものがあるとすれば、それは、町なかの女子供のうたっている俗謡《ぞくよう》の類であろう。知識も教養もない真人（真とは仮《にせ》に対する語）が思いのままにつくったのだから、真声が多い」（袁中郎の語）。

この派からはやがて象徴詩（竟陵派《きょうりょうは》）がうまれた。

小説は文学である　しかし、李卓吾の文学におよぼした影響のうち、もっとも重要なのは、口語体小説その他のフィクション文学を、まさしく文学としてみとめようという気運が彼によっておこり、かつ、一時ほぼ成功したことである。

唐の詩、宋の詞、元の雑劇《ざつげき》に対して、明を代表する文学は口語体小説である。諸葛孔明《しょかつこうめい》、関羽《かんう》、張飛《ちょうひ》、曹操《そうそう》などの豪傑が活躍する『三国志演義』。及時雨宋江《そうこう》、花和尚魯智深《ろちしん》、黒旋風李逵《りき》など一〇八人の盗賊が「天にかわって道をおこなう」物語『水滸伝《すいこでん》』。玄奘三蔵《げんじょうさんぞう》と孫悟空、猪八戒《ちょはっかい》らの奇想天外な空想小説『西遊記《さいゆうき》』。地方都市の商人西門慶の色と欲との行状記『金瓶梅《きんぺいばい》』。この四大長篇小説はいずれもこの時代に完成、もしくは創作されたが、他方『今古奇観』その他、短篇小説集も多い。そのうちの一篇「杜十娘《とじゅうじょう》、怒りて百宝箱を沈む」は、金に目のくらんだ愛人にうらぎられて純愛をつらぬくことのできなかった妓女《ぎじょ》、杜十娘が、愛人との新生活のためにかねてから粒々《りゅうりゅう》辛苦《しんく》してたくわえておいた金銀珠宝を、あれよあれよという愛人の面前で惜しげもなく揚子江中になげすて、みずからも江に投じて死ぬる話。人民の愛情のかたさ、清潔さを象徴する作品として今日たかく評価されている。

しかし、士大夫《したいふ》の伝統的な文学意識からみるとき、これらの口語体フィクション文学は、内容においても文体においても、無教養まるだし、らちもない作りごと、ひとに淫《いん》と盗《とう》をおしえるふとどきな書物、せいぜい大目にみてやっても、庶民どもの低級なぐさみ本にしかすぎなかった。ところがいま李卓吾は、口語体小説や『西廂記《せいしょうき》』のような恋愛劇をまっ正面から評価する。それらはすべて「童心」の流露であり、偽善のひとかけらもない最高級の文学である。『文選《もんぜん》』や唐詩にまさるとも、おとるものではけっしてない。彼はみずから『三国志演義』や『水滸伝』の鑑賞読本をあらわして、ひろく歓迎をうけた。この口語体小説認識のうごきは、明末清初の金聖歎《きんせいたん》（生年不明—一六六一年）にいたって、一種の小説理論をうむにいたるのであるが、清朝にはいると、いつしか消滅してしまう。作品としては『紅楼夢《こうろうむ》』や『儒林外史《じゅりんがいし》』のような傑作があらわれたけれども、要するに日かげの花にすぎないし、小説の舞台も士大夫階級の生活にかぎられてしまう。口語体小説が「文学」として市民権を得るには、清朝をとびこして、これまた中華民国の「文学革命」をまたねばならなかった。

俗謡、笑話　さいきんの中国の文学史家が、きそってとりあげるものに、民歌、すなわち俗謡があり、また、それに似た性格のものに笑話がある。もちろん、どんな時代でも、俗謡や笑話のない時代はあるまい。しかし明代、とくに嘉靖《かせい》、万暦《まんれき》時代になってこれらが飛躍的に増大している点は、やはり注目すべきである。わが徳川時代の笑話のネタは、明代の笑話から出ているものが多い。笑話が文学かどうかは別として、時代相を知るためには、このうえないインデックスとなる。無知で貪欲《どんよく》な宦官、すこしばかり学問をかじって読書人かぜをふかす商家の旦那、現実を遊離した道学先生のバカバカしさ、いばるばかりで賄賂をとることにしか能のない役人、あげくのはては、神聖不可侵の孔子さままで、わらいとばしている。その一つ——妻がお産のくるしみをうったえると、科挙試験をまぢかにひかえた夫のいわく、「お前のはおなかにあるものを出すのだからまだよい。ないものを出さねばならぬおれの身にもなってみろ」。

数学の沈滞　以上、哲学からはじまって笑話まで、そこにあきらかによみとれるのが、今日の中国の学者のいわゆる「人民性」「大衆性」であることはうたがえまい。明代文化の特色、それはいろいろあろうが、もっとも顕著なのは民衆性、庶民性である。この点をもっともあざやかにしめす例として、数学をとりあげてみよう。

数学史のうえでも、明の評判はさんざんである。中国数学のかがやかしい伝統は、この時代、まったく地をはらってしまった。明は数学史上の暗黒時代だといわれる。たとえば、元の時代に「天元術《てんげんじゅつ》」という数学があった。これは算木《さんぎ》をつかってする中国独特の代数学で、わが徳川時代、和《わ》算《さん》の粋《すい》ともいうべき、かの「点竄術《てんざんじゅつ》」をうみだす母胎となったもの、当時として世界で最高級の数学のひとつであった。

ところが、明代になると、この天元術のわかる学者がただの一人もいなくなってしまったのである。そのため、宋元以来の高度の数学的伝統は中絶し、多くのすぐれた数学書が姿をかくしてしまうことになった。天元術の大家、元の朱世傑《しゅせいけつ》の代表作『算学啓蒙《さんがくけいもう》』のごときは、つぎの清朝も全盛期をすぎたころ、やっと朝鮮版によって再発見される、というありさまであった。

そろばんの流行　ところで楯《たて》には反面がある。数学の理論的な高さという点ではさっぱりであった明代も、数学的知識、というと大げさだが、要するに計算能力の普及という点では、まさに劃期的な時代であった。どの数学史にもかならず特筆してあるのは、そろばん（算盤の音がなまったもの）の流行、歌訣《かけつ》の続出という事実である。

歌訣《かけつ》というのは、二二が四、二一天作《てんさく》の五、のような掛け算、割り算のいわゆる「九九《くく》」もそうで、これが前提とならぬかぎり、ソロバンは半身不随であるが、明代にはさらに、面積体積計算、利息計算、鶴亀算、数学パズル、といった類《たぐい》の公式を、おぼえやすく歌の形式にしたものが無数につくられた。明代のいわゆる数学書は、それらの歌訣でみたされ、そのうえで、ソロバンの用法が詳細に説明されている。

中国数学の高度の発達というのも、要するに、文字と教養の独占者たる士大夫のあいだだけのものにすぎなかった。つまり、頂点だけあって底辺のない三角形であった。ところがいまや、数理知識を要求する広汎《こうはん》な庶民が、歴史の前景に登場してきたのである。質の優秀さの伝統をひとたび断絶してまでの量的な拡大――この数学史の事例は、明代文化の性格を考えるうえでじつに示唆《しさ》的といわねばならない。

なにか、あたらしいものの萌芽と活気とはすでにあった。しかし、けっきょく芽は何ひとつ花をさかせず、活気はついに結晶しないでしまう。

技術書の出現　明代文化の産物には、雑駁《ざつぱく》といえば雑駁であるが、ともかく清朝の読書人文化にはみられないものがある。生産技術百科全書の傑作『天工開物《てんこうかいぶつ》』（一六三七年）、薬学百科全書ともいうべき『本草綱目《ほんぞうこうもく》』（一五九〇年）、農学百科全書の『農政全書』（一六三九年）、このような日用生活、生産活動に密着した、その意味では俗《ぞく》な書物の傑作は、清朝にはまったくない。

『天工開物』三巻（江西省のひと宋応星《そうおうせい》の著）は書物としてけっして大部ではないが、農業、織物染色、製塩、製糖、陶器、鉱業、醸造など当時の中国のほぼすべての産業の部門について、それぞれの生産過程を忠実に記述したもの。農業その他の一、二の部門についての専門書はこれまでもあったが、綜合的な技術書、伝統的な技術の集大成《しゆうたいせい》の書としてこれほど実証的によくできている本はさきにもあとにもないので、わが国でも中国でも、今日、その研究はとりわけさかんである。ただし、『天工開物』では、当時、宣教師によってすでに紹介されていたヨーロッパの技術にはほとんどふれていない。その点、明末の大臣、徐光啓の編集した『農政全書』六〇巻が、とくに西洋技術の記載に留意しているのは特色がある。また、解放後の中国において、いわゆる漢方医学が大々的に復興されてくるにつれて、『本草綱目』五二巻とその著者李時珍《りじちん》を讃美する声がたかくなり、記念切手が発行された。

もちろん、欠点をさがせばいくらでもあろう。たとえば、『本草綱目』が古書を引用するさい、しばしば勝手に文章をちょんぎって意味不明にしていることは、今日よく指摘せられる。清朝の学者であれば、まっさきにその点を吟味したであろう。古典学者、読書人の要求する精確さはここにはないのである。これらの書物は、むしろ、わが徳川時代の農学者や物産学者に大きな影響をおよぼした。

大旅行家　そのほか、明代にはまた中国最大の旅行家・登山家、徐霞客《じょかかく》（江蘇省の人、一五八六―一六四一年）が出た。その足跡ははなはだひろいが、五一歳、とくに「万里長征」の志をたてて、ただひとりで雲南や貴州の辺境山岳地帯を踏査《とうさ》した偉業は驚嘆にあたいする。彼はたんなる旅行家でなく、毎日その日の行程についてくわしい日記をつけ、その観察と記述の正確なことは今日の地理学者をおどろかせている。近代的な「探検」のはじまる以前においては、これほど精密な観察眼を用意していた旅行家はヨーロッパにもあるまい。清朝でも、辺境にながしものになった文人がそのあたりの地理を考証して、名著をのこした例はあるが、彼のように、ひたすら旅行のために生涯をささげ、純粋にじぶんの観察のみを記録したひとはいない。ある学者は、彼の旅行日記『徐霞客遊記《じょかかくゆうき》』と、前にのべた『天工開物』の二つを明代における実証主義精神の二大名著とたたえた。

道学先生、山人、狂　庶民の教養が向上して、米屋の旦那や呉服屋の番頭が、士大夫ばりの字《あざな》を名のったり、詩の会でももよおそうか、という時世になってくると、士大夫、読書人のあいだでは三つの傾向がうまれる。道学先生、山人《さんじん》、狂《きょう》、である

庶民の教養向上によって、心理的に圧迫せられた士大夫が、まっこうから反撥して儒教の道徳主義、礼教主義をふりかざせば道学先生となる。士大夫にちかい庶民が、道学先生の時代錯誤を嘲笑して通《つう》をふりまわせば山人となる。庶民に近い士大夫と、士大夫にちかい庶民が、道学先生のばかばかしさ、何かというとしゃしゃり出て、風流かぜを吹かす山人のいやみったらしさ、は当時の笑話や俗謡のこのんでとりあげた題目

であったが、いまひとつ、社会のこのような偽善と俗物性とに反抗する芸術家、文人のゆくみち、それが「狂」であった。

画家として有名な蘇州の唐寅《とういん》（字は伯虎）が、さる名家の女中をぬすみだして結婚したこと、酔興《すいきょう》に乞食をしてまわったこと、みな当時のいわゆる「佳話《かわ》」であった。芸術の都、蘇州では、書家として有名な祝允明《しゅくいんめい》、文徴明《ぶんちょうめい》、詩人の徐禎卿《じょていけい》、それに唐寅のいわゆる蘇州の四才子などが、自由奔放な芸術家的「狂」態をつくしていたのである。もちろん、「狂」にもいろいろある。うきうきした「狂」もあれば、陰惨なまでの「狂」もある。しかし、ともかく、「狂」は以後ひとつの伝統となって、明末清初に石濤《せきとう》や八大山人《はちだいさんじん》をうみだし、やがて清朝の揚州八怪にまでおよぶ。

はなしが美術にふれたついでに、南画（文人画《ぶんじんが》）について一言しておきたい。これも蘇州が中心で、沈周《しんしゅう》（号は石田）が第一人者である。となりの松江《しょうこう》の董其昌《とうきしょう》（一五五五―一六三六年）も大画家であるが、彼はとくに、南画を理論的に基礎づけ、南画至上主義をとなえた。南画が中国画のオーソドックスであるという考えは、以後、普遍的なものになってゆく。彼はまた書道でも明代第一の大家で、従来の書風を革新した。

仏教　明代、とくに明末はまた、中国仏教史上、最後のかがやかしい時代であった。この点も、仏教の極度の沈滞時代であった清朝とまったく対照的である。人物としては憨山徳清《かんざんとくせい》（一五四六―一六二三年）、紫柏真可《しはくしんか》（一五四三―一六〇三年）のような傑僧があらわれて、禅と浄土の一致を鼓吹《こすい》し、また無軌道な宦官の横暴から民衆をまもるためには、あえて政治的プロテストをおこなうことをも辞しなかった。真可のごときは、そのためについに獄死している。そのほかマテオ＝リッチと論戦して、仏教の立場を宣揚した雲棲袾宏《うんせいしゆこう》（蓮池大師《れんち》）のごときもあり、また有形の事業としては、真可らが居士《こじ》たちと協力して刊行した「大蔵経《だいぞうきよう》」がある。この「大蔵経」は、それまでの仏教書の特殊な体裁をあらためて、ふつうの本と同じ体裁のものにしたため、仏教をひろめるうえで劃期的な貢献をしたといわれる。道教でも仏教に刺激されてじぶんたちの大蔵経、すなわち「道蔵《どうぞう》」をつくった。

農民の宗教　ここでひとこと述べておきたいのは、農民の宗教である。これまで庶民といってきたのは、主として都市の商工業的人口をさしていたが、しかし、その下にまだ農民がいた。彼らは無学文盲、ただ搾取されるためにのみ生きているような存在であったから、その思想をはっきりとり出すことはむつかしい。しかし、仏教を基調として道教や迷信をつきまぜた、いわゆる民間宗教の経典で「宝巻」というものがある。それは、しばしば、農民秘密結社の中心文書の役割をはたし、彼らの願望を表現している点で重要である。

「人間はひとしく「無生父母《むせい》」からうまれた兄弟であり、天上の「真空」世界こそ真の故郷である。世界は、青い太陽の時代（過去）、赤い太陽の時代（現在）、白い太陽の時代（未来）という三つの時代を経過する。いまや、われわれは紅陽の末期に生きているのであり、世界は、天地もくつがえる大破滅をむかえようとしている。しかも一方、きたるべき白陽世界の主、弥勒仏《みろくぶつ》は、はやくもこの世のどこかにあらわれ、信仰あつく、おこない正しきにもかかわらず、ふみつけにされ、不幸に泣いているひとびとを救って、至福の白陽世にみちびきいれようと待機している」。

まさに典型的なメシア思想ではないか。

明代以後とくにひんぱんな、白蓮教匪《びやくれんきようひ》などの農民暴動は、ほとんどが、このような世界観によってかたく結合し、ひとたび、弥勒仏あらわる、の報がつたわると、捨て身のエネルギーをもってたちあがるのである。もちろんこのような宝巻は明代にはじまるわけではなかろう。しかし明代になって飛躍的に多くなっており、現存のものは九分九厘まで明代、とくに明代中期以後のものである。そしてそれが清代までずっとつづく。

文運栄える乾・嘉

死か発狂か　由来わが国では、中国の知識人の文弱とか、無節操とかが誇大につたえられ、王朝がいかにかわろうと、政権がいかに異民族の手にわたろうと、彼らはぜんぜん無関心であるかのようにいわれてきた。しかし、それがけっしてそうでないことは、ちかくは抗日戦争のさいにおいて、とおくは明朝滅亡のさいにおいてみることができる。

一度でも官吏として国家の俸禄をうけたことがないかぎり、国家の運命に殉《じゅん》ずるまでの必要はない、というのが当時の常識であったが、じっさいはどうか。科挙にもまだパスしない青年士大夫が、いたるところ、義勇軍を組織して果敢《かかん》な抵抗をこころみたこと、その例の多きに苦しむほどであって、けっして後述の黄宗羲《こうそうぎ》、顧炎武《こえんぶ》のみにかぎらない。いや、士大夫どころか、豚ごろしといえば、社会的にもっともいやしまれた階層である。北京陥落、天子自殺、ときいて、ある豚ごろしが、町の大学者の家へとびこんだ。手には鶏と酒とをたずさえている。先生の健在のすがたをみると、びっくりして

「あっしは、お供え物をもってまいりやしたのに」。

先生、彼を拝して自殺し、豚ごろしは谷川に身をなげた。

義勇軍や明の残兵の抵抗をつぎつぎに排除して、清朝軍が怒濤《どとう》のごとく南下してきたとき、温厚篤実のさる君子は、「杯《さかずき》をあぐること百余たび」、ぐでんぐでんに酔っぱらったうえ、ベッドの下に大ガメをもちこみ、それに木炭をいっぱいつめて火をおこし、ありったけの布団をかぶってベッドにもぐりこんだ。ときに真夏である。「俄頃《たちまち》にして酒力憤《わき》盈ちて絶《ことき》る」。浙江省のいなか町でのできごとであった。

いわゆる南明の亡命政府の大学士、すなわち総理大臣として、レジスタンスの総指揮者であった張肯堂《ちょうこうどう》の最期は、

「大兵（清朝軍）その家にいり、いわゆる雪交亭のもとにいたるに、遺骸《いがい》二十有七をみる。梁《はり》に首くくりてぶらさがれるもの、縄きれておちたるものあり。公の妻、妾、孫女、僕婢《ぼくひ》なり。束帯して玉をおびたるは、すなわち公。回廊のもとに衣冠をただしたるは、公の門人。武器をもちいて死せるものは部将。また、池の面にもうかべる屍《しかばね》あり。大兵驚愕《きょうがく》、あとしざりして嘆息し、遷延《せんえん》してしりぞく。命じてその門を封印せしむ」。

さながら鷗外《おうがい》の『阿部一族』ではないか。

明朝の滅亡、それにひきつづいて、弁髪の強制、それが士大夫の精神生活にいかに深刻な影響をおよぼしたかは想像以上である。あるものは髪をそり、僧になって流浪の旅にのぼった。あるものは酒と女に死をもとめつつ、秘密軍事工作に没頭した。あるものは、きちがいのふりをして、だれが何と話しかけても、生涯、返事をしなかった。あるものはほんとうに発狂してしまった。あるものは不意

に山にいり、そのまま消息をたった。あるものは堂々たる邸宅をすてて、墓地のほら穴へひっこした……。

祖国への忠誠、民族への節操、それをうたがうことはできない。しかし、それ以外にも、たしかに、なにか深い精神史的な原因があるようにおもわれる。

レジスタンス運動生きのこりの学者　自殺もせず、発狂もせず、僧にもならず、やけくそにもならなかったひとたちのあいだから、三人の偉大な思想家があらわれた。

その一人黄宗羲《こうそうぎ》（一六一〇—九五年）は王陽明と同郷の浙江省余姚《よよう》の人。東林派の指導者として獄中でころされた黄尊素《こうそんそ》の長子、絶食して明朝の滅亡に殉じた陽明学者、劉宗周《りゅうそうしゅう》の弟子である。東林派の精神をついでおこった青年士大夫の結社「復社《ふくしゃ》」のメンバーであり、清朝軍が南下してきたとき、郷里の子弟を組織して義勇軍をつくり、四明山の山寨《さんさい》にたてこもって抵抗したが失敗におわった。みずから、

「懸賞つきのおたずねものとなること二回、指名手配せられること一回、城《まち》を包囲されること一回、密告されること二、三回、砂原に気絶すること一昼夜、非常警戒にひっかかるのは毎年のこと」。

とかいているのは、かならずしも彼一人のことではない。当時の学者は、大なり小なり、似たような境遇をとおっているのである。

中国のルソー　いよいよ明朝復興ののぞみが完全にたたれたとき、彼は『明夷待訪録《めいいたいほうろく》』という本をかいて、政治、制度、経済、軍事、あらゆる方面から国家のありかたを論じた。

「天子は客であり、人民は主である。天子は人民のためにあるのであって、その逆ではない。しかるに歴代の天子は、天下をまるで私有財産とこころえ、暴虐な政治をおこなっている。このような天子は、当然、革命によって追放してよい。臣は、人民のために官吏となっているのであるから、臣といい、天子というも、名がちがうだけで内容はおなじである。今日の臣はこの本義をわすれ、天子の私的な奴隷になりさがっている」。

といって、専制政治をはげしく批判し、また、

「学校はたんなる人材養成機関にとどまってはならない。政治、文化、いっさいの根源でなくてはならぬ。政治はすべて学校によって批判されねばならない。大学の総長は、総理大臣待遇とする。あるいは、前総理大臣をすえる。天子は月に一度、かならず大学に行幸して、学生席で総長の講義をきき、その批判をうけねばならない。また学生は、ふさわしからぬ総長、教官を放逐《ほうちく》する権利を有し、国政に対しても学生運動をおこして、積極的に発言、批判せねばならぬ」。

と主張したのは、まさしく、東林学派の政治批判の伝統を総括したものというべきである。ここで学生というのは、わが国の大学生とちがって、大学に籍をおくが、実際には堂々たる社会人であった。

これらの思想は、じつは『孟子《もうし》』にもとづく儒教固有の考えかたであって、かならずしも特に目あたらしいものではない。しかし、この時期に、これほどはげしくいわれたことには大きな意味がある。やがて二〇〇年ののち、清朝の末期、孫文《そんぶん》などによって革命運動がおこされると、彼は「中国のルソー」とよばれ、『明夷待訪録』は、革命思想宣伝のためのパンフレットとして、また、民主主義の経

典として、さかんによまれた。中華民国になって、五四運動その他の学生運動がまきおこったとき、学生側がしばしば引用したのも、やはりこの本であった。ちなみに、ほんもののルソー（一七一二―一七八年）は、彼より一〇〇年ほど後輩にあたる。

史はほろぶべからず　彼はあくまで郷里にとどまっていた。浙江省は「文化人の巣」とよばれる。学者として有名になればなるほど、そして清朝が明の遺民たちに対して目をひからせればひからせるほど、彼の処世には特殊な困難が生じたらしいが、彼はそれをたくみにきりぬけていった。彼じしんは陽明学の正統派であるが、朱子学、陽明学によって、豊富な中国学術のうちで哲学部門のみが異常に肥大したことの弊害を痛感し、実証的な学問、とくに史学と礼学との先駆者となった。

清朝が明の歴史を編集するために、史館を開設したとき、まっさきに彼を招聘《しょうへい》した。もちろん、彼は受諾しない。しかし「国はほろぶとも史はほろぶべからず」ということばがある。明朝の歴史はあくまでつたえねばならない。彼は弟子の万斯同《ばんしどう》をかわりに史館にはいらせて編集に協力させた。『明史』三三二巻、その重要な部分はほとんど万斯同ひとりの力でできあがったといわれる。ただし、この万氏もあくまで清朝政府の俸禄をうけず、資格としては一個の民間人として終始したのであった。

地下運動の考証学者　黄宗羲とおなじような反省から、あたらしい考証学の創始者となったのは顧炎《こえん》武《ぶ》（一六一三―八二年）である。彼も青年時代「復社」のメンバーであった。母はやもめであったが、清朝につかえて節操をけがしてはならぬと遺言して絶食二十余日、君国に殉じた。郷里、江蘇省崑山県での武装闘争が失敗してのち、彼は流浪の旅にのぼり、山東省や山西省で開墾事業をおこしたり、商人に変装して各地をさかんに旅行した。それは、清朝打倒の地下工作のためであったといわれている。馬賊や為替《かわせ》銀行（銭荘という）をはじめたのも彼であり、それはいざというときの準備であった、というのは、もちろんたんなる伝説にすぎないが、ともかくそういう伝説もつたわっている。

このような東奔西走のさい、彼は、四頭の馬に書物を満載してゆくのがつねであった。そうして、実地と文献とをつきあわせ、古老のはなしにも耳をかたむけて、地理、歴史の実証的研究につとめたのである。そのほか、経学、音韻訓詁《おんいんくんこ》学、金石《きんせき》学、制度の学、あらゆる方面で考証学の先鞭《せんべん》をつけた。「服」という字が、古くは「逼」と同じ発音であったことを証明するために、彼はじつに一六二カ条の例証を古典のなかからさがしあつめている。

しかし、その経歴から容易にかんがえられるように、彼の考証学はあくまで現実政治、現実社会、現実文化に対する批判の学であった。彼の著書で、考証学のバイブルといわれる『日知録《にっちろく》』をよめば、そのことは明白である。ただ彼は、それをたんなる意見として、抽象論としてだすのでなく、歴史的、文献的にじゅうぶん証拠をそろえ、うごかしがたく考証したうえで提出したのである。しかしやがてこの方法としての考証学のみが独走することになる。

王朝の滅亡と国家の滅亡　清朝の末期、考証学は国をほろぼすものだ、というのろいの声があがったことはすでにのべた。考証学の創始者たる顧炎武が、学問をあやまらしめたもの、として非難されたのも自然のなりゆきであった。しかし、責任は彼にはない。清末の改革派や革命派を鼓舞《こぶ》したかの有名なことば、

「滅亡には二つある。ひとつは王朝の滅亡、ひとつは中国そのものの滅亡。王朝の滅亡は、たんに天子と官僚との責任にすぎないが、中国そのものの滅亡には、一介《いっかい》の匹夫《ひっぷ》といえども責任をまぬがれることはできない」。

このことばは、じつに、彼の『日知録』のなかのことばであった。数年前の中国のベストセラーであり、先年、わが国で映画が公開された小説『青春の歌』にも、日本の満州侵略に憤激した一七歳の代用女教員、林道静《りんどうせい》がこのことばを口にして同僚の悲観主義に抗議する場面がある。

清末の顧炎武に対する非難はけっしてつよくはならなかった。それどころか、みずから考証学者たることを誇りとし、顧炎武の民族主義精神の後継者をもって任ずる章炳麟《しょうへいりん》のような大革命家があらわれ、考証学者の革命団体すら結成せられた。いま、中華人民共和国の政府委員、馬叙倫《ばじょりん》はこの団体の生きのこりである。顧炎武のまいた種は、やはり実をむすんだというべきであろう。

熱烈な民族主義　黄宗羲、顧炎武と同時代で、しかもおなじように挙兵―失敗という経歴の学者に、王夫之《おうふうし》（一六一九―九二年）がある。彼は湖南省の田舎にひっこんだきりで、世間のひととまったく交際しないでくらしたので、死後一五〇年間、わすれられていたが、清末になって再発見され、まえの二人とあわせて清初の三大学者と称せられる。

彼の特色は哲学的思索のふかさにあり、宋の張横渠《ちょうおうきょ》（名は載《さい》）の唯物論哲学をついだ学者として今日とくに関心をひいているが、「禅譲《ぜんじょう》もよい、放伐《ほうばつ》もよい、しかし、異民族が中国の主権者となることだけは絶対にゆるされない」、「民族が団結独立しえない今日、なんの仁義道徳ぞや」という熱烈な民族主義は、満州王朝打倒をさけぶ清末の革命家にひじょうな感動をあたえた。

彼はまた、朱子学が道（理）と器（形而下《けいじか》の事物、現象）との関係を「道があってこそ器がある」としているのに反対し、「器があって、そのうえで道がうまれる」とした。清末の有名な思想家、譚嗣《たんし》同《どう》はこのテーゼをうけついで、「道（道徳）を改革するには、まず器（制度）を改革すべきだ」という急進的改革主義の理論をたて、不朽の名著『仁学《じんがく》』をあらわした。

譚嗣同もそうであるが、清末から今日の毛沢東、劉少奇にいたるまで、湖南省からとくに革命家がたくさん出ているのは、三〇〇年まえの王夫之の存在が影響しているところが大きいといわれる。毛沢東も少年時代「船山学社」というサークルに参加して修養にはげんだ。船山とは王夫之の号である。

読書は青酸カリ　以上の三大学者のほかにもうひとりくわえて四大学者とすることもある。それは顔元《がんげん》（一六三五—一七〇四年）をいれるのである。彼の説はよほど風がわりであって、哲学もいらぬ、読書もいらぬ、詩や文章をつくるなどはもってのほか、学問とはただ経典に記載してある社会的、生産的具体策を、みずからの肉体をもって実践すること以外にない、と断定した。「読書とは砒霜《ひそう》（毒薬の名）を飲むこと」、「書物を勉強するとは、紙くずのなかに身心のエネルギーを消耗して、馬鹿になり、病人になり、能なしになること」——あるひとは、彼をプラグマチストとよんだが、それはともかく、中国史上でもきわめて特異な思想であることはうたがいない。

弟子たちの努力にもかかわらず、彼の学説も、いつしかわすれられてしまった。彼が再発見されたのは、これまた、清末のことである。彼じしんにはとくに反清朝的な思想があったようにもみえないが、その弟子のうちには、清朝打倒の地下運動と接触をもった人物が、たしかにいたらしい。

徹底したインテリ弾圧　清朝初期の学術界、思想界は、ざっと最高峰をみわたしただけでも、このようにけんらん多彩であった。それがどうして考証学いっぽんにかたまってしまったのであろうか。最大の原因は、なんといっても、清朝政府の徹底的な弾圧である。清初のさいしょの三〇年間にやつぎばやに出された禁令によって、士大夫の結社や政治運動は徹底的に禁止され、出版は統制され、違反者は極刑をもっておびやかされた。そのうえさらに士大夫をふるえあがらせたのは、「文字の獄」である。

文字の獄については、すでにのべたが〔編注、三田村泰助氏執筆担当の該当箇所を指す〕、いままた一、二の例を追加すると、浙江省の金もち、荘廷鑨《そうていろう》というものが、明の学者のかいた明代史の原稿を手にいれ、つまらぬ虚栄心から、じぶんの著述ということにして出版した。ところがそのなかに、清朝につごうのわるい記事があったのをうっかり訂正しわすれていた。それを告発されたからたまらない。すでに墓場にはいっていた本人は屍《しかばね》を処刑され、家族はもとよりのこと、序文をかいたもの、校正したもの、印刷所、販売取扱店、購読者、あわせて七十余名が死刑、関係の婦女子で奴隷として辺境地帯におくられたもの数しれず、という。

そのほか、戴名世《たいめいせい》の『南山集』も、明末の歴史を論じた文章が忌諱《きい》にふれ、連坐するもの三〇〇人――これらは、代表的な例をあげたのみにすぎないが、要するに、さわらぬ神にたたりなし、近代史、現代史には手をふれぬが賢明、天下国家は論ずるだけ野暮《やぼ》、ということになってしまった。

朝廷のこのような弾圧は、手をかえ品をかえて、乾隆の末年までつづく。乾隆、嘉慶は中国史上、文運のもっともさかえた時代、実証学がすばらしきみのりを示した時代、というが、その文運は、一面からいえば、先駆者たちのもっていたような精悍《せいかん》にして博大な精神の喪失《そうしつ》をもってあがなわれたものであった。その実証主義はもはや明の『天工開物《てんこうかいぶつ》』や、徐霞《じょか》客《かく》のそれではなく、ただひたすらに古典、古文献にもぐりこむ実証主義であった。明末、清初にかけてあらわれた無軌道なばかりに多様な可能性は、ほとんどが開花せず、ひとびとはただ「めんみつに本をよむ」というただひとすじの血路に集中した。

古典のよみかた　考証学の主張はこうである。すなわち、学問とは聖人のおしえを実践することにほかならないという点は、いかにも朱子学、陽明学のいうとおりである。しかし、そのためには、まず聖人のかきのこした聖典を一字一句、正確に理解せねばならぬ。ただしい理解さえあれば、ただしい実践はおのずからでてくるはずであるから、問題はいかにただしく読解するか、という点にある。経典を一字一句、正確に読解すること、およびそれに関連した研究、それ以外に学問はない、といってよい。そのためには、あらゆる主観的な前提をすてて、ひろく文献学的に実証的に研究しなくてはならない。朱子学や陽明学のように、たとえば「理」というような哲学的な原理を主観的にまずたてておいて、そこから聖賢のことばを解釈しようというのは、ただしい方法ではない。

例をあげてみよう。『論語』の第二条に「孝悌也者、其為仁之本与」ということばがある。朱子学ではこれをかならず「其《ソ》レ仁ヲ為《ナ》スノ本《モト》カ」とよんで、けっして「其レ仁ノ本為《タ》ルカ」とはよまない。

「仁」は理である、つまり形而上《けいじじょう》のものである。これに反して「孝悌《こうてい》」はその形而下的な現象形態にすぎない。両者のあいだには次元《じげん》の相違がある。すなわち「孝悌」は「仁」という形而上的原理を実践する出発点《てはじめ》、すなわち「為す本」とはいいえても、ただちに「仁の本」というわけにはいかない。これが朱子学の主張である。

実事求是　しかし、このような解釈は、じつは完全な独断である。ひろく古代の文献の用語例から帰納《きのう》し、『論語』のいろいろなテキストをしらべ、またこの条の文章法からかんがえるとき、ここは「其レ仁ノ本為《ナ》ルカ」もしくは「其レ仁《ヒト》(＝人)ノ本為《ナ》ルカ」とよむのがただしい。形而上、形而下などということと何の関係もない。だいたい朱子学や陽明学のそのような哲学理論というものは仏教からぬすんできたもので、儒教ほんらいのものではない。そんなもので聖人の経典を解釈しようなどとは、とんでもないまちがいである。朱子学や陽明学では、ふたことめには『書経』のなかの「道心」「人心」ということばをもちだし、天理そのままの心、人欲のまざった心、というが、ばかばかしいにもほどがある。考証学的に研究してみれば、『書経』のこの部分ははるか後世の偽作《ぎさく》で、聖人のことばでもなんでもない。

要するに、考証学のモットーは「実事求是」ということである。実事求是とは、事実に立脚して正しさをもとめること、今日のことばでいえば、客観的、科学的方法ということにほかならない。主観主義を排撃し、調査なくして発言権なし、と強調する今日の中国では、この「実事求是」ということがあらゆる方面のモットーになっているが、それは清朝考証学のモットー(もとは漢代のことば)を採用したのである。

四庫全書のうらおもて　さいわいなことに、康熙帝にしても乾隆帝にしても、一方では学者、知識人に対してびしびし弾圧をくわえながら、他方、学問に対してはきわめて熱心で、すでにのべたように、たくさんの学者をあつめ、大がかりな編纂事業をおこして、学界を刺激した。『古今図書集成』『四庫全書』はその代表的なもの、ことに後者は、中国歴代の書物（口語体小説や戯曲のたぐいは、はいっていない）をほとんど完全に網羅《もうら》し、かつそのひとつひとつに精密な解説をつけた。その解説はじつに学問的価値のたかいもので、それだけをあつめた『四庫全書総目提要』は二〇〇年ちかくのちの今日もなお、中国の学問をするものの不可欠の参考書となっているほどである。

もっとも、四庫全書の編纂には、うらの目的があった。それは、これを機会に、清朝につごうのわるい書物、たとえば明代のひとが、満州民族のことを「夷狄《いてき》」よばわりしているような書物、それをねこそぎさがしだして、処分してしまおうとしたのだ、という説もある。事実、多くの書物が、たとえ採用されても伏せ字だらけにされたり、あるいは、採用されないで焼棄処分にされたりしているのである。それで、清末の革命家のなかには、四庫全書の事業は要するに満州皇帝が、秦の始皇帝をまねておこなった焚書《ふんしょ》にすぎない、と罵倒《ばとう》したひともある。

考証学の全盛　朝廷の奨励と天下の太平とのもとに、考証学は実事求是の大道をばく進した。その学風はいわゆる「樸学《ぼくがく》」であって、明の学者の「講学《こうがく》」とははっきりと対照をなしている。明では、陽明学派にせよ、東林学派にせよ、たくさんの学者が定期的に集会をもち、良知について、とか、

『論語』の根本思想について、とかいう題目で研究会、討論会をもよおすやりかたであった。これを「講学」という。ときには、政治的社会的な時事問題をとりあげることもあり、当局者は神経をとがらせた。明代に書院、すなわち私立学校がしばしば政府によって封鎖《ふうさ》を命ぜられたのは、そのためである。

これに反して、清朝の学者は、講学ということを極度にきらった。彼らは、ただひとり自分の部屋にとじこもって、たくさんの書物にうずもれて、一心不乱にしらべものをする。これが「樸学」である。名利をねがわず、ただひたすらに真理を追求する――まさに、われわれが今日もっている「専門学者」のイメージにほかならない。

経学（古典学）を中心に、史学、地理学、金石学、など、考証学は、乾隆、嘉慶の時代、じつにめざましい成果をあげた。ことに古典学の基礎である音韻訓詁《おんいんくんこ》の学、つまり中国の国語学は、考証学中の考証学ともいうべき分野であって、その発達はまったく未曾有《みぞう》のものであった。銭大昕《せんだいきん》、戴震《たいしん》、段玉裁《だんぎょくさい》、王念孫《おうねんそん》など考証学の代表的学者は、ほとんどこの方面に関係がある。

わが荻生徂徠《おぎゅうそらい》の弟子、山井鼎《やまのいてい》のあらわした『七経孟子《しちけいもうし》考文《こうぶん》』という書物がむこうにわたって校勘《こうかん》学にひじょうな刺激をあたえたことは有名なはなしである。校勘学とは、古い写本や版本をあつめて字句の異同をしらべ、本文をただしいすがたに復元する学問をいう。今日の中国古典学の基礎はまったく清朝の考証学者によってきずかれたのである。

考証学は実証主義的精神によってつらぬかれていたといわれる。しかし、それはあくまで文献主義であった。地理学でも主流は、ふるい地理書もしくはそれと現状との比較研究であり、史学も古来の歴史書の研究である。歴史をじぶんの立場でかくこと、あるいは明代にさかんであったような、自分じしんの時代の歴史をかくことは、すくなくとも考証学全盛期には、まったくといってよいほどおこなわれなかった。数学の研究のごときも、古い数学書の研究、もしくは西洋数学の研究で、たとえば元の天元術《てんげんじゅつ》といったような独自の数学を建設したという点は、ほとんどない。今日よく聞くことばに、彼は経済学を研究しているので経済を研究しているのではない、とか、動物学を研究しているので動物を研究しているのではない、といういいかたがあるが、この論法は清朝の考証学にも応用できるであろう。

しかし、そのかぎりでは、考証学の功績はじつにすばらしいものであった。近代文献学の精神と方法はそのうちに完全に具現《ぐげん》せられているといって、けっして過言ではない。

考証学の哲学　もっとも、考証学万能の時代にも、思想家がいなかったわけではない。さきにもあげた大考証学者、戴震《たいしん》（一七二三―七七年）は『孟子字義疏証』をかいて朱子の性即理や王陽明の心即理の「理」の説を否定した。今日、中国を史的に研究しようとするものは、みな、清朝の学者たちの深い恩恵をこうむっている。

『孟子』その他の経典を冷静に研究してみれば、「理」とは、たんに、区別《すじみち》ということであって、形而下的《けいじか》、物質的原理である「気」に対立し、それと次元をことにする形而上的、精神的原理、という意味はぜんぜんないし、「天理」も「人欲」に対立するものではない。聖人が宇宙の根本を「気」

とかんがえ、人間をほんらい情的、欲望的存在とかんがえていたことはあきらかである。気という原物質がさまざまに現象するとき、あるいは、人間が欲望にうながされて生きるとき、そこにはおのずからすじみちというものがある。それが「理」「天理」である。すなわち、「天理」はむしろ「人欲」のなかにこそあるのだ。欲は節制せらるべきでこそあれ、無くせらるべきではない。欲をなくせよ、と命ずることは、死ね、と命ずることにほかならない。

「六経や孔孟の書にも、理という字はあまり多くはみあたらぬ。今日、おろかで、でたらめな人間でも、事を処理し人を責めるのに、理をもちださぬもののないのは、朱子学以来の風習で、理をば、天からさずかって、心のなかにちゃんと存在している、いわば「物」とかんがえ、じっさいには、じぶんの意見をそれにあてるにいたった。その結果、地位たかく、弁舌にたけ、意気あがれるものにおいては理ものび、力よわく、気おびえ、思うこともよういわぬものにおいては理もちぢこまる、という現状をまねいた。上位者は理をもって部下を責め、年長者は理をもって青年を責め、身分のたかいものは理をもって賤しいものを責める。上が理をもって下を責めるので、下の罪人はかぞえきれないほどである。ひとが法によって殺されるときは、まだしもあわれむものがあるが、理によって殺されるとき、いったい誰があわれとおもうであろうか」。

戴震のこのような思想は、歴史的にみれば、陽明の心学運動が到達したとおなじ結論に、考証学的方法によって、はるかに小さな規模で、ふたたび到達したものにすぎない。「気」に立脚する唯物論も、おもしろいことに、陽明学の主観唯心論そのもののうちからすでにうまれていたのであって、なかには戴震とまったく同様な説をたてた学者もいる。もちろん、「理」のイデオロギー的性格をもっともはっきりと指摘したひととして、彼は特筆にあたいする。しかし、それをうけつぎ、発展させようとするものは、たれひとりあらわれなかった。戴震のこの『孟子字義疏証』が再発見（?）されたのも、これまた、清末の革命家によってであった。

革命思想のおこり　「学」とか「儒学」とかいうことばは、今日いう学問という意味と思想という意味とを不可分のものとして、統一的にふくんでいたのであるが、要するに、清という時代は、学問の時代ではあったが、思想の時代ではなかった。しかしこの考証学そのもののうちから、やがて考証学そのものを否定し、清朝をゆりうごかすような思想があらわれてくるのは、歴史の皮肉というべきであろう。それは、まず第一には、公羊学《くようがく》である。

考証学はその本性上、古さに権威をおく傾向がある。古典研究の資料は、古ければ古いほど、有力な資料となるからである。したがって、さいしょ鄭玄《じようげん》を中心とする後漢の学者の説が主としてとりあげられていたのが、やがて前漢のそれへとすすむのは、自然の道理であった。前漢の学問はいわゆる今文経学《きんぶんけいがく》で、その中心をなすものが『春秋公羊伝』であるところから、また公羊学という。

公羊学は「通経致用」すなわち、経典研究はただちに政治的社会的実践と直結せねばならないと主張し、また、経典の研究は、そこに秘《ひ》められた聖人の「微言大義」（根本理念）を把握せねばならぬ、と主張する。孔子はその「微言大義」をしめすために『春秋《しゆんじゆう》』をあらわした。『春秋』は、その解説書『左氏伝《さしでん》』などによれば、魯《ろ》という国の年代記、とかんがえられているが、じっさいは、そんなたわいもないものではない。『左氏伝』とならぶいまひとつの解説書『公羊伝』がいうように、それはまさしく改制のための書物である。改制とは、制度の全面的改新ということ、つまり中国の概念でいう「革命」である。周はほろびると孔子はみとおしていた。それで、周のつぎにきたるべきあたらしい王朝のために、理想的な政治プログラムを、魯国年代記という形式に託して提出したもの、それが『春秋』だ、というのである。

もちろん、公羊学も清朝では、さいしょは純粋に考証学として研究されたが、やがてその思想的内容が関心をひくようになる。しかも時代は清朝も全盛期をすぎて、白蓮教の乱、アヘン戦争、太平天国、という危機時代に入りつつある。国家、政治への関心の復活、現状打破への願望、歴史にたんなる事実をもとめるのでなく、意味をもとめようとする欲求、それはもはや考証学では満足せしめられない。公羊学派のうちから龔自珍《きょうじちん》、魏源《ぎげん》のような改革主義的思想家があらわれ、やがて清末になると、明白な改革・革命の思想として、大波瀾をまきおこす。

孔子の格さげ　考証学では材料をひろくあつめる必要がある。それで儒教の聖人の経典を研究するにあたっても、『墨子《ぼくし》』とか『韓非子《かんぴし》』とか、儒教以外の、いわゆる諸子百家の書物に手をのばさざるをえない。もちろん、さいしょはたんに訓詁《くんこ》学的研究の傍証《ぼうしょう》として参照されたにすぎなかったが、いつまでもそのままでいるはずはない。しだいに内容的研究にすすむようになる。やがて西洋思想が輸入され、それとの比較から、諸子百家の思想的豊富さはますます認識されてくる。けっきょく、清朝の末ごろには、孔子は聖人として独特の地位をしめるひとではなく、要するに諸子百家のうちのひとりにしかすぎなかったのだ、ということになった。

孔子が聖人であるということは、考証学においても大前提であった。しかし、その大前提は考証学それじしんの発展によってくつがえされてしまう。孔子と儒教の権威の動揺ということは、陽明学の帰結として、明末にすでにあらわれていたのであるが、陽明学の否定から出発した考証学が、けっきょく、その帰結を完成するのである。

今日、中国史をまなぶものは、戦国の諸子百家の時代が、独創的な思想家の輩出《はいしゅつ》した、中国思想史上の黄金時代であったと、あたまからおしえられる。しかし、そのような評価は、じつはわずか五、六十年このかたのことにすぎない。漢以後一千年のあいだ、諸子百家の時代は、道徳的混乱と言論のからさわぎの、いまわしい時代にすぎなかった。それが黄金時代とたたえられるようになったについては、右にのべたような歴史的背景があったのである。

士大夫思想の多様性

宋以後、清末まで一千年は士大夫《したいふ》の時代である。士大夫とは何か。唐代、科挙制度の確立とともに興り、宋代に至って不動の勢力となった所の独特の支配階級である。経済的には地主であることを例としたが、しかしそれは必ずしも必須の条件ではない。士大夫の士大夫たるゆえんは何よりもまず、知識階級である点に、言いかえれば儒教経典の教養の保持者たる点に、即ち読書人たる点に求められる。今すこし周到に言えば、その儒教的教養（それは同時に道徳への能力をも意味する）の故にその十全なあり方としては科挙を通過して為政者（官僚）となるべき者と期待されるような、そのような人々の階級である。

中国では経済面を重視して地主という面を非常に強調するが、日本では社会的な存在、地域における有力者としての郷紳の面を強調することが多い。士大夫というのは、かくて、具体的には、官僚、または郷紳であるのが普通であるが、しかし要するに読書人に他ならない。もっとも、これは最も顕著な型態について言ったのであって、実際には、官僚でもなく郷紳ともいえぬ読書人、つまり士大夫の下層というよりはむしろ庶民の上（？）層とでもいうべき読書人の方がはるかに多かった。統計的研究によれば太平天国直前、科挙による degree を持つ者の総数のうち、生員（および監生）の数はその九〇パーセント以上に達していたという。生員はまだ実際の官職には就けないのであるから、士大夫といってもその下層には莫大な数の読書人が、ちゃんとした生業にもつかないで次の段階の試験をめざしつつ苦しい生活をしていたわけである。

読書人は独特の学問を生んだ。中国の学問、または学という言葉には、今日ふつう言う学問という意味と同時に、今日ではむしろ思想という言葉で呼ばれるであろう様なもの、世界観的な哲学、思想、つまり何らかの意味で「道」にかかわるところのもの、この両者が統一的に含まれている。読書人はネオ・コンフューシャニズム (Neo-Confucianism) という哲学と考証学 (実証的文献学) を生み出した。宋の朱子学、明の陽明学、清の考証学がそれである。私は以下に、ネオ・コンフューシャニスムと考証学について、それらが結局、いかなる成果に達したか、ということを考えてみたい。そしてその歴史的な意味を考えてみたい。

ネオ・コンフューシャニスムの探求するのは聖人の道であり、その目標は聖人となることである。その前提には「学問によって聖人となり得る（聖人可学而至）」という確信があった。聖人とは何か。宋以前、聖人に関する考え方には二つのものがある。第一は、礼楽の制作者、つまり聖天子を謂うのであって、周公はその代表者。第二は、聖人は人倫の至りとする見方、つまり道徳的に完全な人間、孔子はその代表者。宋代の学者たちが理想として掲げた聖人は、この第二のものである。程頤《ていい》（一〇三三—一一〇七年）に、「聖人の学は内に求める、内に求めずして外に求めるのは聖人の学ではない」

という言葉があるが、宋代に入って聖人は決定的に内面的な人間として捉えられることになる。聖人とは天理そのもので人欲の無い人間である。かくて学問の課題は理の追求ということとならざるを得ない。有名な格物致知とはそのための方法に他ならない。理の追求ということは二つの方面を持つ。第一は、人間の心の内なる理を自覚すること、即ち性即理の自覚。第二は、理は単に心の内にのみ存するのでなく、外なる事事物物にも存するのであるから、その様な理をも究めつくさなければ、理の追求は完結しない。普通、格物致知という言葉は、この第二の意味として理解されることが多い（それは決して正確な理解ではないが）。つまり知は道徳知であるとともに知識の知でもある。知識の知は即ち外に向うところの知である。しかし宋学がそのスタートを切ったところの内面主義によって、しだいにボルテージを高められてくるところの内というものが、果してこの様な外なる理というものの存在に、いつまで耐えることができるであろうか。内以外にも外にも理が在るということは、内にとって耐えがたき屈辱でなければならない。王陽明《おうようめい》（一四七二—一五二八年）の心即理の説、良知の説はかくして現れた。それは現るべくして現れたのである。心即理である様な心を良知と呼ぶ。良知はしばしば「知」一字で呼ばれることもあるが、良知にせよ知にせよ、それは決して知識ではないことを知らなければならない。それは道徳的、先験的な、直覚とでも言うべきものであり、同時に道徳への能力でもある。陽明の言う知というものは、この様に朱子学の言うそれよりも内容的にははるかに狭いものである（私は良知をむしろハート《ハート》heart, fr. cœur と呼びたい）。王陽明の言葉に、いくら広さが広くても源の無い溜《た》め池の水であるよりは、広さはたった数尺ぐらいにしか過ぎなくても、自己の内に源を持つところの生意極りなき井戸の水でありたい、というのがあるが、この言葉は所謂る良知説の性格を最もよく現していると思う。

聖人概念の徹底的内面化はかくて王陽明の良知の説に至って完成したと言ってよい。人間において問題となるのはただ一点、良知のみである。王陽明の有名な純金の譬喩は、そのことを最も明白に述べたものである。中国では聖人という言葉は各人がそれになるべき目標であると同時に、例えば堯、舜、伯夷、孔子など歴史上の実在の人物でもある。これらの歴史的聖人は、その才能、力量、事業、実にさまざまであるが、にもかかわらず彼らが等しく聖人と呼ばれるのは、要するに彼らの心が純粋に天理そのものであり、人欲という混りものが無いという点にある。もし才能、力量などを論ずれば、それはちょうど金の重さに差異がある様なものである。例えば堯、舜は一万グラム、文王、孔子は九千グラム、伯夷は四、五千グラムという様なもので、才能、力量にはいくらでも差異はありうるけれども、天理に純でありさえすれば、即ち良知を保有していさえすれば、皆ひとしく聖人である。ちょうど一万グラムの金も、一グラムの金も純度が完全であるならば平等に金である様なものである。孟子は「人みな堯舜たるべし（人は誰でも堯舜になれる）」と言ったが、それはこの様な道理に基づいているのである。後世の人はもっぱら知識や才能の点に聖人を求めて、聖人は知らないことはない、聖人にはできないことはない、と考え、その様な知識や才能を一つ一つマスターして始めて聖人になれると考えている。それは非常な誤りである。その様に考えるものだから、書物的な研究や外的な事柄の研究に走るが、しかし知識が広くなればなるほど人欲はつのり、才能や力量が増大すればするほど天理は蔽われていくのである。この様に人間の人間たるゆえんを良知の一点に求めた結果として、一種の自由主義が生まれることになる。陽明によれば、根本的に良知という一点さえ同一であれば、人それぞれ各人各説であってかまわない。聖人の教えというものは、誰もかれもをも全部一律にしてしまおうというのではない。人々の知識、才能、性格はどうして一律にすることができよう、人間は良知さえしっかりしていれば、知識、才能は論ずるところではない、と言っている。この様な良知説の一つの典型的な表現は「啞で聾の聖人」というものであろう。江西省泰和県の楊茂という人は啞で聾であったが、その人と王陽明の問答が王陽明の全集に収められている。楊茂は熱心に聖人の道を求めていた。陽明は筆談によって彼に問うて曰わく、「君は口で是非を言うことができず、耳で是非を聞くことができないが、心では是非を知ることができるだろう？」楊茂も筆談で答える、「是非を知る」。陽明が書く、「そもそも人間で本質的なものは心だけである。心に天理を存しているなら、それは聖人の心に他ならない。口もきけず、耳も聞こえなくとも、それは口のきけぬ耳も聞えぬ聖人というものに他ならぬ」と。アーヴィング・バビット Irving Babbitt はかつてルソー Rousseau に源を発するロマンティシズムが「書くことも読むこともできない天才」というものを肯定したと言って、攻撃したのがここで思いあわされる。有名な「街中が聖人だ」という言葉はこうして生まれてくるのである。聖人はもはや、読書人にとってのみの存在ではありえない。かくて所謂る泰州学派というものが生まれ、農夫、陶工、木こり、商店の主人、役所の書記などが士大夫とともに講学し、良知にめざめよ、真の人間となれ、と士大夫たちを前にして訓示するという様な事態が引き起されてくるのである。

泰州学派の創始者、王艮《おうこん》(一四八三―一五四〇年)その人からして塩田の製塩労働者の出身であった。心ある士大夫にとっては誠に苦々《にがにが》しい現象であったに相違ない。朱子は理の探究の最もよい手段は読書に在ると主張したが、その様な教えは今や、ほとんどけしとんでしまったと言ってもよい。読書はむしろ警戒さるべきものである。王艮の弟子の一人はその師を讃《たた》えて次の様に言っている。「昔から今日まで、生業は農工商と様々であるけれど、しかし人間は皆平等に学ぶことができるのである。孔子の弟子は三、〇〇〇人と言われている。しかしその中で六芸に通ずるものは僅かに七十二人と記されているところを見ると、その七十二人以外は皆、無学な庶民に他ならなかったのである。ところが、漢代にただ経書を暗誦しうるというだけの人間が師となる様になり、学問は経生・文士の業となってしまった。かくて人々がともに研究し、ともに完成してゆくところの聖人の学というものは逆に伝わらなくなってしまったのである。ところが天は我が師を塩田より奮起せしめた。師は慨然として学の真相を悟り、単刀直入に孔子、孟子の教えを把握し、ずばりと人間の心を指し示した。かくて完全に文盲の愚夫俗人も皆自己の心の本質が霊妙で、知識を借り教育を待つまでもなく、完全無欠であることを自覚し、二千年間失われていた真の学問というものがここに再び明らかとなったのである」。

この様な良知説の行きつくところが、その熱烈な聖人主義の結果として、意外にも儒教あるいは孔子の相対化に赴かざるをえなかった点を特に指摘したい。それはまず当時の、もしくは漢以来の儒教の批判、或いは士大夫の批判より始まって、我にもあらず結果したところのものであった。既に王陽明は「我が心に顧みて納得できなければ孔子の言といえども従うことはしない」とか、「道は天下の公道であり、学は天下の公学であって、朱子の私しうるものでもなく、孔子の私しうるものでもない、天下の公であるから公言せんのみ」という有名な言葉を吐いたが、良知説は本来その様な傾向を秘めていたのである。最も有名なのは李贄《りし》（一五二七―一六〇二年）（李卓吾）の「童心説」である。童心とは聞見、即ち外的な知識とか、道理、即ち儒教の教条とかの侵入する以前のいわば原始の心を指すのであり、その立場に立てば読書の如きはむしろ危険極りないものであった。童心が失われ、書を読み道理を知ることに始まる、と言う。六経や『論語』『孟子』という経典もいわば余計なものに過ぎないであろう。真の原始の心を失ったニセの人間、ニセの教えの横行に抗議して、李贄は次の様に主張する。「童心さえあれば、実は六経も『論語』『孟子』も本質的には必要のないものである。原来、六経、『論語』『孟子』は記録者が過度の尊敬を捧げた言葉であるか、その弟子たちが極度に賛美した言葉である。もしそうでないとしても、あまり賢明でない弟子どもが、うろ憶えの先生の説を前後の脈絡もなくその頭相応に書きつけて書物にしたものに過ぎない。それを後世の人は聖人の言葉そのものであると考えて経とみなす様になってしまったが、実際はその大半は聖人の言葉ではないのである。たとえ聖人の口から出たものだとしても、その時の情況に応じてこれらのあまり賢くない弟子どもを指導しようとしたものに過ぎない。それをどうして不用意にも万世の至論とみなすことができようか。つまり六経や『論語』『孟子』というものは道学先生のメシのタネにすぎず、ニセ人間（童心を喪失した人間）製造所にすぎない。童心より発した言葉とは決定的に違うものである」と言いきっている。また或る文章では、人々は孔子を大聖人とし、タオイズム、ブディズムを異端としているが、それは大聖人と異端との区別を真に知っているからではない。父や師や古い学者の説にそう教え込まれたからである。古い学者たちがそう考えたのも結局、孔子にそれとおぼしき言葉があるからにすぎない。今日では誰もかれもそう言っていて、もはや否定することはできない。今日に至っては、たとえ自分自身に目が有っても、もはや役に立たない。世間《せけん》の人々に従う以外にないのである。世間の人々のみとめる通りに孔子を聖人と認める以上、世間の人々のする通りに孔子を礼拝するのは当然であろう。だから私は人々のする通りに孔子を礼拝するのである、と言っている。これは反儒教というよりはむしろシニシズムと言うべきものであろうが、当時の中国の状態を考えれば李卓吾は儒教に叛旗をひるがえしたものといってもよいのである。

このような儒教に対するシニシズム、もしくは批判的態度の一方に従来異端として常に斥けられてきたものへの再評価というものも現れてくる。既に王陽明に見られる様な三教合一的な態度もそれであろうが、更に王陽明の高弟、王畿《おうき》（一四九八―一五八三年）に至っては告子の如きも漢以後の堕落せる儒教徒にはるかに優るものであり、聖人の学の別派とも称すべきものであるとした。李卓吾は墨子について次のように言っている。「孔子が墨子について沈黙しているのは墨子を是認していたのである、孔子と墨子ではその方法はもちろんそれぞれ違うが、しかしいずれも太平を実現すべき思想であって、思想というものは一律である必要は決してないのである。孟子が墨子の教えは父を無《な》みするものだと非難して排撃したのは孟子の誤りであった。もし孟子の主張に従えば、禹をも否定せねばなるまい。禹は洪水を治めるに当って、三たび我が家の門前を通りながら、ついに我が家に入ろうとはしなかった。これは父の存在を無視すること甚しいものと言わなければならない。孟子は何故禹を排撃しないのか」。大体、心即理や良知を主張する学問には異端再評価の傾向があるらしく、時代は少し下るが、顧炎武《こえんぶ》（一六一三―八二年）の尊敬した友人の陽明学者、李顒《りぎょう》（一六二七―一七〇五年。この人はむしろ典型的な道学先生であった）も楊子や墨子に対して決して異端として排斥すべきでないと論じている。黄宗羲《こうそうぎ》（一六一〇―九五年）が『明夷待訪録《めいいたいほうろく》』において科挙制度の改革案を提示した際、諸子学をも科挙の科目に加えなければならないとして、その具体策まで示しているのは、この様な動向と必ずしも無縁ではないであろう。

要するにネオ・コンフューシャニスムの到達した一つの帰結は、儒教の相対化、あるいは相対化すれすれのところまで来た、ということであろう。勿論、それが士大夫思想の主流となったとか、社会全般の風潮となったとか言うのではない。しかし、もし当時の政治権力とオーソドックスな士大夫勢力とがこの様なネオ・コンフューシャニスム運動を弾圧しなかったならば、儒教は恐るべき危機に直面したであろうことは疑いないのである。私は今、儒教の危機 crisis と言ったが、それは中国にとって単にそれだけのものであったであろうか。私はこの儒教の危機の中に、実は大きなチャンスが秘められていたと思うものである。それはこの crisis の反面に儒教の国民化、或るいは儒教を中心とした国民的――乞食から天子までを一貫する道徳体系というものの形成へのチャンスが存在したと思う。二つのことは一見、矛盾するように思えるが決してそうではない。儒教の最大の弱点はそれが人民をおきざりにしていたことである。もちろん、『大学』は「天子より庶民に至るまで、ひとしく修身を本とする」と宣言している。また士大夫というものは日本の武士の様に、生まれによってはっきり庶民と区別されているものではない。いかなる下層民も学問をすることによって士大夫になることはできたのである。しかし学問をして士大夫に成りあがったものでない農、工、商のいわゆる庶民は、現実には、いわば自己自身の力で自己の内面を自覚し鍛練する方法も、動機も与えられていなかった。彼らはあくまで教化の対象でのみあるにすぎなかった。もちろん、袁了凡《えんりようはん》（一五三三—一六〇六年）や林兆恩《りんちようおん》（一五一七—九八年）などの庶民道徳の教えというものは大きな力を発揮したかもしれない。しかしそれらの教えは治国平天下までを一貫した教えではなかったのである。孫文が世界のどの国の人間もまだ発見していない中国の偉大な政治学説と誇った格物・致知・誠意・正心・修身・斉家・治国・平天下という一貫的な、つまり個人の内面的修養より治国平天下までを一貫して体系化した教説は、庶民無縁のものとされていた。その最もよい証拠は孔子の祭典に対して庶民の参列が禁じられていたことである。清末の改革家、康有為《こうゆうい》（一八五八—一九二七年）は中国人民を国民として新たに形成するために孔子教の創出を天子に請願した上奏文において、このことを怒りを以て指摘している。歴史にifをもち込むことは無意味かもしれないが、私はこの良知の説こそ儒教の国民化、或いは儒教による国民の形成の大きなチャンスを与えるものであったと思うのである。士大夫思想としての儒教が自己を相対化する方向を示しはじめたことは、その国民化にとってはむしろ有利であったのではないか。

明代末期に至って陽明学がそのいわば結論を赤裸々に示し始めた時、士大夫は当然非常な恐怖、同時にまた反省を持った。そして士大夫読書人の反省の結果、ここに生まれてくるのが明末清初の所謂る経世の学である。顧炎武、黄宗羲、王夫之《おうふし》（一六一九—九二年）などの名前を挙げるだけで十分であろう。誰一人としてネオ・コンフューシャニスムそのものに反対ではない。そのいわゆる「経世の学」も決してまだ考証学ではなく、その本質はむしろ士大夫と天下国家とのあるべき姿を論じ、それを文献的、フィールド・ワーク的実証によって展開したものに他ならない。しかし、この気魄に満ちた学問がやがて単に正確さのみを追求する考証学に狭く固まってゆき、考証学の全盛時代を招くことになる。考証学の発生については色々な考え方がありうるであろう。例えば余英時氏の宋以後の学問の「内在理路」(development of inner logic) の説の如きは必ずしも清朝政権の知識人弾圧というものを主要な原因とは考えない立場である。しかし私はやはり多くの人々と同じく、明末清初のあの気魄に満ちた実学学問・思想が考証学という科学的といえば科学的であるが、極めて限定せられた、いわば技術的な学問に堕してしまったのはやはり清朝政府の知識人弾圧が士大夫読書人に非常な恐怖を与えたことに原因があると思われるのである。例えば文字の獄の如き、残酷無比な弾圧の連続を見る時、読書人たちが政治論や或いは節義の議論に渉るおそれのある分野を自らに禁ぜざるを得なかったのは当然のことと考えざるを得ない。ある士大夫の家訓が、たとえ日記の中にでも政治に渉るような議論をすることを子孫に固く禁じているのを読む時、私は清朝の士大夫に対する恐怖政策がいかにその内面生活をも深く規定しているかを感じざるを得ないのである。かつて侯外廬《こうがいろ》は明代後半（それはまさしく陽明学全盛の時代と同一の時代であった）の文化学術界を、かの諸子百家の時代の再来と言ったことがある。今日、普通に清朝の学問、即ち考証学が実事求是の学問であるというのを過度に一般化して清朝文明全体も実事求是的な文明であるかの如くに考え、明代の大衆的な、知的に洗練されない低級な文明に対して清代の文明の方がより進んだ、より高級なものであるかの如く考えられている様に、少くとも私には、思われる。しかし果たしてそうであろうか。私は大きな疑問を持っているのである。清朝の実事求是の学というのは要するに文献主義に他ならない。例えば地理学にしても、たまたま流刑にあった士大夫がその地方の地理を研究するという風なことはあったけれども、自発的に実地に就いて踏査するという風なことや或いは中国全土の地理を実証的に総合して把握しようという風な試みは遂に現れることはなかった。しかし明代の学問（所謂る明末清初の学問はそれの延長に他ならない）の中には徐霞客《じょかかく》（一五八六—一六四一年）の有名な遊記を別にしても『読史方輿紀要』の如き傑作が作られているし、歴史学に於ても清代には掌故の学、即ち清代人による清代史の研究というものは考証学の全盛時代には、何ひとつ無いことは繆荃孫《びゅうせんそん》（一八四四—一九一九年）の断言した如くであるのに対し、明代には逆にその多さに苦しむほどである（雷礼『国朝列卿紀』、鄭曉『吾学編』など）。軍事学に於ても（茅元儀『武備志』、胡宗憲『籌海図編』）、医薬学においても（李時珍『本草綱目』）、或いは産業学においても（宋応星『天工開物』）、或いは農学においても（徐光啓『農政全書』）、明代（嘉靖・万暦時代）と清代（乾隆・嘉慶時代）とを比べる時、その差はあまりにも顕著ではあるまいか。考証学の源流も、明代に既に存することは今日ではもはや定論といってよい（陳第『毛詩古音学』、梅鷟『尚書考異』）。勿論、明代のその様な学問は清朝的な基準から言えば、すべて雑駁であり、洗練された科学的研究とは到底称しえないものであるかもしれない。しかし人民の生活、社会や国家の必要に応じて自然発生的に生まれた多くのプラグマティックな実証的な研究はあらゆる分野で盛におこなわれていた。しかも一方には陽明学のような大哲学があり、また仏教は中国史上、最後の活潑な時期をむかえていた（仏教は清代には完全な沈滞におち入る）。私はこれらの現象を冷静に考える時、文明の形として果して明清いずれの文明の方がよりあるべき文明であるか判断に苦しまざるを得ないのである。好むと好まざるとにかかわらず、仏教、道教が中国文明の大きな要素であることは否定できない。道教はいま論じないとして、仏教界は思想的にも社会的にも沈滞をきわめ、何らのトピックもない。儒教界はいたずらに職人芸的な考証学のみあって、心性を論ずる哲学も天下国家を論ずる政治哲学もない（戴震の名が挙げられるかも知れないが、しかしそれが社会を動かしたということを聞かない）。いわんや、実学的な研究にいたってはほとんど皆無に等しいのである。私には清朝の文明はいわば暴力的にねじまげられた文明、不自然に単調な、気の毒な文明という印象を禁ずることができない。

考証学の方法が一種の歴史主義であり、またいわば遡行主義とでもいうべきものであることは言うまでもない。例えば経典の研究についていえば、その経典の時代に時間的に近い資料ほど考証的価値があるのである。梁啓超《りょうけいちょう》（一八七三—一九二九年）が言っているように、この方法は一種の解放的役わりを果したことは否定できない。梁啓超によれば考証学の意義は、復古によって解放をもたらした点にある。「第一段階は宋の古《いにしえ》に復することによって明の陽明学からの解放を得た。第二段階は漢唐の古に復することによって朱子学からの解放を得た。第三段階は前漢の古に復することによって許慎、鄭玄からの解放を得た。第四段階は先秦の古に復することによって一切の伝註からの解放を得た。先秦の古に復した以上、孔孟からも解放を得なければ止まないであろうことは勿論である」。私はこの説は大体論として非常に優れた議論であると思う。清朝の学者たちも、儒学というものが聖人の道を研究するものであることは、当然、前提としていたのである。但、聖人の道を知るためには聖人の遺した経典を正確に解読することが第一歩であるとして、その大目的の方は一応カッコに入れておいて正確さをひたすら求めて行ったのである。そして古く古くとさかのぼって行った結果、遂には諸子百家を再発見するであろうことは、当然のなりゆきと言わなければならない。諸子百家の存在そのものは勿論この時始めて知られたわけではない。しかしそれは最初の間は経典の考証の為の参証源としてしか見られていなかった。しかし『漢書』芸文志というものが考証学に於て一つの基準として確認されて以来、所謂る儒教の学問以外に諸子百家という思想家群がそれへの対抗者として儼然として存在したことは学者の基礎知識とせられるに至った。かくて諸子が諸子として研究せられる時代が当然やってくるはずである。殊に考証学のように学問を一応「道」というものから切り離し、「道」をいわばカッコに入れることを基本的態度とする雰囲気の下では当然そのような研究態度が出現してくるであろう。それはあたかも「道」に全精神を集中し真の道に照らして後世のあらゆる儒学のゆがみを批判したネオ・コンフューシャニスムが、それらの歪曲せられた儒学よりはむしろ諸子をよしとするようになってくるのと結局、同一の結果を生んだわけである。汪中《おうちゅう》（一七四五—九四年）の「墨子序」はその最も早いものである。汪中は次のように言っている。孟子が墨子の兼愛を父を無《な》みするもの、つまり儒教道徳の根本たる孝を否定する最大の邪説と断定して以来、後世の士大夫は唯、孟子に従って墨子を攻撃してきた。世人は皆、孔子を誣《し》いたことを以て墨子の罪とするが、しかしながら孔子は儒教徒から言ってこそ生民以来、未だ有らざる所の聖人であろうが、墨子の徒から言えば孔子は魯の大夫、墨子は宋の大夫、位も匹敵し年齢も近い。主義主張が異なれば言論によって相手に打ち勝とうとするのは当然で、孔墨いずれもそのようにした点は同じである、と。かくて諸子の思想が諸子の思想として研究せられることが開かれてくるのである。当時、汪中は名教の罪人として非常な非難をあびたものであるが、しかしこの考証学の必然的傾向はもはや止めることはできない。やがて一九世紀の中頃には陳澧《ちんれい》（一八一〇—八二年）の『東塾読書記』（一八七九年）の如く、明確に諸子学の存在を承認し、その研究を学者に必須のこととする考えが成立してくるのである。勿論、この様な考えが確乎たる地位を占めるにはいわゆるWestern Impactつまり西洋に於ける政治学、社会学、自然科学、キリスト教などの存在が先進的な事実として知られてきたことが大きな条件をなしているが、しかしそれも要するに二次的な原因にすぎない。かくて最後に康有為『孔子改制考』（一八九六年）が孔子も結局、諸子の一人に過ぎなかったことを決定的に主張するのである。但、康有為の場合は孔子を諸子の一人として相対化しながら、ただちに諸子のうちの最も優れた人としてそれを絶対化しようとした。諸子のうちで孔子のみが絶対的真理をつかんだのである。しかしこのようにして孔子が一旦、相対化せられた以上、例えば章炳麟《しょうへいりん》（一八六八—一九三六年）の如く孔子を諸子のうちでむしろみにくい利己的な存在と描くものの出てくるのを禁ずることはできないのである。章炳麟はまた孔子は要するに読た。

書人という狭いサークルの間での守護神に過ぎない、それはちょうど仕立て職人が軒轅を祭り、大工が魯班を祭り、書記が蕭何を祭るのと何ら異なるところは無く、一般人民とは何の関係も無いといった。

要するに考証学は、哲学の到達した結論を別の方法で検算してみせたにすぎない。明末における儒教の危機の際、儒教の再解釈と再組織は期待可能であったのに、士大夫はそのチャンスを見送ってしまった。萌芽は摘み取られてしまった。李贄は儒教そのものを否定したのではない。読書人の儒教に絶望したのである。「先王の教は農村の文字も識らぬ婦人に於いてこそ実現せられ得るし、また実現せられている。読書を任務とし、人民の上に立つ連中には実現せられ得ない」。またWm・T・ドバリー教授が指摘したように、王陽明-李贄の哲学は単に心学としてのみ論ぜられて、その哲学の要求するところに対する制度的な保障は論ぜられなかった。それを論じたのは、李贄を批判した東林派であり、東林派の政治思想を大成した黄宗羲であった。黄や顧炎武を大局的に見て李贄の継承者とする溝口雄三教授の説は正しいと思う。しかし、彼等の思想は、儒学がねじ曲《ま》げられて考証学となることによって継承者を失ってしまった。それが清末に再認識されたときには、もはや手おくれであった。制度改革も康有為の手によって一時は実現したかに見えたが、忽ち失敗してしまった。exact scienceと化した儒教とただ科挙のためのみの朱子学とは、もはや思想としての力を失ってしまっていた。要するに、民族主義の時代、それも帝国主義にとり囲まれた民族主義の時代に於いて、儒教は完全に無力となっていた。康有為も孫文も、中国人民が「バラバラの砂」(一盤散砂)であることを歎《なげ》かねばならなかった。いずれにせよ、ベトナムの革命家グエン・カック・ヴィエン Nguyen Khac Vien が、儒教には「マンダリンの儒教」と「人民の儒教」とがあったといい、次のように断定しているのは、私には大変興味がある。「今日ベトナムでは、政治的社会的行動のドクトリンとしては、マルクス主義が儒教にとってかわった。儒教道徳と新しい革命倫理とが交替した。儒教を蘇生させようとするいかなる試みも無駄である。しかしながら、ニセ革命家とは反対にベトナムのマルクス主義者は、儒教と読書人の仕事とを、新しい社会が消化すべき民族的財産と考えているのである」。

THE RÉSUMÉ OF CISHAAN

Saturday, September 3, Afternoon Session

Chairpersons: KAMACHI Noriko; STEELE, William; SHIGA Shūzō

SHIMADA Kenji: Diversity in the Thought of the Shidafu (Mandarins) (Keynote Speech)

The intellectual history of post-Song China was that of the shidafu 士大夫, and can be shown thus: Zhuzi-xue 朱子学→Yangming-xue 陽明学→Kaoju-xue 考拠学.

The development from Zhuzi-xue to Yangming-xue was the necessary and inevitable course.

Zhuzi-xue→Yangming-xue development produced at last severe criticism of Confucianism and the relativisation of Confucianism, sometimes of Confucius himself. It was a crisis. But, at the same time, it was a great chance to realize nationalization of Confucianism, that is to say, to popularize Confucianism which had been monopolized by the shidafu. The chance was passed up.

The crisis caused the shidafu to reflect upon and reexamine their learning. There appeared the study of how to put in order society and the world (Jingshi zhi xue 経世之学).This study is usually considered as the start of Qing learning, but I think, it must be looked upon as the continuation of Ming learning of which Yangming-xue was only a branch.

Qing study soon shrinked into mere philology, and mere textual study or Kaoju-xue, because of the Qing government's oppressive policy against the shidafu.

One tacitly presumes that the culture of the Qing as a whole was an intellectual, high-standard one, while that of the Ming was vulgar. But this is an illusion which is produced by the excessive generalization of the refined scientific character of Kaoju-xue. The culture of the Qing lacked a proper study of contemporary history, governmental science, military science, practical geography, pharmaceutical science, agricultural science, encyclopedic projects, industrial study........all studies which are spontaneous, practical and evidential in the true sense which were not rare in the Ming period. Even textual criticism was there already in the Ming period. The culture of the Qing period as a whole was monotonous, distorted, and sad. There, Buddhism was in complete stagnation.

It is interesting that the textual study of the Qing had also produced at last, as a conclusion, the relativization of Confucius and Confucianism. Kang Youwei, who declared this conclusion, wished at once to recover the privileged position of Confucius and Confucianism, and thereby to form the nation. But it was too late. The chance had been passed up long before.

II

中国の伝統思想

中国の伝統思想といえば、まず挙げられるのは儒・仏・道の三教である。大ざっぱに見たばあい、儒教・仏教・道教の三者によって旧中国の思想史をおおうのが、従来、中国史研究者の常識であった。ただ今日としては、この三者のほかに、さらに「諸子百家」を加えるべきかも知れない。諸子百家が今日もっている人気（?）から考えて、それはまことにもっともなことである。しかし中国史を全体として見わたしたとき、諸子百家を代表的伝統思想とするには、大きなためらいを感じざるをえない。古い思想、古くからある思想、という意味では、諸子百家は仏教や道教よりもずっと古い。しかしながら、いわゆる「老荘」つまり「老子」「荘子」を例外として、たとえば「墨子」「韓非子」などの諸子百家が生きてはたらく思想としてふたたび息をふきかえしたのは、どんなに早くみつもっても、近々百年このかたのことにすぎないのである。伝統思想には、たんに古い（古く成立した）思想というのみでなく、それが生きてはたらいている、作用している、という点がなければならない。しかも生きて作用するというのは、かならずしもその思想の成立・存在の当初から不断にそうでありつづけるわけではない。伝統的思想のうちの或るものは、ながいあいだの休止ののち、なんらかの機縁にさいして、はじめてそうなったのである。

中国の伝統思想のうちその作用が不断であったものは、儒・仏・道の三教であり、なかでも正統の地位をしめていたのが儒教、それにたいして仏教・道教はいわゆる「異端」であった。もっともこの異端はヨーロッパでいうと異教にあたり、正統との関係はヨーロッパのばあいとは大いに様相を異にする。ヨーロッパのばあいのような血なまぐさい異端狩り、異教狩りというものは、儒教の歴史にはただの一度も見られなかった。今はそれらの点についてはふれないとして、儒教思想の概要をスケッチしたい。

儒教が唐・宋のあいだを境として、その前と後とで顕著に様相を異にすることはすでに常識である。ここではまず、原始儒教をとりわけて独立の項目として立てないで、それをもふくめて、漢の武帝が儒教のみを国家の教学とさだめた画期をへて唐にいたるまでの儒教――宋以後の「四書」中心の儒教にたいしていわゆる「五経」(ほんらいは六経)中心の儒教――について、そのごく概略の思想内容、つまり五経の教養によってひとびとが脳裏にたくわえた、いわば儒教的世界観とその概要を叙述してみたいと思う。もちろんこの宋学以前の儒教の特長は、いわゆる「博にして要すくなし」という点にあり、それに世界観の内容というものは各人各様、とても統一的に叙述することのできるものではない。しかし私はあえてそれをやってみようと思う。それは、このようなこころみが従来あまりなされていないからでもあるが、また一面、たんに古い儒教の世界観という以上に、宋学の世界観の基礎あるいは前提として、このような一般的知識を承知しておく必要があると信ずるからである。

一　古い儒教の世界観

儒教の経典がものがたる理想的世界は、「先王」の世界である。すなわち唐の帝堯、虞の帝舜、夏の禹王、殷の湯王、周の文王・武王・周公という聖天子の時代、いわゆる唐虞三代の世である。これらの聖天子は人間に衣食住・舟車医薬・暦算文字などのちょくせつの生活手段を教えたのみならず、さらにすすんで人倫道徳と文物制度など、一言にしていえば「礼」を教えた。礼こそ人をして人たらしめる道、人をして夷狄《いてき》ならぬ中華の民たらしめる道、なのであり、聖人とは聖天子、つまり文明の制作者のことであった。

自然界にはみごとな秩序がある。天の高いのは尊《たか》いのであり、地の低いのは卑《ひく》いのである。山はそびえ、川は流れ、走獣には走獣のさまがあり、飛鳥には飛鳥のさまがあり、寒ゆけば暑きたり、暑ゆけば寒きたり、永遠の秩序が美しい文《あや》をなして調和的に法則している。そのことはただちにまた、人間界のあるべきあり方を示していないであろうか。天地自然をはなれて、人は人でありえない。天地の理法こそ、ただちにまた人間の理法である。そこで人間界にあっては天子・諸侯・大夫・士・庶民という身分の秩序がかたく定まって、それぞれの分におうじた生活と行動のありかたが、正しくまもられていなくてはならないのである。それゆえ聖人は人間生活のあらゆる部門、あらゆる細部にわたって詳密な規定を定めた。それがすなわち「礼」であって、この礼こそ物質生活・政治制度・仁義道徳を包括し、整序し、かつそれらに十全の意味と機能を発揮させる。礼は「先王が天の道をうけて人の情を治めんとせしもの」、それゆえ、「これを失う者は死し、これを得る者は生きる」(『礼記《らいき》』礼運)ところのものにほかならない。天地自然の理法は、礼のかたちにおいて人間の理法として具体化される。「礼は理なり」、「礼は理の易《か》うべからざるものなり」。礼なき人間は物いう禽獣であり、いかに正しい道義感から発しようと「直情径行は戎狄《じゆうてき》の道」なのである。礼は生活と行為とにたいするたんに外的な規定に止まるものではない。それは「人の体《からだ》」であり、人間たることの条件、その宇宙的に深い存在理由なのであった。

礼はしかし、つねに礼楽と連称されるところに独特の意味があった。礼楽と連称されることによって、一面では、礼がたんなる私人的なあるいは社会人的な規定というのみでなく、すすんで政治体制まで包括するものであることを意味した。また、人間の自然な性情にもとづいて和同の方向にはたらく楽(音楽)を、ともすれば区別の方向にのみ傾きがちな礼に結合させることによって、礼の意味を補完するのである。天地自然は、秩序を示すと同時に親和をも示している。

先王の世とは、このような礼楽の世界、秩序と親和そのものの世界であった。仁義道徳が文物制度と表裏一体となっており、したがって仁義道徳がもっとも具体的に実現されていた世界であった。このような先王の道は聖人周公によって集大成され整理されて、いわゆる郁々《いくいく》としてはなやかな周の礼楽として後世に残された。孔子が祖述し著明にさせたのも、この周公が確立した文明と制度にほかならなかった。ほんらい、聖人とは、「作者を聖と謂い、述者を明と謂う」との経典の規定にしたがえば、まさしく周公こそその代表者であった。孔子はなるほど周公の事業を熱心に祖「述」したという点で、もちろん文明の恩人、すなわち聖人といわれるにふさわしいけれども、唐以前、聖人という言葉はどちらかというと周公に重みをおいて語られていたのである。

　ところでこの仁義礼楽の世界を担うものは誰か。それがすなわち君子である。かれらは「心を労して」民を導き治める。君子に治められて平安を得る庶民は「力を労する」いわゆる小人であって、君子を養うことを職分とする。この両者が正しく分かれておのおの分を尽くすところに政治の正しいあり方がある。すでに述べたように天下に秩序と親和が実現されるためには、礼（礼楽）が不可欠である。政治とは要するに礼楽の政治にほかならないのであるが、この礼の実践はたんなる強制による外面的履行に求められるべきでないことはいうまでもない。自発的な道徳能力、すなわち徳が予想されなくてはならない。しかしこの徳は、日々の生活と生業とに追われて教養の機会をもたぬ庶民には、ほとんど期待することができない。なぜならば、すでに述べたようにそれはたんなる道徳能力である以上に、洗練された文化感覚をも意味しなくてはならないからである。

　聖人の礼楽の跡は、六経に載せられているが、六経にたいする不断の教養によって、ふかく古人のことばや行いを体得するときにのみ、すなわちオーソドックスな教養によってのみ、徳はたくわえられるのである。力を労することから解放されている君子は、幼少より『礼記』『楽経《がっけい》』（じっさいには『楽経』は早く失われた）のほか、『易経』によって天地万有の理法にたいする哲学的考察を学び、『詩経』を誦して人間性への理解を深め、『書経』を読んで政教の原理を反省し、『春秋』によって歴史の意味を教えられる。こうして徳がたくわえられるにつれて、まずその容貌態度にいかめしくつつましやかでありながら、しかものびのびとまめやかな気象がおのずからそなわってくる。そうした君子人における心情と行為とは、正しく教養された人間性（徳）の発露として、とうぜん仁にして義である。礼を践《ふ》み、先王の道に過不及なく合致する。仁は天地が生をその根本的な性格とすることに応じ、義はその天地がしかも一面において粛殺をその性格としているのに対応する。「好んでその悪を知り、悪《にく》んでその善を知る」仁愛のうちにも、決然として是非のけじめに従うところにこそ、人間の道の尊厳があるのであり、仁が義によって節せられているのはまさに天地の理法がそうなのである。仁にして義なる君子の行動は必要かつ十分に礼を践《ふ》み、先王の道を践む。

このような君子の徳はまず家庭内で先祖・父母・兄弟にたいする「孝悌」として実践され、ついで夫婦・朋友・郷党において発揮される。このように外面も内容もそなわった君子たちのあいだに秩序と親愛が実現されるならば、その感化によって社会全般の秩序と親和とが実現され、国は治まり、天下は平らかとなる。「君子篤恭《とくきょう》にして天下平らかなり」とか、「揖《ゆう》譲して天下を治むるは礼楽なり」とはこの意味である。治国平天下は、第一義的には、決して有司（役人・官吏）の行政という意味ではないのである。

もちろん、ここからただちに無政府無為の理想を導き出すならば、それはいたずらに高きを求める老荘の異端説であって、儒家の道ではない。たんなる論理の整合をのみこととするのは、いとうべき狭い考え方である。師とすべきは古の先王の道であって自己の小知ではない。天子の下、中央と地方とに政府が厳然と組織されて百官有司が完備されるべきことは、聖人の定めた典章であって、まことによく人間世界の現実に則した施設といわねばならない。

自然界が天と地とからなり、時間が春夏秋冬のリズムに区分されているように、政府の官制も天官・地官・春官・夏官・秋官・冬官の区別が設けられ、その下に公卿百官がおのおの職を奉じていなければならない。いたずらに官職の簡素を誇るのは、単純に租税の低さのみをめざすことと同様、礼楽の治のなんたるかを心得ぬ夷狄のすることであって、中華先王の道ということはできないのである。天が万物をおおい統べるように、天官は国政を総理する。地が万物を載せ養うように、地官は産業や教育をつかさどり、万民を安んぜしめる。春は万物を産む。ゆえに春官は祭祀礼楽のことをつかさどり、万民をして根本にかえって恩にむくいさせる。同様に夏官は軍事、秋官は裁判・刑罰、冬官は営造のことをつかさどる。そしてこの六官の下には人間生活のいかなる微細な局面をも見のがすことなく、いちいちそれにおうずる職官がおかれ、人民の生活をねんごろに指導していた（いわゆる『周礼《しゅらい》』の三百六十官）。天子は百官有司を統率して、天地自然の秩序正しい循環に調和して、春夏秋冬それぞれの季節にふさわしい政治を行なう。たとえば天地が和同し、万物がその生を開始する春という季節には、農事をすすめ祭祀をなし、恩赦・救貧などの政令が行なわれるべきであって、刑罰ことに死刑のごときは行なわれるべきではなく、軍事行動も慎まれなくてはならない。軍事行動のようなあらあらしいエネルギーの発散は本来的に夏のものであり、刑罰ことに死刑のような峻酷な行為は秋、すなわち万物凋落《ちょうらく》の「粛殺」の季節にふさわしいのである。

すでに述べたところからすれば、徳を根本とする平天下の道においては、刑や兵はほんらいあるべからざるものと考えられるかも知れない。しかしすでに天地に粛殺（秋のきびしい気候が草木を枯らす）の義があり、また現実の政治が営利にのみ汲々として詩書の教養のための暇もなく、したがって徳を体得していない庶民や夷狄を対象とする以上、この刑や兵はやはり欠くことはできない。いわゆる「礼は庶人に下さず、刑は大夫に上せず」である。五礼のなかに軍令があり、五刑の属が三千あるというのは、このような理由によるのであって、これを欠いては中国の礼楽とはいいえない。しかし治国平天下の要諦は刑と兵とを設けてなお用いないところにこそなければならない。刑と兵とはつまるところ力の立場であって、私知の運用たる謀略とともに、徳の原理と両立することはできないのである。覇道と王道は厳に区別されなければならない。

百官有司となるものは君子である。君子は機会さえ訪れるならば、すすんで有司となる。つまり天子にたいしては「臣」となり、万民にたいしては「父母」となる。有司は決して行政技術家、事務執行者であるのではない。有徳者であり、文化人でなければならない。在野の君子（私）と在朝の有司（公）とのあいだには本質的にいってなんらの生活規範の転換もないといってよい。その主君（天子をふくむ）との関係はいわゆる君臣義合であって、義の合しないときは、すみやかに去るべきである。父子の関係がいわゆる天合、すなわち自然的な、第一次的な結合であって、いかなる意味でも破壊することができないのとは明白に異なる。君臣のあいだに義が合しないばあい、その主君のもとを去らないならば、それは身（あるいは家）を辱しめるものというべきである。かれら君子－臣のあいだに詩書の声があふれ、礼楽仁義が実践されるならば、庶民は「草の風になびく」がごとく、その徳に感化され、恥を知り、かつ正しい生活を営むにいたるであろう。夷狄も中国の文明を慕って朝貢してくるであろう。人倫の道は上下中外に行なわれるであろう。天地は諧和し、四時は時を違えず、まさにこれこそいわゆる「天地位《くらい》し、万物育《いく》す」である。人間はこうして、天地の自然が万物を育てるのを助け、天地の仲間となる。これを「天下平らかなり」というのである。天下泰平とはじつにこのような宇宙的事業にほかならない。

最後にこのような礼楽仁義の世界における経済生活についていうならば、それが欲望の無際限な追求という原理に立つものでありえないことは明白である。欲望の無際限な追求はいわゆる利であって、仁義の原理と両立しないのみならず、またそれは分をやぶるものである。そしてあらゆる悪は分をやぶるところから生まれる。とかくそのような傾向に走りやすい商業は、厳重に監視し抑制する必要がある。有無を通ずるというその効用はみとめるにせよ、その秩序破壊的な性格にたいして不断の警戒が必要である。商業はがんらいそれ自身としてなんらの価値をも生産するものでなく、たんに生み出された価値を交換するだけにすぎない。

根本的なものは農業である。農は本であり、商は末である。この順序は決して転倒を許されない。いわんや農業は、人を自然の秩序に、したがって社会の秩序にしたがわせ、安分知足の生活に止まらせる。農民をしていつも変わらない心で生活を営ませること、それが治国平天下の実質的な基礎をなす。農民を飢えさせず、こごえさせず、生者を養い、死者を葬るに十分な生活を保障することこそ

「王道の始」である。井田法の精神も一に民の変わらない心を維持するために、これに生業を保障しようとしたものである。農民に一定の収入が保障され、変わらない心が確立されているとき、「死するも徙《うつ》るも郷を出づることなく、……出入あい親しみ、守望あい助け、疾病あい扶《たす》ける」淳朴平和な農村が出現するであろう。このような農村こそ、国の本である。なぜならばこのような農村こそ賦税を出して上を充足させる、いいかえれば君子を養って教養に専念させ、礼教維持の大任を果たさせるからである。儒教の文化主義は、一面、このような農本主義のうえに立っていたことを知らねばならない。

いわゆる六経的な教養の内容をきわめて簡略に説明すれば、ほぼ以上のようになるであろう。ほんらい、儒教はいわゆる諸子百家の一つにすぎなかったのであって、当時は儒教とともに顕学といわれた宗教的熱狂主義・兼愛主義・素朴主義の「墨家」のほか、極端な法律主義・国家主義を主張した「法家」、あるいは反文明主義をとなえた「道家」、あるいは一種の共産主義を実践していたと思われる特殊団体「農家」、その他さまざまな学派がおのおの自己の説を主張して、いわゆる百家争鳴の時代を出現していたのである。

秦から漢初にかけての儒教は必ずしも諸学派のうちでもっとも優勢であったとはいえない。むしろいわゆる鄒魯《すうろ》（孔孟の生地）の地方における地方的な学派として、礼楽の講習をもって知られていたらしい。それが漢の武帝のとき、他の学派を退けて独占的に国教の地位についた理由は、おそらく儒教のもっていた文明主義・文治主義の理想が当時の実情にマッチしたからであろう。

儒教思想のもっとも根本的な点は、力にたいする徹底的な蔑視である。儒教は本来的にいわゆる国家理論とはなりえない性質のものである。その点、中国がいわば列強体制であった戦国時代においては、「国家」の思想としてもっとも有効な思想は法家思想であったと思われる。それは徹頭徹尾、力の原理に立脚し、リアリズム政策に立脚するものであって、われわれのいう意味での国家の立場はここにもっともよく表現されているのである。韓非子の言葉に「儒は文を以て法を乱し、俠は力を以て禁を犯す」とあるのは、儒家および俠すなわち墨家の立場が、ほんらい国家というものと調和しがたい点をもつことを指摘したものにほかならない。

秦・漢が天下を統一して以後、中国は列強体制ではなく、国家がすなわち世界であるような体制になった。すなわち、国家の並立を前提する法家思想はもはや必ずしも有効ではないし、墨家の素朴主義、宗教的熱狂主義、道家の反文明主義も必ずしも歓迎されなかった。もっとも要求されたのは文化的でありながら、しかも暴力をも合理化しうるような原理の体系であった。礼楽という原理は伝統的な文化主義の原理、つまりその点では国家主義的な原理ではないが、しかし国家が必須とする暴力装置（軍隊・警察）をも礼の名のもとに合理化しうるような原理なのである。さらに儒教のもつ長所としては、法家・墨家にたいして個人道徳、個人の修養というものが、明白にその地位をみとめられている点をあげることができる。この点は他のいかなる学派といえども、儒教ほど明確な理論をもたなかったといってよい。道家の「道徳」というのは、ある意味では徹底した個人主義であるが、じつはそのためにかえって個人道徳としての意味を失ってしまうところがある。こうして客観的には礼楽の体系、主観的には徳の体系、そのようなものが要するに儒教の世界にほかならない。

漢がほろんで、中国はふたたび分裂の時代を迎えることになったが、しかしもはや諸子百家が復活することはなかった。思想界の動向として注目すべきことはむしろ、後漢の時代に仏教が入ってきたこと、つづいておそらく仏教に刺激されて、南北朝時代に道教が成立したこと、この二つであろう。この時代、儒教は精神生活を独占することはできなかったのである。必ずしも仏教の影響というわけではないが、儒教的教養の枠内において一つの顕著な変化がこの時代におこってきた。それは思弁主義ともいうべき傾向であり、また内容的にいえば儒教と老荘との一種の融合への傾向ともいうべきものであった。がんらい、儒教には思弁的傾向は必ずしも強くなかったのであり、それが思弁に傾くさいにはどうしても老荘のほうにひきよせられざるをえなかった。

当時の思弁主義のいきついたところは『易経』『老子』『荘子』のいわゆる「三玄」をソースブックとする玄学（形而上学）であって、その最高の哲理は「無」であった。有名な話であるが、王弼《おうひつ》が裴《はい》徽《き》と交した問答、すなわち「無はまことに万物の根原であるのに、孔子はそれにふれようとせず、老子のほうがかえってそれを論じているのはなぜか」との質問に答えて、王弼が「聖人は無を体しており、それにまた、無は説明することができない。だから言語で論ずるばあいは、孔子は有をあげたのである。老荘はいまだ有を脱することができないでいるので、逆につねに自己に足りないところを論じているのだ」といっているのは、孔子すら玄学的に論じられるようになったことを意味する。要するにこの時代にはほんらいの意味での儒教もしくは儒学は精神生活の中心的地位を占めることができなくなり、それはせまい意味での儒教として、第二流もしくは第三流的な重みしかもたなくなってきた。玄・史・文・儒という当時の教養内容の分類において、重んぜられたのは文史であって、儒はもはやあまり大した比重をもたなくなった。経学の担い手はいわゆる経生であった。経生とは経学の専門家という意味であるが、じっさいには経学の職人というべきものであって、そのような一部の職人集団のあいだに六経の学は維持されることとなったのである。当時、儒・仏・道三教のあいだにいわゆる三教論争が行なわれ、儒教の立場に立って仏教や道教を批判した文章もいろいろのこっているが、儒教方面の論説は必ずしも精彩があるとはいえない。

二　宋以後の儒教

仏教・道教や経生的な儒教にたいして、思想としての、あるいは世界観としての儒教の反撃は唐代にはじまる。それをうながしたのは貴族に代わって社会の担当者として登場してきた士大夫・読書人である。すなわち儒教の新たな動向は士大夫・読書人の学、いわゆる名教の学にあった。その予想される性格のあらわれは、哲学的唯心論的仏教にたいしては同じような哲学的内面主義、思弁主義をとるが、仏教の出家主義にたいしては判然として反出家主義の旗が掲げられ、仏教が外来思想であるという点にかんしては、中国主義というか、いわゆる道統（儒教の道をうけ伝えた人々の系統）の説が掲げられたことである。一種の宇宙的感応、宇宙的思弁に立つ道教にたいしては、新しい世界観的な儒教はやはり宇宙的思弁をもって対するであろうが、しかしその反文化主義、反聖人主義にたいしては断固たる反撃に出るであろう。要するに正統主義・内面主義・治国平天下主義、それが新しい儒学の性格となったのである。

唐の半ばを過ぎたころ、韓愈《かんゆ》すなわち韓退之《かんたいし》によって口火を切られた儒教復興の運動は、宋代に入って思想界の主流となり、ついに朱子によって大成された。それを唐以前の儒学にくらべるならば、まず聖人の概念において明白に相違する。つまり「作者の聖」にたいして、宋学においては孟子のいわゆる「人倫の至」としての聖人、道徳的完成者、朱子の言葉でいえば「天理に純にして人欲の雑なきもの」なのであり、その典型は孔子とされる。周公が代表的聖人であった時代は、人間の理想は聖人になることではありえず、君子となることであったが、今や聖人の内面化の端緒がひらかれると、「聖人、学んで至るべし」というスローガンが高唱され、学問の目的はただちに聖人になることであると強調されたのである。その聖人は「天理に純にして人欲の雑なきもの」というところからただちに予想されるように、聖人となるための道は人欲をなくすることであり、このことが以後の中国の思想史の大課題となったわけである。

朱子学がその目的として聖人となることを目指すのはいうまでもない。それは大きくいって存在論としての理気説、文献的な研究としての経典注釈学（たとえば『四書集注』『詩集伝』）、それらのうえに立つ倫理学としての「性即理」の説、この三つの部分からなるが、その中核が「性即理」の倫理学にあることはいうまでもない。「性即理」の意味は、朱子学で心は性と情との複合体（心＝性＋情）とされているその性がすなわち理であるというのである。つまり心のうちに、天理的な部分である性と、たえず人欲に傾く傾向をもつ情と、この両部分があるとして、その性によっていわば情的なものをおさえてゆこうというのである。そして朱子は学問の方法として「居敬」と「窮理」の二つを提示した。敬に居るというのは要するに道徳律にたいする畏敬の念をもつことであり、その畏敬の念はとうぜん容貌や態度に示されるであろう。この敬は学者のいわば姿勢の問題として朱子学ではもっとも重んぜられる。つぎに窮理すなわち理を窮めるとは、広く事物の道理をきわめて正確な知識を得ることである。朱子の存在論によれば、宇宙間をみたしているものはガス状の物質、気であって、その凝集の度合、あるいは、動的であるか静的であるかの状態の差、などによって陰陽－五行－万物いっさいの存在が現象するとされるが、しかしすべての現象は、たんにあるのみでなく、あるべきようにあるのであり、その実態としてはたんなる物質「気」にほかならない万物を、そのようにあるべきようにあらしめているもの、それが「理」である。理は人間の心のなかに、つまり心の内の性の部分にあるのみでなく、外なる事事物物にもある。したがって「性即理」という原理を十分に実現するためには、外なる物の理をきわめ、そうすることによって知を完成しなければならない。

ともかく朱子学は空前絶後の体系的哲学であり、それ以前の中国民族の伝統的な思想的な成果はすべてそのなかにとりこまれているといってよい。つまり中国民族の伝統的思索の最大公約数的な表現が朱子学であったということができるのである。たとえば中国風な自然哲学をもっとも要領よく知ろうと思えば、そのいちばんの近道は『朱子語類』の最初の数巻や易の部分をみることだと私は信じている。決してたんなる道学のみではない。朱子学の新しさはもちろんであるが、それが一面でまた伝統的な儒学を多くの点で前提し、背景としている点（まえに叙述した六経的な世界観のごとき）をも見のがしてはならないのである。

　朱子と同時代に陸象山が「心即理」というスローガンを立てて朱子の「性即理」に対抗したが、大勢はいかんともしがたく、元の時代には科挙試験にも朱子学が標準学説とされ、ほぼ全中国が朱子学一色に塗られるようになった。明の中ごろに王陽明が出て、いわゆる陽明学を立てて朱子学をはげしく攻撃するが、それは一面では儒教の内面化としての朱子学の徹底という意味をももっている。すなわち朱子の説によれば、自己の内にある理を真実に自覚するためには、外の事事物物の理を一つ一つ明らかにしなければならない、というのであった。しかしながら内なる理というものは、そのようにいちいち「外」で補ってもらわねばならぬほど、たよりないものであるだろうか。そのような「外」の事事物物の理をいちいちきわめるということは、そもそも事実上不可能であるだけでなく、それはむしろ性＝理にたいするはなはだしい侮辱ではあるまいか。

　宋以後の思想史は、中国哲学の範疇をもちいるならば、「内」と「外」との対立、その抗争史とみることができるが、朱子がその端緒をひらいた「内」面主義のゆきつくところは、かくていっさいの「外」なる理をすべて「内」に奪いとること、否、奪いかえすことであった。陽明は「心即理」を高唱することによって、まさにこのことを成就したのである。陽明のいわゆる心学がたしかに陸象山の

「心即理」を受け継いでいることは否定できないが、しかし陽明の伝記にくわしく描かれているように、かれは熱心な朱子学者として出発し、朱子の格物説では「心と理とがあたかも別れて二人である」ような悩みに耐えかねたのであった。ところが貴州省の山中での流謫生活のなかから「聖人の道は我が性みずから足る。先に理を事事物物に求めしは誤りなり」と発見したのである。陽明が一面において朱子学の必然的な帰結であったというのはその意味にほかならない。陽明のいう心即理は、朱子のいう性＋情＝心の、心の全体を理とおくのであり、そのような心をとくに良知ともいっている。

この良知は知と行との統一体（知行合一）であるのみでなく、第二に自と他との統一体（万物一体）でもあるが、さらに注目すべきことは、第三にそれがいわばハートという意味をもっている、ということである。つまり良知はその内に情的なものをふくんでいる。陽明においても聖人は「天理に純にして人欲の雑なきもの」であり、そのための方法が良知であったのであるが、良知はその内に情的な部分、すなわちともすれば人欲に傾きがちな部分として朱子においてはひたすら警戒さるべきものであった部分を、いわば「定義によって」ふくんでいたのである。この良知の原理が自己を貫徹しようとして激昂の度を強めてくると、どのような成果に達するか。たとえば朱子学ではあれほど重要な概念であった敬が、陽明においては不必要な蛇足として問題外にされてしまうのは別としても、聖人というものにたいして新しい概念もしくは感覚が生まれたことをあげなくてはならない。

陽明が達した新しい概念や感覚とはどのようなものであったか。それをつぎに説明しよう。

第一に、聖人はかつては作者の聖、すなわち聖天子であり、ついでは天理の権化としての聖人として課せられた目標であったが、今や「満街これ聖人」である。

第二に、聖人となるためには欲望をなくすることが絶対の条件であったが、今や欲望そのものが原理的に肯定されることとなった。人から欲望を取り去れと命ずることは人に死を命ずることにほかならない。かつての儒教には欲望否定の思想はなく節欲の説があるのみであったが、宋学においては欲望の絶対否定が主張され、それが今、欲望肯定説に転化したのである。欲望を肯定すること自体が何を意味するかよりも、硬直した名教体制のなかでそれが何を意味するかを考えるべきである。

第三は平等主義もしくは積極主義である。良知的人間の平等性の主張はいかに熱烈に主張されても、それのみでは社会を脅かすものでありえないことは、神のまえにおける平等という思想のばあいと同様である。しかしその平等主義は一面、またはげしい積極的行動主義というべきものに裏づけられていたのであって、古来、儒教的処世術の特長である「天下道あればあらわれ、道なければかくれる」という一種のいわば両刀使い的な態度を否定して、「治にも進み、乱にも進む」という積極主義、しかもそれを無位無官のいわゆる「その位にあらざる」ものが主張するという積極主義、があらわれてきたのである。

第四に、問題をただ良知の一点に集約することによって、従来はおとしめられていた技術的なもの、知的なもの、情的なものがかえって解放され得る。すなわちここには一種の自由主義――かりに積極的に主張するという意味でのそれではないにしても、消極的に是認するという意味での自由主義――が生まれ得る。それが朱子学のめざした名教体制を裏側から掘りくずしていくであろうことは明白である。

第五に、既成の権威にたいする批判的傾向が生まれざるをえない。自己のうちに理が充足していることを確信するものにとって、外的な権威が従来の意味での権威でなくなることは明白である。陽明学派のうちから李贄《りし》すなわち李卓吾《りたくご》のような人物が出てくるのは当然のことであった。

第六は、異端にたいして肯定的な態度が生まれてきたことである。前にもいったように、儒教の態度は自己以外の学派あるいは教えにたいして、決して戦闘的迫害的なものではなかった。しかし宋学の根本的立場は、もちろん暴力に訴えてもそれを絶滅するというほどの正統主義ではないにしても、異端排撃の、あるいは異端蔑視の思想を根づよくもっている。しかし陽明学は究極においていっさいの存在するものを肯定する。つまり、すべての人間的なものは良知に根ざしており、良知に根ざしているものは、大は大なりに、小は小なりに個々円成という態度があり、したがって異端といえども終極的には肯定されるべきであった。否、堕落した正統にたいして、むしろ異端にこそ真実がやどっているかも知れない。

第七にとくにあげておきたいのは、その反書物主義である。君子は広く古人のことばや行いを読み知って、もって徳を蓄えるという儒教の立場は、朱子学においても決してすてられてはいない。事事物物の理をもっとも的確に知るための方法は、聖人がすでにそれについて記述しているところを読むことにあった。つまり権威ある書物を読むことが学問であった。しかし今や学問とはとうぜん自己の内なる理を内省すること、否、むしろ自己の内なる理を実現すること、とならねばならない。陽明はある聾啞者との筆談問答で、良知さえ暗《くら》んでいなければ耳が聞こえず口がきけなくても聖人であるといっているが、同様の理由で書物を読まなくても聖人たることになんらの差支えもないはずである。じじつ、陽明派のなかから農夫や職人でありながら聖人の学を講ずるものが出てきた。むしろ書物によって人間の真の主体的な判断が暗まされる事例の多いのを考えれば、「畏るべきは書なるかな」と嘆き警戒されるべきかも知れない。儒教が最初からもっていた書物主義的性格は、少なくとも理論的には今や廃棄されようとするのである。

儒教の内面主義の成果は要するに以上のようなものであった。いわゆる「心学の横流」とはすなわちそれである。士大夫はこの成果にたいして愕然としたのである。おそらく当時、士大夫あるいは思想界の行くべき道は二つあったのであろう。一つはあくまでこの内面主義の成果をたじろがずに押しすすめること、一つはいわばひき返し自粛してなんらかの新しい道を探し求めること。歴史の実際はこの後者の方向に動いていったらしい。しかしそれがすすむべき道を十分にさがしあてないうちに清朝が成立して、ここに異民族王朝の仮借ない思想政策、士大夫政策というものがはじまることになったのである。そして清朝政府の苛酷な弾圧は、士大夫の精神活動を考証学以外に向けることを事実上許さないことになった。清朝を通じて学界の主流が圧倒的に考証学であったことは、いまさらいうまでもない。それがほとんど今日の意味での科学的研究といって差支えないことも事実である。士大夫にとって、実践主義の立場から一歩退いて、いわば現実を括弧に入れた立場とでもいうべき、文化至上主義・学問至上主義の理念がここに成立した。もちろん宋以来の内面主義・道徳主義が完全になくなったわけではない。科挙の試験は依然として朱子学によっており、朱子学的な道徳基準はあくまで維持されていた。考証学者においても恵棟《けいとう》の座右の銘「百行は程朱《ていしゅ》に法《のっと》り、六経は服鄭《ふくてい》を尊ぶ」は、おそらくほとんどすべての考証学者にも通用することであったであろう（程朱の程は程顥《ていこう》と程頤《ていい》、朱は朱熹《しゅき》で、ともに宋学者。服鄭の服は服虔《ふくけん》、鄭は鄭玄《じょうげん》で、ともに漢代の訓詁学者）。しかしそれは思想的な宋学であるよりは、習俗としての宋学であった。なんら創造的なものではなかったのである。

ところが清朝の末期、一九世紀初頭、内には白蓮教の乱、外にはヨーロッパ資本主義の侵略という時代になると、中国古来の学問あるいは思想の伝統ははげしい動揺にさらされざるをえなくなってくる。第一に、当然のことながら考証学にたいするきびしい批判が起こってきた。第二に、思想的なものへの要求の気運がきざしてきた。とくにこの時代の新しい傾向として指摘しなければならないのは、つぎの三つである。第一は公羊学。第二は諸子学。第三は仏教。この三つが清末伝統思想の枠内における新傾向として注目されねばならない。しかしこれらについては省略する（『思想』四〇七号の拙稿「章炳麟《しょうへいりん》について（上）」を参照されたい『中国革命の先駆者たち』筑摩書房、一九六五年、所収）。

三　伝統思想発掘のこころみ

儒教思想の特徴としては、まえにあげた異端にたいする寛容のほか、それが徹底的に性善説でつらぬかれていること、きわめて知的・書物的であること、世界主義的であること、文化主義的－道徳主義的であること、などの諸点がかぞえられ、それらの時代ごとの様相について解説することは興味あるこころみであったろうが、省略した。ただ最後に、つぎのことどもを付記しておきたいと思う。

伝統思想という言葉はいろいろにつかうことができる。伝統思想はプラスにもマイナスにもはたらきうる。新しい時代、新しい階級はいろいろな新しい伝統思想を発掘して、それを武器にする。清朝末期の諸子学や仏教はまさにそれであった。否、たんに清末のみではない。伝統発掘のこころみは、実践的意図においても学問的意味においても、今日なお進行中である。

たとえば小島祐馬《おじますけま》博士の名著『中国の革命思想』という書物は、革命思想の伝統を概観したものである。そのほか人民主義の思想伝統というものも一つの恰好な研究テーマとなりうるであろう。劉師培の『中国民約精義』はルソーの民約論との類推から中国における人民本位の考え方の系譜をたどったものである。さらにたとえば中華意識の思想伝統というものも一つの重要な項目であろう。中華思想が一方においては、いわゆる「我が族類に非ず、その心かならず異なる」という『左伝』の攘夷思想となると同時に、他面では「夷狄も爵に進む」という公羊派の大同思想となる点や、仏教の流伝あるいは西ヨーロッパ近代文明の輸入によっていかに動揺するかという風な事象の研究は、ひじょうに興味深いものである。そのほか、孔子崇拝の伝統も儒教史といちおう別な枠で考えるならば、いろいろおもしろい発見があるであろう。清朝の末にいわゆる改良派と革命派とのあいだで、はげしい孔子論争があったことなどもいちおう知っておいてよい事実であろうと思われる。

最近、中華人民共和国が成立して以後、農民起義の研究が盛んになるにつれて、農民起義の思想の伝統というものも、しばしば論じられるようになってきた。たとえば漢代の道教経典として知られる『太平経』が、そのような農民起義の思想の古典として最近刊行されたこと、あるいは楊寛《ようかん》の論文が示すように、明・清時代の農民結社、農民の暴動を思想的に眺めようとするもの、侯外廬の「唐宋の際の農民起義」が示すように、それを道教という枠からすっかりはずしてしまって、農民の願望・欲求のもっとも基本的な形式を歴史的に研究しようとするもの、などの新しい分野が開拓されてきた。侯外廬の『中国大同思想』および『中国大同思想資料』の二部もやはりこの部類にぞくする研究であって、先秦以後、孫文に至るまでのユートピア思想、あるいはユートピア運動の思想の伝統がたどられている。

純粋に哲学的な方面の新しい傾向としては、中国哲学のなかから唯物論的伝統を発掘し、継承しようとする動きが活発な点を指摘することができる。侯外廬の『中国思想通史』五巻六冊はまさにこのような努力の結果であるが、史料的にいっても、王廷相《おうていしょう》や方以智《ほういち》の発見はその顕著なものである。このような項目をあげれば、まだいくらでも数えることができようが、要するにいわば項目別の伝統思想とでもいうべきものであって、きりがないので、これ以上は述べない。

王艮

明代王陽明の心学が天下を風靡するようになると、それは一方では終日本体を論じて泥人形と同様、「恁是天崩地陥也不管」という無気力無理想な士大夫を生んだが、同時にまた他方では「名教を以て桎梏となし、紀綱を以て贅疣となす」小人之無忌憚者の横行を将来した。聖人を罵倒し古今の是非を顚倒し、遂に獄中に横死せざるを得なかった李卓吾は、この一派の総帰結をなすものと言うことが出来る。所謂る心学横流には、この両面があったのである。『明儒学案』はこの一派の為めに「泰州学案」を立てて、王心斎《おうしんさい》をその始祖としている。私は嘗て心学横流がいかに陽明学の必然の帰結であり、更に根源的には中国近代精神の帰結であったかを論じたことがあるが、いまここには専ら王心斎の事蹟を紹介して見よう。

王心斎、名は艮《こん》、字は汝止、成化一九年泰州の安豊塩場に生れた。父は塩丁であった。泰州は揚州府に属する。近世人文の隆昌の背景に両淮の塩商、江都の塩商の隠然たる存在を知る者は先ず此の事実を記憶しておかねばならぬ。七歳にして村塾に入ったが貧のため中途で退き、以後は或は医を学び或は商をならい、就《なかんずく》中父にかわって塩丁として働いた。正徳二年二五歳、商務で山東に旅し孔子廟に謁した。すなわち慨然として曰く、夫子も亦た人、我も亦た人と。これ所謂る聖人学んで至るべし、の意であって、彼が学問に志を立てたのはこの事件を動機とするのである。以来『孝経』『大学』『論語』の類を常に懐中におき、業務のかたわら機会あるごとに人に質した。二九歳のある夜、突然天が墜落してきて人々を圧殺しようとし、万人救を呼んで走り狂うを夢みた。心斎は臂をふるって墜ちくる天を押しかえし、秩序を失った日月星辰を手ずから整えてもとの如くに整頓したので、人々は歓舞して拝謝した。覚むれば渾身の汗はさながら雨の如くであったが、然し身心洞然として「万物一体、宇宙在我」との大悟徹底はここに得られたのである。感激の余り彼は直ちに筆をとって壁に題して曰く「正徳六年間居仁、三月半」と。自己の見道に対する自信、学者としての自覚と使命意識、今こそそれが確立したのであって、王心斎を論ずる者にとってこのエピソードの物語る根本パトスの把握は決定的意義をもつであろう。彼は礼経を按じて、五常冠、深衣、大帯、笏板を製作して着用する。「堯の言を言い堯の行いを行う。堯の服を服せずして可ならんや」というのである。彼は到るところに講席を開いた。その門には「此道貫伏羲神農黄帝堯舜禹湯文武周公孔子、不以老幼貴賤賢愚、有志願学者伝之」と榜せられてあったということである（心斎再伝の弟子顔山農は「急救心火者」という榜を掲げていた）。その学問が伝註に拘泥せぬ単刀直入の自得の学であったことは言うまでもないのであって、特色あるその格物説（淮南格物という）はかくてのみうちたてられたのである。やがて陽明の存在を告げられたとき彼は「これあるかな。もし我が格物説と王公の良知説とにして同一ならば、これ天が王公を以て天下後世に与えたのであり、もし相違しているならば、これ艮を以て王公に与えんとするものに他ならぬ」と勇躍して即日出発する。勿論かの異様な古服を着けてである。その地に到着し、中門に至るや「笏を挙げて立った」。勇名赫々たる天下の名士王陽明が門外まで出迎えるのをまってはじめて此の庶民学者は中に入り、入るやいきなり陽明の上座を占めて論戦を開始する。そしてやや屈服するごとに座を移してゆき、遂に全く心服するに及んで下拝して弟子と称したのである。この初対面の際心斎は大いに天下の政治をまくしたてた。そこで陽明は「君子思不出其位」と釘をさしたところ、心斎は「某は草莽の匹夫にすぎないけれども、堯舜の生民に君たりし心は未だ嘗て一日も忘れず」とやりこめたといわれている。陽明は此の会見ののち弟子達にむかって述懐すらく、「さきに寧王宸濠を擒にしたときは、毫も心を動かされるところはなかったのに、いま此の男には動かされた」と。

陽明が江西より浙江余姚に帰って講学に専念するようになると（嘉靖元年）心斎もその下に馳せ参じて、諸方より集り来る学問者の為に大いに斡旋し、またしきりに鼓吹するところがあった（王竜渓と並べて陽明門下の二王と称せられた程の声望は既にこの頃からのものであったようである）。然し陽明の学説は当時なお天下に確乎たる地歩を占めていなかった。「千載絶学、天啓吾師、可使天下有不及聞者乎、風之未遠、艮之罪也」。彼は孔子が天下を周流した際の車制を質したが、勿論陽明はとりあわぬ。やむなく自分で蒲輪（朝廷が賢者を招聘するときの車という）を考案して伝道の途に上った。彼は先ず京師をめざしたのであるが、然し京師に於て彼は遂に何らの活動をもなすことは出来なかった。蒲輪の車は在京の同門達によって匿されてしまった。天子に上奏しようとしたが、それも同志達に阻まれた。

心斎の突飛な車服言動は逆効果以外の何ものでもなかったからである。彼がはじめて京師に姿を現したとき、同志は相顧みて愕然とし、都人は彼を目して怪魁となしたという。同志は強硬に退京をせまった。陽明も亦た書を送って叱責した。滞留一ヶ月、遂に空しく南帰せざるを得なかったのである。

心斎は無学であった。応酬の詩文の類は多く代作であったといわれる。然も彼は至尊なる「道」を繋ぐ「身」の権威とこの道の吾身に課する使命とを確信して止まなかった。されば知府某が彼を招いてその講学を聞こうとした時彼は「礼聞来学、不聞往教」といって拒絶したのである。人間の権威は道の尊厳とのみ相即すべく、士大夫読書人たると愚夫愚婦の庶人たるとを問うものではない。これ既に陽明の主張であったが、然し陽明はなお「遯世不見知而不悔」の心を抱くべきことを学問者に要求した。心斎はそのような態度を独善として徹底的に排斥する。「道」に呼ばれた人は「為天地立心、為生民立命」という大丈夫でなければならぬからである。彼の学派より田夫陶工樵夫にして然も士大夫の前に堂々と講学するという前代未聞の現象がおこったのは当然のなりゆきであったし、同時にまたこれら心学者の熱烈な合理主義は儒家的士大夫的な「気象」或はモラルの伝統を変質解体せしめ、かくて心学横流を結果するに到った。心斎の率直なる言動を読むものは既に明白にその事情をさとるであろう。

仁井田陞《にいだのぼる》氏の説に「李卓吾の出た明末も学者或は近代というがそうとは思えない。王陽明は権威を自らの内に築くとはいいながら、その内面構築は所与の前提条件——たとえば聖賢というような権威或は君父に対する臣子の恭順——から離れてはいないのであって、自己が無前提であり、自己の背後に何等の規範的拘束をもっていないとはいえない」（『中国法制史』二一四頁）とある。板野長八氏は「陸（象山）王（陽明）二氏は人間及び人倫を（朱子学より）よりいっそう天に隷属させるもの」、「（陽明の後学、とくに左派の人々）は天理や人倫に拘束されることなく全く自主的であるようである。また彼らには天理や人倫に対する批判的態度がある。しかし彼らには社会性も創造性もなくただ恣意と退廃とがあるのみである」。「宋学は……社会的経済的条件と一体となっていた。然るに陽明の後学はかかる諸条件から観念的には脱却しえても現実的にはその間に游泳したにすぎない」（『世界歴史事典』九。一九七—八頁）と云われる。私にはこのような説は、とりわけこれらの人々が史的見地に立つ学者と聞いているだけに、甚だ奇妙に感ぜられる。仁井田氏は西欧の近代が文芸復興宗教改革に始（って今日に至）ることを承認していられるのであろうと察せられるが、ルーテルのごときは果たして無前提であり自己の背後に何らの規範的拘束を持たなかったであろうか（簡単には例えば青山氏のウェーバーに関する書を参照。なおルーテルは魔法や迷信の類をも随分信じていた由）。板野氏の天に隷属云々も誠に尤もでまさにその通りであろう。然し乍ら単にそれの指摘のみであるかぎり、それは恰も宗教改革者の説が人間をよりいっそう神に隷属させたと指摘すると大差がない。次に陽明後学には社会性も創造性もないと云われるが（創造性の語は私によくわからないので今その点は避ける）、陽明－王学左派こそ実はもっとも社会性の主張に立ったのではなかろうか。良知説の意味は要するに人間の真実態たる原始統一のところを云うのであろうが、第一にそれが知と行の統一として聖学はただ一箇の工夫（実践）なりとするのであり、第二に自と他の統一としての万物一体を高唱するのである。万物一体、民胞物与こそ陽明－左派の最も強調したところであり、その立場に於いて彼らは「儒者有用之学」を実践しようとしたのである。勿論彼等の運動は結実しなかったのであるから結果論的には社会性がなかったことになるのかも知れぬ。然し私はそのような考え方をとりたくないのである。猶左派の人々に恣意といい退廃というのは通説？とも云うべくその一面に於いて真理なることは既に私も説いたが、果たして必ずそうであろうか。また社会的経済的条件云々についても私はおのずから別箇の見解を持するし、上来私がしばしばルーテルを引合いに出した故を以て、私が儒教とキリスト教とを同一視し天とゴッド、聖賢とキリストを同一視するやの疑問も或は起るであろうが今は論じない。ただ一つ云っておきたいのは、アヘン戦争以前に近代（Modern age）を設定することは今日の中国革命の意義を減殺するとの説があると云うが、これは甚だ奇妙なことではなかろうか。そのような論者もヨーロッパ史についてはほぼ通説に従っているようであるが、フランス革命は「近代」そのものの中で起っていないであろうか（念の為に云うが私はフランス革命と中共革命を同一視しているのではない）。近代と云えば一挙に「近代そのもの」が始ると考えたり、中国が偉大な文明伝統の国（その文明を如何に評価するかはおのずから別問題）であることを無視して徒らに瓢箪から駒の出ぬことを歎じたりするのは余り具体的な態度ではないのではあるまいか（グラネが中国文明の性格を規定して必ずしも貶価的にでなく、Ni dieu, ni loi と云ったのは私は慎重に吟味すべきだと考える。『パンセ・シノワズ』五八六頁）。

当日は大体以上の如きを導論として併せて清の考証学への批判に及び、本論としては主として王竜渓の良知説を解説したのであるが、例によって本論はほんのかけ足。故に以上を以てレジュメとする。本論の詳（導論の大部分も）は近刊『東洋史研究』（一二巻第二号、一九五二年一二月）に掲載の拙稿（「王竜渓先生談話録並解説」）について見られたい。

明清の思想界

思想界の代表者　明代の思想界を代表するものは王陽明（一四七二―一五二八年）の哲学いわゆる陽明学である。陽明はすぐれた行政家・軍略家であり、最後には国務大臣にまでなった人である。かれの哲学は朱子学と並んで秦漢以後、儒教哲学の最高のものであった。しかも、そのよびおこした反響の多彩であった点では、はるかに朱子学をしのいでいる。陽明以前は、全体としては独創的な思想家に乏しい時期であった。ところが、ひとたび陽明があらわれてからの思想界は、ある歴史家のことばを借りると「戦国の諸子百家の争鳴にも比すべき」異常な活況をみせることになったのである。従来、朱子学や考証学の立場からは、このような活況は、むしろにがにがしいから騒ぎであり、混迷にすぎないとされてきた。あたかも、清末までの二〇〇〇年間、あの輝かしい諸子百家の時代がそのように評価され続けてきて、だれ一人として怪しまなかったように。そして、その混迷とから騒ぎをもたらした張本人として常に非難されるのが陽明学であった。陽明の「心即理」の哲学はどのようにしてあらわれたか。それを理解するためには、まず、朱子の「性即理」の哲学が残した問題をざっとみておく必要がある。

王陽明の像　王陽明というと気むずかしい道学先生を想像するが、幼いときは餓鬼大将。継母の仕打ちに報いるため相当念の入ったいたずらをやった、と講談本にあるのはまんざらのつくり話ではないらしい。青年時代も奔放不羈、不良少年じみていた、という。後には恐妻家として有名。

聖人になるには　朱子学、広くいえば宋学の最大の意義は、学問の目的を聖人となるためのものとはっきり規定し、「聖人は学んで至りうる」というテーゼをうち立てたことである。では聖人とは何か。「天理に純にして人欲の雑なきもの」である。純粋に理そのものであって、欲望というような不純なまじりものを少しも含まないような人格、それが聖人である。したがって学問の原理は、どうしても「性即理」ということにならねばならない。なぜなら、朱子学では人間の「心」を「性」と「情」の複合体と規定するが、そのうち「情」はとかく人欲にまで生長したがる危険物であるから、そのようなものを聖人をめざす学問の原理とすることはできない。人間が理そのものである聖人となることを保証するのは「性」だけである。つまり「性が即《すなわ》ち理」であって、性と情とからできている心がただちに理であるとすることはできない。

格物致知　朱子学のこの目的と原理とから、その方法が導き出される。一つはもちろん、人欲を徹底的に克服することである。いま一つは、朱子学にとくに特徴的な方法であって、いわゆる格物致知である。性即理といったからといって、人欲を取り去って性の純粋性を保ちさえすれば、ただちに聖人になれるというものではない。人間の内部にある性の理が理であると同様に、外部のあらゆる事物の理も理である。朱子学では、人間における道徳法としての理と、自然界における自然法則としての理とを同じ性格のものと考えた。したがって、一方で人欲を取り去る実践に努めると同時に、他方、あらゆる事物の理を一つ一つ研究し、こうして自分の内部にある性の理を具体化し深めていかなければならない。すなわち、「物に格《いた》（至）る」ことによって「知を致す」（認識を完成する）ことが必要な手続きとなる。実践ということも、実はまず、この手続きをふんでからのことでなければならない。つまり知が先で、行は後なのである。

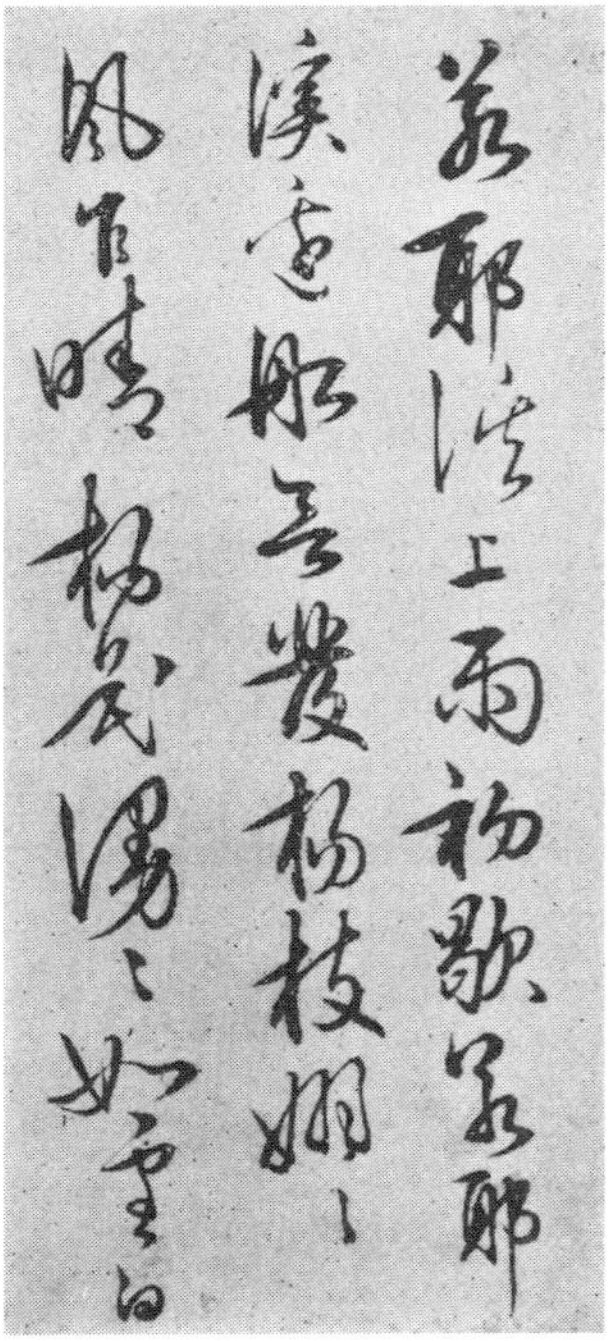

陽明の筆跡　王陽明の家は書道の神様ともいえる晋の王羲之から出たというが、もとより確かではない。だが書は確かにみごとである。書だけでなく文に関しても大家で、「旅人を埋葬する文」のような傑作がある。かれは任侠・騎射・文学・道教・仏教とつぎつぎに耽溺（陽明の五溺）した後、自己の哲学を確立した人で、青年時代、前七子の文学運動に加わったこともある。

陽明の祠　この祠のある九華山は安徽省、揚子江南岸にある名山。陽明は30歳のころ2度ほどここを訪れ、山中で修行している道士と問答したことがある。陽明学は仏教（禅）の影響をうけたといわれるが、実際はむしろ道教的なもの、仙術に深く引かれていたらしいところがある。

戦場の儒者　余姚は陽明の生地であり本籍地だが、住んだのは主として紹興。しかし反乱討伐のために方々に転戦、文官としては異例の伯爵を授けられた。かれの哲学はこのような東奔西走の実際活動のなかで形成されたのである。広西省へ討伐に出征中に持病の結核が進み、帰途に死んだ。

その自然哲学的側面を除いて、さしあたって必要な点だけをいうと、朱子学とはこのようなものであった。そして、明の初めごろの学者たちは、理論的な問題はすでに朱子によって解決し尽されているから、このうえは実践があるだけだと考えた。たとえば、この時期の代表的な学者呉《ご》与《よ》弼《ひつ》（一三九一―一四六九年）が貧苦と戦いながら、朱子学的実践に励み続けた純情と気概には、だれでも感動させられる。しかし、かれには学説としてみるべきものは何もないのである。もちろん、真剣な実践はそれ自身が一つの生きた思想と

薛瑄の祠　かれの郷里山西の河津県にある。薛瑄（せっせん。1389〜1464）号は敬軒、呉与弼（ごよひつ）と並ぶ明の代表的朱子学者。「朱子があらわれて後、真理は完全に明らかとなった。もはや著述の必要はない。実践あるのみ」、「学者はただ聖賢のことばを継いで述べ、自説を独創すべきではない」といった。

いえぬことはない。はたしてその弟子から陳献章《ちんけんしょう》（一四二八―一五〇〇年）があらわれた。かれは朱子学からようやく離れて、陽明に非常に近い思想に到達した哲学者であり、陽明の先駆者と称せられる。

動的な良知説　王陽明も最初は熱心な朱子学者であった。しかし、朱子学はどうしてもかれを満足させてくれなかった。天下のあらゆる事物を窮め尽すことがはたしてできるであろうかという疑問ももちろんであるが、それよりも根本的には、自分の内部にある理というものが、外部のあらゆる事物の理によって、

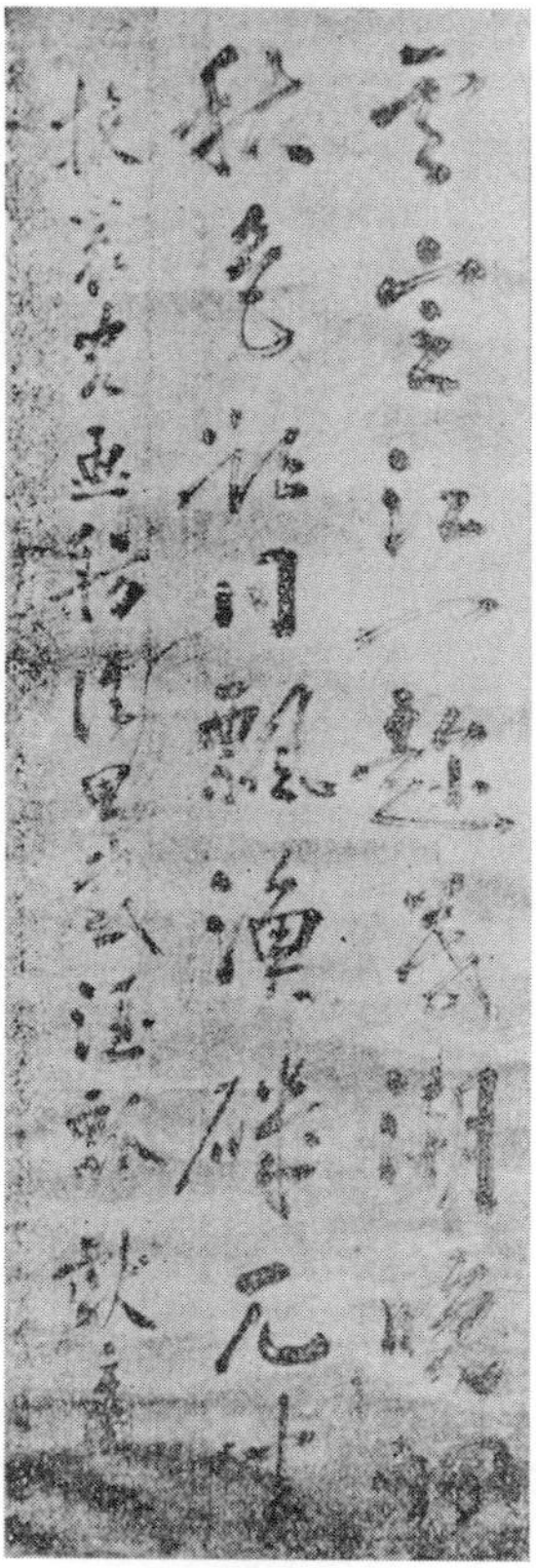

陳白沙の筆跡　陳白沙も朱子学にゆきづまって理を心のなかに求めようとした点、陽明の先駆者である。陽明は白沙と会ったことはないが、その高弟と親友であったから、間接の影響はうけたろう。その哲学は、静坐し、あるいは山林や海辺を逍遙して天地の道と直接に共感しようとする瞑想的・汎神論的な色彩が強い。ほとんど広東省新会県の郷里に引きこもって生涯を終った。

絶えず補充してもらわねばならぬほどたよりないものにすぎないということに、がまんができなかったのである。必死に思索した末、陽明はついに朱子の格物説を捨て、したがってまた「性即理」を捨てて「心即理」という新しい原理を提出した。陽明は「心」を「性」と「情」とからできているというふうに分析せずに、はっきりと一つにとけ合ったものとしてみようとするのであるが、要するに「情」をも含めての生れながらのままの心、それがそのまま理であり、外部のあらゆる事物の理は、そこに完全に含まれているというのである。心即理であるような心が道徳的な直観力いわゆる「良知」であり、非常に情的な要素を含んでいる点でルソーの心情に近い。もちろん、陽明の哲学も道徳学である以上、人欲の克服ということは力説する。しかし、すでに心即理を原理とするからには、その理論的根拠は薄弱である。道徳の要点は人欲の克服という否定的な面にあるよりは、「良知を致す」

東林書院　宋以後、学問と思想の中心は官立の「学校」ではなく私立の「書院」であった。東林派の中心として有名な顧憲成（こけんせい）らの東林書院はその典型的なもの。宋の楊時（亀山）の書院を再興したものだが、楊時を祭る祠堂のため以外は官の補助金を辞退し、自分たちの資金だけで建てた。

すなわち良知をすべてについてあらわすという積極的・肯定的な面にある。悪をしないことではなく、善をすることである。このような良知においては、認識（知）と実践（行）とは完全に統一されている。人が芳香をかぐとき、まずそのかおりのよさを認識して、そのあとではじめてそれを好むというのは本当ではない、と陽明は主張する。知と行とは別々の先後の関係にあるのではなく、統一されて分けることのできないものである。良知は本来、やむにやまれぬ心情であり、動的な「知行合一」であって、行にまで実現しない単なる知は良知ではないのである。朱子の知的・静的な哲学に対して、陽明

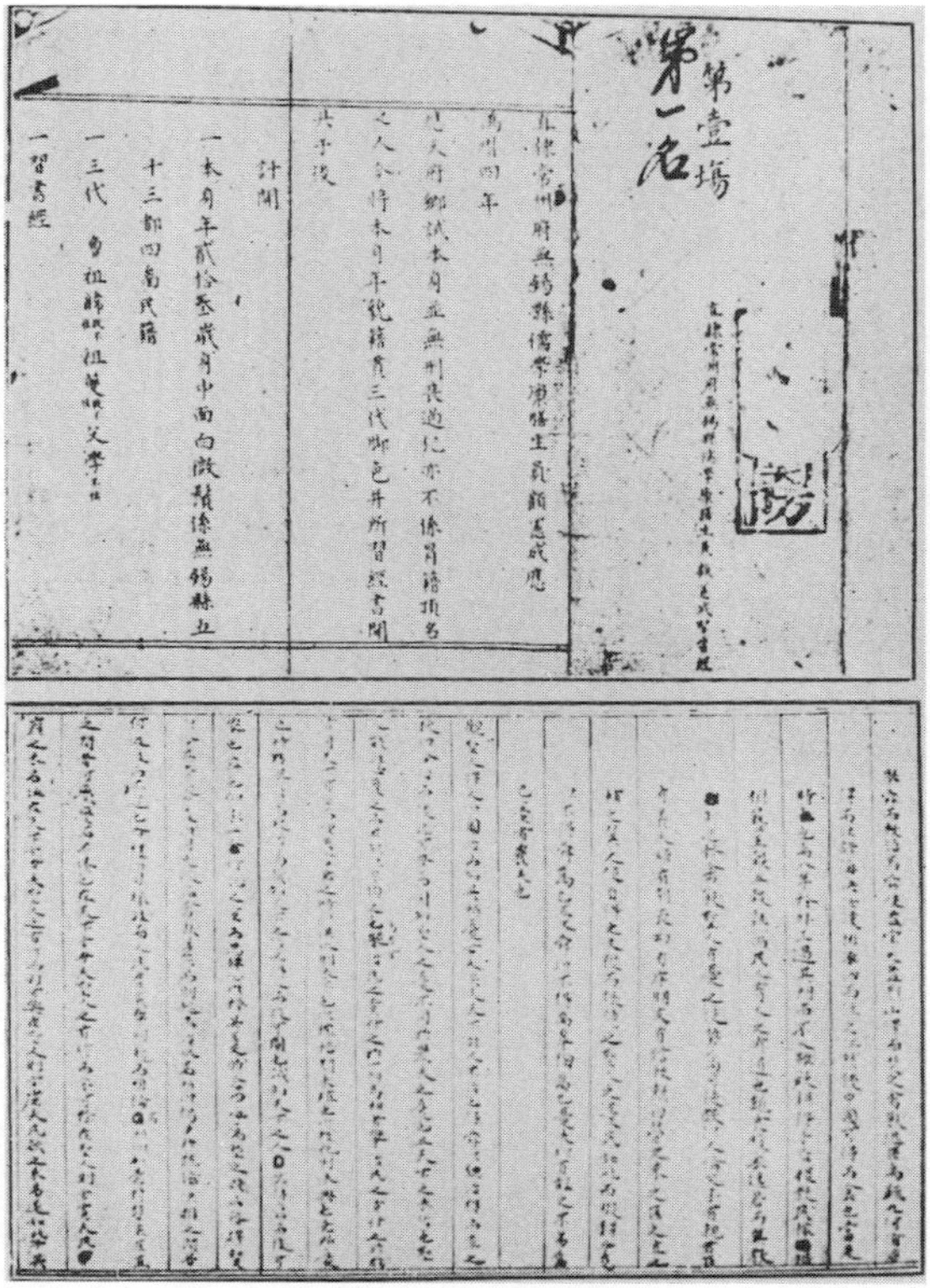

顧憲成の答案　東林派の総帥、顧憲成の郷試の答案の下書き。下書きも浄書した正式答案につけて提出する。第一場とは第一日の試験、第一名とは首席。この郷試でかれは全試験の第一名であった。ただ、計開の第一条の年、二三歳は怪しい、かれはこの年二七歳であった。だがこんな例は多い。

の哲学はいちじるしく実践的・情意的・動的であった。

万物一体の仁　「心即理」の説は、哲学史の上からは陽明の発明ではない。はじめてその説を唱えたのは宋の陸象山《りくしょうざん》であった。それゆえ、陽明学は陸象山の哲学の復興ということができ、したがって象山と陽明をまとめて、朱子の「理学」に対して「心学」あるいは「陸王学」とよぶが、陽明はそれを良知としてぎりぎりのところまで深めたばかりでなく、それにはさらに、陸象山にないものが一つあった。それは万物一体の思想である。この「万物一体の仁」の説もまた陽明の独創ではなく、朱子の先輩である程明道《ていめいどう》（一〇三二―八五年）の説であり、人間を含む宇宙間のあらゆるものを、自分と同じ生命をもって生きているもの、いわば自分の肉体の一部であるとする。他のものの苦悩はそのまま自分自身の苦悩であり、それを救おうとすることは、自分自身の肉体の苦悩を癒《い》やそうとするのと同じで、人間にとってやむにやまれぬ自然の情であり、良知の命令である。儒教の最高の徳である「仁」はこのように解釈された。陽明は当時の社会を、人々が良知を忘れたためにおこった堕落と悲惨の世界だとみていたから、この万物一体の説が良知の説と結合したことは、陽明学の思想的な救世運動、精神の覚醒《かくせい》運動としての熱情的な性格をいよいよ激しくするものとなったのである。

名教を脅かすもの　宋学、あるいはそれを集大成した朱子学は、儒教としてははじめて、人間の内部にある心への道を開拓した。こうした内面性の自覚は、明代の中ごろになると、もはや、自分以外のところに理が存在するということにがまんができないほどに成長し、自分以外のどんな権威も認めまいとするまでになってきた。陽明は「わが心に問うてみて納得できぬことは、たとえ孔子のことばでも肯定しない」といっている。陽明学は儒教のうちでも、最も熱烈な儒教主義であったが、しかもそこには、このような儒教的な権威に対して批判的になるような要素が内在していたのである。そのほかまた、人間が人間であるいわれである「良知」は、天子や士大夫においても無学文盲の人々においても、優劣なく完全に平等であるとくり返し強調する平等観、かんじんの良知という一点さえしっかりしていれば、他の才能その他の領域まで、倫理道徳で縛り上げなくてもよいではないか、という自由主義的な傾向、「心即理」が当然そのなかに含んでいる人間の情的側面を重視し、自然の欲望を率直に認める「人間の自然」という考え方、これらの結論はすべて、名教といわれる朱子学的な儒教体制を脅かすものであった。はたして、陽明の弟子や孫弟子たちの間から、陽明学のこの方面を勇敢に展開してゆく人たちがあらわれ、重大な社会問題をひきおこすことになった。王心斎《おうしんさい》（一四八三―一五四〇年）、王竜渓《おうりゆうけい》（一四九八―一五八三年）、何心隠《かしんいん》（一五一七―七九年）など「陽明学左派」とよばれる人たちがそれである。かれらは陽明学に特有な熱情と、万物は一体であるという使命感とに促されて、農民・職人・商人などの一般庶民の間に伝道した。そしてついには、木こりや瓦《かわら》職人や百姓が逆に士大夫を集めて、めざめよと講演するなど、これまでの中国史にはみられなかった現象まで生れてきた。陽明の高弟である王心斎自身がもとは塩田の人夫頭であった。しかし、この派の最大で最後の人物は李卓吾《りたくご》である。

古き権威への挑戦　李卓吾（一五二七―一六〇二年）は福建省の泉州という海外貿易（密貿易）の中心地に生れた。生家はイスラム教徒であったらしい。雲南省の府知事を最後に役人をやめ、頭をそって湖北省の仏寺にひっこみながら、評論家・著述家としてさかんに活動した。かれは知識や慣習によってゆがめられぬ人間の生き生きとしたよさをたたえた。そしてこれまでの権威と慣習に批判ぬきで従って真の自己を失っている世の学者や政治家、「正人君子」どもの偽善と無能をこっぴどく罵倒《ばとう》し、歴史上の人物に対する儒教的・朱子学的評価を片っぱしからくつがえした。また男女の平等を説き、孔子を皮肉り、四書五経にけちをつけ、官憲や士大夫に迫害されればされるほど激しい文筆活動を展開し、そのあげく、ついに獄中で自殺した。陽明学左派の運動はこれで一応の結末を告げたのである。それというのは庶民と、庶民の新しい活力に突き上げられた士大夫との、「もはやこちこち主義にはがまんがならぬ、もっと生き生きしたものを与えよ」という要求が、その時代の許す範囲をのり越えてしまい、その結果、弾圧されてくじけたということである。当然のことであるが、かれの著書は何度も発行禁止処分にあい、清朝にはいってからはほとんど知られなくなった。しかし、当時におけるかれの影響は大きく、ことに文学に新傾向を促した点はみのがせない。かれの著書は日本に割合多く伝わっていて、吉田松陰などはその愛読者であった。今日のように卓吾が再認識されるようになったのは、清末ごろ、かれの名著『焚書《ふんしょ》』や『蔵書《ぞうしょ》』が日本から中国へ逆輸入されてからのことである。

政治批判への生長　王陽明の心学がこのように「危険思想」となり、種々の問題をひきおこした現象を「心学横流」とよぶが、陽明学の右派あるいは正統派の人々は、もちろんそのような傾向に反対であった。しかし、もともと陽明学というものは、儒教哲学としては極限にまでいっているのであるから、それを正統的なわくのなかでどう扱ってみたところでなんらの成果は上がらず、いたずらにからっぽで「深遠」な概念の遊戯に終るほかはなかった。要するに、朱子に始まり陽明学で最高潮に達した哲学時代は終り、精彩のある思想運動としては、東林学派に席を譲らねばならなかったのである。

東林学派の意義は、きびしい命がけの政治闘争のただなかに積極的に参加し、混乱した儒教理念や士大夫理念をふたたび緊張させ、建て直したことにある。この学派には朱子学者も陽明学者もいたが、

懸賞つきのお尋ね者　黄宗羲は郷里の子弟数百人を集めて世忠営という義勇軍をつくり、清朝の侵入軍に抵抗して戦った。その後も「懸賞つきのお尋ね者となること二回、指名手配されること一回、城（まち）を包囲されること二回、むほん人として密告されること二、三回、砂原に気絶すること一昼夜、非常警戒に引っかかるのは毎年のことであった」とみずからいっている。

問題は朱子か陽明かということではなく、士大夫たるものの学問が政治的腐敗にどのように対処するかということであった。士大夫が士大夫であるいわれは、儒教の学問をすることによって、天下の政治的・道徳的責任を負うところにある。朱子学も正統派陽明学も、もはや単に個人的な修養をめざす従順な学問にとどまっていることはできない。学者たちはこぞって、政治的反抗や批判をおこなった。かれらはかつての陽明学者がやったように、さかんに「講学」を催して、時政を批判した。講学とは、集会を開いて哲学上の討論をおこなうことである。明代思想の特色である批判主義・実践主義・急進主義は、いまでは政治的なものとしてあらわれることになった。東林学派も、思想そのものとしてはほとんど大した成果を残さなかった。しかし、この東林の政治的批判主義の伝統のうちから、やがて黄宗羲《こうそうぎ》（一六一〇—九五年）、顧炎武《こえんぶ》（一六一三—八二年）という二人の大学者が出現するのである。この二人はともに壮年時代に明朝の滅亡という大事件にあい、身を義勇軍に投じて満州の侵入軍に抗戦したレジスタンス運動の生き残りであり、一生、清朝に仕えなかった。かれらのこの経歴が東林的伝統とともに、その思想と学問とに大きな影響を与えている。

中国のルソー　黄宗羲は東林派の頭目として獄中で殺された黄尊素《こうそんそ》の子であり、絶食して明の国家に殉じた陽明学者劉宗周《りゅうそうしゅう》の弟子である。明朝の滅亡後二〇年、明朝復興の望みがまったく絶たれたとき、かれは『明夷待訪録』を書いて、政治・経済・軍事・制度などあらゆる面から国家のあり方を論じたが、なかでもとくに「天子は客であり、天下万民は主である。天子は天下万民のためにあるのであってその逆ではない。しかるに歴代の天子は、天下をまるで自分の私有財産と心得て暴虐な政治をおこなっている。このような天子は当然、革命によって放逐してよい。臣とは天下万民のために官吏となっているのであるから、臣といい天子

顧炎武の墓　かれの養母は明朝滅亡の際、絶食して国に殉じ、清朝に仕えて節操を汚すな、と遺言した。後かれが山東や山西で開墾事業を経営したり、商人に変装してさかんに旅行し、塩商と連絡したのは、清朝打倒の準備工作であったといわれる。票号（一種の為替銀行）や、馬賊までかれが始めたという説がある。妻は郷里に置いてきぼり。郷里江蘇の崑山に妻と合葬された。

王夫之　湖南省の石船山にかくれてしまったので船山先生とよぶ。書斎の壁には「天よ、この体を生き埋めにしてくれ」と書いてあった。著述も人からもらった紙を用い、でき上がるとその人にやってしまったから、多くは散逸し、死後一五〇年間も忘れられていた。しかし宋の張載（横渠）を受け継いだその哲学的思索の強さは中国思想史上でも有数のものである。

というのも、名が違うだけで実は同じである。後世の臣はこの本義を忘れ、まるで天子の私的な奴隷《どれい》となっている」といって専制政治を批判した。

この思想は、実は『孟子《もうし》』にもとづくものであって儒教に固有の思想であるが、これまでに、これほど徹底的に論じたものはいなかったのである。やがて二〇〇年後の清朝末期、革命の気運が広まるにつれて、かれは「中国のルソー」とよばれ、『明夷待訪録』は革命思想の宣伝パンフレットとして、また民主主義の経典としてさかんに配布されて読まれた。かれはまた、朱子学と陽明学が流行したために、中国の豊富な学術の伝統のうちで観念的な哲学部だけが、他の部門に比して異常に大きくなったことの弊害を痛感し、実証的な学問の振興を唱えて新しい歴史学・礼学の開始者となった。

考証学のバイブル　同様な反省から、新しい考証学の創始者となった顧炎武は、「復社」出身であった。復社とは明末に東林派の精神を継いでおこった青年知識人の結社であった。したがって、かれの考証学は本来、あくまで現実政治の批判の学であった。このことは、考証学のバイブルとよばれるかれの『日知録』を読めば明らかである。ただかれは、それを抽象論としておこなわず、歴史的な目でもって、文献によって十分に考証するという方法をとったのである。しかし、やがてこの方法だけが独走するようになり、政治的関心とはまったく関係のない、学問のための学問の考証学となった。これもまた、士大夫の学としての儒学から離れたものといわねばならない。清末の内憂外患時代、考証学が非難されるようになると、顧炎武が学問を誤らしめたのだといわれ、陽明出《い》でよの声が高くなった。しかし、「滅亡には二つある。一つは王朝の滅亡。一つは中国そのものの滅亡。王朝の滅亡は単に天子と官僚との責任にすぎないが、中国の滅亡には匹夫といえども責任を免れることはできない」という革命家の精神を鼓舞した有名なことばは、実はかれの『日知録』のなかのことばであった。

熱烈な民族主義　黄・顧両氏と同時代で、しかも同じような経歴の学者に、また王夫之《おうふうし》（一六一九―九二年）という学者があった。かれは湖南省のいなかにあって、まったく世間の人と交際せずに生活したので、長く忘れられてしまっていたが、清末になって再発見され、黄宗羲・顧炎武とあわせて清初の三大家と称せられる。「禅譲もよかろう、革命もよかろう。だが異民族が中国の主権者となることだけは絶対に許されない」という熱烈な民族主義は、満州王朝を倒そうとする清末の革命家に非常な感動を与えた。かれはまた、朱子学において道（理）と器（事事物物）との関係を「道があってこそ器がある」としているのに反対し、「器があってこそ道がある」としたが、清末の譚嗣《たんし》同《どう》（一八六五―九八年）は、このテーゼを道（道徳）を改革するには、まず器（制度）を改革すべきだという急進的改革主義の理論として用いている。清末以来、湖南省がとくに多くの革命家や改革主義者たちを出したのは、二〇〇年以前の王夫之の存在が影響している点も多いであろ

章炳麟（しょうへいりん）字は太炎。瘋子（きちがい）の異名があるが、学問では清朝の考証学をしめくくったと称せられる「国学大師」、同時にまた王夫之・顧炎武に私淑し康有為・梁啓超ら改革派と激しく論戦した民族革命の闘士。孫文・黄興とあわせて革命三尊とよぶ。中華民国という国号もかれの制定したもの。魯迅（ろじん）はその日本亡命時代の弟子である。

う。少年時代の毛沢東も、王夫之の号である船山を冠した「船山学社」というサークルに属して修養に励んだのである。最近ではまた、その唯物論哲学の面が学界の関心をよんでいる。

明代思想研究の現段階

一六世紀、特に一六世紀後半から一七世紀はじめにかけて、中国の哲学思想界は、諸子百家が争鳴したかの戦国時代にも比すべき、創造的研究の活発な空気を現出した――侯外廬《こうがいろ》は論文「一六世紀中国における進歩的哲学思想の概要」(1)をこのような言葉で説きおこしているが、このわずか数語のうちに、人は、時代の大きな転変を読みとって、深い感慨をおぼえずにはいられないであろう。一六世紀後半から一七世紀はじめといえば、機械的にいって一五五〇年が嘉靖二九年、一六〇〇年が万暦二八年であるから、要するに明朝の文化の爛熟時代といわれる嘉靖・万暦から明の滅亡(一六四四年)にかけての時代を指すものと考えてよい。この嘉靖・万暦時代に一時に花ひらく明代の学術は、その実、一片の創造的精神もなく、学問的良心もない、というのが、清の考証学このかた、中国においてもわが国においても、ほとんど動かすべからざる定評であった。中国の言葉で学術といえば、思想をもそのうちにふくむ。なるほど王陽明の存在は無視するわけにゆかないが、わが国での受けとり方とちがって、陽明学というものそれ自体が手のつけられぬ観念論、わがまま学問、として中国ではすこぶる不評判であったし、わが国でも、近代的な学問としてのシナ学の成立以後、それは敬遠にしか価しない、とする空気が濃厚であった。要するに中国史上、学問的にも思想的にも何ら見るべきもののない極度の沈滞時代、たるみきった時代、それが明代に他ならなかったのである。それが創造的という形容詞を適用され、諸子百家の時代と併称される、というような日が来ようと誰が予想しえたであろうか。——もっとも、似たような事態は絶無ではない。六、七〇年まえにも一度あった。それまで思想的・文化的に暗黒時代に他ならなかったところの諸子百家の時代が実は中国史上、空前の黄金時代であったと認められるようになったのは、辛亥革命（一九一一年）以前せいぜい二〇年くらいこのかた、つまり、今日からいって六、七〇年このかた、のことであるにすぎない。(2)

このような価値評価の顚倒は、いったい、どうしておこったのであろうか。それは清朝末期の改革・革命思想もしくは運動、とふかい関係がある。否、アヘン戦争以後の中国史ぜんたいを反映している、といった方がよいかもしれない。

まず第一に、ヨーロッパ帝国主義の侵略によって国家（清朝）が危急存亡の関頭に追いこまれるにつれて、先進的な士大夫のあいだに、考証学への不信の念がひろがっていったことである。考証学というものが、儒学ほんらいの目的たる治国平天下の道において何らの貢献もないのみか、「天下の聡明智慧を錮《とじこ》めて、ことごとく無用の一途に出でしめる」(3)ものに他ならないという呪詛の声は、はやくアヘン戦争（一八四〇年）、太平天国（一八五一年）のころから聞かれるが、やがて日清戦争前夜のころになると、いわゆる志士たちのあいだにおいて、この評価はもはや決定的なものとなった。従来、誰ひとり非難するもののなかった考証学の偶像顧炎武が、知識人の風気を堕落せしめた張本人と呼ばれ、(4)

猫も杓子も考証学に走った情景は「冥冥たる蘭陵の門、万鬼　頭　蟻の如し」と罵倒された。(5) 蘭陵とは諸子百家のひとり荀子のこと、ここでは考証学の象徴である。鬼とはもちろん亡者《もうじゃ》。

第二に、日清戦争後、先進的知識人が、改革あるいは革命のモデルとして深い関心をよせたのが明治維新であったことはいうまでもない。やがて熱病的ともいうべき日本留学がはじまった。当時わが国では、維新のいわゆる志士たちは西郷隆盛にしても吉田松陰にしても、みな陽明学によってきたえられた、という伝説が流布していたらしい。かくて清朝末期、中国の志士たちのあいだに、また進歩的知識人のあいだに、陽明学復興の気運がきざしてきたのである。(6) 永いあいだ顧るひとも少なかったであろう『明儒学案』の類がふたたび広く読まれるようになり、やがて泰州学派のような特異な思想家の存在も注意をひくようになってきた。(7) 有名な李贄《りし》(李卓吾)も、この頃の留学生によって再発見されたのではないかと思われるふしがある。もちろん、李卓吾の書物が中国でほろびつくしていた、というわけではないが、思想家としての李卓吾の存在は、日本留学生が日本ではじめて知ったのではなかったろうか。はっきりした証拠をつかんでいるわけではないが、いろいろな点を綜合して考えると、どうもそのように思えてならない。

このような再発見が、清末－民国初の思想的大変動のなかで、ことに儒教道徳反対の風潮のなかで、明代思想再認識の動きを生んでいったのである。王陽明は思想解放の発端であり、泰州学派は陽明学左派(8)と呼ばれて民衆的異端運動の先駆者とせられ、李卓吾は儒教的封建的道徳(名教もしくは礼教)の徹底的な批判者、としてその評価は漸次決定的になっていった。また、文学の方面では、口語文学研究がさかんになるにつれて明代はその一焦点となったほか、公安派文学（陽明学の展開と密接な関係をもつ）の再評価（むしろ発掘というべきであろう）、地理書としての徐霞客の『遊記』や技術書としての宋応星の『天工開物』などの再認識、そのようなものが、前者と平行してすすめられた結果、清朝考証学の立場よりする明代学術への否定的評価——それが根づよく残存していたことは本稿の冒頭にしるしておいたとおりであり、又、狭義の古典学に関するかぎり必ずしも不当ではないが——は、じりじりと後退を余儀なくされていったのである。

やがて一九四九年の大革命、人民共和国の成立をへて今日ではついに明代の思想界は「創造的」という形容詞を適用され、「諸子百家の時代」に比べられるところまできた、という次第なのである。

もっとも、今日の場合、民国時代と根本的に相違する点が一つある。それは王陽明その人に対する評価が正反対になっていることである。民国時代には偉大なる哲人、解放思想の先駆者、とせられていたのに対し、今日では徹底的な反動思想家、農民起義を恥しらずに弾圧した劊子手（首切り役人）、という評価が支配的である。じっさい、思想史上の人物でこれほど憎悪されている人物はめずらしい。侯外廬主編の大著『中国思想通史』でも王陽明の章は、徹頭徹尾、その反動性の摘発にささげられている。そして、それが学問的な理由にもとづくよりも、むしろ政治的な理由にもとづくこと、すなわち、蔣介石と国民党とが「赤匪」討伐の師表として王陽明をかつぎあげたのに対する反動であることは、ほぼ疑いない。

　ところで「明代思想研究の現段階」という題目のもとに、いま私が紹介しようとするのは、侯外廬の前掲の論文の概要である。(9) 侯氏は現代中国における歴史学、とくに思想史の方面で最高の指導者のひとりであり、その主編にかかる『中国思想通史』全六冊が劃期的な名著であることはいうまでもないが、とくにいま問題の明代思想史における彼および彼の影響下にある学者たちの貢献は最高のものといってよい。(10) したがって、この論文を手がかりとすることによって、この方面における最新最高の成果を概観しうる、と考えるのである。もちろんこのことは、侯氏の論旨にすべて賛成、ということを意味するものではない。今日の中国の学界がマルクス主義を根本原理としていることはいうまでもない。彼らはこのきわめて鮮明な見地から、思想史の分野において数多くの成果を提出し、思想史を大きく描きかえつつある。われわれはこの事実を平心に承認し、その動向に不断の注目をおこたってはならないであろう。由来わが国の中国思想史家の間には、中国での研究を「教条主義」の一語で片づけて自ら高しとする風があるけれども、「教条主義はすべて誤り」というのもまた一つの教条主義ではないか。およそ一つの学問が学問として自己を主張する場合、そこには最低限ゆずるべからざる教条というものの存在は当然のことではあるまいか（もちろん今日では、中国思想をまず一般思想史あるいは一般社会史の範疇にひき入れて考えてみようとする態度に対するわけのわからぬ恐怖や嫌悪、はすでに迹を絶っているはずである）。ともすれば不毛であろうとする深遠微妙な精緻さ、は今日の中国の学界の求めるところではない。私は、彼らがその大胆な教条主義をもって鋭く切りひらきつつある思想史の新しい体系、この大成績に対して先ずもって敬意をはらうものであることを、おことわりしておきたい。

さて、いよいよ本題である。

何故この時期、進歩的な哲学思想が生まれたのであるか。——それは、しかるべき「社会的根源」があったからであり、また、「理論闘争にもとづくところの実践」によって生みだされたのである、と侯氏はいう。そして、社会的根源としては有名な資本主義萌芽論が説かれる。「一六世紀の中頃において、中国社会に資本主義の幼芽が出現しはじめた。資本主義の幼芽が中国の封建社会ではぐくまれてゆく過程において、土地を要求する農民の闘争と結びついたところの手工業職人の闘争（が頻発したということ）は、中世紀的な封建社会がしだいに危機に瀕しつつあった、ことを物語っている。[11]しかし、古いものがまだ新しいものを引きとめていた。中国の封建社会がほんとうに解体するのは、アヘン戦争以後のことである。中国の封建主義は、新しく生れてきた力量の成長を、頑固におさえつけていた。一六世紀からずっと一九世紀の四〇年代までは、資本主義の幼芽は緩慢に生長しつつあったとはいえ、中国はやはり一箇の封建社会であったのである」。当然、階級関係にも「いくらかの新しい情況」が現れはじめるが、新興階級の成長することはなかなか困難であった。

第二の「理論闘争にもとづく実践」については、まず、哲学は時代精神の表現であること、イデオロギーとして見るときそれは各階級集団の政治的態度を反映していること、反動思想に対する進歩的哲学思想の理論闘争は間接的に政治闘争の役割を演じているものであること、を指摘したうえで、言う、「この時期の進歩思想各派は、多かれ少かれ「都市中等階級的反対派・異端」的および「都市平民反対派・異端」的な傾向をそなえ、啓蒙主義者の先駆となった。[12] 彼らは一般にみな、酔っぱらった思弁哲学の雰囲気から解放されることを要求し、自然と歴史とに対してさまざまな新しい探求を勇敢にこころみつつあったのである。もっとも、時代的条件と階級的制限とは、しばしば彼らをして理論的徹底を欠かしめ、もしくは、理論体系それ自体に矛盾を発生せしめているけれども。

この時期の進歩思想は一般に、正統派道学に対して理論闘争を展開しているが、そこには、唯心主義対唯物主義という二つの路線の闘争が含蓄されている。ただし彼らのゆき方は、多かれ少かれ改良主義的であったので、依然として道学の名ごりをとどめているのであって、東林党の程朱における、泰州学派の王陽明における、みなその例である」。

かくて侯氏は、この時代に現れた「四つの進歩的な哲学と社会思潮」を指摘するのであるが、そのまえに、二、三の言葉の説明をしておくのが便利であろう。中国の学界では哲学あるいは思想を大きく唯物論（気に第一性をみとめるもの）と唯心論（わが国でいう観念論）にわけ、唯心論をさらに客観唯心論（理に第一性をみとめるもの）と主観唯心論（心に第一性をみとめるもの）にわける。今さしあたり必要な宋以後の思想の場合、張載（張横渠）の気の哲学は唯物論、朱子の「性即理」の哲学は客観唯心論、陸象山－王陽明の「心即理」の哲学は主観唯心論、というのが通説である。

さて、四つのうち第一は、「啓蒙主義者の先駆たる反道学的な哲学思想で、王廷相、黄綰《こうわん》、呂坤《りょこん》によって代表される。彼らはみな地主階級出身の知識分子で、任官の経歴をもち、人民に対して一定程度の正義感をもっていた。彼らは哲学の領域では程頤《ていい》（程伊川）、朱子の客観唯心論と陸象山、王陽明の主観唯心論に対して批判を展開（唯物論の哲学を主張）した。ただし、封建的な名教に対しては敢て反対しようとはしなかった。一七世紀になると彼らの哲学思想は、王夫之《おうふうし》（王船山）、顧炎武《こえんぶ》らの早期啓蒙思想家たちによって継承され、発展せしめられた」。

右のうち呂坤（呂心吾または新吾、一五三六—一六一八年）はその著『呻吟語』によって、すでに徳川時代からわが国に知られている学者、最近は『実政録』が社会経済史の方面でよく読まれる。あるひとが問うた、「君は道学か」、「否」、「では仙学か」、「否」、「仏教か」、「否」、「老荘申韓の学か」、「否」、「いったいどの学派なのだ」、「わしはわしだ（我ハ只ダ是レ我ナリ）」という『呻吟語』の一段は甚だおもしろい。黄綰（一四七七—一五五一年）は、はじめ熱心な陽明の弟子であり、のちにはまたその鋭い批判者になった人。戦前すでに容肇祖《ようちょうそ》氏の詳細な研究がある。もっとも特色ある思想家は王廷相（一四七四—一五四四年、王陽明と同世代）で、その思想をとりあげて精密な分析を施したことは、やはり、侯氏とその学派の功績であろう。(13)「神《せいしん》は形気を借りてはじめて存在する。形気《にくたい》が無くなれば神も滅する」というのは必ずしも異とするに足りないとしても、宋儒が理は天地より先なるもの、としたのを反駁して「天地の未だ生れざる以前、有るものはただ元気（根源的な気）のみ、元気の上にはもはや物なく、道なく、理なし」、「万理はみな気より出る。空《くう》に独存する理などありえない」と主張したのは、中国における唯物論哲学としておそらく最も徹底的なものの一であろう。これまで明の唯物論哲学といえば羅欽順《らきんじゅん》（整庵）を挙げるのが例であるが、(14)侯氏が羅欽順を完全に無視してただ王廷相のみをあげるのは、やはり一見識で、羅があくまで朱子学、すなわち正統派道学の立場を脱しなかったからであろうと思われる。

「第二の進歩思潮は、泰州学派の反封建的な「異端」思想で、王艮《おうこん》（一四八三―一五四〇年、王心斎）、何心隠《かしんいん》（一五一七―七九年）および李贄（一五二七―一六〇二年）によって代表される。彼らは「人間主義と合体している唯物主義」(15)を提出し、猛烈に、また大胆に封建的正統思想を攻撃したが、それは前述の一派よりずっと激越であった。いまひとつ注意すべき点は、泰州学派の思想は、下層社会に伝播したものであり、それで封建統治階級から「黄巾の賊・五斗米道の賊（の同類）」、「衆を惑わす左道《じゃきょう》」と見なされたことである。もっとも、彼らの理論の方は、依然、王陽明の学説の束縛をうけていた」。

「泰州派の創始者と信奉者とは、奴隷的に使役せられ軽蔑せられた「下層」人物――竈丁《そうてい》（製塩労働者、創始者の王艮はこの出身）、農民、陶工、樵夫、から世間をわたり歩く職人などで、このことは階級関係の点から、泰州学派の異教徒的思想の本質を規定している。さらに、思想内容から見ても、泰州学派の平等思想と階級的差別を消滅すべしという思想、土地問題に対する平均分配思想、封建的な伝統的教条に対する「反逆」思想、などなどは、やはりその思想の性格が異教徒的なものであることを証明している」。

王心斎の根本思想は、「百姓《ひゃくせい》の日用（ふつうの平民の日常生活）こそ道である」という命題、「天地万物は一体である」という命題、にあること、彼の体験はドイツ農民戦争における笛吹きハンス(16)のそれになぞらえうること、何心隠が、講学（同志あい集って共同研究、共同討論すること）の重要性を力説したこと、ふつうの家をこえた社会関係たる「会」の設立を夢想したこと、中国の大半を漫遊し、いたるところで同志と交わり、講学したこと、などの指摘のほか、特に注目されるのは、泰州学派を「王学左派」と呼ぶことに侯氏が不同意を示している点である。王学左派といえば王学（陽明学）の一派たることを承認することになるが、事実は決してそうではない。「王心斎は王陽明に会う以前、すでに泰州学派を創立していたのであり、会って以後は、陽明学説のある種の範疇を利用および改造しつつ、新しい内容をふきこんだものに他ならない」。

李卓吾については、その社会平等説、人性自由説、個性解放説などは「近代式の自然主義思想」をあらわしており、要するに彼の立場は「人間主義と合体している唯物主義」である、などの指摘があるが、今はくわしくはのべない(17)。

「第三の進歩思潮は、長江の流域で無錫《むしゃく》を中心とする東林党のひとびとの社会政治思想と人道主義である。彼らはほとんど明朝政府の官吏であり、当時の現実政治を改良しようとくわだてた。彼らは講学の自由を主張し、かつ、それをかち取った。彼らの現実政治に対する批判は進歩的意義をもっていた。しかし彼らは、哲学思想の面では貧困であり、同時にまた程朱の唯心主義の影響をいまだ脱しきれないでいた」。

「一六世紀、明の嘉靖・隆慶のころ、「講学」対「反講学」という形式での文化闘争が展開された。泰州学派は最初に講学の自由の主張を提出したが、彼らが弾圧されてのち、つづいて興起したのが東林学派である。この学派は中等階級反対派の性格をおび、その闘争方式は比較的温和であった。とくにその理論的武器は陳腐さを掩いえないのである」。

顧憲成《こけんせい》（一五五〇—一六一二年）を指導者とする東林党については、一般史の方でもすでに充分のべられていることであるから、これ以上くわしくは述べない。ただ彼らが強調した君子・小人の別が、「威ばりちらして、人民を圧迫し人民に同情しないのが小人、自我にめざめ、人民に同情するのが君子」、つまり「実質的には資本主義萌芽時期の階級矛盾に他ならない」という侯氏の指摘を引いておくにとどめる。(18)

「第四の進歩思潮は、一群の傑出せる科学者たちの、自然科学とむすびついた唯物主義哲学思想、である。李時珍《りじちん》の『本草綱目』、徐光啓《じょこうけい》の『農政全書』、宋応星《そうおうせい》の『天工開物』などの著作は、当時のすぐれた科学的著作であった。(19) すこしおくれて、方以智《ほういち》（一六一一—七一年）の『通雅』『物理小識』およびその哲学思想は、彼らのうちでも傑出した代表である。彼らの科学の方法は洞察的で、まだ実験的方法には到達していなかった。しかし彼らは、科学はかならず哲学と結合されなくてはならない、科学を哲学理論にまで高めて総括しなくてはならない、そうしてこそ哲学の理論は、逆に、科学の発展を指導できる、ということを初歩的に認識していたのである。方以智は一七世紀はじめの人物であるが、しかし直接にこの一派とむすびついている。彼は当時の自然科学の成果をふまえて、その「火」を世界の本源とする唯物主義一元論の哲学学説、を建設したのであった」。

「あたかも此の時期、ヤソ会士の利瑪竇《りまとう》（Matteo Ricci）、湯若望《とうじゃくぼう》（Adam Schall）、南懐仁《なんかいじん》（Ferdinand Verbiest）等がつぎつぎに中国にやってきて布教活動をおこない、また「西学」をもちこんだ。当時の啓蒙者李贄や方以智は宣教師と交際があった。この歴史事実はいかに評価さるべきであるか。

この点については、ブルジョワ学者たちは従来、たくさんの間違った論断をまきちらしてきた。宣教師たちには大いに敬意を表し、中国の科学者たちの創造的研究に対しては抹殺もしくは不当に低く評価したのである。われわれはこのような、中国歴史を曲げる民族的虚無主義者の見解を容認することはできない。われわれはこの問題について、歴史の実際に符合した説明を提出しなければならない」。

かくて侯氏はいう。宣教師がつたえた「西学」は決して、当時のヨーロッパの新学ではなくて、旧学であった。つまりルネサンス以来のブルジョワ上昇期の思想・文化ではなく、むしろそれと対立する中世封建教会の神学とスコラ哲学であった。もちろん彼らはいくらかの科学をもってきはしたが、コペルニクスやガリレイの著作を伝えたでもなく、ニュートン、ホイヘンスの説を紹介したでもなく、ベイコン、デカルトの方法論を説いたのでもない。彼らの伝えた科学は当時のおくれた科学であり、彼らの提供した思想方法は、科学の発展を助けるどころか、妨げるものであった。ブルジョワ学者たちが、まるで宣教師のおかげではじめて中国に近代的科学がはじまったように言うのは根本的に誤っている。[20]「客観的にいって天主教の宣教師たちの中国に対する影響は、主として全世界〔世界全球〕という観念をもたらしたことにある。この点は中国じたいの内部条件の変化と関係がある。というのは、啓蒙思想はすでに封建主義的な民族的狭隘性を打ち破っており、そして、世界というものの認識(王夫之のいう「天下」の概念はそれ)をもっていたからである」。

当時の中国の科学者たちは、まさに新しい科学と新しい科学の方法とを追求していた。徐光啓や王《おう》錫闡《しやくせん》は数学的方法を科学に結合しようと試みているし、方以智は西学が「実験〈質測〉に詳にして哲学〈通幾〉に拙であるが、その実験も充分でない」ことを指摘している。「質測は即ち通幾を蔵するものである」。燃えるところの火が世界の根源であるという方以智の唯物論哲学にいたっては「対立物の統一という自然の運動法則を洞察しており、前人未到の大発見」ということができるのである。なお、方以智の父祖が東林党系であり、彼じしん嘗て復社の指導的メンバーであったことをのべて侯氏はいう、「彼は東林‐復社の人物の理論上における総結者であった」と。

注

（1）『歴史研究』一九五九年一〇期。ソビエトの雑誌『哲学の諸問題』への寄稿論文であることが注記されている。
（2）康有為の『孔子改制考』（一八九七年）がその標識であろう。
（3）魏源（『海国図志』の著者、一七九四—一八五七年）の「武進李申耆先生伝」（『古微堂外集』四）。
（4）康有為『長興学記』（一八九一年）。
（5）梁啓超の同志であった夏曾佑の詩。『東洋史研究』一七巻三号「梁啓超文三篇」一〇六頁（『中国革命の先駆者たち』筑摩書房、一九六五年、所収）。
（6）とくに注目されるのは、考証学系統の学者を同人とする革命的国学雑誌『国粋学報』（一九〇五年創刊）が、その発刊の辞で「師とすべき」三人の先人として顔元（習斎）、戴震（東原）とともに挙げているのが陽明であることである。

(7) 劉光漢(劉師培)の「王艮伝」(『国粋学報』第一年第一〇号、一九〇五年)。
(8) 泰州学派 ‐ 李贄のラインに「左派王学」「王学左派」の名をはじめて与えたのは嵆文甫の著書『左派王学』(一九三四年)である。
(9) ということはまた、侯外廬主編『中国思想通史』第四巻下冊、明代の部分、の要約ということでもある。したがって詳細はそれを参照されたい。
(10) 今日の中国で、侯氏のスクールと並立(対抗?)するいま一つの思想史研究のスクールを数えるならば、それは馮友蘭《ふうゆうらん》(北京大学)らのそれであろう。この派の中国思想史の概論は雑誌『新建設』一九五七年二期以下に連載された。
(11) 民変のことは田中正俊「民変・抗租奴変」(筑摩書房『世界の歴史』一一巻)および酒井忠夫『中国善書の研究』(弘文堂、一九六〇年)第二章第四節を参照。
(12) エンゲルス『ドイツ農民戦争』岩波文庫本、五二頁以下。
(13) 侯氏らが最初というのではない。たとえば戦前すでに宇同(張岱年)の『中国哲学大綱』がとりあげている。侯氏らは黄綰の集とともに『王廷相哲学選集』を刊行した。
(14) 山下竜二「羅欽順と気の哲学」(『名古屋大学文学部研究論集』二七、哲学九、一九六一年)は非常に周到な研究である。
(15) マルクス『神聖家族』大月版マル・エン選集本三四七頁。
(16) エンゲルス『ドイツ農民戦争』一〇七頁以下。
(17) 『思想』一九六二年一二月、拙稿参照(『朱子学と陽明学』岩波新書、一九六七年、所収)。
(18) 東林学派について、わが国では、小野和子「東林派とその政治思想」(『東方学報』京都二八冊)以外ほとんど無い。

(19)　藪内清編『天工開物の研究』(一九五三年)。

(20)　この考えは侯氏のみでなく最近ひろく見られる傾向であるらしい。たとえば劉大年「康熙帝を論ず」(『歴史研究』一九六一年三期)。

陽明学と考証学

問題提起　陽明学は朱子学の時代に、そのなかより現われた。「心即理」を原理とする陽明学は、いかにして「性即理」の朱子学より生まれたか。陽明学は朱子学に完全にとって代わることはできず、また、やがて心学横流という社会的弊害をひきおこしたというが、なぜか。

明代の陽明学のつぎに登場したのは、「実事求是」をスローガンとする清朝の考証学である。陽明学のような極度の観念論哲学の後に、かかる実証主義的文献学の時代が出現したのはなぜか。清朝は後半期、アヘン戦争、太平天国……の大動乱期、大革命期に入ってゆくが、その際、考証学はいかなる様相を呈するか。

問題の考察　王陽明（名は守仁、字は伯安）は、明のちょうどなかごろ、浙江省余姚《よよう》県に生まれた。科挙をパスして官僚生活に入るが、宦官劉瑾《りゅうきん》に反抗したため貴州省の苗族居住山岳地帯の竜場に流された。かれは青年時代から熱烈な朱子学の信奉者であり、聖人学んで至るべし、という理想主義に燃えていたが、そのための方法として朱子の説く「格物致知」の説には深い疑問を持った。天下の事事物物に格《いた》りその理を極めつくすことは、原理的に不可能であるし、たとえ一木一草の理を極めつくしたところで、聖人となるための実践とかかわりがあろうとは思われない。流謫地での必死の思索の末、ついに朱子学の誤りを発見し、心即理という自己の哲学の原理を発見した（竜場の頓悟、一五〇八年）。朱子学の格物致知説が理を「外」に求めるのは誤りで、天下の理は我が心に完全にそなわっている。格物の「格」は至ると訓ずべきではなく、正すである、「物」とは事であり、意の発動。すなわち、致知（知識の完成）は朱子ではまだ客観的な事物知識という意味が含まれていたが、陽明では完全に道徳知としてとらえられ、やがてそれが「良知」と解釈せられ、致知とは良知の実現ということになった（致良知）。陽明は、知は行の始め、行は知の完成、として「知行合一」を強調すると共に、また「万物一体」の説をとなえた。すなわち、良知は自他の合一という性格をも含んでいる。さらに朱子のように性即理とせず心即理とする場合は、心＝性＋情のうち情はしばしば欲として現われるものであるから、心即理という原理は欲望の肯定にまで至るであろうような「危険な」性格をも持っていた。「聖人とは天理に純で人欲の雑なきもの」という朱子学以来の定義からすれば、まさに正反対の結論になる。

陽明学派は陽明の死後、右派と左派に分かれ、左派のうちから王艮《おうこん》（王心斎）のごとき庶民思想家がつぎつぎと現われ、人欲もまた天理であると主張し、万物一体的な俠的な実践活動に奔走し、形骸化した朱子学的士大夫道徳の偽善を激しく攻撃する。最後に李贄《りし》（李卓吾、『焚書』『蔵書』などの著者）が現われて後天的な知識・道徳以前の自我を「童心」と呼び、それによって激越な批判活動を展開し、ついに獄中で自殺するにいたった（一六〇二年）。それはオーソドックスな士大夫意識からみればまことにけしからぬ事態であったので「心学の横流」と呼ばれる。横とは無軌道ということである。

一六世紀後半から一七世紀なかごろまで、すなわち明代の末期には陽明学とともに様々な新しい学問の萌芽が現われていた。たとえば、現代史研究・軍事学・海外地理学・薬物学・文献考証学など実学的な学問がさかんに興りつつあった。また陽明心学の展開の結果、それが士大夫階級にとって恐るべき危険をはらんでいることが自覚された。これらの流れは、明朝の滅亡という異常なショックを受けて士大夫のあいだに反省の機運がおこってくるとともに、いわゆる経世致用の学となる。そのもっとも有名な学者は顧炎武《こえんぶ》・黄宗羲《こうそうぎ》などで明の遺民として終始したが、かれらは広く文献をあさり考証を重ねて経世致用の学問の傑作『日知録』『明夷待訪録《めいいたいほうろく》』などをあらわした。しかし清朝は士大夫に対して苛酷きわまる文化弾圧政策をとり、しばしば文字の獄をひきおこしたので、経世致用の学は文献考証学以外に血路はなくなってしまった。乾隆・嘉慶を全盛期とするいわゆる清朝考証学はかくて成立したのである。考証学は史学などさまざまな分野に及ぶが、その中心をなすものは古代経学の研究、音韻訓詁の学であり、それには呉派と皖派《かんぱ》がある。呉派はただ「古を求めた」が、皖派（代表的学者は戴震、その弟子に『説文解字注』の著者段玉裁が出た）は単なる古代経学の復興のみでなく、「是（ただしさ）を求め」法則を求めたという。なお、戴震は単なる考証学に満足せず『孟子字義疏証』という哲学書を著して、朱子・王陽明の「理」の観念論を激しく批判した。また同時代の章学誠《しょうがくせい》は考証学的風気から独立に「六経皆史」という卓抜な史学理論をうち立てた（『文史通義』）。

考証学でもっとも尊重せられたのは後漢の鄭玄《じょうげん》の学問である。さらにそれが進むと前漢の学問にまで遡る。それは『春秋公羊伝《くようでん》』を中心とする独特の経学（今文経学《きんぶん》）で経世致用的性格を持ち、また衰乱世→昇平世→太平世という歴史哲学を持っていた。アヘン戦争前後のころからこの公羊学が顕著な学問運動となり、やがてそれが康有為・梁啓超らの変法運動となって、辛亥革命の先駆現象となる。今一つ、考証学は考証のための必要から、必然的に儒教以外の諸子学を呼びおこして来たということがある。諸子学は漢以後二〇〇〇年のあいだ、とくに朱子学以後は、異端の説として無視もしくは排斥せられて来たのであった。この諸子学復興の動きは、ヨーロッパ学術に対抗するため、という動機によって加速せられ、辛亥革命の前夜のころには、孔子も要するに諸子の一人にすぎなかったという認識がほぼ普遍的となる。もちろんそのことがただちに儒教の自己否定となったのではなく、儒教を国教としようとする「孔教」運動なども起こったが、成功せず、要するに独尊的儒教の権威がそれ自らの展開の結果としてすらも否定せられるという形になるのである。もちろん、志士たちのあいだには考証学に対する咒詛の声はあった。しかし実証的方法そのものは高度の近代学的性格を帯びていたので、民国以後今日にいたるまで継承せられ、その成果が利用せられている。

参考文献

黄宗羲『明儒学案』六二巻（一六九三年）は陽明学派をも含めた明代思想史であり、専門的研究者のまず読むべきものであるが、現代風な思想史概論としては容肇祖著・松川健二等訳『明代思想史』（北海道中国哲学会、一九六五年）のほか、侯外廬主編『中国思想通史』第四巻下（北京人民出版社、一九六〇年）は現代中国の代表的な思想史家の手になるもので、きわめて詳細で、特に明の部分は精彩がある。日本語で書かれた概説書としては楠本正継『宋明時代儒学思想の研究』(広池学園出版部、一九六二年)がすぐれている。島田虔次『朱子学と陽明学』(岩波新書、一九六七年)は簡単な入門書である。同『中国における近代思惟の挫折』(筑摩書房、一九四九年、改訂版一九七〇年)は陽明学左派の展開を論じたもの、岩間一雄『中国政治思想史研究』(未来社、一九六八年)はマルクス主義的社会科学の立場からの研究で前者への批判をふくむ。王陽明その人の思想を知るためにはどうしてもその主著『伝習録』を読まなくてはならない。「岩波文庫」本(一九三六年)、「漢籍国字解全書」本(一九三一年)のほか、最近では近藤康信「新釈漢文大系」本などがある。陽明思想の研究としては三島復『王陽明の哲学』(大岡山書店、一九三四年)、保田清『王陽明』(弘文堂、一九四二年)などはいずれも哲学的、三宅雪嶺『王陽明』(政教社、一八九三年)、安岡正篤『王陽明研究』(玄黄社、一九二二年)はもっと広い立場からの研究である。

清朝考証学もしくは考証学を中心とした清代学術・思想の概論としては、清末の学問革新運動を身をもって生きてきた梁啓超の簡潔な『清代学術概論』が有名であるが、日本語のものでは、「内藤湖南全集」第八巻『清朝史通論』(筑摩書房、一九六九年)の「経学」「史学・文学」の章が恰好の入門書となろう。狭義の考証学については狩野直喜『中国哲学史』(岩波書店、一九五三年)がもっともすぐれている(史学については内藤「全集」第一一巻『支那史学史』)。吉川幸次郎対談集『古典への道』(朝日新聞社、一九六九年)のうち「中国古典をいかに読むか」は、みずから清朝経学の方法を実践した学者の体験的解説である。顧炎武については趙儷生著の伝記(「世界ノンフィクション全集」筑摩書房、一九六〇年)、黄宗羲については小野和子の伝記(人物往来社「中国人物叢書」一九六七年)、西田太一郎訳注『明夷待訪録』(平凡社「東洋文庫」一九六四年)、戴震(戴東原)については安田二郎訳注『孟子字義疏証』(養徳社、一九四八年)、章学誠については高田淳「章学誠の史学思想について」(『東洋学報』四七―一、一九六四年)、D.S. Nivison, *The Life and Tho-*

ught of Chang Hsueh-ch'eng (Stanford univ. Press, 1966)。なお、『中国の思想家』下巻（勁草書房、一九六三年）は明清を通じて多くの学者の評伝を収めていて非常に有益である。

史料

㈠　朱子所謂格物云者、在即物而窮其理也。……是以吾心而求理於事事物物之中、析心与理而為二矣。……吾心之良知、即所謂天理也。致吾心良知之天理於事事物物、則事事物物皆得其理矣。致吾心之良知者、致知也。事事物物皆得其理者、格物也。是合心与理而為一者也。（『伝習録』中、答人論学書、第六条）

㈡　夫人者天地之心。天地万物、本吾一体者也。生民之困苦荼毒、孰非疾痛之切於吾身者乎。不知吾身之疾通、無是非之心者也。是非之心、……所謂良知也。（『伝習録』中、答聶文蔚第一書）

㈢　夫童心者、絶仮純真、最初一念之本心也。若失却童心、便失却真心。失却真心、便失却真人。……然童心胡然而遽失也。蓋方其始也、有聞見従耳目而入、而以為主于其内、而童心失。其長也、有道理従聞見而入、而以為主于其内、而童心失。……則所言者皆聞見道理之言、非童心自出之言也。言雖工、於我何与、豈非以仮人言仮言、而事仮事、文仮文乎。……六経語孟、乃道学之口実、仮人之淵藪也、断断乎其不可以語於童心之言、明矣。（『焚書』三、童心説）

㈣　劉石乱華、本於清談……今日之清談有甚於前代者。昔之清談談老荘、今之清談談孔孟。……不習六芸之文、不攷百王之典、不綜当代之務、……以明心見性之空言、代修己治人之実学、股肱惰而万事荒、爪牙亡而四国乱、神州蕩覆、宗社丘墟。（『日知録』七、夫子之言性与天道）

㈤　学校所以養士也。然古之聖王、其意不僅此也、必使治天下之具、皆出於学校、而後設学校之意始備。……天子之所非未必非、天子亦遂不敢自為非是、而公其非是於学校。……三代以下、天下之是非、一出於朝廷。

天子栄之、則群趨以為是。天子辱之、則群擿以為非。……而其所謂学校者、科挙囂争、富貴熏心、亦遂以朝廷之勢利、一変其本領。而士之有才能学術者、且往往自抜於草野之間、於学校初無与也、究竟養士一事亦失之矣。於是学校変而為書院。有所非也、則朝廷必以為是而栄之。有所是也、則朝廷必以為非而辱之……。(『明夷待訪録』学校)

(六) 人知老荘釈氏異於聖人、聞其無欲之説、猶未之信也。於宋儒、則信以為同於聖人。理欲之分、人人能言之。……尊者以理責卑、長者以理責幼、貴者以理責賤、雖失謂之順。卑者幼者賤者以理争之、雖得謂之逆。……人死於法、猶有憐之者。死於理、其誰憐之。(『孟子字義疏証』上、理、第一〇条)

(七) 六経皆史也。古人不著書、古人未嘗離事而言理、六経皆先王之政典也。(『文史通義』内篇一、易教上)

序（小野和子『明季党社考』）

明《みん》は党争によって滅亡した、といわれる。もちろん満州族の侵入、農民反乱がもっとも大きな原因であったことは、明白であるが、政権そのものの問題としては、果てしなく繰り返された権力闘争によって、時代の変局に対応する能力を失ってしまったための滅亡であったことは、否定すべくもない。その党争の一方にあったのはいうまでもなく天子・内閣・宦官という権力の側であり、他の一方の側にあって死力を尽くしてたたかったのは、東林党およびその後継者たる復社のメンバーであった。東林・復社をひっくるめて東林派と呼ぶことも普通の言い方である。小野和子氏の本書は、明末の政局の中心をなした東林派の思想的、政治的党争――それは単にいわゆる官界・政界のみに限定されるものではない――をきわめて丁寧に、且つヴィヴィッドに、追跡したものにほかならない。

本書を前にして私個人がことに関心を寄せたところは、東林派の党争と黄宗羲《こうそうぎ》『明夷待訪録《めいいたいほうろく》』の成立との関係如何という問題である。『明夷待訪録』が中国政治思想史上、あるいは儒教政治思想史上、最高傑作の一つに数えられることは、言うまでもない。儒教の政治理論というものは、この書物においてぎりぎりまで展開せられ、一つの最高の形態を獲得している。それは小野氏のかつての言葉を引けば、「父の参加した東林党と黄宗羲じしんの参加した（復社・レジスタンスという）政治運動との、いわば総決算ともいうべきものであった」（小野和子『黄宗羲』一九六七年、二三七頁）。父・黄尊素ははやく東林派のリーダーであり、その故に拷問凌辱を受け、獄死せしめられた「烈士」であった。『待訪録』以後、清代を通じて、政治理論の面においてほとんど見るべきものはない。明末、せっかく成立した「言論界」というものも、やがて完全に沈滞し、消滅してしまったといって過言ではない。

清朝の末に至って、ヨーロッパの民主主義、立憲主義の刺激をうけ、儒教思想の展開を試みながら、改革の声を挙げ、やがて孫文の革命論を呼び起こした康有為、梁啓超の変法論は、その出来あがった形について考えるならば、仮にヨーロッパ起源の諸要素を消去してしまっても、要するに『明夷待訪録』に明示・暗示されるような政治哲学と公羊派《くようは》の歴史哲学とによって形成されたもの、つまり中国伝統の儒教思想の展開を継承したもの、としてその骨格を理解することは、それほどむつかしいことではない。ちょうど、仏教や道教の要素をすべて消し去っても、宋明哲学を儒教哲学の展開として理解することは可能であるように。

その清末の改革運動が「学会」と報界（ジャーナリズム）のネットワークで宮廷・官界・政界をとりかこみ、天子をとらえ、まきこみ、光緒帝《こうしよてい》がその身辺に改革派を次々に登用し、改革政治が中央においてその幕をきって落とした戊戌《ぼじゆつ》の年、光緒二四年即ち一八九八年の七月、御史・文悌《ぶんてい》が改革派の巨頭・康有為の政治的蠢動を厳しく糾弾した上奏文を提出した、そのなかに次のような一段がある。それはまず天子に対する自分の忠誠心を披瀝して、いう、思い起こせば、昔、光緒十一年、奴才（わたくしめ）が戸部郎中の任にあった時、京察（中央官僚の勤務評定）にて一等に挙げられて養心殿で皇上に召見を賜り、したしく聖訓を承ったのであるが、それは「つつしんで任務に当たり、情面を破除せよ（情にひかされるな）」と奴才に命じられたのであった。奴才は退出するや、直ちにこの「謹慎当差、破除情面」の八字を生涯服膺すべく印章に刻したのである。こういう次第であるから奴才が天恩を被って河南知府に任命された時、その任期三年の間、一人の私的な書簡をも受け取らず、都にいる友人とも一字も文通を交わしたこともない。三十年以上、地方官として過ごしたが、その間（金蘭の交りをちかって）人と盟を結び誓紙を交換するなどという陋習には、絶対に染まろうとしなかった。また少年時代の同窓生六人のほかは、上官や試験官を拝して師（いわゆる座師など）となすということもしなかった。そのために、人の怨みを買い、誹謗を受けたが、少しも悔ゆることはなかった。蓋し、皇上の「情面を破除せよ」との聖訓を心に深く刻んでいたからである。それに今ひとつ、奴才の四世の祖父・鄂伯諾費揚武が康熙年間に族人・鰲拝が政治を乱し罪に伏したのを見て、因って満州文の家訓を著述し、後世の子孫をして寡交ということを重んじ、党をたてることを末長く戒めとし、赤心もて国に報じよと教え、石に刻して祠堂に納めさせるという事実があった。奴才らは、世々これを遵守して違うことはないのである。（蘇輿『翼教叢編』二）

この文悌の上奏文には、少数民族にして中国に君臨した満州族であるがゆえの思い入れというものももちろん見てとれるが、それ以上に注目すべきは、独裁権力下における臣民の横への動き、水平的結合というものが、如何に忌避せらるべきものであったか、ということである。

著者は東林派の党争を叙述する際、しばしば水平的な思考、志向というものが、いわゆる党人たちによって、自覚的に、また熱情的に求められたことを指摘しているが、このことは、明代独自の学問としての陽明学のもたらした——あるいは昂進せしめた——新風気でもあった。若き日、陽明学左派の歴史的展開を論じたことのある著者は、この事実をたしかに思い出していたことであろう。

著者も指摘しているように、張居正《ちょうきょせい》の独裁的強圧的政治に対して、言官という中国独特の制度（その職掌が、けっきょく、言論の火つけ役と言わば言える官職の設置）が抵抗を始めたこと、それが明末の党争の発端であり、その党争が正義の党争とひろく認められたこと、そのことが、私としては特に注目すべき点であると思う。著者もしばしばいっているように言論の自由（権力よりの自由）というものが、儒教において、少なくとも中国の儒教において、本質的な意味をもっている、ということをまず知っておかなければならない。今日、中国史の上で常識となっているように、張居正は決して無能もしくは邪悪な為政者ではなかった。為政者としてはもっとも有能であり、また愛国的、進歩的な政治家であった、といってもよい。ただ彼は政策の実行に対して、ルーズで非効率的なことを甚だしく嫌ったという、その点においてとかく空疎な観念論、事なかれ主義に傾く当時の官僚に歓迎されなかった、という点はあろう。問題はむしろいわゆる政治手法の問題であったのである。しかしその政治手法を問題にして剛愎さが攻撃されたとき、いつしか儒教の政治哲学の根幹に関わる問題が浮かび上がってこざるをえなかった。それは政治は何のためのものか、政権は誰のためにあるか、究極的には君主は誰のために存在するのか、人民の為に君主があるのか、君主のために人民があるのか、東林党の李三《りさん》才《さい》がいったように「民こそ君の主」であるのかどうか、という、そういう問題にまでおのずから発展していったのであって、もはや政策の効率的遂行という、最初の問題からはかけ離れた、原則論的な議論にまでなってしまっている。このような立場に立って考えるならば、君主というものの地位の継承が、儒教の二大原理のうち「親親」原理による継承、すなわち伝子、子につたえる、のではなく、「賢賢」原理による継承、すなわち伝賢、賢につたえる、のでなくてはならぬことは明白であろう。血統主義というものは否定されるべきであった。黄宗羲は『明夷待訪録』において、君位（皇位）の血統主義をあからさまに問題にしているわけではない。それには触れることなく、ただ政治の根本的部分において、賢者に伝える、賢者から賢者へ、という意味が失われてはならないと強調したのである。親親主義に立つ皇位継承は現実問題としてやむを得ないにしても、その場合でもなお何とか伝賢の実質を失うまい、何とか血統主義の不合理を埋合せたい、としたのが宰相の設置せられた意味、使命にほかならない。皇帝の独裁を強固安泰にせんがために、しばしば皇帝に対して危険な存在であり得る宰相（丞相ともいう）の制度を明の太祖が廃止してしまったことは、儒教的な政治制度としては取り返しのつかぬ失敗であった。その何よりの証拠は、かの宮奴（宦官）の如きに実権を完全に奪い取られ、その頤使に甘んじざるを得ない今日の（明末の）中央政府の現状ではないか。これ、もとをただせば、政治が人民のためになければならぬ、という大原則を忘れたために他ならない。大体、臣と君とは名は異なるが実は同一のもの、臣は政治の分担者であって、その点君主と同格の存在といわなければならないのである。

士を養成する為に設けられたのは、学校である。しかし古の聖王が学校という制度を設けた趣意は、決して養士の為のみではなかった。あわせて「天下を治めるところの具（根本的、具体的な諸方策）を皆な学校より出でしめんとした」のである。しかるに三代より以降、天子一人の私是非を天下の公是非なりと強弁し、天下の是非はもっぱら朝廷より出ることとなり、士は朝廷のくだす是非に迎合するようになる。かくて学校は科挙のための予備校となり、士の真に「才能学術ある者は学校とは無関係に草野の間より崛起するに至る」。「要するに養士という一事すら学校は失ってしまったのである。ここにおいて学校は変じて書院となる」。書院が非とするところのことは、朝廷は必ず是としてたたえ、是とするところは、必ず非なりとして辱かしめる。あげくの果ては偽学なりと宣告して排斥したり、書院のとりこわしを執行したりする。——学校とは首都・各府・各県に必ず設置される学校（官立大学）、書院とは地方の紳士たちの醵金によって建てられる私立学校、というか講学機関。学校にせよ書院にせよ、カリキュラムをたてそれに従って授業が行なわれる、といった風の場所ではない。学生もしくは書院メンバーは全員が高等な古典学、儒教哲学の学識所有者たることが確認されており、ほとんどすべてが妻子、ときには孫もいる家庭人である。学校は学籍簿の保管、教官による訓示、講演などの場所であり、書院は哲学上、政治上、社会上の問題をとらえての講演会、自由討論会などが、しばしば他書院との連合の形で定期的、非定期的に行なわれる（但、清代の書院は別）。注意すべきは、かくの如き書院の、もしくは書院同然の講会、学会の林立というものは、東林派の興るより一時代まえ、陽明学の盛行にともなって既に江南各地を「風靡」していたことである。かくて毎月一日、天子は宰相、六部尚書（各省の大臣）、御史などを従えて太学（首都の大学）に臨幸し、弟子の列について聴講し、指摘を受ける云々、地方でも知府、知県などが之に倣って……という『待訪録』学校篇の構想は生まれるであろう。もちろん、書院や講会での議論が、『待訪録』原君篇にいわゆる「君は（君主、天子）天下の人をして自ら私するを得しめず、自ら利するを得しめず、自分の大私を天下の大公にしてしまう……。古は天下が主であり、君は客であった。今は君が主で天下が客である。凡そ天下の地で安寧なところとて無いのは、君の故である……。天下の大害なるものは君に他ならない。もし君というものがなかったならば人はおのおの自ら私するを得、自ら利するを得たのである……。しかるに小儒はこせこせと「君臣の義は天地の間に逃るるところ無し」と説き、あるいは伯夷叔斉の伝説の如きでたらめを伝えるに至った……」というように露骨、過激であったか否か、疑問なしとしないかも知れない。しかし、それがともかく本書に刻明に追跡され、分析されているような書院における自由講学の風、東林・復社の言論の自由のための闘争を背景として醸成されていったものにほかならないことは、確実であろう。清朝末期、地方的規模でも国家的規模でも、議会への要望が提起されたとき、まず思い出されたのは『待訪録』のこの条であった。

明朝末期のことを論ずべきところが清末に飛んでしまい、それっきり話に止めどがなくなって行ったのは恐縮であるが、飛躍のついでにもう一つ、幕末日本の話題をとりあげることをお許し願いたい。それは、黄宗羲が遂にあからさまに否定することを敢てし得なかった血統主義を敢然として否定したのは、わが横井小楠であった、という事実である。彼が暗殺されたのは、そのためだ、ともいわれている。小楠はみずから朱子学者を以て任じ、朝鮮李朝の大朱子学者・李《り》退渓《たいけい》を崇拝していた。しかし彼は「空疎な観念論」を鼓吹したのではなかった。殖産・貿易の政策立案に熱心であり、学校というものに政治上の独特の意味を持たせた。「君臣の義を廃して一向公共和平を以て務となした」ジョージ・ワシントンの政治を三代聖人の治に符号すると讃美したのも彼である。それは、彼が恐らく目にしたこともない『明夷待訪録』の主張と深く暗合するものであったことが指摘されている（『季刊日本思想史』三七号、一九九一年、源了圓「横井小楠における学問・教育・政治――講学と公議・公論思想の形成の問題をめぐって」。源氏は、自分が横井におけるこの側面に注目せしめられたのは、小野氏の東林～黄宗羲研究の啓発によることを明言している）。

『待訪録』において見逃してはならないのは、いまひとつ「原法」（法とは何ぞや）という章が、原君・原臣に次ぐ第三章として、立てられていることである。もちろんどの時代にも法律というものはあったが、それは要するに「三代以下の法」であって、天下の為に設けられた法ではない。それは「一代には一代の法あり」といわれるような、王朝の利己主義のために設けられた法である、後世の法は天下を君主一家の私産と見なして、天下を自家の筐篋《きょうきょう》に蔵せんとするものにほかならない。古来「治人あり治法なし」（もと『荀子』のことば）といわれて、それゆえ単なる形式的皮相的な法律以上に何か深遠な道理に基づくものの如く見なされるかも知れないが、自分はむしろ逆に「治法ありて治人あり」と言いたい。現代は「非法の法」が天下の人民の手足を桎梏している時代である、この状態はあまり気付かれていないかも知れない。しかし決して放置しておいてよいものではない。彼のいう「三代の法」の詳細なイメージは私にはいまだつかめないが、ともかく天子・宰相といえども逃れるべからざる法の存在すべきことを主張したものであることは、間違いないであろう。小野氏はこの方面にはふれていない、というより、従来この方面に言及した人は殆どいないのであるが、私は、この点も明末の党争から黄宗羲が体験的につかみ取った観点であった、と信ずるものである。

　戦後五十年、中国史の学界において明代はとりわけにぎわった部門であったが、ただ研究はほとんど社会経済史方面に集中し、政治史の分野は、わが国においては、全くといっていいほど閑却されて来た。そういうなかでただひとり、一貫して政治史、というよりも政治史と密接にからみあった言論史、知識人史、とでもいうべき領域を開拓して来たのは小野和子氏であった。その成果の一部がここに集成せられたことは、研究史の空白を埋める大快挙といわなければならぬ。こうして集成せられてみれば、中国がいかに言論の国であったか、が思い知らされるではないか――合戦の国であった日本と対比してみよ――。東林派の主張したのは要するに、言論の自由なきところ真の政治なし、ということに帰着するのではないか。われわれはその言論に対して又しても、例の空疎なカラさわぎ、という紋切り型の嘲笑を投げつけてそれで事を了って、よいものであろうか。余りにも我が国で閑却されてきた中国史の大きな一面を、ねばり強く解明してこられた著者の努力に対して、心からの敬意を表するものである。

一九九六年二月

序（福本雅一『明末清初』）

武田泰淳の畢生の願は、明末清初という時代を一大長編に書きあげることにあったらしい。武田氏自身がそう言っているのを、一度ならず読んだ記憶がある。なぜ明末清初なのか、明末清初のどこが文学者の心をとらえたのか。福本氏の本書は、その問に答える——少なくとも、その一半の理由を明かにする、であろう。

明末清初は単なる王朝交替の動乱というだけではなかった。単なる王朝交替ならば、中国史上むしろ法則的な事実である。清朝の末期、日本の明治欽定憲法にならって、大清皇帝は大清帝国を統治し万世一系にして云々という憲法草案が発表されたとき、これに反対したのはむしろ民間の守旧派であったという（狩野直喜『中国哲学史』）。王朝というものはやがて必ず腐敗し、必ず人民に見棄てられ、必ず別の王朝と交替する、それは殆ど法則である（いわゆる革命）。万世一系の王朝などあったためしもなく、また、ある筈もない。——蒙古族（元朝）の先例があったにせよ、明朝にとってかわったのが夷狄たる満州族であったというのは「明末清初」の大きな要素であったが、何といっても決定的であったのは、清朝が漢民族の文明習俗そのものに干渉し、「夷を以て夏を猾《みだ》そうとした」ことにあった。いわゆる薙髪《ていはつ》（＝弁髪すること）の強制である。薙髪をめぐっての哭《な》くべく笑うべきさまざまな挿話は著者によって活写されており、また薙髪強制の直接の引金となったのが「義軍」の指揮者にして典型的な明末人楊文驄《ようぶんそう》のやぶれかぶれの暴挙にあったとするのは、傾聴すべき指摘である。ともかくも、この薙髪強制によって当時の士大夫の行動が、美はいよいよ美に、醜はいよいよ醜に、くっきりときわだたせられたことは言うまでもない。硬骨の大学者顧炎武《こえんぶ》は「亡国」つまり王朝の滅亡と区別して「亡天下」、天下の滅亡、ということを言った。亡天下とは仁義が閉塞し、その結果、獣をして人を食らわしめ人をして互に相い食らわしめるような情況を将来すること、つまり人間的世界の喪失をいう。亡国に対して責任の問わるべきは君と臣とにすぎないが、亡天下に対しては賤しき匹夫も責任を免れることはできない、と。顧炎武と併称される大思想家黄宗羲《こうそうぎ》は「天崩地解」といった。明清交替の革命という事件は、天が崩れ大地がばらばらに解体してしまうほどの「奇変」であった。伏羲《ふつぎ》いらいの奇変、と叫んだ人もいる。

なぜ明朝はおめおめと満州族によって取ってかわられたのか。もちろん、天子を自殺に追いつめて直接に明朝を倒したのはいわゆる闖賊《ちんぞく》、つまり李自成《りじせい》のひきいる農民軍であった。しかしそれも結局は満州軍によって明朝が瀕死の打撃を受けていたからであり、事実また、あっという間に満州軍のために追いおとされ、その成果を奪われてしまった。大きくいえば、宮崎市定博士のいわゆる「文明主義の社会」が「素朴主義の民族」に倒されたのであり、その中国文明主義社会に固有な末期的諸症状を描き出したのが本書である、ともいえる。明の滅亡は党争によって亡びたのであるとは、殆ど定論である。救いようもないまでに止めどない党争は、その総仕上げとして遂に、明朝のたのみの綱ともいうべき忠誠にして有能な将軍を、刑死に追いやってしまった。北京市民はその刑死に歓呼し、争ってその肉を食らったと伝えられる（本書第四章、袁崇煥《えんすうかん》）。歴史の定石そのものといってもよい此の事件以外でも、福本氏が執拗なほどくりかえし指摘するのは、東林党－復社のいわゆる「党人」を中核とする正義派とその反対派との、「君子・小人」図式そのままの抗争である。

もちろん、著者は歴史家ではない。また本書は最初から一貫した構想のもとに研究をすすめた成果でもなく、明朝滅亡の原因究明において網羅的ではない。本書の意味は、明末人あるいは明末清初人として典型的な人物を拉《らっ》し来り、その行蔵を描くことによって、明末清初という時代の断面を提示することにある。そしてそのような書物として、本書はみごとに成功していると思う。

「芸林百世の師」董其昌《とうきしょう》の書画芸術史、また芸術論史上における地位については、改めて説明するを要しない。その人物が貪欲あくなく、為にいわゆる「民変」をひきおこしその邸宅が焼打ちに遭遇したことも、宮崎博士の論文以来、社会史家にとって周知の事実である。著者は書画芸術史家としての立場から、その人物がいわば欠陥人間とでもいうべきものであったことを完膚なきまでに指摘し、明末人の一典型として本書の開巻第一にすえた。著者のこの文章は従来の董其昌研究に異常な衝動をあたえ、新しい研究の出発点をなしたと聞いている。董其昌につづく張瑞図《ちょうずいと》、王鐸《おうたく》、いずれも書家として当時の第一流、且つ位《くらい》人臣をきわめたが、ともに欠陥人間の尤《ゆう》なるものであった。明末清初という時代は、このような異様な芸術家、欠陥人間的芸術家の輩出した時代であったのである。本書に対していま一例を追加しておくならば、本書にもしばしば登場する無節操の政客阮大鋮《げんだいせい》のごとき、明末屈指の戯曲作家、詩人としては「五百年来の詩人」、しかしいかにしても否定すべからざる欠点として「天性足らず」、人間性において欠陥があった、道徳心を欠いていた、と或る学者は論定して、言う――身したしく国歩艱難に遭遇し、志ある士大夫たちが痛心疾首に暇あらざるに際しながら、「依然として山水に嘯嗷《しょうごう》し、情を風月に寄せ、その自得を極めているが、その詩集を通読するに、天を憂え人を憫《あわれ》むの辞は百に一も見られない」と。

芸術家というものに多かれ少なかれ常識道徳を以て律しえない点があるのは、別に珍しいことではない。それにまた中国では芸術家も士大夫として、好むと好まざるとにかかわらず、しばしば政治の最高責任者として立たなくてはならない場合がある、という特殊な事情が存したことは、斟酌に値いするかもしれない。しかし、だからといって、董・張・王・阮の徒が免罪されるものかどうか――要するに、そこには何か精神史的といってもよい問題が伏在しているのではなかろうか、という疑いを私は如何ともすることができないのである。

明末清初という時代はこういう欠陥人間的「小人《じん》」的芸術家と同時に、他方またかの石濤《せきとう》、八大山《はちだいさん》人のごときをも生んでいるし、さらにもっと視野をひろげれば、その時代はまた、顧炎武、黄宗羲、王夫之《おうふうし》（王船山）、顔元《がんげん》（顔習斎）らのような規模雄大な大思想家の輩出した時代でもあった。卑小と偉大、陋劣と高潔との併在した時代であった。従来この時代を論ずるもの、とかく後者にのみ偏りがちであったことは否定できない。福本氏の本書が時宜を得たものであることを喜ぶとともに、氏の探究が決してそこにのみ止まっているはずのないことへの期待を表明しておきたい。

私と著者とは一九六五年、京大人文科学研究所に明代史研究会がはじまって以来の仲間である。中国文学専攻の氏には当時すでに中国詩人選集『呉偉業』の著があって、確実に地歩を占めていた学者であるが、研究会のもっとも熱心な同人であり、抜刷や著書の殆どを私に贈ってくださった。自分に不得手な書や画のことを、どれほど教えてもらったかわからない。年齢の点を抜きにすれば、どちらかというと著者の方がむしろ先生筋に当るであろう。有名な清朝の歴史家・詩人の趙翼《ちようよく》に「国家の不幸は詩人の幸、説いて滄桑に及べば句おのずから工《たくみ》なり」という句のあることを教えられたのも、研究会において、著者からであった。永年のつきあいの故を以て序文を強請せられ、やむを得ず一文を草したが、甚だ要領を得ないものとなってしまった。著者と読者とに陳謝する次第である。

一九八四年七月

余白ができたので、梁啓超が幼いとき親しく祖父から聞いた話というのを紹介して、本書の「薙髪遺聞」への補足としておきたい。——郷土自治のうち強力なものは乱世でも破壊せられず、盗賊も汚吏もそれを如何ともしがたかった。例えばわが広東省の花県では、明末に流賊が起ると人民は堡砦をつくって自衛し、清朝軍が広東に入って来ても固く守って、薙髪を肯んじなかった。領域に官吏の入ることを拒み、毎年納めるべき官課は一年二回の納税期前にまとめて境界上に置き、吏が境界上にあらわれるのを待って引き渡した。康熙二十一年に至ってはじめて領域をお上《かみ》に納め服従の意志を示したので、清朝は特にここに県を置き花県とした。清朝の官書にはこの事実を記さず、ただ此の地は盗窟であった、盗賊が帰順したので県を置いた、と記すのみである。祖父はその指導者二名の名前をも語ってくれたが、いま記憶していない云々（『飲冰室合集』専集、第十八冊『中国文化史』）。康熙二十一年は一六八二年、台湾鄭氏の降服の前年、明朝の滅亡（一六四四年）を去ること殆ど四十年である。この伝聞が果して事実か否か私はまだ検討していないが、何とか事実であってほしいと願う気持が無いではない。なお花県は、例の太平天国の洪秀全《こうしゅうぜん》の出身地である。

III

大学・中庸　解説

まず最初におことわりしておきたいのは、本書がけっしてわたくし独自の研究、見識にもとづく独自の注釈書ではない、ということである。そうではなくて徹頭徹尾、朱子学の、否、朱子その人の注釈、解釈の紹介、万やむを得ずしてわたくし自身の解釈をしるさねばならぬとしても、できるだけ朱子その人の立場に立とうと試みての注釈――それが本書のめざしたところに他ならない。もし本書に多少とも特色というものが認められるとするならば、それはこの点にあるであろう。儒教の歴史を唐宋の際で二分して、唐以前の儒教を「五経」中心の儒教、宋以後のそれを「四書」中心の儒教、とするのは中国史の常識である。宋以後一千年、今から五〇年前の清朝の滅亡まで、もっとも尊重され読まれてきた経典は「四書」であったのであり、そして『大学』『中庸』が、それぞれ、その「四書」の一つであることはことわるまでもない。「五経」の注釈の代表的なものが後漢の鄭玄《じょうげん》（一二七―二〇〇年）のそれであるのに対し、「四書」の注釈の最高権威は南宋の朱子（一一三〇―一二〇〇年）のいわゆる「四書集注《しっ》」（『大学章句』『論語集注』『孟子集注』『中庸章句』の総称）であった。

宋以後が「四書」の時代だというのは、言葉をかえれば、朱子学の時代（わが国の徳川時代をも含めて）だということであり、したがってその注釈も朱子学の立場からなされたものが圧倒的に多かった。もちろん、大勢に反抗して書かれたものからは、まずわが伊藤仁斎《いとうじんさい》の『論語古義』『孟子古義』、荻生《おぎゅう》徂徠《そらい》の『論語徴』のような力作があらわれたし、ついで清朝考証学の成果として、古典学的・訓詁学的に精緻きわまる多くの注釈が作られた。しかしそれらは「四書」のうちでも『論語』『孟子』にのみ多く『大学』『中庸』の二者にはほとんどないといってよい。はっきりうたっているかいないかの差はあっても『大学』『中庸』の注釈書――今日の一般読者の眼にふれるのは、徳川時代のそれであるよりはより多く明治いご大正昭和の学者の書きおろしたそれであるが――が底本として取っているのは朱子の『章句』なのであるが、同時にまた、徹頭徹尾、『章句』の説でおし通してあるという注釈書も、今日では、必ずしも多くない、というよりむしろ殆んど見当らないと言うほうが真相に近いであろう（このことの発見は、わたくしにはやはり驚きであった。もっとも『論語』のばあいならば、倉石武四郎『論語』昭和二十四年、日光書院、のようなすぐれた業績があるが）。朱子が偉大な体系的な哲学者であっただけに、その注釈は時としてテキストに忠実であるよりは自己の体系に忠実であって、今日の眼から見るときはあまりに強引、あまりにしばしば、おおいがたく不自然、であることを免れないからである。たとえば『中庸』第十章第二節の君子と、それからわずか四句をへだててあらわれる第四節の君子とを、別々の意味内容に解釈するごとき。そのような際、すでに朱子学時代にいない注釈家として、朱子を捨てざるを得ないのは当然であろう。

しかし、本書はあえてそのゆきかたをとらなかった。それがなによりもまずわたくしの学問的能力の不充分によることは、いま、いわないことにしよう。積極的な理由としては、上述のごとく今日ではほとんど見られなくなったところの、徹頭徹尾、朱子でおしとおす注釈というものが、必ずしも無意義ではないと信ずるからである。その点をここにくだくだしく詳述する必要はあるまい。わたくしは、日本思想史の研究家や一般の思想研究者にとっても、本書が何らかの役に立ってくれることを願っているのである。もちろん朱子の思想体系に関する研究は後藤俊瑞、楠本正継、安田二郎などの諸学者によって既に高度の成績があげられている。それはたしかに、われわれの誇るに足る成果である。ただしかしそれらの研究は、いわば朱子学の体系を体系として研究する、というやりかたであり、朱子学の、あるいは朱子の実際の思想的営為、つまり注釈学的方法——一、二の、たとえば「玉山講義」のようなごく短い論文以外、朱子は自己の体系を体系として叙述しようとしたことはない——という朱子学の行きかたそのものは、あまり紹介されていないように思われる。本書がその点に多少の貢献をなしうればと思うのである。

本書は『大学章句』『中庸章句』における朱子の注釈をすべて取り入れながら（ただし形式は必ずしも忠実な翻訳ではない、また、ごくわずかながら省略した個所がある）、さらにそれに加うるに『朱子語類《ごるい》』『大学或問《わくもん》』『中庸或問《わくもん》』、ごくまれに『文集』、から適宜に引用することによって、単に最後的な結晶——『章句』における簡潔な注釈表現としての結晶、また、思想体系としての結晶——のみでなく、その最後的結晶にいたるまでの過程、あるいは最後的結晶のいわば背景、した地、としての朱子学、いわば思惟過程としての朱子学、をも紹介しようとしたのである。したがって多分に試案的な、言うなれば流動的な雑駁さ、というものをまぬがれないであろう。要するに本書は題して『大学・中庸』というよりも、むしろ『大学章句・中庸章句』とでもしたほうが、あるいはむしろ『朱子「大学・中庸」説』とでもしたほうが、ふさわしかったかもしれないのである。

順序としてまず『大学』『中庸』そのものについて、概説的なことどもを多少述べておかねばならない。まず『大学』について。

『大学』『中庸』が元来は『礼記《らいき》』のうちの一篇であったことはいうまでもない。『大学』は『礼記』四十九篇中第四十二篇、『中庸』は同じく第三十一篇であるにすぎなかったのが、朱子によって独立の経典としてとり出され、「四書」の一つにかぞえられたのである。『大学』は全文一七五三字（森本角蔵『四書索引』による。朱子の数え方は五〔編注、この書では二〇〇ページ〕・二二ページ参照）、『中庸』は三五六八字という短篇である（念のため論・孟の字数をあげておくと、『論語』一五九一七字、『孟子』三五三七四字）。作者は、『中庸』のばあいは殆んど問題はない。古くから孔子の孫の孔伋《こうきゅう》、字《あざな》は子思《しし》、がそれであるとせられてきた。すなわち『史記』孔子世家には明白に子思が『中庸』を作ったとしてあり、また『孔叢子《くぞうし》』居衛篇にも子思が十六歳のとき宋の国で包囲され、その事件に感じて「中庸之書第四十九篇を撰した」とみえている。『孔叢子』はもちろん偽書であるから、それを軽々しく信ずるわけにはいかないけれども、ともかく『中庸』――『礼記』中庸篇がそれであることはすでに鄭玄がいう――が子思の著作であるということは、むかしから信ぜられていたのである。朱子がこの伝承をうけついで『中庸』は子思のつくるところとしているのはいうまでもない。それに対して『大学』の方はすこぶる問題があり、作者不明というのが公平なところと思われるが、朱子は孔子の高弟・曾参《そうしん》（曾子）ならびにその門人、と断定した（「経」一章のあとがき、本書では二二一―二三ページ）。その根拠は必ずしも明白ではない。朱子は孔子→曾子→子思→孟子という系統を正統なものと認め、そのうち孔子には『論語』、子思には『中庸』、孟子には『孟子』が対応するにもかかわらず、曾子には対応する経典がないので、それで『大学』を曾子に関係づけたのだ、という説もあるが（太田錦城『九経談』三）、これははなしが逆であろう。「四書」をとり出して特別に尊崇したところから、上述のような系譜が考えられた、とするのがむしろ自然である。朱子のこの強引な作者比定のほかに伝統的な経学での説として誰ということなくただ漢人《かんひと》とする説があり、また、いますこし限定した考え方としては「漢の武帝が大学を興し、五経博士を置いて儒教の興隆をはかった際の」大学の教育理念をしるした文書という武内義雄博士の説などは、誰からも納得されやすい説というべきであろう。しかしわたくしの方針はいっさい朱子でおし通すことであるから、いまは曾子および曾子の弟子たちの作品と考えなければならない。

作者問題に次いでの朱子の独創は、『大学』のテキストを大幅に改訂したことである。『中庸』については テキスト問題というほどのものは存しない。ただ、朱子の『中庸章句』が全文を三十三章に分章した点が、新しいといえば新しいくらいのものである。しかし『大学』の方は錯簡、脱簡によってテキストがはなはだしい混乱をきたしているというのは、いわゆる宋学運動の胎動とともにすでに程明道、程伊川の二人が注意した点であって、彼らはそれぞれの見解によって校訂し、定本を作った(『程氏全書』のうち「経説」五)。朱子の『大学章句』は、要するに、この二程子のテキスト・クリティークをうけつぎ、それを完成して最後的な定本を作ったものに他ならない。朱子によれば、『大学』は本来、二〇五字の「経」一章(孔子の言葉を曾子が祖述して文章にしたもの)、およびその経を曾子の弟子が解釈した一五四六字の「伝」十章とから成っていたはずであるが、『礼記』大学篇においては全体のこの構成が混乱してしまっているのみでなく、それぞれの章の中でも字句・文章の顚倒や脱落がはなはだしい。朱子はそれを徹底的に組みかえて本来の面目にかえし、あまつさえある場合には、脱落を埋めるためにじぶんで伝の文章を擬作することをすら辞しなかったのであった。要するに『大学』には今日、二つの、あるいは考え方によっては三つの、テキストがあることになる。一つは、古来の『礼記』の一篇としての『大学』、第二は(程子・)朱子の改訂した『大学』(つまり『章句』本)、いまひとつ第三には、内容的にはまったく第一と同じであるが、いわゆる『古本大学』という名称で朱子の『大学章句』本に対抗して単行せられたところの『大学』、つまり王陽明・陽明学派の『大学』。

内容についても、宋学以前・朱子(宋学)・陽明学とで必ずしも見方が同一でない。宋学以前の儒教、すなわち鄭玄の経学の立場では、『大学』は「博く学んで以て政を為す可きことを記した」ものに他ならず、その際、中心概念は「誠意」だと考えられていたようである(『礼記正義』に引く『三礼目録』)。この説はとくにとりたてて論ずるにも当らないようではあるけれども、朱子が三綱領八条目(本書三五・四〇ページ)を明白に指摘し、その間の本末始終の関係を確定したのとは同日の談ではないし、とくに一切の出発点（その意味で中心概念）としての「格物致知」を強調したのとは明白に対立する。むしろのちの王陽明が『大学』の要は誠意のみ、と言ったのと外見上一致するが、しかもすでに朱子学を経過した陽明学とそれとではその間三百六十度の差の存することは、これまた指摘するまでもあるまい。近ごろ武内博士が『大学』は武帝の創設したいわゆる「大学」の教科内容、教学理念、を記したものとせられたのは前述の如くであるが、博士にはまた次の言葉がある。「恐らく支那二千五百年の儒学史を通じてこれほど聡明な述作は他にあるまい。実に『大学』は古代儒教の精華であるとともに近代儒教の出発点である。……そうして将来儒教が更に新しく改造されることがあるとすれば、恐らくまたここから出発するであろう」（岩波文庫『学記・大学』序）。ついでに、孫文の言葉「中国には、外国の大政治家さえまだ見透しておらず、それほどはっきり説いていないような、もっとも体系的な政治哲学がある。すなわち『大学』に説く格物……平天下」（岩波文庫『三民主義』上一二四ページ）。なお、伝第十章が儒教の経済論として注目すべきものであることも、ついでに指摘しておきたい。

『中庸』のばあい、鄭玄と朱子との把握のしかたがナイーヴと哲学との差に還元できることは、これまた『大学』の場合とほぼ似たものであるが、鄭玄の『三礼目録』にも「名づけて中庸と曰うのは、中和の用のありかたをしるしているからである。庸は用である。孔子の孫の子思がつくって、聖人たる祖父の徳を明かにしたのである」といっているのは、中心テーマの把握において『大学』のばあいの「誠意」対「格物致知」というふうな顕著な見解の差はここにはないように思われる。むしろここでとり上ぐべき話題は、『中庸』のテーマが、誰の目にもいちじるしく、前半の「中庸」と後半（朱子の分章で第二十章第十七節のあたりより以後）の「誠」とに分裂しているかの観があること、でこそあるであろう。やがて朱子学者のうちから、前半が子思の『中庸』、後半は『漢書《かんじょ》』芸文志《げいもんし》にいわゆる『中庸説』、とする説があらわれ、それがわが伊藤仁斎や武内義雄博士によって発展させられて、『中庸』二分説は今日ではほぼ定説といってよい。しかし、それらの点については武内義雄『易と中庸の研究』や、金谷治『秦漢思想史研究』第四章第一節にゆずって、ここでは論じないことにする。いずれにせよ『中庸』が中国哲学（「形而上」学）の最高峰であることは、朱子以後の定論なのである。

『大学』『中庸』二書は、朱子以前の伝承・研究史においても、たいへん様相を異にしている。『大学』は唐以前、ほとんど全く注目をひいたことがなく、したがってそれだけを取り出して注釈するということもなかった。『大学』をはじめ重要な思想的な意味で取りあげたのは韓愈（七六八―八二四年）の論文「原道（道とは何ぞや）」である。韓愈はその中で『大学』の経の第四節（朱子の分段を用いる）を引用することによって、その心を正しくしその意を誠にするという内面の修養にたずさわりながらもあくまで天下国家を外にせず父子君臣という人倫関係を逃避しないところの儒教の道、を、仏教・道教のような邪道から防衛したのであった。しかしそれはあくまでも先駆現象にすぎなかった。唐代、それによって直ちに『大学』が一般に注目されはじめたというほどの効果があったようにも思われない。『大学』が特に取り上げられて論ぜられるようになるのは、やはり宋代からである。

『大学』とは逆に『中庸』は、非常に早くから単独に取りあげられてきた。すなわち西暦一世紀ごろの図書目録たる『漢書』芸文志には、礼の部門に『中庸説』二篇というものがすでに記録してあるし（もっとも、その『中庸』が『礼記』のそれか否かを疑う学者もいないわけではない）、さらに六朝時代には南朝の宋の戴顒《たいぎょう》に『礼記中庸伝』二巻、梁の武帝に『中庸講疏』一巻、『私記制旨中庸義』五巻（『中庸』に関する武帝の論文を臣下が注釈したもの？）、唐の李翺《りこう》に『中庸説』一巻、などがあって、宋以前すでに学者の注目をあつめていた（清の朱彝尊《しゅいそん》『経義考』一五一、ただしすべて今日では亡失している）。事実、わたくしの狭い経験範囲でいっても六朝時代の哲学的論文のなかで『大学』の語句の引用に遭遇することはあまり多くないが、『中庸』からの引用はかなり頻繁に見かけるように思う。特に重要なのは、唐代、韓愈の弟子であり、古文運動、儒教の権威回復運動の同志であった前記の李翺の「復性書」三篇が、『中庸』と『易』にもとづいてすでに宋学風な「性・情」の理論を展開していることであって、韓愈の「原道」とともに宋学の先駆として宋学者自身から認められている。

すでに述べたように、ほとんどとりたてて注目を引くことのなかった『大学』が韓愈によってとりあげられ、また絶えず哲学的文献として注目せられてきた『中庸』がその同志・李翺によってあきらかに宋学風な思弁の対象として扱われるようになったということは、まぎれもなく宋学の先駆現象であり、歴史的に大きな意味のあることであった。やがて宋王朝が興って仁宗皇帝の天聖五年（一〇二七）には科挙の及第者に『中庸』が下賜せられ、同じく八年には『大学』が下賜せられ、以後科挙の及第者に対して『大学』『中庸』『儒行』（おなじく『礼記』の篇名）などの篇が下賜せられることが習慣となった（王応麟『玉海』五五）というのをそれとあわせ考えると、『大学』『中庸』の二篇は、セットをなすものとして意識されはじめたのであり、またセットをなして士大夫存在に本質的にマッチするものとして意識されはじめたのである（平凡社『思想の歴史』第六巻、一三ページ以下参照）。『荘子』に「道の真は以て身を治め、其の緒余は以て国家を為《おさ》め、其の土苴《としよ》は以て天下を治む」（譲王篇）という言葉があるが、この言葉は逆の方面から儒教の精神、というよりむしろ朱子学の精神、をきわだたせるのに役だつ。朱子学とは要するに士大夫の学問、士大夫の意識・世界観の結晶に他ならず、それは天下国家を治めることを、身を治めることと完全に一本のものとするものであった。道の剰余部分やもっともくだらない、もっとも低級な部分（土苴とはちりあくた）を政治にまわす、というのは、孟子が批評したように為我主義、つまり無責任な利己主義に他ならず、士大夫のとるべき道ではありえないのである。いかに深き内面性をたたえていようと、「以て国家天下を治むべからず」（程子）というところに、仏教や老荘のいかんともすべからざるニセモノ性がある。そして、内外を合する儒教の道を『大学』あるいは『大学－中庸』ほど明確に、且つ格調たかく、宣明した文献が、ほかにあるであろうか。

宋代、『中庸』が依然として、しかもその数を急激に増して、注釈しつづけられたことはいうまでもないが、『大学』もこの時代になると単行の注釈が出はじめる。司馬光、すなわち『資治通鑑』の著者・司馬温公の『大学広義』がその最初のものであり、程明道の『大学定本』、その弟程伊川の同じく『大学定本』（これは注釈とはいえぬが）、程子の弟子・呂大臨《りよたいりん》の『大学解』などになると、すでに全く「宋学」の世界に属する。程氏の学団では、『大学』『中庸』はほとんど教科書であった。そうしてそれらのいわば総仕上げとして、朱子の『大学章句』一巻、『中庸章句』一巻、があらわれることになる。

『大学章句・中庸章句』について。

「四書集注」が朱子の数多くの著作の中でも最高のもの、代表作であることはすでに述べたところから容易に察せられよう。朱子の「某の論語・孟子の『集注』は一字を添え得ず、一字を減じ得ず」(『朱子語類』一九)という言葉は、実は『大学』『中庸』の『章句』にも通じていえることであろう。とくに『大学章句』『中庸章句』は、資料によって実証しうるかぎり、淳熙初年より淳熙十六年まで少くとも十六年の歳月が費されており、しかも『大学章句』の場合は、死の三日前まで改訂に努力していたという有名な逸話がある(四三ページ)。「司馬温公は『資治通鑑』を著わして「臣の平生の精力ことごとく此の書に在り」といったが、某の『大学』におけるもまたしかり。論語、孟子、中庸はむしろそれほど苦労していない」(『語類』一四)。むかし尹焞《いんとん》(尹和《いんな》靖《せい》)は程伊川に入門して半年してやっと『大学』と『西銘』を読むことを許された、というように、すでに程門において『大学』は特殊な重視をうけていた。『語類』における巻数の配当を見ても、朱子が、学なるもののワクであり、規模であり、綱領であるところの『大学』をとくに重んじていたことは明瞭である。ちなみにわが国では「学・庸・論・孟」というよびかたが普及しているが、朱子学においては、少くとも学問の順序としては、『大学』→『論語』→『孟子』→『中庸』の順に読まるべきものであって、この順序を守らないで、とび越したり、逆順列に読み進んだりすることを、朱子は厳しくいましめている(『語類』一四)。「まず『大学』を読んで規模を定《さだ》め、次に『論語』を読んで根本を立て、次に『孟子』を読んで発越(=理想主義的高揚?)を観、次に『中庸』を読んで古人の微妙なる(=形而上なる)処を求めるべきである」。『大学』『中庸』の二つの『章句』のうちでも、『大学章句』の経一章、伝第五章すなわち「格物補伝」、『中庸章句』の首章、ならびに「中庸章句序」また「大学章句序」などは、単なる注釈、序文である以上に、一篇の朱子学概論、もしくは、朱子学概論中の一章、としての意味をもつものとして、古来、とくに重視され評価されていることを、注意しておきたい。

『或問』は、「中庸章句序」にもあるように、朱子以前の諸学者の説を朱子が取捨選択した理由、を述べるのが趣旨であったというが、しかし『大学或問』のごときは単なる先人の説の批判という以上に、朱子自身の説を主張することにおいてきわめて積極的であり、その意味で朱子の哲学作品のうちでも高度の重要性をもっていることはすでに定論である。朱子の「敬」の説、「格物致知」の説、「理」の定義、などはこの『大学或問』によって見なければならない。

『朱子語類』は、読んで字のごとく朱子がへいぜい弟子たちに語った言葉、とくに問答の言葉を集めて分類したものである。一四〇巻。朱子の死後七〇年にして完成せられた。「理気」「鬼神」以下多くの部門に分類されており、『大学』はその第十四―十八巻、『中庸』はその第六十二―六十四巻である。『章句』や『或問』が綿密に考えぬかれた結果をきちんとした文章(文語文)で記しているのとは反対に、時には不用意な発言、時には奔放な比喩、などを交えていて、しばしば矛盾があり、尻切れのままに終っているものもあって、ただちには信用しがたいかわりに、別な意味では、つまり形成過程における朱子思想を見るためには、この上ない材料を提供する。いかんせんこの書物は一千年前の口語で書いてあって中国語史の資料としても第一級品というだけに、しばしば難解きわまる個所があってわれわれを悩ませるが、本書においては、正確な翻訳というより誤訳にならぬ程度の意訳、もしくは直訳的パラフレーズを目ざした。もちろん、本書の目標がもしも、朱子の思想をその最後的な結晶において示す、という点にあったなら、『語類』のようなあやふやな材料をとるべきではなく、『文集』所収の、ちゃんと文語体で「文章」として書かれたものをとるべきであるかも知れないが、しかし、はじめにも言ったように本書の趣旨が単なる頂点、結晶のみの朱子学の紹介でないことを了解していただきたい。

最後に、朱子の略歴といわゆる朱子学の辞典的な概要を記しておきたい。

朱熹《しゅき》、字は元晦《げんかい》、号は考亭、晦庵など。諡《おくりな》は文公。一一三〇（南宋の建炎四年）―一二〇〇（おなじく慶元六年）、わが国でいえば保元・平治の乱、治承・寿永の源平合戦、壇の浦の悲劇、ついで源頼朝の開府・死去、それらはみな朱子の生涯中のできごとなのであり、ヨーロッパでいえば十字軍はなやかなりしころ、思想家でいえばアンセルムスの死後二〇年の生れ、トマス・アクイナスの誕生に先だつこと二五年の死、アラビアの哲学者アヴェロエスとほぼ同時代。自ら新安の朱熹と称しているその新安は徽州婺源《ぶげん》県の古名であるが、それは本籍というだけで、実際は福建省の山間地帯に生れ、成長したのである。十九歳で科挙試験に及第、進士となる。官にあること五〇年、つまり職員録には五〇年間登録されていたけれども、実際に実務あるポストに任官していたのは福建省泉州同安県の下級官僚など地方官を九年、中央政府で天子の侍講を四十五日、ただそれだけで、あとは多く奉祠の官（道教寺院の管理官、俸給を与えるための名目のみの官）であった。ことに晩年は権臣韓侂冑《かんたくちゅう》にくまれて偽学の禁を執行せられ、同志、弟子たちも一斉に官職から追放される逆境におちいった。彼は周濂渓《しゅうれんけい》・二程子・張横渠《ちょうおうきょ》と承けつがれてきた宋学の大成者であり、江西省の「心即理」の哲学者・陸象山と両々あい対していた。おそらく中国史上最大の哲学者であることはうごくまい。その学問は、大きく分けて五つあるいは六つぐらいに区分することができる。一、存在論、つまり「理・気」の説である。二、倫理学もしくは人間学、つまり「性即理」の説、この部分が朱子学の中心をなしていることはいうまでもない。第三には方法論、すなわち「居敬窮理」の説。第四には古典注釈学、例えば「四書集注」や『詩集伝』。第五には『資治通鑑綱目』や『文公家礼』のような史学や実践規範の書。第六には具体的な政策論のようなもの。このようにあげてみると、朱子学を批判した陽明学というものはこのうちただ第二（心即理）、第三（致良知）および官僚として当然の第六の項目のみで、学問としての規模において、到底、朱子の博大さには及ばない。陽明学のメリットは、別のところにあった。

なお、ここで朱子学の日本への伝来、また日本朱子学の概観、などを付け加うべきであろうが、今はすべて省略したい。要するに本書でいう朱子学とは、中国におけるそれをいうのであり、もっともしばしば朱子その人の思想をいうのである、ことを了承せられたい。

最後に凡例的なことをいくらか記しておくならば、

一、テキストは、清の呉志忠《ごしちゅう》が嘉慶十六年（一八一一）校刊した『大学章句』『中庸章句』（東京文求堂影印）を底本とした。この本は後に詳細な校勘記をつけており「四書集注」のテキストとしてはもっとも善本と称せられているものである。訓読は後藤点その他を参考にした。なお、『礼記』大学篇のテキストと『大学章句』本テキストとを対照して朱子の改訂のあとを示すことは、しなかった。

二、「解説」の中でも断っておいたように、注釈は徹頭徹尾、朱子の説によった。すなわち『章句』における訓詁・解釈は全部を、ただし翻訳という形式でなく、とりこむことを原則とした。その際、出典が『章句』であることはことわらなかった。なお、『語類』や『或問』を引用することによって重複し無用なものとなった場合など、多少省略したことはある。

三、『章句』で何ら注を与えていないところは、『語類』『或問』ごく稀に『文集』などから随時ひろってきて補充した。なお『語類』『或問』は単に狭義での文義の訓詁解釈のためのみでなく、むしろ朱子の思想一般、思惟方法一般を例示するようなものを引用することに努めた。その際、出所は明示することもあり、明示していないこともある。要するに本書の注釈は『章句』『或問』『語類』の三種の混合体で、あきらかに著者（＝島田）個人のものとすぐわかるもの以外は、まず『章句』を見、次いで他の二者に及べば、出所は容易に見つかるはずである。ただし、「大学章句序」「中庸章句序」の二篇は例外で、ほぼ完全に著者の注釈である。

四、時として著者自身の見解をさしはさまざるを得ない場合は、按ずるに、というふうな書き方をした場合もあるが、そうでなく、何ら特別な書き方をしなかった場合も多い。そのような際は、どこまでが朱子の説で、どれが著者の説であるかの分別がつきにくいという欠点は確かに認めざるを得ない。しかし実際は少し注意すれば、あまりたいした混乱は起らないものと信じている。

五、『大学』についてはとくに、王陽明の説との対比をしばしば行なった。それによって朱子・朱子学の説がより明確に把握できるであろうことを期待したのである。もともと著者は陽明の方に親近を感じているものであるが、この際、能うかぎり公平を期したつもりである。但し『中庸』については対比はおこなっていない。『中庸』については陽明には朱子とそれほど異る説はないのである。

六、注釈の中に引用した『論語』『孟子』『唐宋八家文』などはすべて本叢書（新訂中国古典選）のものである。したがって、『論語』上〇〇ページ、とあれば、本叢書中の吉川幸次郎『論語』上巻のページ数を言っているのである。ただし本書は朱子の立場での注釈であるのに対して、本叢書の他の諸注釈は必ずしも朱子の立場による注釈ではないので、その指示個所を参照しても、ぴたりとかみ合わない場合がありうるであろうことを諒承せられたい。

七、程子は明道・伊川の区別をしなかった場合が多い。何のことわりもなく鄭玄が引いてあるのは、朱子じしんの引用を蹈襲したのである。また、ある学者、とか、朱子学者のある者、とかいう言い方がしてあるのは、明の『四書大全』に引用されている説である。

八、『大学』『中庸』の所説の通じての主人公を朱子は誰と見ていたのか、それが著者には、もひとつどうもはっきりしないが、士一般（それを後世の士大夫のイメージでうけとって、つまりいわゆる「学者」として考えて）がそれであり、その特殊な、極限的な、場合として、時として天子が論ぜられる、というのが朱子の見解ではなかったろうか。全体として著者は朱子へのこのような理解の上に立っている。

九、写真（編注、この書では省いた）のうち、朱子肖像の石刻拓本は故中山久四郎博士の所蔵。題詩とことばがきとは『朱文公文集』巻九の末尾にも録されている。「南城の呉氏の社倉の書楼、余が為に真を写すこと此《かく》の如し、因りて其の上に題す、慶元庚申（慶元六年、一二〇〇年）二月八日（死は三月九日）、滄洲病叟朱熹仲晦父」というのがことばがき、詩は「蒼顔已《すで》に是れ十年前、鏡を把りて回看し一《ひと》えに悵然たり、薄きを履《ふ》み深きに臨むこと諒《まこと》に幾《いくばく》も無かるべし、且《しばら》く余日を将《も》ちて残篇に付《ふ》さん」。

書影（編注、この書では省いた）は明の丘濬《きゅうしゅん》の『大学衍義補《だいがくえんぎほ》』和刻本である。『大学』が政治（外）と修養・哲学（内）とを一貫した、いわゆる「全体大用」（七六ページ）という士大夫の大理想を示した経典であるだけに、その三綱領、八条目という部門だてに多くの歴史上の事例を附載して、士大夫の実践典範としようとする試みのあらわれるのは当然であろう。南宋の真徳秀《しんとくしゅう》の『大学衍義』四三巻はその代表的なものであって、以後、民間はもとより朝廷での天子・皇太子の教科書などとしてさかんに用いられたが、のちそれに欠けていた治国平天下の面を補い、かつ全面的に増補して明中期の大臣・丘濬が刊行したのがこの『大学衍義補』一六〇巻で、日本でも寛政四年、丹波篠山藩が翻刻出版し、ひろく読まれた。なおこの書はアカデミックな方面においても有名であって、明朝の初期—中期の社会経済史的史実を多く記載しているので、今日も大学での講読などに使用されている。

一〇、朱子の説をより親切に理解してもらおうとして、行文の間、どうしても卑見を挿入せざるを得ない場合が、やはり、しばしばあった。それらの中には、ぜひ大方の御批判を請いたいものも、ないではない。朱子説紹介における不適切、誤解、の点に対してとともに、きびしく御指摘いただけるならば幸甚である。

本書はわたくしの口述を、『大学』の一部は重松伸司君、『大学』の残りと『中庸』ぜんぶは白西紳一郎君が忠実に筆記してくださったものを底稿として書いた。索引を作成してくれた清水康志君、中島長文君、斎藤和夫君とともに右の両君、とくに白西君の努力に対して深く感謝する。

王陽明集　解説

王陽明《おうようめい》の生涯は一四七二―一五二八（厳密には一五二九）年であるから、明代（一三六八―一六四四年）のちょうどまん中を占める。その死去のとし一五二八年は明の年号でいえば嘉靖七年、ということは、明代文化の爛熟期として著名な嘉靖万暦時代（一五二二―一六二〇年）の幕あけの時期ということになる。ひと口に庶民文化の時代といわれ、商人の時代といわれ、『水滸伝』『金瓶梅』などの口語小説の盛行した時代、出版文化の異様に発展した時代、才子、狂士、異人の横行した時代、政治的弛緩の時代、道徳的頽廃の時代、などなどといわれてきたのが嘉靖万暦時代であった。その幕あけの時期に陽明は生涯を終わったのである。

戦後、この嘉靖万暦時代に資本主義の萌芽を見ようとする中国、日本における研究動向は、民変、つまり市民蜂起の時代、というあたらしい性格を付け加えた。民変の多くは鉱山開発に際して中央より監察官として派遣せられた宦官、また商品通過税の徴税官として派遣せられた宦官の横暴に対する、また人民に敬愛せられている名士の不当逮捕に対する、また横暴なる郷紳の非道に対する、市民（科挙第一段階パスの生員や科挙受験準備中の士大夫、それに商人、当時すでに相当広範囲に存在したマヌファクチュア工場の労働者など）の時として数千人におよぶ集団的反抗、暴動である。しばしば罷市《ひし》、つまり中国独特の反抗型式たる商店の総休業、をともない、憎悪の対象は、殺され、駆逐され、あるいは焼打ちされた。それに対して幕あけの時期、陽明の時代は、農民反乱の時代であった。つまり、陽明個人でなくその弟子たちをふくめての陽明学の時代というものをとってみると、それは農民反乱・市民暴動の時代であった、ということになる。もちろん農民反乱は中国歴代これ無きは無し、明代においても国初以来のことであって、陽明以前においては白蓮教系の諸反乱のほかに、数十年継続し参加人員百四十万といわれる湖北の石和尚　劉千斤《りゅうせんきん》の乱、小作争議より発展し浙江省の鉱徒と連絡して前後数十万が参加した福建省の鄧茂七《とうもしち》の反乱、などはもっとも有名なものであるが、陽明の時代、とくに正徳年間（一五〇六―一五二一年）となると、河北、山西には劉寵《りゅうちょう》（劉六）、劉宸《りゅうしん》（劉七）らに率いられ、山東、河南に転戦したもの、河南より江蘇（当時の南直隷）にかけて劉恵、趙鐩《ちょうすい》の率いるもの、江西省南部から福建省にかけて、また湖南省（当時の湖広省）広東省にかけてのちに陽明がその鎮圧に派遣された諸反乱、山東には楊寡婦《ようかふ》の徒、四川には曹弼《そうひつ》の乱……と、ほとんど中国全土いっせい蜂起のごとき形勢となった。それが陽明らの努力によって一応おさまったあとに、明代の最盛期、文化の爛熟期にして同時にまた民変の時期たる、前述の嘉靖万暦の「盛世」が接続するというわけである。

学問の歴史においては、どうか。従来の定評は、明代は学問の暗黒時代ということであった。明代の学問に創造的精神なし、明代の学者に一片の学的良心なし。その評価の及ぶところ、数学史家の小倉金之助博士によっても、「科学の精神を失えることこの時代の如きは稀であろう」（『数学史研究』第二輯「中国数学の特殊性」）と慨歎せられた。しかるに侯外廬《こうがいろ》氏――中国科学院歴史研究所の中心的メンバーであり『中国思想通史』全五巻六冊の編著者として、北京大学の馮友蘭《ふうゆうらん》氏とならぶ哲学史の指導的学者――はいう、「十六世紀の、特に十六世紀後半より十七世紀の初めにかけて（つまり嘉靖万暦時代）の中国において、哲学思想は、戦国時代の諸子百家の争鳴にも比肩すべき独創的探究の活発な空気を現出した」（「十六世紀中国における進歩的哲学思想の概要」『歴史研究』一九五九年第一〇期）。もちろん、農民反乱を弾圧した「勤労人民の死刑執行人（劊子手）」たる、そして唯物論と対蹠的な主観唯心論（つまり反動哲学！）の雄たる陽明が、この思想的大世紀の功労者としてみとめられることはありえない。しかしながら、思想的大世紀におけるもっとも顕著な潮流の一として侯氏もあげている泰州学派ひとつをとってみても、それが陽明思想に源流することは、あまりにも明白ではあるまいか。その学派の最大の人物李卓吾（李贄《りし》）――孔子批判、儒教批判のかがやかしい闘士として今日さかんに回顧されているこの未曾有のラジカリストがもっとも崇拝してやまなかったのが他ならぬ陽明であったことは、その文集をぱらぱらとめくって見ただけで、ほとんど疑問の余地などあり得ないことではなかろうか。

陽明学が朱子学を否定しておこった思想体系であることは周知のとおりであるが、しかしながら、一面、陽明学が朱子学の継承であることも否定できない。そのことは本書に収めた諸篇を通じて、たやすく見ることができる。旧中国の学問の体系を大きく二つに分けて、漢、唐、清朝の実証的な文献学、注釈学を、漢学あるいは考証学などと呼ぶのにたいして、宋、明の哲学的儒学を性理学もしくは理学、あるいは宋学、と呼んで一括する場合があるが、要するに朱子学と陽明学とは、同じ「宋学」の流れのなかでの二つの区分ということができる。朱子学の多くの項目は陽明学もそのままうけ継いでいる。もちろん、その朱子学を語るためには、さらにそれ以前の漢、唐の学問、あるいはさらに古く孔子、孟子から説き起こさなければならない道理であるが、いまは便宜上ただちに朱子学そのものから説き起こすことにして、陽明学誕生の思想的前提を概括的に述べておきたい。

朱子学といっても、もちろんそれの直接の先駆者として周濂溪《しゅうれんけい》、程明道《ていめいどう》、程伊《ていい》川《せん》、張横渠《ちょうおうきょ》などの思想家があり、朱子は要するにこれらの先行の思想家の研究を集大成したものであるが、その朱子学の根本精神というか、あるいは根本動機というものは、きわめて明瞭に「聖人ハ学ンデ至ルベシ」ということである。これは宋学の開始者たる周濂溪以下、異口同音に強調したところである。キリスト教における人間のあるべきあり方が信仰者であったように、儒教における人間のあり方は「学者」である。学者とは、日本でいう学者、つまりすでにでき上がって一家をなしたというイメージのあの学者ではなく、学問をする人、学問をしつつある者、しばしば学生、をさすのである。いわゆる士大夫《したいふ》はすなわち読書人であるが、読書人はすなわち学者なのである。この、人間の本来的なあり方が学者であらねばならぬということは、宋学がはじめて明確にしたところであり、その場合、学というものの内容は、聖人となるための学、すなわち道を探究する学、というのが中心的な意味であった。人間は何よりもまず学者たるべきものであり、学者たるものは聖人となるべく学ぶのである。そしてその裏には、聖人は学ぶことによって至りうるという自信が存在していたのである。と同時に、聖人というものにたいしても、宋学においてはきわめて特徴的な定義が提出された。

中国における聖人は、『礼記《らいき》』のいわゆる「作者コレヲ聖トイウ」であって、礼楽制度の創始者、たとえば周公のごとき人物が聖人と呼ばれるのが、宋以前、ふつうであったのにたいして、宋学は聖人を徹底的に内面的に定義した。つまり「天理ニ純ニシテ人欲ノ雑ナキ」人格、それが聖人であるというのである。『孟子』のいわゆる「聖人ハ人倫ノ至リナリ」というのは、その意味であると理解せられた。そしてそのような聖人の代表的なものが孔子であり、孔子の教を直接間接に記載したものが四書であった。宋以前においては五経が儒教の経典であった。宋以後五経の権威が失われたわけではもちろんないけれども、四書こそが経典中の経典とせられたのである。かくして学問というものは内面的であることを本質的な性格とするようになる。程伊川のことばに「学ナルモノハ、人ヲシテ内ニ求メシム。内ニ求メズシテ外ニ求ムルハ、聖人ノ学ニ非ザルナリ」とあるのは、宋学の性格を最も正確に表現したものである。いたずらに詩文の創作にふけったり、単なる博識を求めることは「玩物喪《がんぶつそう》志《し》」として排斥せられるのである。もちろん儒学のたてまえとして天下・国・家のような「外」を忘れることはありえないが、しかしその天下国家を治むることの原理も、あくまで「内」的なものに根差し、そこから発するものでなければならないというのが宋学の根本的立場である。『中庸』の「外ト内トヲ合スル道」というのは、実にこのように理解せられたのである。

ところで、その「天理ニ純ニシテ……」というその天理、つまり理は、その内容は五倫五常であるとせられた。五常とは、仁・義・礼・智・信の五つであり、五倫とは、父子・君臣・夫婦・長幼・朋友の五つである。五倫五常はけっして朱子にはじまるものではない。それはすでに孟子に発し、漢代にはそのようにまとめられていたのであって、要するに儒教の伝統的徳目がそのまま継承されたのである。しかしそれをはっきり「理」の内容として説いたことは、朱子学の独特の功績であるといわねばならない。朱子は、理（それが各人もしくは各個物に内在する場合をとくに「性」という）をけっして無規定なのっぺらぼうなものとして説かないで、あくまでそれを内容的に規定を含むものとして説いたのであり、このことは朱子個人の功績として特筆に値することと思われる。彼は、理（性）というものがけっして空虚な単なる要請というものでなく、具体的、内的な規定をもつことを、くり返しくり返し主張している。

そのうち、仁・義・礼・智・信についてはわりあいに理解しやすいけれども、五倫については多少説明を要するであろうかと思われる。すなわちこの説の主張するところは、人間は単なる人間であることはないのであって、必ずだれかの父、同時にまただれかの臣、だれかの夫、だれかの年長者、だれかの友人である、という形でしか存在しえないものである、というのである。逆にいえば、だれの父でもなく、だれの子でもなく、だれの夫でもなく、だれの妻でもなく……というふうな人間はそもそもありえない、というのがその根本的立場である。したがって、人間界についての「道」とか「理」とかいうものは、一言にしていえば道であり理であるけれども、実際には父子という局面においてとらえれば、そこには親、君臣という局面における人間にあっては義、夫婦という局面においては別、長幼という関係においては序、朋友という関係においては信、という原理が支配しているはずであり、また支配していなければならない、というのが五倫の意味である。理、性、道ということばでそれを総括することもできるが、五常の一徳目でもってそれらいっさいを総括していえば、「仁」と呼ぶこともできる。仁とは、要するに五倫五常の道いっさいを包括することばにほかならない。朱子学の大きな特徴の一つとして、異端、すなわち仏教や道教（老荘思想）の排斥ということが挙げられるのも、この点に関係している。仏教は、言うまでもなく人倫関係を捨てて出家してしまう点において、そもそも人の道ではありえない。父母のもとにあって孝養をつくすこともせず、妻をむかえて正常な家庭生活を営むこともせず、出でて政府に仕えて君臣の関係に入ることもせず、兄弟や朋友の関係からも離脱してしまう。そのようなものがなんで人間であろうか、彼らは内面的反省、哲学的思弁を重んずるという点で、いかにも高尚な学問をしているようであるけれども、その「内」は要するに外と無縁な内であって、真の内ではない。また道教、すなわち、老荘思想は、「道ノ真ナルモノヲ以テ身ヲ治メ、道ノ土苴《アクタ》ヲ以テ国家天下ヲ治ム」（荘子）といっているようにまったくの「独善」主義であり、危険な反人倫的傾向のものであることは言うまでもない。いわんや現実の道教なるものの迷信に満ちた愚昧さにいたっては、とうてい学として容認できるものではないのである。

以上述べたのは、朱子学のいわば根本精神、根本性格と、儒教たるかぎりでのその枠組み、を示したのである。そして、その限りにおいて、陽明学も朱子学とぜんぜん変わりはない。少し先走っていえば、朱子学より陽明学への推移とは、その根本精神が尖鋭化し、その根本性格が明確にされていくことによって、その枠組みとしての五倫の道との間にかえって葛藤を生じてくる、ということではないか。儒教があくまでこの枠組みを維持しようとするならば、それに亀裂を生ぜしめるような学問に快かろうはずがない。

狭義の朱子学というものの概要は、おそらく次の四つにまとめることができるかと思われる。一、理気説、すなわち存在論、二、性即理の説、すなわち倫理学、三、居敬窮理の説、いわば方法論、四、以上すべてを基礎としたところの独特の注釈学、である。

朱子の理気説についてては、もはや周知のところであるから、べつにくだくだしく説明するまでもあるまい。要するに、およそ存在するかぎりのものはすべて気から成っている。気はおそらくガス状の物質である。気は不断に運動しており、その動的な部分が陽、比較的静的な部分が陰と呼ばれて、それらがさらに凝縮すると、木・火・土・金・水の五つのエレメント（五行）を構成し、この五つのものの多種多様な組合せによって万物が生まれているのである。存在の世界は「気ノ海」（張横渠のことば）であり、具体的な事物は、あたかも水の一部が氷となって浮かんでいるように、凝集した気が気の海に浮かんでいると考えればよい。人間における精神現象、心理現象もすべて気の作用でないものはない。このような気と物との世界は、こまかく観察するならば、単に在るのではなくして、じつは在るべきように在るというのが真相である。すべてのものは在るべきように在っている。この在るべきように在らしめているものを理と呼ぶのである。人間界の理も、自然界の理も、一箇同一の理にほかならない。理は存在としては確かに無であるが、形而上的な意味ではあくまで有であり、万物万事の「然ル所以《ユエン》ノ故」（根拠）であるとともに「当《マサ》ニ然ルベキノ則《ノリ》」（規範）である。気のあるところ必ず理があり、宇宙万物が単に在るのではなくして、在るべきように在るという点に大きな意味があるとするならば、理こそ根源的といわれねばならない。いっさいは気から成るというところから、気こそ根源的であって理は単なる気の条理にすぎないかのごとく考えられやすいけれども、実際には理こそ根源的なものであり、気を規制するものである。

個々の事物に内在する理をとくに「性」と呼ぶ。最も身近なものとしては、人間における性がそれである。人間の心は「性」と「情」との統一体であるが、情は気に根差すものとしてとかく逸脱して欲（その極度なものが「人欲」）となる傾向をもつ。人間においてあくまで理と等しいものは性のみである。これが『中庸』のいわゆる「天ノ命ゼルコレヲ性トイウ」ということばの意味であり、「性即理」ということばの意味である。さきに理の内容として五倫五常を挙げたが、それがすぐれて人間世界の法則にほかならないという点からいえば、むしろ性の内容が五倫五常であるといったほうがふさわしいかもしれない。この五倫五常が完全な状態を維持しているような場合、すなわち理そのものである性が本来の姿のままにある場合を「本然の性」、気によって妨害され、蔽われている状態を「気質の性」と呼ぶならば、人間存在の本来的志向は、気質の性を克服して本然の性にかえろうとする点にある。このことを「気質を変化する」と呼ぶ。要するに人欲を去って天理に復することにほかならない。

朱子学の方法としては二つのものがある。一つは「居敬」、すなわち敬に居る、敬を維持しつづけることである。一つは「窮理」、理を窮めることである。敬は「主一無適」と定義せられる。一を主として適《ゆ》く無しとは、心を理に集中してどこへも行かせぬことであり、天理の本来の姿を気の攪乱から守って維持するための方法である。それはもちろん内面的な方法であるけれども、しかし、容貌やことばづかい、動作などの外面的な厳粛さ、いわゆる整斉厳粛、が必然的に要求せられるものと考えられている。「窮理」というのは格物致知である。知とはすなわち識、すなわち知識であり、「格」は「いたる」と訓ずる。天下のものについてそのすでに知るところの理をふまえつつますますきわめてゆき、そのようにしてその極致に到達しようとすること、それが格物致知ということである。朱子においても、知というものの最も本質的な性格は道徳知であったはずであるけれども、しかし彼はそれをきわめて一般的な意味での知識というものに含ませていた。このことは記憶しておかねばならない。

第四の注釈学については、とくに述べる必要もあるまいが、有名な『四書集注』や『詩経』の注釈など朱子自身の作品のほかに、朱子の意を受けた弟子たちによって『書経』『礼記』などにもすぐれた注釈がつくられた。朱子学的経学と呼ばれるものはふつうこの注釈学をさしている。元の時代に朱子学が科挙の科目として国定せられて以来、この注釈学はいわば国定経学として普及することになるのである。

きわめて簡単に要約するならば、朱子学とは、右に言ったような学問であった。そしてそのような学問が明代になると、とくに王陽明の出現する時代においては、中国の思想界、学問界をほとんど一色に塗りつぶしていたのである。学問といえば、朱子学のことであった。王陽明も最初はまず朱子学者として出発した。ただし彼は単なる科挙受験のための朱子学の勉強という以上に、きわめて真剣な求道的な朱子学研究者であったらしい。『伝習録』下巻第一一八条に次のような話が見えている。

陽明先生いわく、衆人は、格物は朱子の説によるべきだというが、彼らは朱子のことばを実際に実践してはいないのだ。私はそれをまじめに実践したことがある。若いころ銭という姓の友人と、聖賢となるためには天下のものを格物しなければならない、なんとかしてそういう大力量を得たいものであると話し合い、そして亭の前の竹を指さして、それを格物してみさせたのである。銭君は朝晩竹の道理を格物窮理して、心思をつくして努力したが、三日目になると、過度に精神を酷使したため病気になってしまった。そのときには、これは彼の精力が足りないためだと考えて、こんどは私みずから格物窮理をはじめたが、朝も晩も理というものがとらえられず、七日目に至って、やはり過度の心思の酷使から病気になってしまったのである。そこでついに、聖賢というものには成れるものではないのだ、聖賢のように格物しうる力量など、われわれにはないのだ、と互いに嘆息したことであった。

これがいつの話であるかはっきりしないが、年譜では二十一歳のこととしている（ただし山本正一著『王陽明』三九ページ参照）。さらに二十七歳の条には、学問というものは順序正しく進まねばならないとつねに強調する朱子の説に従って、漸進的に理を求めていったけれども、しかも事物の理とわが心とがあくまで別々な二つのものであることに苦しめられ、ふたたび昔の病気が起こったと記されている。昔の病気というのは、おそらく右に引用した述懐に見える病気、一種のノイローゼ症であったのであろう。朱子学時代における陽明の精神的な苦悩はかくのごときものであった。やがて三十七歳、貴州省の少数民族地帯たる竜場において、「聖人ノ道ハ吾ガ性ミズカラ足ル、サキニ理ヲ事事物物ニ求メシハ誤リナリ」と大悟したについては、このような悪戦苦闘の前史があったのである。

かくて陽明の有名な「心即理」の立場が確立することになる。そしてその立場から振返ってみるならば、朱子の格物窮理の方法は、とんでもない見当違いを人に強いるものであった。すなわち、朱子が天下の理を窮めるというのは、わが心の良知をもって不十分であるとし、あくまで外へ、天下の広きに向かって理を求めてゆき、それをわが心の良知につけ加え、増大しよう、とするものにほかならない。すなわち心と理とを二つに分離してしまうものであり、理そのものにほかならないところのわが心を信じないものである、ということになる（『伝習録』巻中、顧東橋に答えて学を論ずるの書、第七条）。それにまた、朱子は天下の事事物物の理を窮めるというけれども、そもそもそのようなことが物理的に可能であるはずがないし、またかりに可能であったとしても、そのような量的知識の集積によって聖人に至るということが、どうしてできようか。

陽明学の大綱は、きわめて大ざっぱにいって四つの項目にくくることができると思う。一、心即理、二、知行合一、三、万物一体の仁、四、致良知である。もちろん、このほかにいくらでも項目をふやすことはできる。たとえば「誠意」をとり出して一項とすることもできる。朱子が「敬」を重視したのにたいして陽明が誠あるいは誠意を強調し、その誠意こそ『大学』の中心命題であるとして、大学

読者カード

みすず書房の本をご愛読いただき，まことにありがとうございます.

お求めいただいた書籍タイトル

ご購入書店は

・新刊をご案内する「パブリッシャーズ・レビュー　みすず書房の本棚」（年4
3月・6月・9月・12月刊，無料）をご希望の方にお送りいたします.

（希望する／希望しない

★ご希望の方は下の「ご住所」欄も必ず記入してくださし

・「みすず書房図書目録」最新版をご希望の方にお送りいたします.

（希望する／希望しない

★ご希望の方は下の「ご住所」欄も必ず記入してくださし

・新刊・イベントなどをご案内する「みすず書房ニュースレター」（Eメール配信
月2回）をご希望の方にお送りいたします.

（配信を希望する／希望しない

★ご希望の方は下の「Eメール」欄も必ず記入してくださし

・よろしければご関心のジャンルをお知らせください.
（哲学・思想／宗教／心理／社会科学／社会ノンフィクション／
教育／歴史／文学／芸術／自然科学／医学）

（ふりがな） お名前　　　　　　　　　　様	〒
ご住所　　都・道・府・県　　　市・区・郡	
電話　　（　　　　）	
Eメール	

ご記入いただいた個人情報は正当な目的のためにのみ使用いたしま

ありがとうございました．みすず書房ウェブサイト http://www.msz.co.jp では
刊行書の詳細な書誌とともに，新刊，近刊，復刊，イベントなどさまざまな
ご案内を掲載しています．ご注文・問い合わせにもぜひご利用ください.

郵便はがき

料金受取人払郵便

本郷局承認

9196

差出有効期間
平成29年12月
1日まで

113-8790

東京都文京区
本郷5丁目32番21号

505

みすず書房営業部
行

通信欄

（ご意見・ご感想などお寄せください．小社ウェブサイトでご紹介させていただく場合がございます．あらかじめご了承ください．）

のテキストそのものについても朱子の『大学章句』本を排斥して『古本大学』を提唱したことなどは、陽明学の解説としては欠かすことのできない項目であるかもしれないし、あるいはまた「満街これ聖人」(『伝習録』下、一一三条) という主張のごときも、その聖人論の顕著な特徴としてとり上げるに値することは疑いない。その仏教批判、それにもかかわらずの三教 (儒教、仏教、道教) 一致説 (たとえば年譜五十二歳の条)、も重要な項目であろう。しかし、ここではさしあたりの便宜として、もっとも包括的に以上の四項目を立てて解説しておきたいと思うのである。もっとも、右に指摘した諸項目についていては本書において大なり小なり言及しているし、仏教と陽明学 (あるいは明代思想一般) との関係については荒木見悟氏に『仏教と儒教』(一九六三年、平楽寺書店)『明代思想研究』(一九七二年、創文社) というすぐれた書物が既にある。

一、心即理。これについてはとくに解説する必要を認めない。陽明および陽明学派の学問を「心学」というのは、このテーゼに立って彼らが熱心に心の哲学を説いたからである。もちろんこのテーゼをこまかく分析することも可能であるし、またそうすることに大きな意味のある場合もあるけれども、私としてはむしろ、本書に収録した『伝習録』上巻第三条の参照を求めるくらいにとどめておきたい。特色あるこまかい研究としては、山本命氏の『明時代儒学の倫理学的研究』三九ページ以下や、日本思想大系『中江藤樹』の山井湧氏の解説などを参照せられることを希望する。ただこの場合、朱子の「性即理」にたいして「心即理」の立場では、朱子があれほど強調した「心ハ性ト情トヲ統ブ」、すなわち、心=性+情、という見方から決定的に離れてしまっていることを注意しておきたい。陽明は意識的に朱子の「心」の定義を無視したのではないかと思われるほどであって、彼は「性」についてはしばしば論じ、ときには性即理ということばを使うことすら辞しないが、心についての右の朱子の有名な定義には、私の記憶するかぎり、ただの一カ所も言及していないのである。

二、知行合一。知行の「知」は要するに良知であるが、知行合一とは、その良知は道徳的知として本来的に実践的、つまり「行」的なものであり、道徳的実践というものは必ず良知に基づくという、きわめて常識的な意味であると解して差し支えない。つまり陽明が言っているように、「悪臭ヲ悪ムガ如ク、好色ヲ好ムガ如ク」というのがすなわち知行合一の境地であり、それがまた「誠」ということにほかならない。年譜によれば、知行合一の説は陽明が竜場において心即理の原理を体得したすぐ翌年に立てられたという。

三、万物一体の仁。これについても、本書のなかでくり返し出てくるところであるから、ここでとくに説明する必要もあるまい。要するに良知というものは、知行合一なるもの、すなわち知と行との統一体であると同時に、万物一体なるもの、すなわち自と他との統一体でもあるのである。私はこの点に、朱子との比較において、陽明説の大きな意義をみとめたい。それは、朱子は根底的な自他統一の原理をついに提出しえなかった、と思われるからである（五倫の説はそのようなものとはいえない）。『大学』の「新民」に対する朱子の解釈（山崎闇斎本『大学或問』四丁表―裏）は、そのことを物語っている。すでに自己の明徳を明らかにし了ったものが、進んで、未だ明らかにしていない者にはたらきかけ、彼をして明明徳せしめ、自己革新せしめる、つまり「民を新たにする」、そのことの必然性、はたらきかける必然性、は、朱子ではあまり明瞭であるとはいえないように思われるのである。――私はかつて陽明の良知というのはハートの意味であるとしたことがあるが（『朱子学と陽明学』一三二ページ）、この考えはいまでも改めようとは思わない。知行合一という点でも、自他合一という点でも、それは私にはハートと考えられるのであって、とりわけルソー的なハートというものに最も近いものと考えられるのである。

第四、致良知。朱子学における居敬・窮理（致知）に相当するものを陽明学において求めるならば、誠意と致良知（致知）に帰着することになるであろう。しかし、本書に収めた「大学問」によっても明白なように、致知ということと誠意ということとはほとんど無差別といっていいのである。山下竜二氏は『大学古本』の新旧二つの序を比較研究し、さらにそれに『大学問』をあわせ考えることによって、要するに陽明は最初『大学』の中心命題を誠意ととらえたが、やがて晩年には致知、すなわち致良知ととらえなおした、しかもそのさい誠意をも併存させているために『大学古本』の新序と『大学問』とは論旨があまりすっきりしなくなっている、と指摘しているが（『陽明学の研究・成立篇』二二一ページ以下）、要するに朱子において敬と知とに分けられた方法は、陽明の場合は良知ひとつに収斂してしまうのである。誠意の意の本体は知であり、知は陽明の場合、朱子の言うような知識では絶対になくて、徹頭徹尾、良知にほかならないからである。その理論的根拠となるのは格物致知にたいする解釈であることは、本書に収録した徐愛《じょあい》記録の『伝習録』で明瞭である。陽明が「致良知」の説を説いたのは、けっして竜場における立場確立の最初からのことではなく、年譜によれば五十歳、山下氏によれば四十九歳、のときであるとせられているが、しかし、彼が知を「良知」と解釈していたのは、その最初からのことであった（本書七一ページ、『伝習録』上第八条）。この良知に、さしあたって二つの意味、知行合一と万物一体の二つの意味があることはすでに指摘した。したがって、陽明学の項目としては、心即理と致良知、致良知の細目としては知行合一、万物一体、というふうに考えることもできるのであるけれども、いまは便宜上並列的に並べておいた。

以上が朱子学、陽明学の内容のきわめて大ざっぱな説明であるが、じつは私はすでに『中国における近代思惟の挫折』（一九四九年初版、一九七〇年再版、筑摩書房）や『朱子学と陽明学』（一九六七年、岩波新書）において、朱子学、陽明学に関する私の考えの概略は叙述しておいたのであって、それ以上とくに言うべき新しい見解があるわけではない。もちろん右の二冊の書物もひじょうに不完全なものである。とくに『朱子学と陽明学』が、あとで気がついてみると、その陽明学の箇所で誠（誠意）にぜんぜん言及していないのは、なんといっても欠陥といわざるをえないのであって、相良亨氏の『近世の儒教思想』（一九六六年、塙書房）を見ると、徳川時代の儒教が最初「敬」中心の儒教から、幕末に近づくにつれて「誠」中心のそれに移っていったというきわめて興味深い指摘がある。私はそれを読んだとき、「誠」についての解説を落としてしまったことをたいへん残念に思ったのであった。——もっともこの二著の後において、ぜんぜん新見解がなかったともいえない。それはすでに述べたように、儒教のいわば枠としての五倫にたいして良知の説を核と考え、枠と核との均衡と、核の膨張による枠の亀裂、破壊という考え方を明確に意識するようになったのは、ここ数年のことであるからである。枠の同一性という点のみをとらえて、陽明学も要するに朱子学と同一性格のものと規定することは、私にははなはだしく歴史的見地を欠いた見方としか思えないのである。しかし、この考えを十分展開するためには、陽明自身のみでなく、陽明学派の展開のあとをもひっくるめて論じなければならないのであって、本書ではとうていその余裕がない。

私が『朱子学と陽明学』を世に問うて以後、いますぐ思い浮かぶだけでも、幾つかの新しい学問的な刺激を受けることがあった。それらの刺激によって、その都度私の陽明学解釈がよりいっそう深めらるべきであったのに、当面の雑多な勉強に追われていて、結局集中的にそれをなしえなかった。そのことを残念に思うと同時に、いっそ其のいくつかを以下に披露して読者の参考に供することも、あながち無益ではあるまいと信ずる。

こころみに私が大きな刺激を受けた場合を列挙してみると、まず第一には、ベトナムの歴史学者グエン・カック・ヴィエン Nguyen Khac Vien 氏の「ベトナムにおける儒教とマルクス主義」という論文である。フランスの雑誌 *La Pensée* 一九六二年十月号にのせられたこの論文については、すでにその要旨を紹介したことがあるが（中国文明選『史学論集』はさみ込み「月報・10」の座談会速記、一九七三年）、要するに儒教をマンダリンの儒教と人民の儒教とに区別し、ベトナムのマルクス主義はその人民的儒教の系譜を引くものであるとするのである。グエン氏は言う、われわれベトナム人は儒教にたいして嫌悪と尊敬の入り混った気持をいだいている。また儒教がふたたびベトナムで支配的となることは、けっしてあり得ないであろう。しかしながらベトナムを帝国主義から解放したマルクス主義はサイエンスとデモクラシーとの学問の系譜をひくものではなくて、「仁」すなわち人民にたいして責任を負うという精神を中核とするところの儒教、それの系譜をひくものであると言い、儒教をナショナルな財産と認めないものはニセの革命家である、と断言している。

今日ベトナムでは、政治的社会的行動のドクトリンとしては、マルクス主義が儒教にとってかわった。儒教道徳と新しい革命倫理とが交替した。儒教を蘇生させようとするいかなる試みも無駄である。しかしながら、ニセ革命家とは反対にベトナムのマルクス主義者は、儒教と読書人(lettrés)の仕事とを、新しい社会が消化すべき民族的財産(patrimoine national)と考えているのである。

グエン氏はこの説をその後も基本的には改めていないらしい(一九六八年一二月二六日「ル・モンド」紙のジャック・デコルノワ氏の文)。今日の中国の批林批孔の原因もしくは成り行きについて私は特別に研究してはいないし、またグエン氏の論文を読んだ当座は、今日のように激しい反孔子運動が中国に起ころうとは夢にも思わなかったのであるけれども、ともかく同じマルクス主義革命を経た、しかもともに儒教国として知られていた二つの国におけるこの評価の差は、はなはだ興味深いものに思われる。

しかし、それは今日になっての話であって、私がこの論文を読んだ当座ひじょうにつよい感銘を受けたのは、儒教をただ一色のものと見ないで、マンダリン、すなわち官僚あるいは上層読書人の儒教と、コンフューシアニスム・ポピュレール、つまり人民の側に立つ儒教、という二つのものに分けて考えるその考え方である。これは私にはひじょうに示唆的な説であった。グエン氏の言うところによると、多くの田舎の読書人たちは、中国の場合と同様、三年に一度の科挙を受けるため、農村や田舎町にあって孜々として勉強をつづけていた。生活の手段として吏員をしたり、あるいは商店の書記とか、寺子屋の師匠のようなことをしながら、その年が来ると都に上って受験し、失敗してはまた郷里に帰る、そして人民と接触し、人民の代筆者、助言者、協力者となって彼らと密接な関係をもつ。こういうインテリたちを内から動かしていたのは、儒教の「仁」の教（グエン氏によればそれは人民にたいして責任を負うという精神）であったという。一九世紀の末から二〇世紀の初めにかけてヨーロッパの文物が押し寄せてきて、デモクラシーとサイエンスによる新しい学問、思想が、儒教をいわば笑いものにした。多くの青年はフランスその他に行って、デモクラシーの思想や制度、近代科学の理論や技術を身につけて帰ってきた。しかし彼らは実はいちばん大切なところで武装解除されていたのだ、とグエン氏は説くのである。ベトナムを解放したのはマルクス主義の革命精神であるが、それは明らかにこのような儒教の系譜をひくものであった、というのが、数々の歴史的事例をあげたうえでのその結論である。私はこの論文を読んだとき、私の固有の学問的課題である中国思想史の研究にたいして、大きな示唆を与えられたように思ったのである。

周知のごとく陽明学は陽明の死後、右派と左派とに分裂した。陽明学左派は、士大夫的な儒学であるよりはむしろ役所の吏員、まちの小売人、酒売、荷はこび、村の百姓など、一般民衆のあいだにその心学運動の輪をひろげていったところにその特徴があることは、広く承認されている。私はこの陽明学左派の運動を、グエン氏のような明確な視点からもう一度考え直したい、さらにはその源流としての王陽明自身の思想をも、あらためて考えてみたいと強く思ったのである。もちん旧著『挫折』は、そのような明確な方法的意識なしに、ある程度のことはやっていると信じているのではあるけれども。

第二。陽明学の流れのなかに「造命」（天命に従うのでなく自分で運命を造りだす）という思想があらわれたということは、すでに二十数年まえ指摘しておいたことであるが（『挫折』新版一〇〇ページ、王心斎の条）、そののち鄧豁渠《とうかつきょ》にも「命に安んずる」に対して「命を造る」の優越を説いたことばがあり（南詢録）、李卓吾にもおなじ造命の主張があること（『墨子批選』、なお、王、鄧、李みないわゆる陽明学左派の人である）、陽明学とは別潮流とされている偉大な通俗道徳の思想家袁了凡《えんりようはん》の中心思想をなすものがやはり「立命」の思想であったこと、を知るにいたった。「命を造る」と「命を立てる」とことばこそ違え、同じく人間主体の側の積極主義をあらわす主張である点にひじょうな興味をおぼえたのである。袁了凡は林兆恩《りんちようおん》と並んでいわゆる民衆道徳の指導者として知られ、とくにその道徳計算術とでもいうべき「功過格」の提唱によって最も有名であるが、個々の善行と不善行とを数字的に点数で表現し、その差引計算によって人格的向上を計ろうというその考え方の底にある、自己の命（運命）を自分自身で立てよう、開拓し決定しよう、という思想は、その徳目の内容が旧態依然たる儒教的な「封建」道徳にすぎないという点をとらえて、すべて後ろ向きのものと一筆に抹殺さるべきものとは思われない。安丸良夫氏の『日本近代化と民衆思想』が主張しているのと類似の積極的な意味は、この場合においても認めらるべきだと信ずるのである。袁了凡がたしかに陽明学派、とくにその左派の王竜渓《おうりゅうけい》と交渉があったことはすでに明らかにされている。私は酒井忠夫氏の『中国善書の研究』（一九六〇年、弘文堂）や、奥崎裕司氏の「袁了凡の研究」（『社会文化史学』三号）などに教えられ、また袁氏の著書を漫読しながら、陽明学派が袁了凡に影響を与えたか否かということよりも、明代思潮の大きな動向のおなじ表現としての造命、立命、功過格という主張に、ひじょうな興味をおぼえたのである。それは明代哲学の基底にある「生生」の意識（『東方学報』京都第三六冊、拙稿「明代思想の一基調――スケッチ――」参照）と、何処かつながったものではあるまいか。否、さらに、民変その他嘉靖万暦期のさまざまな社会現象とも、深いところで、無関係でないのではあるまいか。これもまた私は結局、なんら具体的な研究をおこなったり、発表したりするには至っていないのであるけれども、陽明学研究のこれからの課題として、やはりここに指摘しておくに値する点だと考えている。本書の読者がこのような点を多少とも意識しつつ読んでくださるならば、望外の幸せである。

第三に挙げたいのは、山本命氏の『明時代儒学の倫理学的研究』（一九七四年、理想社）が私に与えた刺激である。山本氏は本書に先立って『宋時代儒学の倫理学的研究』（一九七三年、理想社）を著わして、いわゆる宋学にたいして深い研究を発表された方であるが、もともとはヨーロッパ哲学の畑の人であり、私は最近まで中国思想研究の分野にこの人ありとは全然知らなかったのである。二著いずれも八〇〇ページを越す大著であって、すでに七十歳をこえた老先生の学問的な気魄に圧倒されると同時に、その内容の斬新さにひじょうに大きな刺激を受けたのであった。もちろんもともとが西洋哲学畑の人であるだけに、その漢文の読み方、ことに訓点本などの従来まったくない白文の文章などの読み方にはしばしば重大な誤りがあり、いわゆる中国哲学の専門家にはその点がまず反撥を買うことと思われるが、しかしその欠陥を補うて余りある独創的な内容であることは、ほとんど疑いない。もちろん出身が出身であるだけに、あまりにヨーロッパ哲学風なカテゴリーで中国思想をとらえようとせられたために、そこにひじょうな無理の生じているところのあることも否めない。私としては、その知行合一の三段階の説や、良知について、中人にとって体認可能な良知、すなわち道徳的良知と、中人にとって体認不可能な良知、すなわち虚的良知、あるいは無的良知の区別などの説にたいして、あまりにも分析過度との感を禁じえないながらも、しかもその綿密きわまる論証をたどっていくとき、それへの反駁が必ずしも容易でないことを痛感せざるをえなかったのである。私は、この大著は陽明学研究における、ことに陽明学の哲学的研究における最近の最大の収穫の一つであると断言してはばからない。私は、いわゆる中国哲学専門家がとかく陥りやすい、狭義での専門家以外の学者の発言への軽視、を捨ててこの大著と対決し、その対決を通じて中国の思想に独自なるものを明確に論理化する努力をしてもらいたいと考えている。

ことに私にとって示唆的であった論点を、一つ挙げておきたい。陽明のいわゆる四言教（本書二二七ページ以下）にたいする分析において、山本氏は次のように言われる。すなわち、王竜渓の四無説、つまり「無善無悪」の説は、宗教的立場への志向と解せざるをえない。無善無悪は竜渓のみならず、陽明も理論としてその説を肯定しているのであるから、陽明‐竜渓の立場といってもよいが、それは道徳をいわば上限に超えるものであり、聖なる超道徳の世界を志向するものである、といわれるのである。「道徳すなわち宗教という意味での宗教的行き方」ということばも使われているが、氏の著書全体を通じて、超道徳すなわち宗教、と考える考え方が強くはたらいていることは否定できない。

この（道徳から宗教へと宗教から道徳へとの）二つの問題は宋学では明確に区別されて扱われることがない。寧ろ始めから道徳と宗教とを云わば一つに合体させて見てゆくという印象をうける。この合体観は注目されねばならないと考えるが、然し私自身の問題意識では、道徳と宗教とを予め区別して見ることが必要であり、また可能でもあると考えるので……。（『宋時代儒学の倫理学的研究』七六四ページ）

ところが、一方、これもまた最近における収穫であるところの溝口雄三氏の全訳『伝習録』（『世界の名著』続の四、一九七四年、中央公論社）のその条を見ると、次のような注が付せられている。「彼（王竜渓）の学の精髄は「無」にあったといってよい。ただしこの「無」は仏教的空観を志向するものではなく、既存の価値を徹底的に無みして、そこにぎりぎり人間の自然に即した、新しい理観（理についての見方）を創造しようと志向する」ものであるというのである。溝口氏のこの説は、これだけでは必ずしもはっきりしないかもしれないが、氏の他の論文と考えあわせてみると、その方向は山本氏とはけっして一致しない。私は無善無悪がふつうの意味での道徳を超えようとするものであることはもちろん承認せざるをえないが、それを山本氏がただちに宗教と結びつけようとせられるのは、西洋哲学におけるいわば公式（道徳を超えるものは宗教という公式）にあまりに安易に引きずられすぎた結果ではないかと思う。さればといって溝口氏の主張も、私には必ずしも理解しやすくはないのである。

理解ということばの一応の意味でいえば、むしろ溝口氏の説のほうが理解しにくいといえないこともない。この点はいわば西洋的な思弁と接触する以前の純粋に中国的な思弁もしくはメンタリティーの本質を解明するために、最も重要なポイントの一つであるかもしれない。というのは、ここで私は、マルクス主義に転ずる以前の馮友蘭氏に「境界」の説なるものがあったことを思い出すからである。

馮友蘭氏は今日、北京大学の教授として中国哲学界の最長老であり、批林批孔運動においても活発に自己批判などを発表している周知の学者であるが、氏は日本軍の侵略によって諸大学が雲南省昆明に移った際、有名な『新理学』にひきつづく哲学的著作として『新原人』というものを書いた（一九四二年）。古く韓愈に「原人」という同名の文章があるのをふまえたもので、要するに新人間学、あるいは人間論新説とでもいう意味である。そのなかで氏は、その全十章のうちの五章をさいて「境界」ということを論じている。境界というのは、たとえば地質学者と歴史学者とが同一の山に登ったとき、その山がこの二人にもっている意味が異なるように、人が宇宙・人生にたいしてもつところの覚解（自覚了解）にしたがって宇宙・人生が人にたいしてもつところのさまざまな意味——それが構成するところのものをいう。各人は各人の境界をもつ。それらの境界を低次から高次へと分類してみると、自然境界、功利境界、道徳境界、天地境界の四つに分けることができ、その「天地境界」はすなわち聖人の境界である、とするのである。つまり、道徳より高きもの、道徳を超えたものは、必ずしも宗教ではないかもしれないのである。もちろん馮友蘭氏も、天地境界における人の行為は天に事《つか》えるという点に特徴を有するといっている。それは『中庸』のいわゆる「天地ト参トナル」ことであるともいう。しかしその事天ということは、必ずしもわれわれが理解する意味での宗教ではないかもしれない。氏はこの境界は宗教のものではなく哲学のものであることを明確に述べ、そこにおける人間の態度には知天、事天、楽天、同天という論理的展開が存するという。「この境界のうちなる人は、社会という全（全とは体系の意）のほかにさらに宇宙という全のあることを理解しており、人は宇宙という全（とくに大全という）の存在を知るときはじめて、よく人の人たるゆえんを完全に発展させうるのであり、はじめて生を尽くすことができるのである」。馮友蘭氏はまたこの境界を説明するのに万物一体の仁の説を引き、それは同天の境界であるともいっている。その天地境界中の人は「物ヲ物トシテ物ニ物セラレズ」（『荘子』）とか、「為スアリテ為スコトナシ」とか、よく理に従うて事に応ずるものである、とか説明し、その人の道徳行為は意志的に選択せられるものでなくして、努力なしの行為であるという。馮氏の説にいわく、

宗教は上帝を宇宙の主宰とするが、天地境界における人は自己の「我」こそが宇宙の主宰であると自覚する。もしも宇宙の主宰者は上帝に他ならぬとするならば、彼の「我」こそ上帝なのである。孟子の「浩然ノ気ハ至大至剛」は天地境界中の人の主宰をいっているのであり、「天下ノ広居ニ居リ」、「富貴モ淫スル能ワズ」は道徳境界中の人の主宰をいっているのである。「天下ノ広居ニ居リ、天下ノ正位ニ立チ、天下ノ大道ヲ行ク」のは、大ならずということはできない。「富貴モ淫スル能ワズ、貧賤モ移ス能ワズ、威武モ屈スル能ワズ」は剛ならずということはできない。しかし要するに道徳境界中の人の大であり剛であるにすぎず、至大至剛ではないのである。易の

繋辞伝に「聖人ハ天地ト其ノ徳ヲ合シ、日月ト其ノ明ヲ合シ、四時ト其ノ序ヲ合シ、鬼神ト其ノ吉凶ヲ合ス」といい、孟子に「上下ハ天地ト流レヲ同ジクス」といい、荘子に「心ヲ無窮ニ遊バス」、「天地ノ精神ト往来ス」、「上ハ造物者ト遊ビ、下ハ死生ヲ外《ワス》レ、終始無キ者ト友トナル」、「天地ノ正ニ乗リ、六気ノ弁《ヘンカ》ヲ御シ、以テ無窮ニ遊ブ」、これは天地境界中の人の大である。易の繋辞伝に「天ニ先ダチテ天違《タガ》ワズ」、中庸に「コレヲ天地ニ建テテ悖ラズ、コレヲ鬼神ニ質《タダ》シテ疑イ無シ」、荘子に「大沢焚ケテ熱カラズ、河漢沍《コオ》リテ寒カラズ、疾雷ハ山ヲ破リ飄風ハ海ヲ振ルワセドモ、驚カスコト能ワズ」、これは天地境界中の人の剛である。その大と剛とは、ただ人と人との社会関係のうちにおいて大と剛とを有するのみの者とは異なる。だから朱子も孟子の浩然の気を説いて「富貴貧賤威武も移す能わず、屈する能わず、の類は、みな低い。それ（至大至剛なる浩然の気）を論ずるに足るほどのものではない」（語類五二）といった。……天人境界中の人は、あくまで至大至剛である。「我」が主宰であるという点よりすれば、至大至剛の人には「我」がある。（『新原人』一九六一年香港版、一八六ページ）

私はこのような境界をも「宗教的境界」として、むりやりカテゴリーづけることが不可能であるとは必ずしも思わない。げんにそれは、例えば禅についての議論などで相当おこなわれているらしい。しかし私は、そのためにはまず宗教というカテゴリーを、土着ヨーロッパ的なものから十分に普遍的なものに改鋳しておかなければならないのではないかと思うのであり、さしあたってはむしろ、このような天地境界といわゆる宗教なるものとの差異を検討することのほうが緊急であると考えている。この点についても、自分の能力の不足のために何一つ成果をあげることができないでいるのを恥ずかしく思うとともに、何らかの新しい学問的展開がもたらされることを切に期待するものである。

付記　無善無悪のいわゆる四無説を宗教的とする点では、山下竜二氏も同様である。「四無説は——人間の本性あるいは心の本体が至善であるなら……意も欲も無善無悪であるはずであり、したがってその意・欲にもとづいて行われる人間の諸行為とその行為の集積であるこの世界の諸事諸物も本来無善無悪であって、この世界には悪とすべきものは何もなくなる——というのである。……心の本体の至善であることを認識し、全くこの至善な本体に信頼するとき、自由で明るい積極的な生活態度をとることができる、というのが四無説の論点である。……四有説がより道徳的な見地に立つ世界観であるとすれば、四無説はより宗教的な見地に立つ世界観である。比喩を許されれば、四有説は旧約的律法的な色彩に富み、四無説は新約的福音的な要素を含むとも言えるのであろう」(『陽明学の研究・展開篇』三二一ページ)。あきらかに道徳的対宗教的というシェマであるが、しかしここでの宗教的は、あるいは、単に比喩的に言われているのかもしれない。

第四に挙げたいのは、私はここ数年、三浦梅園の『玄語』についていろいろ考えているのであるが、この『玄語』に盛られているような独特な自然哲学というものは、従来ともすると、いわゆる蘭学系統のヨーロッパ的な思想に触発せられたもの、仮りにそうでなくとも、少なくとも中国風なものに由来するものではない、と考えられる傾きがあったように思われる。よくしらべ、考えて書かれた研究書の如き場合は別として、率爾に受ける質問などから私の得ている印象では、どうもそうである。しかし、それは正しくない。もちろん梅園が、たとえば『解体新書』に象徴せられるようなヨーロッパの自然科学を熱心に求め、また触れうるかぎりのそれに触れたことはあきらかであるが、しかし、その大枠を決定し、彼の思弁を導いているものは、疑いもなく中国風な「気」の哲学である。張横渠・朱子が体系化したような気の哲学である。その気の哲学の最高の展開、それが日本の三浦梅園において見られるのである。最近加藤周一氏が三浦梅園を論じられたものを読むと、大枠としての中国的なものは認めながらも、彼が『玄語』で語っている気の遍在を示す実験について、それが梅園の独創にかかる、つまり中国（宋学的中国）に由来するものではない、かのごとく説かれているけれども（『朝日ジャーナル』一九七四年七月二六日号）、それは明らかに誤りであって、その実験の記述とその解釈とは、明末清初の方以智の『物理小識』巻一にそっくりそのまま見えているのである。梅園の別の著述『贅語《ぜいご》』、つまり梅園が受容したかぎりでの、すなわち大筋においては中国風な、しかし蘭学風な知見をも及ぶかぎり取り入れた自然科学概論とでもいうべき『贅語』——ただし天文学、地質学から生理学、さらには倫理道徳にまで及ぶ——には『物理小識』の名を十回近く挙げて引用しているところから見て、疑いようはない。もっとも、この実験の記述は、もしかすると耶蘇会士の書物に由来するのかも知れない。明末には気の哲学の尖端は、もはやそのようなところにまで来ていた。

ところで、この気の哲学というものは、明のなかごろにおいて急激にふたたび顕著となったものであって、今日ある人々はその流れのなかに、というよりその流れを開始したその人として、陽明をも数えようとしている。たしかに陽明には気の哲学の原理である「理ハ気ノ条理」（『伝習録』中巻、陸原できることは、静に答える第一書、第三条）ということばがあり、陽明をそのような流れのなかに位置づけることは、そできないことではないかもしれない。しかし私には、陽明の哲学はあくまで心即理の哲学であり、その陽明がほとんど自己の関心の外にあった存在論にまで言及した場合に「理ハ気ノ条理」という「気の哲学」風な表現をとらざるをえなかったという点に、むしろ、意味があるように思われるのである。陽明の心即理の哲学が観念論あるいは唯心論であることは疑いようはないし、気の哲学が唯物論（生気論的な解釈をもふくめて）であることも認めてよい。してみると、陽明の思想は唯心論にして唯物論ということになるほかはなかろう。そのようなものをどのように範疇づけたらよいか――。私は中国の思想をまずヨーロッパ思想の範疇をもって考えることに、けっして反対なものではない。われわれは今日それ以外に進みようがないのだと思っている。しかし同時にまた、そのようにして進むことによってその範疇におさまりきらぬものを無理やりおさめてしまうのでなく、中国思想の中国思想たるゆえんを正確に把握すべきだというのが私の持論である。つまり、われわれはわれわれの用いるカテゴリーそのものをつねに反省しなければならないということである。靴に合わせて踵を切ってしまうのでなく、靴をたえず踵に合うように修正していく。そして特殊ヨーロッパ的なカテゴリーを普遍的なカテゴリーにまで高め、それによって中国思想の独自性とヨーロッパ思想の独自性とをともに定立し、それぞれあるべき位置を指定すべきだ、というのが私の考えである。この点は、右の「理ハ気ノ条理云々」の条を収録解説していないところの今の本書の内容とは、必ずしもとくにかかわり合う論点というわけではないけれども、陽明思想というものにとっては根本的に重要な問題である。それゆえ、ここでやはり一言しておきたいのである。

以上さまざまなことを言ってきたが、しかし要するに右に述べた事柄は、すべていわば思いつきにとどまっていて、自分として積極的に成果を示したというものではない。つまり、私の陽明学に関する見解には、新しい積極的な展開があったというわけではないのである。したがって、本書においても、他の陽明学解説の類書よりも斬新な説が盛られているということもあまりないかもしれないことを、あらかじめお断わりをしておきたい。もし読者が右に述べたような諸点を頭に置いて、自分で考えを発展せられるのになんらかの機縁として役立つならば、本書の使命はそれで終わるといってよい。

王陽明、名は守仁、字は伯安。陽明というのはその号である。紹興の近くの山腹の陽明洞という洞穴にこもったことがあるので、陽明先生と呼ばれ、みずからもそう号した。諡（死後、朝廷より賜わるおくり名）は文成。諡によって呼べば王文成公である。明の憲宗皇帝の成化八年（一四七二年）、浙江省紹興府余姚県で生まれた。日本では足利義政の時代、文明四年、いわゆる応仁の乱の最中である。

陽明は余姚で生まれ、またそこが彼の生涯の本籍地であったが、実際には幼いころすでに紹興の町に移住したもののようである。陽明といえば余姚の人とされるところから、のちに北京その他任官地に居住した以外は、ひとえに余姚に住んでいたように思われがちであるが、それは正しくない。彼は郷里ではずっと紹興に住んでいたのである。紹興城と余姚城とはほぼ五〇—六〇キロ離れている。陽明の余姚の家は、別に取り立てていうほどでもない田舎の小地主で、代々ともかく読書人であったらしい。父の代に科挙の試験に首席で及第したところから、官界においても相当な名士となったことは疑いない。父の官は南京吏部尚書にまで至っている。明では、北京の中央政府とまったく同一の政府機構が南京にも置かれていたので、吏部尚書（内務大臣）も、北京の吏部尚書、つまり実際に吏部の業務を総括したそれと同時に、南京吏部尚書というものがあったのである。もちろんこれには実権も実務もほとんどないけれども、位階勲等だけは北京の吏部尚書とまったく同一――という、いささか了解にくるしむ仕組みになっている。

父が科挙に首席及第したのは陽明が十歳のときで、好成績で科挙に及第した者の例として、まず北京の中央政府で翰林院に入った。そこで陽明も祖父とともに北京にひき取られ、父の監督のもとに勉学をつづけることになる。

彼が父の命によって塾師についたのが十二歳のときであるというが、この塾師はひじょうに厳格な人であったらしい。陽明は鬱々として喜ばず、すきを見てはエスケープして、ガキ大将になって遊びまわった。体もはなはだ敏捷で、木登り、崖登りなど、まるで平地を行くと同様であったという。とにかく伝記に「豪邁不羈」とあるようにたいへんなやんちゃ坊主であったらしい。父はそれを知って一室に閉じ込め、科挙試験の答案文例をつくらせたが、陽明はただちに書き上げ、こっそり鍵をあけて飛び出してしまう。父が役所から帰って宿題を調べてみると、ちゃんとできている。この子のことはまったく頭痛の種であった、と特筆してある。幼年時代についてこういうやんちゃぶりが、しかも後に道学先生として名をなした人について伝えられているのは、じつは稀有といっていい。幼にして嬉戯せず成人のごとし、というのが、偉人の伝記におけるきまり文句であった。

十五歳、居庸関を出て内蒙古の諸部落を訪ね、異民族にたいする防禦の策を研究し、また彼らを追うて騎射した。また農民反乱平定策を朝廷に上書しようとして、父にきちがい沙汰と叱責せられた。十七歳、いまの日本の数え方でいうと十六歳、結婚。十八歳、夫人の故郷である江西省で婁一斎《ろういっさい》という朱子学者に「聖人学ンデ至ルベシ」と聞かされ、これが聖学を志す発端となった。それまでの陽明は冗談ばかり飛ばしているような青年であったが、このころから深くそれを反省し、人間も変わってきた、と記されている。もちろん婁一斎に教えられる以前においても、彼の学問がほぼ朱子学のレールの上を動いていたことはまちがいない。しかし婁一斎に接してはじめて彼は単なる科挙試験のための学問でない真の学問、つまり「身心の学」を目ざすに至ったのである。

もっとも、彼の聖人の学の探究は、以後かならずしも直線コースをたどったわけではない。彼が真に自己の立場、「心即理」の立場を確立して、朱子学に反旗をひるがえすのは三十七歳のときであるが、それまでにはずいぶん紆余曲折があった。さきに紹介した庭の竹を格物しようとして失敗した話は、結局それを機会に文学のほうに転向したというのであるが、そのほか道教のさまざまな術に凝ったり、仏教に耽溺したりした、などということも伝記には記されている。陽明のそのような彷徨を伝記は「はじめは任俠の習いに溺れ、次には騎射の習いに溺れ、次には辞章の習いに溺れ、次には神仙の習いに溺れ、次には仏教の習いに溺れた」という「五溺」として数えている。任俠とは大ゲサだが、要するに幼少年時代の不羈奔放、つまり、やんちゃのことにすぎない。辞章の習いに溺れたというのは、前に言った文学に転向したというのにあたるわけで、じじつ彼は北京において、李夢陽、何景明らの「前七子」の文学運動に相当深く参加したことがある。つまり一時は文学青年でもあったのである。朱子にも青年時代、仏教に誘引された時期があったというが、それにしてもこれだけ派手に惑溺が列挙されているのも、道学先生の伝記としては異例であろう。

ともかく、このような精神的な彷徨のうちにありつつ、二十八歳で科挙に合格し、まず工部（建設省）、つづいて刑部（法務省）において官僚としての生活を開始した。そしてその数年後にはふたたび聖人の学に立ち返り、官庁勤務のかたわら、門人にたいして学を講ずるようになっていたらしいのである。

明代は宦官が政治に関与し、政治を攪乱した時代として有名であるが、王陽明の青年時代は有名な宦官劉瑾《りゅうきん》の時代であって、その専横はほとんど眼中に人なきごときものであった。もちろんそれにたいして正義派の官僚、ことに青年官僚は盛んに抵抗を試み、若き陽明もその抵抗運動に身を投じて、ついに貴州省の竜場駅、現在の修文県、の駅丞に左遷され、三十七歳のとき同地に着任した。貴州省というのは明代にはじめて立てられた省であって、今日も苗族などの少数民族地域である。彼はこの山中において、名士の貴公子としては思いもかけぬ艱難をなめた。まず第一、ことばが通じない。ことばが通ずるものといえば、多くは中原の地から法の追及をのがれて逃げこんだ犯罪者である。さらに風土の違い、そのうえ従者がホームシックから病気で寝込んでしまう。それに、中国風な家屋というものがなかった。彼はまず木を組んで家をつくることから教えなければならなかったのである。しかも劉瑾の恨みはまだ解けていないので、それにたいする警戒もしなければならない。従者の病気のみとりもしなければならない。彼はこのような逆境におかれて、もし聖人であったらいかに対処するであろうかと考え、日夜瞑想にふけった。そしてある夜忽然として格物致知の道理を大悟したのである。年譜はそのことを記して次のようにいっている。「よって思えらく、聖人これにおればさらに何の道かあらん、と。たちまち中夜、大いに格物致知の旨を悟る。寤寐のうち、人ありてこれに語るもののごとし。覚えず踊躍し、従者みな驚く。はじめて知る、聖人の道は吾が性自ら足る、さきに理を事物に求めしは誤りなり、と。すなわち暗記せる五経の言にこれを証するに、吻合せざるものなし」。「心即理」という大原理はかくて発見された。王陽明の「心即理」のスローガンが宋の陸象山のそれに同じいところから、両者を一まとめにして「陸王の学」と呼ぶのは、いちおう不都合な命名ではないけれども、あまり親切なものとも思われない。陽明は、出発はあくまで朱子から出発したのである。

竜場にあること足かけ三年、劉瑾の死刑によって彼ははじめて流罪をとかれ、江西省廬陵県の知県に転任、以後、吏部郎中（内務省局長）、南京太僕寺少卿（馬政副長官、ただし南京官）、南京鴻臚寺卿（渉外長官、ただし南京官）など、官界で順調なコースを辿った。そして正徳十一年、四十五歳、南京鴻臚寺卿に在任中、彼は都察院左僉都御史（検察局長）に昇格し、「南安府・贛州府・汀州府・漳州府等の処の巡撫」を命ぜられた。巡撫は必要に応じて省別などにこだわらず派遣される民政・警察の長官職で、このばあいも南安と贛州とは江西省南部、汀州と漳州とはそれに隣接する福建省南部の要地である。巡撫として派遣される際はかならず都察院の都御史（左、右、僉などの別がある）すなわち検察官の肩書が与えられる。これが彼の「軍功」をたてるきっかけとなるのである。

はじめにも述べた如く当時、中国の東南部、すなわち江西省、福建省、広東省、湖南省の境界地方の山岳地帯には、当時のことばでいう流賊、今日ふつうに農民起義といわれている反乱が充満していた。すなわち江西省南部と湖南省境の横水、桶岡の一帯には、謝志珊《しゃしさん》・藍天鳳《らんてんほう》などに率いられた「流賊」があり、また広東省境の浰頭地方には、池仲容《ちちゅうよう》に率いられたそれがあり、彼らはみなそれぞれ王を称しているし、また大庾嶺山地、すなわち南・贛の地方には陳曰能《ちんえつのう》、福建省の汀・漳の大帽山には詹師富《せんしふ》などがいて、ほとんど収拾つかない状態になっていたのである。彼はこれらの「流賊」を討伐して軍事的大成功を収めたうえ、その善後処置として十家牌法という、わが徳川時代の五人組制度のごときものを実施して行政的に大いに効果をあげた。この間、職は軍事専門の「南贛汀漳等の処の軍務の提督」に改められ、官も都察院右副都御史（検察次官）に進んだ。

ところが、彼の巡撫在任中に、明朝一代を通じても大事件であるところのいわゆる寧王宸濠《しんごう》の乱というものが突発した。寧王宸濠の乱とは、明朝では太祖の諸皇子を全国に封建して王を称せしめたが、南昌に封ぜられていた寧王宸濠（姓をつらねていえば朱宸濠、明の太祖朱元璋の第十七子・権の子孫）が、帝室の藩屛たる身でありながら反乱を企てたのである。陽明はこれを疾風迅雷の勢いで平定し、その武功はいよいよ高まった。鄱陽湖上における陽明軍と寧王軍との決戦は、明一代を通じてももっとも有名な戦闘の一である。またこの戦争に関しては、有名な無軌道天子武宗の突飛な行動などがからんですこぶるエピソードに富むが、いまはいっさい省略するとして、正徳十六年、南京兵部尚書に昇任、かつその武功によって新建伯に封ぜられた。明代では爵位はすべて武功によるのであるが、彼はその爵位を授けられたわけである。彼はこの南京兵部尚書（陸軍大臣、ただし南京官であるからいわば擬似陸軍大臣）を最後の官として、そしてこれもいかにも旧中国流であるが、実際には南京へは赴任せず、その官職のまま紹興において講学の生活をつづけていくのである。

彼は巡撫時代、軍事活動で多忙をきわめるなかにあっても、その幕府（司令部）において講学をやめなかった。『大学古本』『朱子晩年定論』また『伝習録』の最初の刊本（薛侃《せっかん》編集）が刊行せられたのも正徳十三年、あたかも贛州の幕府に在った時期においてであった。しかし何といっても、その講学の最高潮期はこの最後の数年の紹興時代であったらしい。当時の陽明の学団のさまを記したものによると、

嘉靖二年（南京兵部尚書に昇任の翌々年）以後になると、四方から来たり学ぶ者が日に日に多くなり、先生の家をとりまいて住みついた。天妃、光相、能仁などの寺々は、どの部屋にも数十人が寄宿していた。夜は寝る場所がなくて、交代で床に就いた。彼らのうたう歌声は朝な夕な響きわたり、南鎮、禹穴、陽明洞などの山々、あるいは遠近の名刹など、至るところ同志の遊寓の地でないところはなかった。先生が臨席して講学せられると、前後左右をとりまいて着席し、聴く者つねに数百人を下らず、去るを送り来たるを迎え、虚日がなかった。数年も御そばにはべっていても、その姓名を覚え切れないものがあるほどであった。諸生は聴講を終わって門を出るごとに、いまだかつて勇躍して快と叫ばざることはなかった。昧《くら》きをもって入ったものは明るきをもって

出《い》で、疑をもって入ったものは悟をもって出で、憂憤をもって入ったものは融釈をもって帰った。ああ、めでたきかな。図らざりき、講学のかくまでに至らんとは。（『王文成公全書』巻首「刻文録序説」、また『伝習録』下巻、黄省曾所録、の跋文）

ところが、この講学時代も長くはつづかず、嘉靖六年、すなわち南京兵部尚書に昇って紹興に引退してから七年目の五月、都察院左都御史（検察長官）の官を加えられ、広西省の思恩、田州の反乱の征討を命ぜられた。彼は極力辞退したけれども、いかんせん、従来の彼の武功を知っている政府はその辞退を許さず、ついに九月出征せざるをえないことになったのである。こんどの征討は、思恩および田州における異民族（瑶族）の反乱であった。やがて彼は両広巡撫をも兼ねしめられて、居ること一年に足らずして反乱はみごとに平定したけれども、彼の青年時代よりの持病（おそらく肺結核、このころはすでに腸をおかしていたらしい）が昂進して、凱旋の途中、嘉靖七年十一月二十九日、五十七歳、大庾嶺を越えて水路を南安府まで来たところで舟中に歿した。今日の暦になおせば一五二九年一月十日、ただし嘉靖七年は年表的にいうと一五二八年であるので、歿年を一五二八年とする場合が多い。その最期のことばは、「わが心光明なり、また何をか言わん」であったといわれている。彼ほどの大官になると、しかもこのように使命を果たしての凱旋途中での病歿であるから、当然、諡（おくり名）が贈られ、さまざまな恩典が加えらるべきであったが、勅裁をまたずして凱旋の途についたことを非難した大学士桂蕚《けいがく》の上奏によって、諡は贈られず、伯爵世襲も停止せられ、かつその学問は偽学であると宣告されたのである。彼が文成という諡を賜わり、その子への伯爵の世襲を許されたのは、四十

年も後のことであった。『明史』巻一九五、王陽明伝の賛にいう、

王守仁は、はじめは直節をもってあらわれ、辺境の事に任ずるにあたっては、弱卒を提げ書生を従えて、積年の賊乱を掃討し、反逆せる親藩を平定した。明一代を通じて、文臣にして兵を用いて勝利をかち得たるもの、いまだ守仁のごときものはない。危機に際して神明いよいよ定まり、知慮に遺漏なかりしは、もちろんそのすぐれた天分によることではあるけれども、やはり内面的修養から得たものではあるまいか。しかし、その創見を誇り、先儒に異を立て、ついに学問者のそしりを受けることとなった。……陽明の死後、桂蕚が（その学を偽学として禁止するよう）論じたのは、もちろん嫉妬という私情から出たことではある。しかし、事実そのような流弊は否定できないのであって、多大な功績があったからといって、その点を伏せておくわけにはゆかないのである。

すなわちこの『明史』列伝の賛によれば、軍事的功績の大きさとその講学の弊害との二つをもって王陽明の生涯を総括している。わが国では陽明と陽明学については、最初から、肯定的な評価が予想されるかもしれないが、中国では必ずしもそうではなかった。

今日の批林批孔運動のなかでの王陽明の評価はどうか。便宜上、手もとにある北京大学哲学系七二級工農兵学員（学員とは教員に対して学生をいう、文化大革命以後の呼びかた）の共同著作にかかる『孔孟之道名詞簡釈』（一九七四年七月北京刊）の「王守仁」の項を全文訳出して、一斑を紹介しておこう。

王守仁は王陽明ともいう。一四七二年に生まれ、一五二九年に死す。明代浙江省余姚の人、官僚地主の家庭の出である。彼は十五歳のときには、すでに明朝の支配者に手紙を書いて農民起義を鎮圧する反革命活動への参加を要求した。のちに彼は江西巡撫となり、親しく軍隊を率いて、農民起義、少数民族起義を何度も鎮圧し、農民起義を鎮圧する過程において、残酷な殺し尽くし焼き尽くす政策を実行した。彼は農民革命軍屠殺の死刑執行人であった。

王守仁はまた孔孟の道の護教家であった。彼は山中の賊を破らなければならないだけでなく、心中の賊をも破らなければならないと宣言した（山中の賊を破るは易く、心中の賊を破るは難し）。つまり彼は反革命の両刀使いをやってのけようとしたのである。反革命の暴力で農民を鎮圧するのみでなく、孔孟の思想で農民の造反の考えを消滅させようとしたのである。彼は主観的唯心論で、三綱五常という封建的教条を宣揚した。彼は孔孟の道を、反動的な官僚地主階級が思想的に農民起義を鎮圧する道具にした。王守仁のおもな著作には『伝習録』『大学問』などがある。

王守仁は一歩を進めて孟軻《もうか》（孟子）の良知の説を発揮して、三綱五常を心に固有するところの天理だと言いくるめ、農民の革命、造反の考えを最も悪い人欲だと言いくるめて、朱熹と同様に、天理を存し人欲を滅するという反動的な説教を宣揚した。反革命の唯心主義の修身教科書を鼓吹するために王守仁は「心外に物なし」という説を提出し、いっさいはすべて人の主観的意識のなかに存在すると宣言し、主観から客観へというさか立ちした反動哲学を宣揚した。彼はさらに一そろいの唯心論的先験論を提出し、知行合一を鼓吹し、知はすなわち行であるとみなし、少しでも封建秩序に違反する考えがあれば、それは封建制度に反対する行動である、「一念発動するところ」において消滅させてしまわなければならない、とした。

王守仁の反動的言行は、のちの反動的支配階級に重んぜられた。独夫民賊たる蔣介石はみずから王守仁の信徒であると称し、王守仁の反動哲学によって封建ファッシズムを盛んに鼓吹し、中国人民にたいして血なまぐさい鎮圧をおし進めた。

最後に本書の構成を説明しておく。最初の構想、まず徐愛の記録した『伝習録』、すなわち今日の『伝習録』上巻第一四条まで、を最初に据え、『大学問』を最後に据える、という点は動かなかったが、両者の中間に配列すべきものについては最後まで動揺して、結局あまり明確な観点から取捨したとはいえない結果になった。岩波新書『朱子学と陽明学』に引用したものとの重複をなるべく避けたいと思ったけれども、しかしこれも完全にはそうできなかった。徐愛の記録した『伝習録』を最初にもってきたのは、陽明の最初期の思想をうかがうことができるからであるし、『大学問』を最後にもってきたのは、陽明自身がいわば思想的遺書のつもりで口述し、残したものであるからである。つまり、彼が朱子学にたいして自分の立場を鮮明にした最初の出発点と、すでに致良知の説を確立し、最後の円熟に達したいわば最終的決定版との両極をまず決めて、その中間にその思想の重要項目をうかがえるものをバランスよく配列しようとしたのであるが、結局うまくいかなかった。『伝習録』と文集のうちから有名なものをただ抜き出してきてならべた、という形になってしまった。ただし、ならべたかぎりのものは、「抜本塞源論」のばあいを除いて、前略も中略もない、まるごとの文章ばかりである。

だいたい『伝習録』というものは、下巻のほうが最もおもしろく、また初学の入門としても最もふさわしい、といわれているらしい。というのは、上巻、ことにその初めの部分は、『大学』その他儒教経典に密着した教義学的な部分が多く、中巻は書翰集で、首尾一貫した理詰めな議論が展開されているのにたいして、下巻はいわば即席で即物?的なさまざまなテーマについての自由闊達な議論が集められていて、あまり教義学的な知識をもたないでも（もちろん程度の問題ではあるが）、おもしろく読むことができるからである。しかし、私があえて徐愛の記録した『伝習録』のようないわば硬い材料をえらんだのは、多少考えるところがあったのである。それは、陽明学というのは、わが国では朱子学よりも解説書が多く、とくに最近はそれが続出しているのが実情である。そしてそのような解説書の多くは、あまり予備知識なしにでも読めることを主眼としたものが多い。それはそれでもちろん意味のあることであるけれども、私としては、陽明学が朱子学を批判して出現するということを、いま少し明確に、具体的に、印象づけうるような書物にしたいと考えたのである。そのためには、なんといってもまず、教義学的なしちめんどうくささというものを、ある程度、我慢してもらわなければならない。朱子学はいかなるものか、その朱子学からなぜ陽明学があらわれてくるか、という事情は、この最初の徐愛録『伝習録』をよんでもらえれば、具体的に納得がゆくと思うのである。

何度も何度も長い中断におちいったため、編集者の山田新之輔氏には御迷惑のかけっぱなし、書物の内容も、前後の脈絡や記述の繁簡において、すこぶる整斉を欠くことになった。まことに申しわけなく思っている。また、原稿の一部を筆記してくださった原島春雄、森時彦の両君、索引つくりに協力してくださった森紀子女士、に感謝する。

以下、凡例的なものを列挙しておく。

一、底本は、王陽明の全集としてもっとも完備せるものと称せられる、謝廷傑編、隆慶六年（一五七二）刊『王文成公全書』（全三八巻、四部叢刊）である。

二、王陽明といえばただちに連想される『伝習録』上・中・下三巻は、全書の第一、第二、第三巻を占める。全書本の伝習録とわがくにで普通に見られる三輪執斎本系統の単行本伝習録との間には、後者には中巻の末に「弟に示す立志の説」という一篇が、たいてい、あるのに、前者にはない（別に全書巻七に収める）、また前者下巻の最後に嘉靖三十五年（一五五六）銭徳洪の跋文があるのが後者ではは別の場所にうつしている、という二点を除いては、実質的に殆んど差はない。収録条数も同一であるし、文字の異同もとりたてて言うべき程のものはない。もっとも、本文以外の、全巻の末尾の付録となると、各本思い思いのものを採っていて一定しない。全書本伝習録の付録は「朱子晩年定論」のみである。

三、『伝習録』からの収録は、慣行にしたがって番号を付した。その際、全書本伝習録と三輪執斎本系統の単行本伝習録との間に収録条数に異同はない、とさきにいったのは、それは、実質的にない、ということで、形式的に番号を打ってゆくと、上巻に限って途中でくいちがいが出る。それは全書本第二五条「持志如心痛、一心在痛上、豈有工夫説閒話管閒事」の二十字が単行本には欠けているので（この二十字は単行本では上巻第九五条の冒頭二十字をなしている）、以下、全書本第二六条は単行本第二五条、全書本第二七条は単行本第二六条というふうにくい違ってくるのである。したがって本書に収めた上巻第六九条は単行本では第六八条、第一〇〇条は第九九条、第一〇八条は第一〇七条である。注釈の中で伝習録上巻に言及するばあいもこれに準ずる。

四、注釈のうちに引用した『大学・中庸』『論語』『孟子』『易』は朝日新聞社「新訂中国古典選」、『近思録』『史学論集』は本叢書中のそれである。つまり『大学・中庸』〇〇ページとあるのは「新訂中国古典選」島田虔次『大学・中庸』の〇〇ページ、ということである。ただし、陽明じしんがそれらを引用しているばあいは、彼自身の独特の解釈のあるものの他は、当時の事情としてだいたいにおいて朱子の解釈によっているのが普通であるが、右の両叢書の諸書は必ずしも朱子学的注釈ではない。その点は注意せられたい。

五、注釈のうちで「工夫」と「功夫」とを無統一に混用しているのは、当該テキストの用字に応じてそうしたのである。両語は、意味、発音、ともにまったく同一である。なお『大学古本』と『古本大学』も、内容的には一物である。但しこのばあい、『大学』本文のテキストそのものをいう場合と、陽明の著『大学古本（または古本大学）旁注（または旁釈）』という書名の略称としていう場合とがある。

六、本書を成すにあたって伝習録の部分について教えられるところがあった注釈書は次の諸書である。列挙して感謝の意を表する。

一、佐藤一斎『伝習録欄外書』(天保元年著) 明治三十五年、啓新書院
二、東敬治(正堂)『伝習録講義』上・下、漢籍国字解全書、昭和七年、早稲田大学出版部
三、山田準・鈴木直治『伝習録』昭和十一年、岩波文庫
四、近藤康信『伝習録』新釈漢文大系、昭和三十六年、明治書院
五、Wing-tsit Chan: *Instructions for Practical Living and other Neo-Confucian Writings by Wang Yang-ming*: 1963, Columbia University
六、山本正一『伝習録』昭和四十一年、法政大学出版局
七、溝口雄三『伝習録』世界の名著・続、昭和四十九年、中央公論社

大学問は、右の二、四、五がその注釈を付録するほか

八、山下竜二『大学・中庸』全釈漢文大系、昭和四十九年、集英社

注釈ということ

朱子の「四書集注《ししょしっちゅう》」が、注釈というジャンルの中での傑作であることはいうまでもないが、同時にまたそれが非常に強引なねじまげ、自己の体系へのひきつけ、を含んでいることも、これまた周知のところである。『大学』に対するテキスト・クリティーク（もちろん、二程子の事業を引きついだのであるが）にいたっては、傍若無人といってよいかもしれない。注釈・校訂というものの理想からいえば、それがとんでもない邪道であることは清朝の考証学者の非難のとおりであろう。しかし今日となっては、単純にその非難に同調するひとは必ずしも多くないと思われる。

強引な注釈というといつも思い出されるのは、康有為《こうゆうい》の『論語注』である。孔子生誕二千四百五十三年、則ち光緒二十八年、わが国では明治三十五年、亡命先の哲孟雄国の大吉嶺、つまりインドのダージリンで書かれたもの。公羊学をもって『論語』を注釈したものという点では、戴望《たいぼう》の『論語注』のあとをついだものといえるかも知れないが、戴望の書のような経学的なまともさはもはや見られず、「陰陽・霊魂・太平・大同の説」を十二分に発揮して、公羊学《くようがく》に大なり小なり特徴的な汪洋放恣の能事をつくし、縦横に自己の思想を吐露したものである。たとえばその季氏第十六の、子いわく、天下道有れば、すなわち礼楽征伐天子より出づ。天下道無ければ、すなわち礼楽征伐諸侯より出づ、……天下道有れば、すなわち政、大夫に在らず。天下道有れば、すなわち庶人議せず。

というテキストが、康有為の注釈書では、「政、大夫に在り」、「庶人議す」となっており、そしてそのどちらにも「今本に「不」字あるは衍なり、旧本に拠りて改定す」というただしがきがついている。つまり、今日見うるすべての『論語』のテキストが「政、大夫に在らず（不在）、庶人議せず（不議）」となっているのは、不必要な不の字がまぎれこんだものに他ならないから、旧いテキストによって改訂した、というわけである。しかしそのようなテキストを見たものは、康有為以外、だれもいない。

ここに並記してある三つの「天下道有れば」は、康有為の注によれば、順次に、衰乱の世→昇平の世→大同の世、の、いわゆる「三世進化」を指すのだという。衰乱の世においては、「漢唐の後、中国は統一せられ、安楽無事、人民は多くは年老いて死ぬまで武器による戦いを目にしなかった。これは、諸侯・大夫・陪臣を抑えて天子によって統一した、ことの効果に他ならない」し、第二段の「政、大夫に在り」の「有道」は昇平の世を言うのであり、そこでは君主立憲——康有為たちの改革運動の目標——で、君主は責任を負わない。それ故、大夫（重臣）が政治に任ずるのである。最後の段の「有道」は、「太平」の時代、すなわち人類がついに最後的にユートピアに到達した時代、つまり「天下、公となす」ところの大同の世では、政治は国民の公の会議によって行われる。つまり共和立憲、議会政治こそその時代の精華でなければならない。もし庶人議せざるを有道の世とするならば、人民の口をふさごうとした周の厲王こそ有道の君ということになるほかなく、「諸々の経典の議と相い反す。もとより知る、衍文の誤なることを。あるいは後人の妄増か」。

もとよりわたくしは朱子のテキスト・クリティークの態度を康有為と同一視しているのでもなく、またこのような注釈の仕方を是認しているのでもない。しかし注釈をひとつの思想的な営為として見ようとするならば、単なる文献学とはおのずから別の視角が必要であろうと思うのである。

『大学』の解釈

今年の夏期講座は、テキストをもちい、テキストに即して、という注文であった。わたしが選んだのは『大学』で、その冒頭の「大学之道、在明明徳、在親民、在止於至善」の十六字と、それにたいする朱子の注釈、である。

最初に、順序として、『大学』という書物や朱子の注釈にたいするごく一般的な解説を述べた。しかし、それは内容的には、朝日古典選の拙著『大学・中庸』の解説の部分と同じことであって、とくにいうほどのことはない。最近、十年の間に、赤塚忠『大学・中庸』(新釈漢文大系)、山下竜二『大学・中庸』(全釈漢文大系)の二部の名著がでて、前者は、宋学以前の『大学』そのもののオリジナル・テキストとその思想の成立を詳細に論じ、後者は、宋、明時代における『大学』つまり四書のひとつとしての『大学』とその受容について綿密に論じている。しかし、わたしは、それほど広範囲な言及はさけた。ごくごく常識的に、知っておいてほしいとおもう最少限度のことだけを述べた。

朱子の注釈についても、問題をとりだせばきりがないが、それらは、すべてさしおいてなるべく教室的な解釈に終始しようと心掛けた。したがって、この講演には、新味というものは全然ない。しいていえば、第二句にたいする解釈としては、公平にみて、王陽明の万物一体説にもとづく解釈のほうがまさっているであろうことを指摘した点が、それであるかもしれない。もちろん、この句は、朱子では「民を親《あらた》にするに在り」と読み、王陽明は「民を親《した》しむに在り」と読むのであるが、その点をも考慮にいれた上でのはなしである。ことし教育学部の学生のために、朱子の『大学或問《わくもん》』を講読していて、この点をはっきり認識したのである。

研究所に在職中、開所記念日や夏期講座をいれて、五、六ぺんは講演したはずであるが、今回のがあと味がいちばんよかったようにおもう。それは、なるべく少数の、平凡な、基本的なことだけを伝えようとした、からであろう。別のことばでいえば、冒険的な所がなかった、というだけの話しで、自慢にはならない。

安田二郎『中国近世思想研究』解説

故安田二郎氏が、その短い生涯(一九〇八―一九四五、享年三十七歳)のあいだに発表せられた学問的業績は計八篇、執筆の年代順にならべると、次のとおりである。

朱子の存在論に於ける「理」の性質について　一九三九年九月
朱子の「気」について　一九三九年一〇月
朱子解釈について津田博士の高教を仰ぐ　一九四〇年四月初稿、七月改稿
朱子に於ける習慣の問題　一九四〇年一一月講演、四一年一月改稿
○孟子字義疏証の立場　一九四一年一〇月
○孟子字義疏証飜訳　一九四一年一二月序文
陳白沙の学問　一九四三年三月
陽明学の性格　一九四三年四月

此のほか未発表のものに、一九三五年三月、京都大学哲学科卒業に際しての卒業論文「中庸に就いて」、および『朱子語類』の訳稿があるという。

右のうち○印の二篇は、死後三年、一九四八年一月、戴震著・安田二郎訳『孟子字義疏証』として、吉川幸次郎「安田二郎君伝」、入矢義高「編集後記」をそえて養徳社より刊行、のこり六篇はすなわち本書の収めるところ、『中国近世思想研究』としてそのすぐ翌月、一九四八年二月、弘文堂より刊行せられた。やがてほぼ四半世紀ののち、一九七一年、前者が近藤光男氏の校訂をへて、まず安田二郎・近藤光男『戴震集』（朝日新聞社「中国文明選」）として再刊、つづいて、いままた本書が再刊されようとしているのである。

生涯そのものが短かっただけに、論文の数もけっして多くはない。もっとも、一九三九年に発表を開始して以後は、中国留学—発病—死の最後の二年間をのぞいて、毎年ほぼ二篇ずつであるから、実質的には平均的、もしくは平均以上に、多産であったといえよう。もしも夭折のことがなかったとしたら、いったいどれほどの量の業績が残されたことであろうかと、その点がまずくやまれる。

ともかく、残された論文の数はけっして多くない。しかしこのわずか数篇の論文のいずれもが、中国思想史の研究、特に近世、つまり宋以後の思想史の研究において、それぞれ極めてユニークな作品ばかりであることは、何人も承認せざるをえないところであろう。とりわけ朱子の「理」「気」を論じた二論文、つまり、本書に収める最初の二篇のごとき、朱子研究の歴史において劃期的、ほとんど記念碑的と称してけっして過言とは思われないのである。今その所説を、本書の配列順序にしたがって要約することから、解説をはじめたい。

朱子の「気」について

朱子の存在論の基礎概念は周知のごとく「気（一気）・陰陽（二気）・五行・万物」の四者であるが、従来それを、一気にある限定が加わることによって二気が生じ、二気にさらに限定が加わることによって五行が生ずる、というように、その間に生成論的な、もしくは形而上学的な何らかの段階的な次元の相違を想定するのが、支配的解釈であった。果してそうであろうか。気と陰陽、陰陽と五行、五行と万物の関係について、朱子のいうところを綿密に吟味するならば、そのような解釈は、とうてい支持できるものではない。一気と陰陽二気のあいだには、何らの次元の相違も認められない。気の動（認識の立場に相対的に動）なる場合（部分）が陽、静なる場合（部分）が陰、と言うにすぎない。五行は特に「質」と呼ばれて気と区別されることがあるが、それもけっして陰陽二気と別次元のものではなく、単に気のさまざまな程度に凝固せるものというにすぎず、したがって陰陽に配当して考えられることが多い（火・木は陽、金・水は陰というふうに）。そして、このような気と五行との結合せるもの、それがすなわち万物である。要するに朱子の存在論においては、すべての存在は陰陽という二元によって考えられるのであり、しかもそのことは、すべての存在が要するにただ一つの気に他ならないとする連続観と、表裏をなしている。二元論は同時に一元論なのである。

このように言えば、朱子の思考は、単なる抽象的概念的思弁にすぎないかのごとく受けとられるかもしれないが、実はむしろ、直観的具体的なるところに、その特徴があった。気は具体的に何物であるか。それを原子的微物質であるとする説はなりたたない。まず空虚なる場所を、ついでそれを充たすところのものを考えるアトミズムは、気の説とは無縁である。気はガス状空気状物質でなければならない。有形なる存在の生成と消滅とは、そのような気の濃厚化と稀薄化との謂にほかならない。「存在の全体は連続せる一者であり、非連続に見える有形なる存在は、かかる連続体の上に生ずる凝りの如きものであった」(本書三七ページ)。「全宇宙は無形なる存在と有形なる存在との一分の隙もなく密接に隣り合った全然連続的な一者」(同一三六ページ)。朱子の連続観はかくのごとき表象によって支えられていたのである。

存在論におけるこのような気の考え方は、系譜的には、張横渠《ちょうおうきょ》から継承したところのものであるが、ただ張子が一にして二、二にして一(一神両化)という神秘的性格の原因を、気そのものに求めたのに対し、朱子は、気に内在するところの「理」に求むべきだとした。この点は、程子から受けついだのである。

朱子の存在論に於ける「理」の性質について

従来の諸学者の理の解釈は、意識的にか無意識的にか、ギリシア哲学の影響下にあったように思える。そのうち、(甲)、理をエイドス(イデア)の概念に近づけて解釈しようとするものと、(乙)、ロゴスの概念に近づけて解釈しようとするものとの、二つの傾向を区別することができる。しかし、(甲)の解釈についていえば、ただ思惟によってのみ把握されるものである、という点では、理はたしかにイデアと類似するが、一、理の対をなすところの感覚的なものは、けっして一時的な「現象」にすぎぬものではない。二、理には「形相」という性格が全然ない。イデアは超感覚的にせよ、ともかく、見られるもの、カタチであり、かつ対概念として「質料」を要求する。しかるに、理は形という観念とまるで無縁であり、その対概念たる気は、質料という意味を全然もたない。これらの点で、理とイデアとは根本的に相違している。

では、(乙)の解釈についてはどうか。宇宙に遍在し、宇宙に秩序をもたらし、万物の根底、人間の掟、であるという点で、理はイデアよりもむしろロゴスにいちじるしく類似するが、他面、一、ロゴスが物質的・精神的の二面をもつのに対して、理はいかなる意味でも物質性をもたない。宇宙に秩序をもたらす原理とはいいながら、「力」の観念から徹底的に無縁である。二、ロゴスは「語る」こと（それは表象性を含蓄する）と結びついているが、理にはそれがない。理は語られうるものではなく、単に考えられうるもの、すなわち「意味」にほかならない。理とロゴスとも、無造作に同一視することはできないのである。

理は存在の最高原理として気より高次の存在でありながら、しかも気と結合してのみ、真の存在性を獲得するもの、すなわち「意味」である。「朱子の存在論は、意味に重点が置かれる時理の一元論となり、存在に重点が置かれる時理気の二元論となる」（本書八二ページ）。理を最高原理とする朱子の存在論は、要するに、道徳的存在論であった。

きわめて粗雑な右の要約によっても、この二論文が劃期的な業績であることは、容易に察せられることと思う。朱子の哲学というものは、ある意味では、儒教哲学、もしくはヨーロッパ思想に接する以前の中国固有思想の結晶、体系化ともいうべき一面を持っていることは、勿論多くの制限を伴いつつではあるが、言い得られることと信ずる。安田氏の研究、とくにその理気の研究は、このような朱子学に対するもっともすぐれた手引であり、独創的な解明である。中国独特の「気」の思想は、最近ジョゼフ・ニーダムがそれを顕彰したことや、中国医学見なおしの気運などによって、漸次ひとびとの関心をとらえつつあるかに見えるが、その点の堅固な理解のためにも、安田氏の論文が一読せられることが、もっとも望ましい。今日の学界においては、すでにコロンブスの卵の感があるかもしれないにもせよ、中国思想の基礎にあるところの連続観をかくもみごとに剔抉したのは、真に偉業と称するに足るであろう。「理」についていっても、理気の関係を「形相－質料」の関係でとらえることが、中国哲学専門家たると否とを問わずほとんど定式化していた、それを打破した功績のみでも特筆にあたいするし、理が「意味」であるという指摘のごときは、文字どおり前人未発の提言であって、学界に対して巨大な問題を投げかけたものというべきであろう。もちろん、そのいちいちの論点が完璧であるというのではない。安田氏歿後の研究の進展によって、異論はいくらも出てくるであろう。げんに、たとえば、管見に入った限りでも、友枝竜太郎氏は、理を「考えられうることの根拠」すなわち「意味」であるとする安田説に疑問を提出し、やはり理法・条理の意に解すべきだと主張しているし（『朱子の思想形成』一九六九年、春秋社、三一九ページ）、また朱子の気がガス状空気状物質なることを証明せんがために安田氏がおこなった「太虚」の解釈（本書三五ページ）に対しても、山下竜二氏から、朱子はあきらかに太虚を理と見た場合があるとして、反論が提出されている（『陽明学の研究・展開篇』一九七一年、現代情報社、七一ページ）。――もっとも、両氏の批判に対して、安田氏はおそらく納得しないであろう。たとえば友枝氏の批判についていえば、安田氏は別の箇所で朱子の理が、個別性、ひいては法則性、最も包括的には意味、という三つの性格を持つことに、すでに言及しているのである（本書一三八ページ以下）、また山下氏の批判についていえば、これはいささか複雑なことになるので、さしあたってはただ、氏が反論の根拠としてあげられたA・B・C三ケ条（実質的にはB・C二ケ条）の朱子の言葉のうち、Bの一条はいますこし十分に引用すれば、「（張横渠のいわゆる）「虚と気とを合わせて性の名あり」は、張氏の意はやはり虚を理と考えているのだ。しかし虚は理であるとはいえない、逆に理こそ虚なるものである」とのコンテキストであって、氏の反論の趣旨とは正反対の、つまり安田氏側にこそ有利な、文意であること、またCについては、山下氏の如く解しなければならぬ理由はかならずしも存しないであろうこと、をのみ指摘しておく。――かくのごとく、両氏の反論は結局は成立しないと思われるけれども、しかしながら、両氏の意図は十分に評価しうる。ことは朱子学の根本問題、否、考えかたによっては中国伝統思想の根本問題、にかかわる。積極的な論議の湧きおこることが、切に望まれるのである。理が「意味」であるという重大な指摘のごとき、もっともっと論ぜられてよいのではあるまいか。後にも述べるように安田氏の文章は、せまい意味での中国哲学研究者でなければ近づけないというものでは、決してない。西洋哲学その他の研究者の目にもこの書物が触れ、吟味せられること、それを心から期待する。

そのテーマがあまりに根本的なものであるために、右の二篇を特別に抜きだして要約しておいたが、他の諸篇とてその独創性において、けっして劣るものではない。

理・気の二篇と密接に関連するのは「朱子解釈について津田博士の高教を仰ぐ」である。津田博士とはすなわち津田左右吉博士、いまさら何の注釈をも必要とすまいが、博士は中国思想史の分野においても巨大な業績を有する大学者であり、その中国思想に対する仮借なき究明、論断は、戦前、国体論と習合した護教的な儒教研究の氾濫のなかにあってきわだった異彩をはなち、バカバカしい道学主義に反撥する知識人によって、心情的に支持せられていた。それは「客観的」研究の典型、そのようなものとして大きな権威であった。しかも博士は当時、その日本古代史研究の諸名著が発売禁止処分に付され、御自身は法廷に起訴せられる（一九四〇年二月）という有名な受難のただなかにあり、心ある人びとを憂慮せしめていた。本論文の冒頭に「而もまさしくこの今に於て、事新しく問題を提起することは云々」とあるのは、すなわちその事件をさす。安田氏が率直に告白しているように、たとえ純学問上のことであってもこの時期において博士を批判することは、まともな知識人であれば誰でも「何か後めたい気持がする」のは、自然のことであった。しかも氏は、あえてこの挙に出られた。戦後の人びとにはわかってもらえないかも知れないが、安田氏の心中は真に苦衷と呼ぶにあたいするものであったと思われるのである。しかしながら、結果論的にいって、氏のこの決断は学界にとって結局、慶事であったとしなければならない。さもなければ、このみごとな批判の作業は、ついに日の目をみることがなかったであろうから。安田氏は敗戦の日をまたずして道山に帰せられたのであり、つまり、何らの「後めたい気持」をもともなわないで、大手をふって！大権威に挑戦をおこないうる日には、ついに遇いえなかったのであるから。

安田氏がとりあげたのは津田博士の「朱晦庵の理気説について」という、いかにも津田博士らしい、堂々百ページの雄篇である。安田氏はまず、朱子に対する、否、ひろく中国思想に対する津田博士の研究の根底にあるものとして、次の二点を指摘する。一、思想あるいは思想家に対してあまりにも否定的、懐疑的な態度、過去の思想に対する愛情の欠如（愛情という語を単純に解すべきではない）、二、歴史主義にともなう危険な偏向（歴史主義とは、概念や言葉の歴史的由来を精細にたずね、たとえば朱子なら朱子の思想をもそれによってどこまでも律してしまおうとするゆき方）。この二つのいわば高飛車な態度の結果するところ、たとえば「朱子の思想は互に無関係な或いは互に矛盾する過去の種々の思想をそのままに結合することによって成立したもの」（本書一二八ページ）、時として「全く出たらめである」（同一四二ページ）ときめつける博士の論断を、ひとつひとつ具体的に吟味してゆき、そこに見られる論断がかならずしも客観的なものでありえないことを論証する。「思想は単なる知性の事ではなくして、同時に感性なり感情なりによる裏づけをもつ。かかる裏づけを見出だすことが思想の論理的内実を見出だすには不可欠」（同一二九ページ）という認識がわすれられ、過去の思想に対して、結論的に肯定するにしろ否定するにしろ、ともかく一応それの立場に立って考えようとする「批判的なる学問の精神」（同一三〇ページ）が欠如しているばあいには、真に客観的な成果は望みがたい。――この論文はジャンルとしてはむしろ書評あるいは論文評とでもいうべきものであるが、その内容は極めて豊富であり、ひろくこの種のものの傑作にかぞえうるであろう。

「朱子に於ける習慣の問題」「陳白沙の学問」の二篇は、内容的に一連のものと見なすことができる。すなわち、朱・陳両氏の思想を習慣という観点から見ようとするものであるが、この習慣という観点の導入は、当時京都の哲学界において、F・ラヴェッソン『習慣論』（一九三八年野田又夫訳、岩波文庫）がしきりに話題となっていたことが、作用しているであろう。現にわたくしも学生時代、一九三八年、木村素衛教授の教育哲学の講義で、木村氏が口をきわめてそれを推奨せられたのをきいたし、西田幾多郎博士の哲学論文集や書簡においても、尋常ならぬ共感をこめてそれが引用され、語られているのを読んだ記憶がある。安田氏は前者の論文においては『論語』の巻頭の「学んで時にこれを習う」の一句に対する朱子の注を吟味しつつ、朱子の倫理学において習慣のもつ重要な意味を論ずるのである。学習（つまり「格物」の過程）とは、習慣の獲得を意味する。習慣において心と理とが一になる。本来的な心（道心）は能動的であり、そこでは、心と理とは一である。現実の心（人心）は「情」的なもの、受動的なものであり、心と理とは、そこで、一となる。心は能動的受動性・受動的能動性を性格とする。心とは、現実においては、習慣において獲得されるところのものである。心の二重性は、習慣の事実によってのみ理解される。――以上が朱子の人間学の骨骼であるが、実は理についても同様なことがいいうるであろう。理は「然る所以の故」と「当に然るべき所以の則」との二面、存在であると同時に観念であるという二重性、を持つが、そのことを説明する原理は、おそらく習慣という事実に求められねばならぬであろう。理も、習慣においてはじめてそれ自身となるようなものであろう。

朱子の思想の人間学的側面を解明したものとして、この論文の示唆するところは極めて深く、かつ斬新である。しかしながら、同じ観点を適用せられた陳白沙論は、必ずしも成功しているとはいえまい。この論文において、安田氏は、朱子・陳白沙・王陽明の三者が、共通に習慣という事実を思索の原動力としていたことを指摘しているが、この指摘にはそれほど説得力がないように感ぜられる。

あまりにあわただしかったその学問的生涯の最後の労作が、王陽明に関する専論であったことは、天の配剤とでもいおうか。朱子より出発して、明の陳白沙、本書には収録されていないけれども清の戴震(戴東原)、つまり近世思想の諸高峰へのアタックを、王陽明へのそれで、ともかく完結したことになるからである。「陽明学の性格」は、陽明の有名な聖人精金論を手がかりとしつつ、聖人とは天理に純なる存在であり、天理に純であるとは、要するに「すべての行為が無意識のうちに客観的な正しさを実現すること」(本書一八九ページ)を意味すること、そしてこの点は朱子と完全に一致すること、をまず指摘する。では、陽明があれほど激しく朱子に反対したのは、何故であるか。それは、朱子・陽明の両者は根底においては同一でありながら、理論構成において、方法の逆転があったからである。両者は心と理との一致という同じ体験に立ちながら、朱子がそれに到達する過程に即して理論を構成したのに対して、陽明はその体験そのものから出発して理論を構成したからである。朱子学は「下からの理論」であり、陽明学は「上からの理論」であった。そうして、その帰結として、陽明においては、物・心・知・理などの概念に、それぞれ、重大な変化がもたらされた。特に理が気と対立して説かれることをやめ、宇宙論的な原理としての理が気と同一視された。しかも陽明は他方でまた「善なく悪なきは理の静、善あり悪あるは気の動」（本書二一三ページ）ともいっていて、そこにはあきらかに矛盾がある。つまり彼は、悪の起源の説明において、すなわち現実の説明において、破綻をきたしている。それは上からの理論なるものの、不可避の運命ともいうべきものであった。

朱子学と陽明学とを、下からの理論、上からの理論、として性格づけたのは、すぐれた規定であると言わねばならない。また陽明学が悪の起源に対して説明を与えることができなかったというのも、たしかに、妥当な見解であろう。しかし、だからといって「現実の処理に於ては無力」（本書二一五ページ）であったかどうかは、疑問であると思う。なぜならば、人間はすべて善なるものであり、悪はただ外から、社会からのみ来る、とする考え方もありうるからである。そうして、陽明学というものを陽明その人においてのみでなく、陽明学派の全展開という観点から見るならば、陽明学のもっとも尖鋭な部分は、事実、この方向に進んだもののごとく見うけられるからである。もともと朱子においてこそ、理気的存在論は根本的な意味を持っていたであろうが、陽明のごとく「知」（格物致知の知）を、断然として、排他的に、「良知」としてのみ把握した思想家にあって、存在論というようなものは、すくなくとも朱子と同じような意味での存在論というようなものは、ほとんど意味を持たなかったはずである。

かつて既に別の箇所で書いたこともあるが、三十年もむかしの一時期、わたくしは安田氏と同じ研究室に属していたことがある。不断に討論し、その啓発をうけうる境遇をめぐまれていたにもかかわらず、そのころのわたしは、この絶好の機会をほとんど利用することがなかった。それは氏の論文が、あまりに哲学的で、もともと史学科出身のわたくしには、当時、十分に理解できなかったということもあるが、それ以上にむしろ、当時のわたくしが、ただただ自分の考え方にのみ憑かれたようになっていて、平静に他人の説を理解しようとする心の余裕というものを、失っていたからである。そのうえさらに、氏のいちじるしい性格として、謹厳にして謙抑、みずからすすんで自説を開陳し、主張し、説服しようとする態度が、全然といってよいほど無かった、少くともわたくしに対しては無かった、ことにもよる。一、二度、論争になったこともあったが、結局あまり展開しなかったように思う。もしかすると、わたしは氏から見はなされていたのかもしれない。わたしが真に安田氏の業績の劃期的意味をアプリシエイトしたのは、死後三年にして本書が出版されたその以後のことであった。このような私事をくどくどと書きつけるのは、解説という文章の体例からの逸脱であるかもしれないけれども、わたくしとしては、この痛恨をまたしても披瀝しておかずにはいられない。それは、歳月とともにいよいよ深まってゆくわたくしの真情である。

解説の筆をおくにあたって、ふたたび次の点を、とくに指摘しておきたい。それは本書が、高度の専門的学術書としてほとんど間然するところのない厳密性——哲学的思弁におけるそれのみではない、氏の漢文読解力の卓越は、吉川幸次郎博士が今日なお、しばしば話題とされるところである——をそなえたものでありながら、しかも決して中国哲学の専門家だけのための書物ではなく、広くわが国の知的な大衆、というのが言いすぎならば、すくなくとも哲学一般あるいは思想一般に関心とある程度の素養とをもつ人であるかぎり、誰にでも容易に近づきうるという、稀有の性格をそなえた書物である、という点である。従来わが国の中国哲学研究書、なかでも儒教関係、とりわけ朱子学・陽明学関係のそれは、道学先生的、忠君愛国的な通俗講話以上に出ぬ類を別とすれば、朱子学の種々の概念をヨーロッパ哲学の概念に一つ一つ当てはめてゆく、といったかたちのものが、主流をしめていた、しかも、うちわだけにしか通じない術語と語調とによって貫かれ、また、理解に容易とはいえぬ漢文原典を生のままか、せいぜい訓読体のままで引用してすませ、それをむしろ専家の業として誇る、といったスタイルが支配的であった。そういって、余りたいして言いすぎでないように思う。もちろんこの風は、今日おおいに改まってきてはいるが、意図と能力との渾然とした上乗の作品は、なお必ずしも求めやすくはない。かくて、いわゆる「哲学」研究の世界――そこではヨーロッパ風な哲学が支配的である――と「中国哲学」研究の世界とは、今日なお、ほとんど没交渉である。その責任がいずれにあるかは問わないにしても、思想、哲学、あるいは思想史、哲学史、なるものの真に普遍的な把握のためには、この状態がこのまま、いつまでもつづいてよいものではあるまい。わたくしは、本書が狭義の中国哲学専門家だけでなく、もっと広汎な、専門ちがいのひとびとによっても読まれ、論ぜられることを、かさねて切望しておきたい。本書の内容は、その労に十分に報いるであろう。しかのみならず、そのとき、この素晴しき才能のあまりに早すぎた消滅に対する愛惜の情は、ひとびとの共通のものとなるに相違ない。一縷の因縁の存するかぎり、惜しむべき人をともに惜しみ、悼むべき人をともに悼んでほしいとねがう心は、けっして単なる私情ではないと信ずる。一九七五年九月。

なお、本書における安田氏の所説を批判したものには、すでにふれた友枝、山下両氏のもののほか、さらに村上嘉実氏の『東洋史研究』(一〇巻五号、一九四九年)誌上における書評、および、岩間一雄氏『中国政治思想史研究』(一九六八年、未来社)の「序章・問題提起」がある。前者には、安田氏が陳白沙の「静坐」の目ざすところを論じて対象の忘却とした(本書一八一ページ)のを批判して、むしろ自己の滅却である、とするごとき興味ある指摘があるし、後者は安田氏の朱子学・陽明学理解、とくにその陽明学理解を、社会科学者の立場から十二ページにわたって分析したもので、安田氏が「理」の歴史的内容を捨象して存在と当為との一点に視角を設定したことが、その陽明学研究を限界づけていること、「上からの理論」、「下からの理論」の説のいわれなきこと、などを論じている。

狩野直喜『春秋研究』解説

本書はもと「公羊研究」「左伝研究」というそれぞれ独立の講義ノートであったのを、改編して一部の『春秋研究』に仕立て直したものであり（狩野直禎氏跋）、詳しくは次のごとき章節より成る。巻頭の目次は一篇の大題を掲げるのみにとどめてあるので、ここに細目にわたって紹介しておく。

第一章　古今文派の二大別
第二章　孔子と六経
第三章　春秋と孔子
第四章　春秋と三伝
第五章　三伝の沿革（公羊　穀梁　左伝）
第六章　五行讖緯
第七章　五行讖緯と孔子
第八章　春秋列国の形勢

第九章　春秋と革命
第十章　春秋と攘夷
第十一章　春秋に見えたる道徳思想
第一節　道徳的格言
第二節　左伝、公羊に見えたる倫理的批判の異同
一、公羊の復讎主義
二、妾母とその子
三、非常の異義、怪しむべきの論
甲、叔術妻嫂
乙、祭仲行権——経と権と——
四、祖と孫
五、殺大夫
六、君子
第十二章　公羊と論語
一、学而章
二、吾十有五而志学章
三、子張問十世可知也章

四、周監於二代章
五、述而不作章
六、甚矣吾衰也章
七、子畏於匡章
八、鳳鳥不至章
九、顔淵問為邦章
第十三章　公羊と礼との関係
第十四章　公羊と詩との関係
第十五章　公羊と尚書との関係
第十六章　公羊家と周易との関係
公羊伝と漢制
公羊学と漢律
公羊学答問
小引（木村英一）
第一通

第二通
第三通

著者の略伝、学風などについては、逝去後その家に残された講義用のノートをおこしてつぎつぎに公刊せられた諸著作への、かつての受業生吉川幸次郎、宮崎市定両氏による後記、解説の類において、更にまた令孫狩野直禎氏の跋文などによって、ほぼ述べつくされているし、逝去のすぐ後に出た雑誌『東光』五号（昭和二三年四月、弘文堂）の追悼号、最近では我国東洋学の先学諸氏の業績を詳しく回顧した吉川幸次郎編『東洋学の創始者たち』（昭和五一年、講談社）の当該章（もと東方学会『東方学』第四二輯、昭和四六年八月）、などもあって、生前の御縁のうすかった私ごときが特に申上げることもない。それで私は、私の用意している主題に直ちに入ってゆきたい。

最初、本書の解説を書かないかとお話があったとき、どう考えても私には荷の勝ちすぎる仕事なので、歯が立つかどうか一おう校正刷を読ませて頂いた上で、ということになった。読んで第五章「三伝の沿革」（二八ページ）に到って、清朝末期——といっても、著者が京都帝国大学で「公羊研究」を開講したのは一九一一年、明治四四年九月のことで、あと一カ月で運命の辛亥革命が勃発するという清朝最後の年（宣統三年）、最後の月、まさしく清朝末期そのものであった、それで著者じしんの口述では、すぐ下に引くように「現今では」となっているのであるが、その現今＝清朝末期に「公羊が流行したりとて左氏が全く廃れたりとはいうべからず」として、左のごとく記されているのを目にしたときには、ほとんど愕然としたのである。

殊に現今では公羊学が一時盛んなりし反動として、或ひは当局者などの意見よりして、後ち左伝を唱道するものあり。即ちかの章炳麟（原注、東京在住、革命派）の如き革命党中の学者と称せられ、其の主張より推すときは公羊を主張しなくてはならぬ人なれども（原注、今の満州の天子は客帝なり――戦国時代に客卿あり、孟子の如き之れなり――帝の資格なし、支那に於いて真の帝を尚ぶとせば、孔子の子孫を推して帝位に就かしむべきなりと）(1)、その言方は如何にも公羊学者的なり、而してその著述を読みて見るに如何なる訳か左伝の学者なり。又た劉師培の如きも同じく……

章炳麟《しょうへいりん》、号は太炎、が断乎たる革命派であることは、御説の通りである。彼が清朝（満州族王朝）を客帝（客は主客の客）と呼んでその非正統性を指弾したのは、その革命論へふみ出した第一歩として、かくれもない事実である。しかしその彼が同時に、熱烈な左伝学者、否、左伝主義者であったことも、そして、左伝主義者であったればこそ革命派であったことも、これまた天下周知の事実であった。(2) 革命説が公羊家のものでなければならぬという著者の思いこみは、われわれ今日の歴史家が耳馴れている公羊派＝変法派（法を変ずるとは政治制度の変革、つまり改制ということ、まず英邁な現王朝光緒帝のもとでの立憲君主制的改革を主張する体制内改革派）、左伝派＝革命派（満州王朝排撃の民族革命派）という図式(3)と、一体どのように折りあえるのであろうか。――私のように経学的素養の乏しいものにも、何か解説めいたもの、もしくは補説めいたものを書く余地はあるかも知れない。事実、そう思って見てゆくと、公羊家的言論が革命につらなるかの如き口吻には、以後、二度三度と出あうのである。しかもその一方で「革命党の云う所は民族主義にして、満人を異種族とみて排斥す」（九五ページ）、「此の頃公羊家にて孔子の攘夷思想を取ちがえ、排満または民族主義を唱うる口実にせんとするあり」（九八ページ）などとも言っていて、要するに著者における革命と変法との混乱、不分明は、今日の中国史学の立場から見るかぎり、否定しがたい。

清朝末期の政治思想は、洋務論、（日清戦争での敗戦を契機に）変法論、革命論の三段階を主軸として形成されているといわれているが、(4) その変法論というのは公羊学者康有為《こうゆうい》の学説にのっとって建てられた改革論。その急進主義的政治改革はいわゆる戊戌政変のクーデターによって一敗地にまみれ（一八九八年九月）、光緒帝は幽閉せられ、同志たちは逮捕処刑、康有為らは海外に亡命せざるを得なかったが、そのことは逆に高弟梁啓超《りょうけいちょう》らの日本を発信基地とする旺盛な改革主義的・啓蒙主義的ジャーナリズム活動を呼びおこし、変法論の声価をいよいよたかめた観があった。改革主義に不可避ともいうべき一部過激派の革命主義への転化は康有為のカリスマ的権威によって辛うじて抑えられていた。(5) いわんやハワイ・ホンコンで秘密結社を組織し、広東のごとき辺境で時おり土匪まがいの蠢動を示しているにすぎない孫文の革命主義など、中国内地の知識人たちの注目をどれほどひいていただろうか（当時の新聞には「海賊孫汶《ママ》」との報道があったという）。かかる情況のなかに在って断然として康有為の変法論を批判し革命（民族革命）の大義を高唱した、そして一般知識人の耳目に革命、ただし儒教学説本来の意味における革命でなく、異民族清朝の打倒、漢民族国家の光復を主張する「大逆不道」の革命を、(6) いやおう無しに、真っ正面から、押しつけて見せた、つまり「革命の第一声をあげた」のが章炳麟であった。『左氏伝』と『公羊伝』の二千五百年にわたる対立の歴史の最後の劇的舞台が、かくて、くりひろげられるのである。『公羊伝』がその信奉者にさまざまな甚深微妙な理論の綾を提供したのに対し、『左氏伝』が提供できたのは、せいぜい「戎狄は豺狼なり、厭《あ》かしむべからず」（閔公元年）、「我が族類に非ず、其の心かならず異る」（成公四年）くらいのスローガンにすぎなかった。しかし、公羊派の存在にいきりたつ章炳麟は、やがて、経学の論議であろうと、政治論、文明批評であろうと、およそ公羊派的な発言に対してはことごとに反対し、両派の対立の根本性格を「史」か「経」か、「事」か「義」か（事実か意味か）の争いにまでもってゆこうとしている。

　義和団の妖術を操縦することによって八国連合軍を撃退しようというバカバカしい失態を演じて西安に逃亡した清朝の西太后政権はそれでも反省するところなく、光緒帝の幽閉を解かず、われわれ保皇会員(7)を逆に匪徒と誣《し》いて家族を逮捕しているその頑迷ぶり、それにアイソをつかした南北アメリカの在住華僑たちは保皇会長康有為に手紙を送って訴えた。

　事勢かくの如し、いまや鉄血主義をとり、かのワシントンにならって革命自立すべきで、そうすれば或は、以て国を保ち得るやも知れないのではなかろうか。

それに対する康有為の返書が普通「南北アメリカの諸華僑に答えて、中国はただ立憲を行い得るのみで、革命は行い得ざることを論ずる書簡」と標題される長文である。(8) 康は香港、日本、カナダ、イギリス、シンガポールと亡命の流浪の最中で、当時はインドのダージリンに僑居中であった（一九〇二年）。いまはその長文のなかから、当面の必要に応じて、公羊派的改革主義（いわゆる変法論）の要約と目されうる部分を紹介することにする。

孔子は『書経』を編纂して堯・舜を称賛することにより民主（の理想）をうちたて、『詩経』を編纂して文王を最初に置くことにより君主（の理想）をうちたてた。[9] また『易経』を作って「群竜の頭《かしら》なきを見る、天下治るなり」（乾卦）といっているのは、支配者のいない世界が出現する（平等にして主なし）ということである。『春秋』を作っては、拠乱（＝衰乱）・升平・太平の三世を分かち、[10] 拠乱世（＝衰乱世）は自国本位の君主専制時代、升平世は憲法を立て君・民の権利確定の時代（太平をめざして上升しつつある時代）、太平世は民主・平等・大同の時代、であるとした。孔子がただちに太平大同の世になることを欲しなかったはずはない。しかし時がまだ熟していなければ、混乱はかえってひどいのである。今日は拠乱（＝衰乱）の世、自国本位（其の国を内にする）の時代であるから、一足とびに大同の世界国家（世界の大同）に到達することはできず、君主専制の旧体制（旧風）であるから、一足とびに民主の世界に到達することもできない。国は民が集まってできたものであり、民の共有財産である（国なる者は民の積む所の者なり、国なる者は民の共産なり）。孔子は（大同の世では）「天下を公と為す、賢と能とを選ぶ」といっているが、これはいうまでもなく公理なのである。[11] ……しかし公理は時・勢と合致した時にのみ実現できるのである。大同は、国家や家族の境界がなくなり、婦人が誰でも官吏となり、人が禽獣の肉をたべなくなって、はじめて可能なことであって、現在のところ絶対に実現できるものではない。[12] 私は中国で最初に公理を説き民権をとなえた者であるが、しかし民権を必ず行わんと志しても、公理は今日絶対にそのすべてを実現しえないのである。思うに現在は小康より大同に、君主より民主に向う過渡の時代であり、孔子のいわゆる升平の世であって、決して一挙に飛躍しうる道理はないのである（万も一躍超飛の理なし）。およそ君主専制・立憲・民主の三法は、必ず当《まさ》にいちいち順序に循うて行うべきであって、もしその順序を紊すならば、必ず大乱を生ずることになろう。フランスはその明証である。(13)

右は康有為のこの書簡においてとくに特色あるという箇所ではないが、変法派の指導思想＝康有為の公羊学思想という生きてはたらいた経学の要領を知るに便利であるので特に抄出したのである。この書簡が公開せられると章炳麟は猛然として反駁し、

康の書簡は、肝心の種族の異同を論ぜずして情勢の得失ばかりを論じている。華僑商人にあてたものというよりは満州人にあてたもの、彼らに佞《ねい》したもの、である。そもそも民族主義は、太古原人の世よりすでに潜在する根性《こんせい》であって、遠く今日に至って始めて発達したもの、生民の良知本能に他ならない。康もそのことを知るが故に、満州族が完全に他民族とは言いきれぬと種々にいいつくろっているが、その論証はすべて成立しえない。さらに康は「大同の公理は今日ただちに全面的に行うことは不可能」というが、それならば今日は当然民族主義の時代である。まさに拠乱世（＝衰乱世）にありながら太平世をいうとは、みずからその三世説にもとるものではないか。結局、その主義主張の根柢にはたらいているのは、戊戌の際に光緒帝より受けた殊遇、一度おぼえた高官厚禄の味、に他ならないのではないか。

とたたみかけ、果ては康有為が不世出の英邁な君主、この天子なくして変法なし、として絶対に擁護する光緒帝の御名《ぎよめい》を犯して「未だ菽麦をも弁ぜざる載湉《さいてん》という小醜」といい放った。[14] たまりかねた清朝政府は、堂々たる天朝にして蠢然たる平民と法廷に抗争するという不体裁をもかえりみず、上海の租界警察（工部局）に告訴し、結局、租界監獄において禁錮三年の刑に服したのであった（いわゆる蘇報事件）。章炳麟のこの反駁書簡を以て中国における公然たる革命論議の幕は切っておとされたというのは、中国近代史における定説である。

戊戌変法・政変を頂点とする変法（改革）運動の思想は康有為の公羊学思想――伝統的公羊学（三世説もそれに他ならないところの何休の公羊学）と『礼記』礼運篇の大同思想との緊密な合体――が中核、あるいはワク組みをなしていた。当時流入の最尖端思想、西欧思想の二大潮流たる天賦人権論と進化論は、その内にしっかりと取りこまれていた。そのワクの内からも自然発生的な民族主義（つまり革命主義）の萌芽はありはしたが（例えば公羊学の復讎主義、一〇六ページ）、結局、世界主義と相殺されてしまった。それに対して左伝学は清朝経学にとっては、きわめて平凡な、常識的な基礎学であって、章炳麟のごとき鋭角的左伝主義が、革命家の間に多く信奉せられていたようには、見うけられない。革命派として人的に多かったのはむしろ日本その他に留学して、はじめから洋風なカリキュラム、いわゆる「新学」で教育を受けた学生（生員ではなく学生）たちであった。政治理論、法律論などの「学理」は、もはや公羊学その他の媒介物なしに、欧米の原著（の日本訳本）から直接に学ばれる。

経学史上、もっとも波瀾に富んだ公羊学の最後の局面を紹介しえたことで、ここでペンをおいてもよいかも知れない。しかしその場合でも、実はもう一事を補わねば康有為についてすら不充分たるを免れまい。のみならず、それを補えば、再び章炳麟の登場となって、公羊・左氏ともにそのラストシーンを見ることができるのである。一事とは何か。それは孔教（孔子教）問題である。

康有為の高足弟子であった梁啓超が日本に亡命して間もなくのころ、東京の哲学会に招かれて「支那の宗教改革を論ず」という題目で講演[15]をおこなったことがある。いわく、

今日のヨーロッパ諸国の高度の文明は、宗教革命によって古学《ママ》が復興したこと、キリスト教によって国民が固く一体化していること、に起因する。わが国も孔子の真の教義を明かにし、二千年来の孔子の真面目を復興することが急務である。わが師康有為が「孔教のマルチン・ルーテル」として闡明に努めたのも、まさに孔子の教義に他ならなかった。すなわち、孔子の教えは「進化主義であって保守主義ではなく、平等主義であって専制ではなく、兼善主義であって独善主義ではなく、強立主義であって文弱主義ではなく、世界主義であって国別主義ではなく、重魂主義であって愛身主義ではない」という六項目が即ちそれである云々。

康有為じしんの言うところによれば[16]、

むかし周の末、天下が乱れ諸子百家がいっせいに起って、みな新しい教えを創立した（いわゆる諸子改制）。孔子は天命を受けて人倫を主《つかさど》り、三代の文献を集大成し、六経の教義を選定した、その『詩』『書』『礼』『楽』は先王の旧制に因りつつみずから正しく作定したものである。『易』は以て陰陽を通じ、『春秋』は以て（拠乱世・升平世・太平世の）三世を張り、周王朝のつぎに来るべ

き王朝のために改制（つまり実質的に新王朝の樹立、その意味では革命）を考究して、素王と称せられた。孔子は実に蒼帝の精に感じて生まれた教主であった。……中央政府に教部（部は日本でいう省）をたて、地方ごとに教会（孔教会）をたてる。国中の淫祀を廃絶し、北京・省・府・県・郷、みな孔子廟を設立し、七日ごとの休息日に聖経（四書五経）の講義をおこない、人民の男女がおまいりし、聴く。士大夫の四書五経に通ずる者を講師に任命し、講師より大講師をえらび、府のポストは宗師、省のポストは大宗師……全国の大宗師より祭酒老師をえらび、その人を勅命によって教部尚書（尚書は大臣）に任ずる……。孔教はもちろん国教とするが、然し信教自由の公理にしたがって、仏教キリスト教を抑圧することはしないでその信仰を保証する（もちろん自由は思想一般に通用する）。更に大切なことは、キリスト教にキリスト紀元があるごとく、孔教国家の紀年法は孔子紀元でなくてはならない……。

われわれが宗教論ということばから期待するものとは余程かけはなれていて、何だか狐につままれたような感じであるが、孔子を教主とする公羊派的孔教論、変法派＝改革派の孔教論とはこのようなものであった。章炳麟はそれに対して革命派として、清朝経学の正統を自負する樸学者として（日本風にいえば考証学者として）、さらにまた一歩もひかぬ左伝主義者として、あらゆる機会をとらえて徹底的に闘う。(17) 中国ではそもそも宗教などという低級なものは早くに姿を消してしまった。中国には宗教なく国教なし。春秋は経、バイブルではない。否、すべての中国の経書は「事」を記載したもの、つまり史であり、諸子の書のごとく「義」の追求に熱中する議論の書、思想の書、ではない。六経が記載の文であることこそ、その尊きゆえんである。歴史こそ国家民族の基本であるからである。孔子はキリストのごとき教主などではなく、歴史家である。孔子は民族に歴史を与えた。これ以上に偉大な後世への贈り物があろうか。孔子が聖人と仰がれる所以はここにある。いたずらに議論を事として快を取る『公羊伝』ではなく、善悪ともにかくさず直叙する『左氏伝』こそ、孔子の実事求是の精神にかなうものといわなくてはならない。志士たちの懸命の努力にもかかわらずインドの独立運動がはかばかしく効を奏しないのは、実に史書の欠乏のために国民の自覚がおくれているからに他ならない。「民族の独立はまず国粋（国学）の研究が主であり、国粋は歴史が主である、その他の学術はみな普通の技にすぎない」。

清末の革命派の志士たちのうち、どれだけの人が章炳麟流の左伝派理論を信奉、もしくは共鳴したか、それはわからない。革命運動の潮流はそんな学派論争などは置き去りにして、政治の局面に集中した。そして、結局、いわゆる革命派が勝利した。公羊派＝改革派は、康有為はやがて孔教運動や復辟運動で反動の親玉として思い出された程度であったが、高弟梁啓超の啓蒙ジャーナリストとしての活動には瞠目すべきものがあり、脱皮に脱皮をかさねて、ある意味では革命派以上の成果を中国史上に残したのであった。それといまひとつ、康有為が自己の公羊派学説を成立せしめんがために、古文経典はみな漢代の偽作なりとする大胆な弁偽工作『新学偽経考』（一八九一年）を展開して、それがやがて民国初期の「古史弁」運動という大きな学問運動を誘発したことなどは、新中国の学問史の重要な一ページとして留意せられてしかるべきことと思うのである。胡《こ》適《てき》らの国学運動に対する章氏の寄与はいうまでもないであろう。

康有為の公羊学というものは、たしかに経学として「奇僻」(本書二一九ページその他)なものであったかも知れない。また著者のような潔癖な樸学主義者が政治の要請をむき出しに学術に混入することに嫌悪をおぼえるのは自然の情であろう。しかしそれは康じしんの罪というより、儒学という学問の性格だったのであり、時代が強制したのである。前漢の公羊学(今文経学)が実際政治の指導原理として、通経致用の理想をかかげて活躍したのが景仰されるのに思いあわせると、その中国学術史上における意味はもっともっと評価してもよいのではあるまいか、これはこれで見事な通経致用の実践ではなかっただろうか。経学的な学派、公羊家とか左伝家というものの存在はおそらく康有為・章炳麟を以て終ったのだと思うが、その学派抗争のフィナーレを飾るにふさわしい大場面で、これは、なかったであろうか。

本書のもとになった公羊学の講義は「従来の日本の学者のやらないものをやろう」という壮年期(ときに四十三歳)の一種の覇気のようなものが動機になっているという吉川幸次郎氏の言葉があるが、晩年には「そりや公羊も面白いさ。しかし経学は何といっても鄭玄だよ。ふぐもうまかろう、鰯もうまかろう、しかしうまいのは鯛さ」といっていられた由である(『東光』五号二五ページ「先師と中国文学」〔いま『吉川全集』第一七巻〕)。私は、公羊をとりあげた覇気の底にも、既にこういう樸学風な美学ははたらいていたのだと思う。それが公羊学を論じながら康有為について、あまりまともな取上げ方がされていない理由ではなかろうか。[18] 抑制もなく西欧「先進」思想と習合していって際限のない浮躁性、汪洋放恣とか汗漫にして統紀なしとか評せられる空想性、そのようなものが康有為を必要以上に小人物（少くとも細心謹厳な経学の伝統にはふさわしくない人物、学者、という意味で）に見させたのは否めない事実だと思われる。それと政治活動、政事紛争とのからみを嫌悪せられた……というようなことで、せっかくの学派抗争史掉尾の大場面も殆んど何ひとつ言及されなかった。私のこの「解説」はただその欠けたところを補い、今日の中国史の常識から見て混同、混乱のところを正しただけである。それで解説とは我ながらあつかましいと思うが、何とぞ御寛恕を御願いしたい。

冒頭に私は、著者狩野君山先生と「生前の御縁が薄かった」と書いておいたが、実は狩野先生とは割と頻繁に御目にかかっていた、いや、お見かけしていた一時期があった。それは私が東方文化研究所の助手として吉川幸次郎先生のもとに居たことがあり（昭和一八―二一年）、君山先生は研究所では、かならず吉川研究室を訪ねてみえたからである。元気で快活な、小柄な御老体という印象であった。しかし、会話といえるほどのものを交わした記憶はない。何しろ対手が狩野先生では、気安く言葉が出てくる筈がないのである。

ただ一つ、鮮明な記憶があるのは、君山先生を囲んでの『漢書』会読の際のことである。たしか「五行志」であったと思う。出席は所内の諸先輩ばかりで、私は前日くらいに吉川先生に命ぜられて、出た。型どおりに、今度来た助手の島田君で出身は東洋史云々、という紹介があったのをおぼえているところから見ると、この会読がお目にかかった最初であったのかも知れない。――誰が当番であったのか、どういう点が問題になったのか、ぜんぜん思い出せない。ただひとつ鮮明に思い出せるのは、当番講師の講解がひとわたりすんだ後、吉川先生との間に何やら押し問答があった末、君山先生長考一番、やにわに素っ頓狂な声を発せられた。「ははあ、では五行もウーシンではなくて、ウーハンとよむのか」。今度は吉川先生の方があわてて、「いや、それはやはり、ウーシンでございましょう、云々」。私の先生に対する人見知りの癖は以後も改まったとは思えないが、ともかくこの一事は妙になつかしく思い出される。

注

(1) 章炳麟『訄書《きゅうしょ》』(一九〇〇年初刻本)の「客帝第二十九」。但しこの文では清朝を、中国の共主たる孔子の子孫に対し、あたかも日本の幕府の如きものとしてその存在を認めていたが、やがて絶対に否定するようになる。すなわち一九〇四年日本東京改訂本の「客帝匡謬」篇。なお著者のこの口吻によって、公羊派のひとびとが一般に、突飛で過激なことを唱道する連中、と見られていたことがわかる。

(2) 革命論の第一歩といったのは、民族主義革命の主張は出ているが、「民国」の主張——それが果して謂わゆる民主主義であるか否かは大いに問題であるにしても——はまだ出ていないからである(「中華民国解」一九〇七年)。なお、章炳麟が「公羊学への反動として、または当局者などの意見よりして」左伝を唱道するに到った俄道心とは到底信じられないが、その章氏も、文筆活動に入りそめの頃は、公羊派ばりの辞句を用い、「革政」を以て革命を防止せんとする文章を書いているのは、大変面白い現象と思われる。康有為・梁啓超の公羊学的改革主義の提起は、一時的にせよ章の学派意識をよろめかせるほどのものがあったというべきであろう。なお著者の「革命説は公羊家のもの云々」について不審に思って、服部宇之吉（著者の一歳年上、東京帝国大学支那哲学科主任教授）の著書をも参考までにのぞいてみたが、殆んど同様な記述ぶりであった。服部『孔子教大義』（昭和一四年、冨山房、ただし大正前半期の連続講演）三六二ページその他。

（3）　島田『中国革命の先駆者たち』（一九六五年、筑摩叢書）二六六ページ参照。

（4）　小野川秀美『清末政治思想研究』（東洋史研究会刊、一九六〇年、のち、みすず書房、一九六九年）。変法運動（改良主義、公羊学）より革命運動への局面の推移を、もっとも正確に見事に叙述している。

（5）　梁啓超が戊戌の前年（一八九七年）の秋冬、湖南時務学堂の総教習として師・康有為の公羊派的改革思想を鼓吹していたとき、「学生にむかって単に民権（たとえば参政権など）心酔の言葉のみでなく、民族感情をもまた憚るところなく語っていた」こと、『明夷待訪録』をテキストに用いたこともあること、などを述懐しているのを、注（2）に指摘した最初期の章炳麟の公羊派的言論と思いあわせると、一種の革命・改革渾沌未分情況が存在したのである（島田前掲書、五〇ページ）。著者が張之洞などを引いて清末公羊学と革命派思想とをしばしば混同、同一視しているのは理由のないことではない。また、張之洞が体制崩壊をみちびく危険性を予感したのも（三〇ページ）当然のことである。清末知識人層において改革－革命思想を起動せしめた最有力のものが公羊学であったことは否定できない（狩野『中国哲学史』一九五三年、岩波書店、島田「清末における学問の情況」一九六七年『旧体制の中国』筑摩書房）。

（6）　儒教の革命説とは、『易経』の「革」の卦の「天地革（＝あらたま）りて四時成る、湯武命を革め、天に順い人に応ず、革の時は大なる哉」などがそれである。公羊学では湯武革命（暴力革命）はあまり云わず、文王（＝孔子の象徴）の受命改制（新制度の創出、つまり周王朝の創出、周公は公羊学ではあまり重い意味をもたない）を云うが、それは（革命に対するものとしての）変法とも解しうるし、実質的に旧王朝に対する革命とも解しうる（八八―八九ページ）。あたかも春秋における孔子の攘夷の説が、公羊学の三世進化の理論によって、最終的には「夷狄も爵に進む」、中国との区別は消滅する、のと同様、本書でしばしば問題にされ、公羊学の「奇僻な」理論の発生源としてとりあげられている（第十章「春秋と夷狄」など）。

(7) 保皇会は、康有為の指導により在外華僑の間に、光緒帝支持の目的のために作られた会。南洋（東南アジア）日本のほか、南北アメリカの殆んどすべての大都市に結成されていたという。

(8) 平凡社中国古典文学大系『清末民国初政治評論集』所収、狭間直樹訳。但、文体は多少いじらせてもらった。

(9) 『書経』は堯典、舜典の二篇から始まる。堯・舜の二帝は諸人の推戴（つまり選挙）によって即位し、且つその位を血統によって私物化しなかった。それで当時、堯舜を民主政治の始祖とたたえることが流行した（このばあい民主は君主に対して民主、民であるところの主。たとえば大統領のごときもの、を第一次的には意味する）。また『詩経』は「関雎」の詩から始まるが、それは文王（と皇后太姒とのむつまじさ）を歌ったもの。公羊学では文王は素王として改制した孔子を等価的に象徴するもの（清末の公羊家は「記号」と呼んだ）とされている。つまり民主の典型が堯舜、君主の典型が文王なのである（八八ページ参照）。

(10) 「拠乱」とか「拠乱世」とかの語は康有為・梁啓超一派の公羊学のもの（何休の『春秋公羊伝解詁』序にもとづく）であって、本書の著者は一貫して「衰乱」で通している（六七、九七ページその他随処）。この解説では「拠乱（＝衰乱）」「拠乱世（＝衰乱世）」のごとく表記することにする。なお三世説についての最も明快な解説として、そしてまた公羊学全体に対する最も明快透徹、狩野博士の本書と互に相い映発するに足る解説として私は、小島祐馬「公羊家の三科九旨説」（『中国の社会思想』一九六七年、筑摩書房）を推称しておきたい。小島氏は学生として本講義を聴いた人であり、のちに京都大学で支那哲学史の講座をついだ。狩野氏の本講義では、いかにも旧時代の儒学者にふさわしく、「わが国体」への配慮からしばしば論旨が明快を欠くうらみがあるが、小島氏にはそれがない。なお、老婆心までにつけ加えておくと升平世にはその国を内にする、自国本位である、などという時の国は、ほんらい魯の国、斉の国などという国を言っていたのである。

(11)「公理」という語は進化、人権、自由、平等など世界万国に普遍的に妥当する理という意味で、清末公羊派（康、梁ら）によって愛用された。その際、この「大道の行なわるるや、天下を公と為す」の「公」が典拠として意識されていたように思われる（革命派の総帥・孫文の揮毫のうち最も多い「天下為公」も、公羊派が流行せしめたこの句であった）。なお「選レ賢与レ能」でなく「賢と能とを選ぶ」というよみ方は、康有為に従う。

(12)「大同」については本書二〇ページなどを参照。公羊の三世進化の説と『礼記』の大同の説とを結びつけたのは康有為の独創である。なお「禽獣の肉」云々は、彼が一面で、青年時代いらい、仏教（とくに華厳経）に心酔していたことのあらわれととられないこともないが、のちの有名な『大同書』などからみると、必ずしもそうでなく、『孟子』（尽心上）の親親・仁民・愛物を順次、拠乱世・升平世・太平世に配当したばあいの「物を愛する」の説や、王陽明の「万物一体の仁」の説から演繹したものの如く記してある（婦人解放の説も同じ）。なお、彼は世界の宗教に言及するとき、常にキリスト教よりも仏教を高しとした。

(13) 佐藤慎一「フランス革命と中国」（田中・木村・鈴木編『フランス革命と周辺国家』一九九二年、リブロポート所収〔のち『近代中国の知識人と文明』一九九六年、東京大学出版会所収〕）に変法派の康有為の「法国革命記」と革命派の論客の反駁とを対置して詳論している。

(14) 朝日新聞社中国文明選『革命論集』一九七二年に狭間直樹氏の翻訳、詳細な解説がある。一九〇三年前半期の執筆、出版。

(15) 島田訳「支那の宗教改革について」(島田『中国革命の先駆者たち』)。『哲学雑誌』一四巻一四八号(明治三二年六月一〇日) 雑報欄の記事によれば、明治三二年五月一三日、哲学会春季大会において「朗読」せられた。原文は『清議報』第一九・二〇冊、孔子紀元二千四百五十年・光緒二十五年己亥(つまり一八九九年)五月二一日、六月初一日、横浜居留地壱百三十九番刊行、に掲載。

(16) 注(8)に引いた『清末民国初政治評論集』所収の小野和子訳「聖人たる孔子を尊んで(その教を)国教とし、教部・教会を建て、孔子紀元をもちい、淫祀を廃止することを請う上奏文」による。なお此の上奏文は、康じしんによる後年の偽作もしくは大幅な改作、の疑がもたれているが、その点については島田「辛亥革命期の孔子問題」の注(九)を参照(小野川秀美・島田共編『辛亥革命の研究』一九七八年、筑摩書房)。

(17) 以下、島田「章炳麟について」(『中国革命の先駆者たち』所収) とくに二三四ページ以下、および注(16)に引いた拙稿の第三章「革命派　章炳麟の孔教反対　民族主義的・国粋主義的孔子像」を参照。章炳麟は後年「革命を唱える者に二途あり、軟弱なものは立憲君主主義(議会主義)を混入し、過激なものは自由平等の謬論に走った。それが純正に帰したのは余の「康有為を駁するの書」が発表せられてよりである」といって、議会主義などの必ずしも適合しない中国の独自性を強調し、また、公羊学の通経致用のスローガンはたしかに美しいが、しかし漢代においても現代においても、それは要するに権勢利禄のための口実にすぎないではないか、と執拗に康有為を諷刺し、利禄をもとめて彷徨する途を開いた張本人・孔子の責任は遂に免れることはできない、と孔子を罵るに至った。また哲学は決して西欧の独占ではないとして、インド哲学(仏教哲学)の深遠さをみずから唯識哲学的思索を展開することで誇示した。その唯識哲学研究の成果

「自に依りて他に依らず」の原理によれば、いかにヨーロッパ文明が粲然とかがやいて見えようとも、要するに「彼は彼、我は我」ということではないか。彼においては、ヨーロッパは学ぶべき先進国であるよりは帝国主義の大盗、アジア黄色人種の仇敵である、アジアは連帯して抵抗しなくてはならぬ、としてアジア連帯の核として歴史のくに中国と哲学のくにインドとの相互補完的同盟を提唱しているのは、もっとも異色があった。それらはすべて康有為およびその一派の公羊学的言論に反撥して提起されたものであったといってよい。ただし、坊主憎けりゃ式の孔子批判はずっと後になって悔悟撤回されてしまうが（島田「辛亥革命期の孔子問題」注（三〇））、それが五四期の反儒教風潮の一源流をなしたことは疑をいれない。総じて章炳麟は次第に「保守反動」の象徴的存在となってゆき、国学の分野での数々の成果は否定できないにしても、「革命の先達」としてのプレステージは後退するばかりであった。

(18)　もっとも、著者には早く「康氏の新学偽経考を読む」という書評があり、丁寧に内容を紹介し、問題点にはひとつひとつ着実厳正な論駁を加え、且つ中間において次の如くいう。「余案ずるに、康氏の説は清朝考証学の弊として、一生を挙げて小学の末に局し、義理の研究に於ては却て疎なるに似ず、大体に着目したるは、頗る多しとするに足るなり、蓋し此著の如きは支那の学術に対して、一生面を開きしものと見て可ならん」（『東洋哲学』第六篇第四号、明治三二年、一八九九年、いま、みすず版『読書纂余』所収。参考、明治三一年九月、戊戌政変、十月末、宮崎滔天にともなわれて日本に亡命、翌三二年三月カナダに向けて去る）。このとき著者はあきらかに康氏を立派な学者として、敬意を以て遇していたと感ぜられる。

IV

黄宗羲と朱舜水

黄宗羲に「両異人伝」という五百六十字ほどの文章がある。生前死後、文集には収められず、二百年間原稿のままで伝わったのが、清朝滅亡の年はじめて公刊された（風雨楼叢書『南雷全集』）。一六四四年、明の国都北京陥落、満州族による清朝政権の成立、翌一六四五年南京陥落、薙髪令《ていはつれい》の発布。弁髪強制という未曾有の屈辱を忍びえずとして深山窮谷に身をかくし、あるいは土室（洞穴住居）に活き埋め同然の生き方をして近所つきあいを避けてみても、いつかは密告されて、結局、辱しめを免れることはできない。かくて「世を避くるに最もみごとであった者を求むるに、四海の広きを以てして、僅に二人を得たるのみ」。その一人は徐某。一族数十人を語らって、牛羊雞犬、菜穀の種子、耕織の道具などを携えて浙江温州府の雁蕩山に入り、その路を塞いでしまった。「而後三十年、親類縁者も風のたよりを聞いたものがない」。つまり陶淵明の「桃花源記」を地でいったのである。――しかし私が紹介したいのは、実はもう一人の方である。

諸士奇、字は平人、余姚県の諸生（つまり生員）である。崇禎年間、里人と文学サークル昌古社を結成し、松江の幾社の文体をまねた。両京すでに覆えるや、遂に諸生を棄て、十三経二十一史を載せて、海に入りて商賈となった。その頃日本は平和がつづき、価を惜しまず中国の書物を買った。士奇の日本に至るや、(日本人は)試みに文章を作らせ、善しと称して曰く、「中国より吾が土に来る者で、自から相公なりと称しない者はないが、この人こそ真の相公である」と(相公は生員への敬称、名家の若様)。三十年間帰らなかったので、族人はみな既に死んだものと思っていた。余(すなわち黄宗羲)は最近普陀の僧道弘に遇ったが、言うには、日本に国師諸楚宇あり、余姚の人である、その国の子弟を教え、(子弟は彼を)諸夫子とのみ称して字で呼ぶ者はいない(夫子は先生の意)、嘗て一度普陀に来たことがあるが、六十歳くらいであった、と。余はそこで詳しくその状貌をたずねたところ、楚宇とは士奇の別号であることがわかったのである。余は嘗て士奇を友としたが、人に異(るところ)あるに気づかなかった。しかし、後世もし士奇を知るものあらば、為めに執鞭の役に服しようと願う者がきっとあらわれるにちがいない。然らば則ち、今人は古人に如かずと謂うことはできないのである。したしく接触しながら見そこなったのは、余の陋であった。

以上が全文である。余姚といえば此の文の作者黄宗羲と同郷であるが、余姚の人で日本の「国師」といえば、どうしても朱舜水、名は士瑜、字は魯璵もしくは楚璵(嶼?)のことが連想される。姓の諸と朱のちがいは、朱舜水の家は以前は故あって諸姓を称していた、それが舜水の生れた年に朱姓に復したのだというから、あまり問題はない。名の士奇と之瑜は一致しないが、あるいは伯兄の之琦(武進士より南京神武営総兵に進んだ軍人)と混乱しているかもしれない。しかし、軍人では文社と関係がありそうにもない。字の楚字と楚璵、楚嶼は同音である。ただ舜水は、たぶん寄籍して、南京（今の江蘇省をもふくむ行政区画）松江府儒学学生（＝生員）であったが、文中の「姚之諸生」というのは余姚県儒学の生員ととるのが自然であろうから、厳密には合わない。普陀は舟山列島の普陀島（普陀山）、日本でも古くから有名な霊場である。舜水は四十歳半ばから六十歳くらいまで、明の亡命政権（魯王）のために舟山を足場として厦門、安南、日本の長崎の間を何度となく往復している。「一たび普陀に至」ったことは充分ありうる。生員を棄てて賈となったというのは、あまり重視するにも及ぶまい。――結局、異人諸士奇とは朱舜水のことではないか、朱舜水も亦た嘗て明末独特の「党社運動」中の人であったのではないか、その運動中の名士黄宗羲は青年時代、十歳年長の朱舜水を「友とした」ことがあったのではないか。私はどうしても此の疑を消すことができないのである。

「両異人伝」が公にせられて既に七十年、こんなことは、日本、中国の誰かがとっくに言っていることかも知れない。げんに一九一三年刊『舜水遺書』の湯寿潜の序は簡単な言及ながら「太沖（黄宗羲）の両異人を記すや、甚しきは朱を諱んで諸となす」と頭から諸士奇を朱舜水と同一人として扱い（但し、舜水は太沖と交らず、の一句は不可解）、梁啓超作の年譜も黄氏の原文は未見としながらも湯序のこの語に言及している。しかし一昨年（一九八一年）出版の最も完備した中華書局本『朱舜水集』を見ても、何のコメントもない。それで、あえて此の短文を草してみたのであるが、「両異人伝」には此のあと端を改めて、更に五十四字の付記？があるので、ついでに紹介しておく。

（前漢の亡ぶや）蜀郡の任永と馮信は、公孫述に仕えることを肯んじなかった。口実は青盲（そこひによる失明）ということであった。妻が眼前で淫し子が井戸に投身するに至っても、一顧だにしなかった。余は史を読んで、あまりにひどい、なぜこうまでしなくてはならないのか、と思ったものであるが、したしく其の（おなじ亡国の）厄運を経験するに及んで、はじめてその言の悲しむべきを知ったのである。

任永《じんえい》、馮信《ふうしん》のことは『後漢書』独行伝の李業の条に見える。なお此の一段、中華書局本『黄梨洲文集』では刪去している。

朱子と三浦梅園

わたくしは、山田慶児氏の提出された次のような見とり図（極東思想史の見とり図）に、ほぼ賛成である。

一気・陰陽・五行の三つのカテゴリーによって、万物を認識論の立場から統一的に把握したところに、中国思想史上における朱子の画期的な意義がある、とわたしは考える。それはやがて存在論と認識論の分裂、そして、その統一への努力という思想史的展開を、東アジア的な規模において導きだすことになるだろう。たとえば、三浦梅園はその最後の段階を画する思想家であった。

（『朱子の自然学』一九七八年、岩波書店、四二四ページ）

三浦梅園（一七二三―八九年）が明治以前の日本における最高の哲学者であり、極東の規模においても稀有の思弁家であったことは、今さらいうまでもない。ただわたしとしては、この見とり図を大綱において承認しながらも、急いで注釈を加えておきたいとおもうのである。それは、梅園のばあいは、すでに明末ジェズイット系の西洋自然学（とくに天文学）を経過している、という重大な事実のほかに、五行説の否定、宇宙進化論の否定など、朱子と大きく相違する点が、やはり、あるのだ、ということ。以下、最後の点についてのみ述べてみたい。

朱子の宇宙進化論については、右の山田氏の書が周到かつ精細に論じているほか、故安田二郎氏の要領をえた記述がある(『中国近世思想研究』筑摩版三一七ページ)。要するに、天地の生成のはじめには、ただ気が存在するのみである。それは摩擦をともなうところの不断の回転をなしている。回転が速やかになってくると多くの渣滓《さし》を生ずるが、それは外に出て散ずるを得ぬ故に、凝固して中央に地を生ずる。これに反して、気の精なるものは外にあって、依然回転をつづける。これが天であり、日月星辰である。故に天地は上と下とにでなく、外と内とにある……。

朱子が体系化した宇宙論は、おなじ頃のヨーロッパのそれにくらべて、デウスによる創造云々はいま論外として、地動説でなく天動説という点は共通であるが、いわゆる水晶天球説に対して無限宇宙論、という点で顕著な特徴をもつ。朱子の宇宙進化論は、その無限宇宙という考えと表裏一体をなしているのである。

梅園のばあいはどうか。天動、無限宇宙、すべて朱子と異るところはない。否、宇宙の無限性とその機制とを自覚的に問題としてとりあげ、水も漏らさぬ論理のたたみあげによってそれを「論証」しようとした最初の人は梅園であった、といってよいのである。しかも彼はいう、
それ気は物を離れず、物は気を離れぬものに候。古人、天地未成以前、溟濛《めいもう》混沌たる気のみあるように説きなせしは、気を知らざる故に候。故いかんとなれば、物はなくただ気のみはあること能わざるものに候。火といえば焼るもの其の中に発し、焼るといえば火その中にあるが如し

（『梅園全集』下一〇八ページ、三答多賀墨卿）。

気物とは、梅園哲学の基礎概念の一つである「気物性体」の気物である。明治以前わが国において、真に哲学的精神につらぬかれた文章の最高のものと称される「多賀墨卿にこたふる書」に、

天地かくの如く紛々擾々《ふんぷんじようじよう》として物多き様に見え候えども、ただかたちあるものひとつ、かたちなきものひとつ、此外に何もものなく候。其のかたち有るものを物と申し、かたちなきものを気と申候（岩波文庫『三浦梅園集』一八ページ）。

という、その気物である。気物は、梅園の反観合一の論理でいう「偶」の関係、つまり「対して相反す、反するに因て一に合す」る関係にある（同上、一六ページ、逆に一はかならず相反するものの合一としての一である）。梅園の哲学も気一元論、あるいは元気一元論とでもいうべきものであり、物の由来も「気あつまれば物結ぶ」ものであったこと、朱子のばあいと異るところはない。この考え方を朱子風な宇宙進化論として展開することは、不可能なことではなかったはずである。それがそうならなかったのは、余りに静的な論理主義と対称《シンメトリ》主義の世界観（シェマティズム）が、それを許さなかったのであろう。反観合一の論理の要請するところ、気と物（朱子的にいえば物は気に対して二次的な存在であるはず）とは、同時かつ対等のものとして措定されざるをえず、そのように措定された以上、「気すでに有無すべからず、物なんぞ独り始終せんや」（『贅語』天地帙下の末尾、『全集』上三四〇ページ）ということになるのは、当然の帰結である。前段は、気においては有より無へ、無より有への転化はありえない、という意味であって、朱子にとっても異存のありようはあるまい。しかし後段は、たといそれ

が「気候大いに変じ、山現われ地陥るの変あらんも、亦《ま》た知るべからず、……人物草木また或いは其のゆくゆく変ずるも亦た測るべからず、然り而して天地は未だ嘗て滅びざるなり」と詳説されたとしても、それを肯定することは朱子には、おそらく絶対にできまい。朱子においては、理論上、天地も亦た崩壊するときがありうるはず、なのだからである（なお、この点については、吉川幸次郎・三浦国雄『朱子集』中国文明選二四五ページを参照）。

以上をもって小文を終る。『贅語』の上引の箇所には、ほとんど郭象の『荘子』注（拙著岩波新書『朱子学と陽明学』六ページ参照）をおもわせるような議論が見られること、ひいては故梅本克己氏の、梅園のような見地からは運動の論理は出てこない（岩波講座哲学『日本の哲学』一〇〇ページ）という説、および柳沢南氏のそれに対する反論（『群馬工業高等専門学校研究報告』第九号「三浦梅園の自然哲学」、のち『東洋物理論研究』第一号に転載）などをも、とり上げるつもりであったが、これは物理的にいささか無謀であった。

武内博士の学恩

わたくしは、生前の武内博士を存じあげない。京都大学の東洋史の学生（昭和十三年入学）として三年、その後も断続的ながら京都に在って勉強していたのであるから、あれほど京都の学界と密接であった博士を、よそながらでもお見かけする機会が一度くらいあってもよさそうなものと、何か不思議な気もするが、したしくその風貌に接した記憶は全然ないのである。

謦欬に接することこそなかったが、その御著作からは、学生時代以来、深い恩恵をこうむっている。だいいち、『論語』というものを始めて通読したのは、博士の訳注にかかる岩波文庫本によってであった。いまも手もとに残っているその本は、昭和十五年三月一日第十刷、つまり大学二回生の春休みに読んだのである。その前年、『論語之研究』が出て、専門家の間でのみならず、一般読書界においても、大変な評判であった。わたくしも早速一本を買いこんで、遮二無二、かじりついた。それは文字通りかじったにすぎないのであって、どれだけその内容をアプリシエイトしたかは、もちろん、疑わしい。しかし、学生時代の「新刊書」のうち、今も読後の感激をありありと思い出せるものとしては、宮崎市定『東洋における素朴主義の民族と文明主義の社会』とならんで、本書はその尤なるものである。そして、その延長として読んだのが、文庫本『論語』であったのである。両書における訓読は、中学校の漢文教科書で習ったものと、しばしば、ひどく相違していたが、それも純学術的な高級品の証拠という感じで、むしろ快かった。述而篇の「五十以学易可以無大過矣」を「五十にして以て易を学べば」と読まないで、魯論では「易」字が「亦」字になっていることを根拠に「五十にして以て学ぶも亦た……」と読む読み方は、和辻哲郎博士の『孔子』がそれを引用して以来、もっともポピュラーな話題となっていたように思う。いま考えると、はやくこの説は本田成之博士の『支那経学史論』(昭和二年)にも紹介されていて、必ずしも武内博士が最初というわけではない。「支那哲」の連中には、別に珍しくもない常識であったのかも知れない。しかし「東洋史」の学生たるわれわれは、博士によって千年の蒙をひらかれたようにうれしがって、しばらくはその話題でもちきりであったように記憶している。『論語』のほか、『孟子』(十一年、小林氏と共著)、『老子』(昭和十三年三月)、『孝経・曾子』(十五年七月)、『学記・大学』(十八年十一月、以上すべて岩波文庫)、みな博士の校訂訳注本でまず読んだ。もっとも、博士のこれらの訳注本が、初学者用の読本として適当であったか否か、多分に疑問である。だいいち訳注と銘うちながら、いわゆる注の部分は本文校訂に関するものばかりで字釈、訓釈の類はほとんど見当らず、無愛想なこと夥しい。底本とせられたテキストの点でいっても、『老子』が河上公注本であるごとき、初学者むきどころの話ではない。その点、その頃いくらもころがっていた受験用の四書や『老子』の注釈書の方が、まだしも「役に立った」のではないかと思う。博士のそれらの「訳注」を通読しながら、わたくし自身そのロス(?)は充分に感じていたと思う。

にもかかわらず、当時すでに後悔の念は全然もたなかったのは、漢文といえばつねに道学先生風な通俗説教とコミになっているもの、という通念から無縁であるという絶大な魅力のほかに、博士の訳注書は、何よりもまず純粋「学術」の香を嗅がせてくれたからであり、青年の理想主義は、それを最もよろこんだのである。そして、そのような体験は、わたくし一人のものではなかったであろう。

そのころ博士はつぎつぎに書物を出され、名声はかくれもなかった。昭和十年代、学問的生産活動のもっとも旺盛であった支那学者としては、指をまず博士に屈すべきではなかろうか。詳しく調査したうえのことではないが、漠然とそういう感じがしている。わたくしの書架には、既にあげたもののほかに、なお『老子原始』『老子と荘子』『老子の研究』『諸子概説』『支那思想史』『儒教の精神』『易と中庸の研究』の七冊があるうち、『老子の研究』が昭和二年初版を十五年にあらためて改造文庫に入れられたのであるのを数えないとしても、おわりの四冊はそれぞれ、昭和十年、十一年、十四年、十八年の刊行で、岩波文庫本とあわせて眺めると、昭和十年代の十年間は、ほとんど一年一冊というにちかい。しかもそれがみな、新書版の『儒教の精神』をもふくめて、がっちりした学問的労作なのである。

博士の著作から受けた恩恵ということで、さきには、中国古典通読の機縁を与えられた点を挙げたが、それにもまして大きな恩恵は『支那思想史』である。この本は一九三八年四月二〇日、つまり昭和十三年、大学入学と同時に購入した。いまでは背表紙はとれかけ、綴じ糸はゆるみにゆるんで惨憺たる状況を呈している。つまり、それほど此の本には御厄介になったのである。本書の特徴はすでに周知のところであるから、事あたらしくいうまでもない。また、今日の時点ですれば、欠点はいくらでも指摘できるであろう。殊に「清学の推移」の章のごとき、いかに概説とはいえ、今日それに満足するものは一人もあるまい。しかしながら、道教、仏教にまで充分に眼くばりをきかせるという、中国思想史の概説としては今日ではあまりにも当り前で、今さら言い立てるのも気はずかしい位な一事についてのみ見ても、本書以前、すくなくともわが国において、このような規模のものは存在しなかったのである。その点本書は思想通史に一新紀元を劃したものであり、清新の気のあふれるものであった。武内博士といえば考証学的専門著述のみをあげるのが常であるが、本書のごとき、やはりその代表作のうちに数えてしかるべきではあるまいか。

博士から受けた学恩として、最後にいまひとつ逸するにしのびないのは、日本の、とくに徳川時代の儒教思想史についての示唆、すなわちそれを「忠信（つまり信）から誠への展開」（『易と中庸の研究』附録「日本の儒教」）と見る見方である。この説は当時、わたくしに非常に深刻な印象をあたえ、その印象はながく消えることがなかった。それで戦後、博士のこの示唆から出発して書かれた相良亨氏の『近世の儒教思想』（昭和四十一年）に接したとき、何だか出し抜かれたような感じがしたことを覚えている。戦前の徳川儒学史研究において、このシェマの提示のごときは、やはり大きな貢献として可なるものと、わたくしには、思われる。

似つかぬ弟子

吉川先生の文章のなかで「似つかぬ弟子」という言葉が、私の記憶するかぎり、二度ほどつかわれている。一は胡承珙《こしょうきょう》に対する魏源《ぎげん》、一は兪樾《ゆえつ》に対する章炳麟《しょうへいりん》——と、ここまで書いて、ふと不安になって『人間詩話《じんかんしわ》』をしらべてみたら、後者の方は私の思いちがいであったらしく、言葉としてはそのままには出てこない。どこか他の文章であったかもしれない。いずれにしても、魏源や章炳麟をもち出すのは身の程しらずのかぎりであるから、その点はどうでもよい。私が吉川先生に対して甚だ似つかぬ弟子であることはまぎれもない事実で、よそ目には定めし目ざわりなことと心中つねにジクジたるものを感じているのである。

まず、一般的な意味での学問的力量の似つかなさ、これは頭から問題にならない。また先生が経学・文学の畑であるのに、私は東洋史（中国史）の出身であり、今日までずっと東洋史家として通してきた、という点も、大したことではない。だいたい、このような学科区分は便宜的なもので、中国伝統のいわゆる史部の学という意味での史学では、いまだに先生に頭があがりそうもないが、ありがたいことには今日のいわゆる東洋史学は完全に面目を一新しているので、だいぶ息がつけている。

より大きな似つかなさは、しかし、先生が京都支那学の伝統を忠実に継承して清朝の学問に心折せられるのに対して、私があくまで明学《みん》を執っている点にあろう。敢ていえば似つこうとしなかったのであるが、しかしそれは決して単純な反撥というようなものではなかった。いまその経緯をかたるならば、次のごとくである。

私が先生の主宰される東方文化研究所経学文学研究室に助手として採用されたのは、昭和十八年四月であったが、而来、毎週の『毛詩正義』の会読、『元曲選』の会読、文学部での韓退之文集の講読、その一回一回は驚異の連続であった。否、感激の連続であった、という方がむしろ正しい。なるほど、これが「本《ほん》をよむ」ということなのか。清朝経学風に「本をよむ」とは、こういうことだったのか。——ここに「本をよむ」とは、狩野直喜《かのなおき》博士が西田幾多郎博士追悼文で、西田君が思索と読書とを二途としたのは読書のみを業とする自分には奇異に思えた(取意)、といっていられるその「読書」である。そのころの研究室のことは、第十一巻の月報に先輩の小尾郊一氏がすでに書いていられるので省略するが、ともかく「考証」学という言葉からいつしか私の作りあげていた清学に対するある種のイメージ、何かしら本質的な意味で dull なものというイメージは、いまや大幅な修正を余儀なくされざるを得なかった。もっとも、当時の私の水準たるや、研究室に顔を出した最初の日、先生との談話の際、唐の『毛詩正義』を清の焦循《しょうじゅん》の『孟子正義』と徹頭徹尾とりちがえて相づちを打って先生を当惑させた、という一事によっても察しがつく底のものであり、しかもその『毛詩正義』こそ、助手として私がその校勘工作を担当すべき当のものであったのだから、先生もさぞびっくり、がっかり、されたことであろう。ともあれこの東洋史家がいまや猛勉強を開始したのは、その雪辱のためであるよりは、より多くさきに言った感激の故であった。

にもかかわらず、そういう清朝風の学問を自分の生涯の仕事としようという気持になったことが、唯の一度もなかったのである。先生がその考証的論断を神の如しとたたえられた銭大昕のごとき、その史事を論じ人物を論じた文章は、まるで横丁の御隠居のコタツ談義ではないか。はやく数年まえ、大学四回《ママ》生のとき、ただ何となく手にした岩波文庫本・王陽明『伝習録』が私を感動させ、とらえ、私の学問のコースをはっきり決定してしまっていた。一方で清朝風な経学を追跡することに熱中しながら、他方、明学にとらえられつづけている——我ながらその辺の筋道がよくのみこめないが、とにかく事実はそうであった。もちろん私の立場はあくまで史家のつもりであったが、然しそもそもの由来がああいう風であってみれば、大なり少なり陽明学風、明学風な風気の乗りうつってくることも、やむを得ない。空疎なくせに自信ばかりつよい、手のつけられぬ議論だおれの観念論！　似つかぬといえばこの点がいちばん似つかぬであろう。吉川学のいわゆる実証主義がはたしてその標榜のごとく清学のワク内におさまりきるものかどうかは別問題、ともかく私がジクジたらざるを得ないのはまさにこの点にかかっている。だが、如何ともしがたい。

先生は、もちろん、すすんで指導されたことはない（先生の『王文成公全書』は相当多くの部分に点がうってあったのを親しく見たことがある）。しかし同時にまた、にがい顔をされたり、皮肉をいわれたりしたことも、一度もなかった。第一、似つかぬ弟子としては、一足さきに、安田二郎氏がいられた。

安田氏も研究室員としての担当はやはり『毛詩正義』であったが、出身は西洋哲学であり、朱子学研究史上紀念碑的とも称すべきかの二つの論文「朱子の気について」「朱子の存在論における理の性質について」を既にかいて、このころは戴震《たいしん》『孟子字義疏証』の訳注に努力していられた筈である。一年後には、私とおなじ東洋史家、しかも私などよりずっと本格的な東洋史家・布目潮渢氏も、東京から来られた。しかし御ふたりの学問は私のように無軌道学ではない。私はやはり、うしろめたさを感じつづけざるを得ない。

何だか一身上の弁明みたいなことをくどくどと述べているうちに指定の紙幅はあっという間に尽きて、似つかなさの最大のものに触れる余裕がなくなってしまった。決定的な似つかなさとして私が挙げたかったのは、私には（私どもにはと言ってもいいかも知れない）いまいましくも牢固として抜きがたくあることを認めざるを得ないヨーロッパ・コンプレックス、横モジ・コンプレックス、というものが、先生にはまるで存在しないらしいことである。たとえば、中国の哲学や思想をあつかいながらも、それを論文にしたてるに当っては、やはりデカルトとかヘーゲルとかをこっそりのぞいて見なければ、何か不安でたまらない、というふうな心理、それが先生には、よくもわるくも、まるで無いように思える、そのことである。この点は、展開のしかたによっては、ずいぶん大きな問題をはらんでくると思われるが、今はこれまで。

無　題

私は、京都大学東洋史の学生としては、那波利貞、宮崎市定先生の学生であるから、桑原博士に対しては、歿後の孫弟子ということになる。博士を知っているのは、主としてその論文、著書を通じて、にすぎない。

桑原博士の著作は、実証の堅牢さを以て有名である。むかし朱子は程伊川の「性即理」と張横渠《ちょうおうきょ》の「心は性と情とを統《す》ぶ」の二テーゼを「顚撲不破」と感歎して、自己の哲学の基本定理にすえた。哲学と実証学との相違はあるが、「顚撲破らず」の語は、以て桑原博士の業績のうえに移すことができるであろう。

もちろん、それは、博士の著作にいささかの破綻、異論、も見いだせぬ、という意味ではない。もっとも明白には政治論、たとえば「国際間の驕児としての支那」（全集第一巻）のごときには、今日、大いに反論がありえよう。しかし、その点は今さしおくとして、その本領とせられる狭義の学術論文について探して見ても、往々やはり、アラはまぬかれがたい。些細な例をひとつ挙げるならば、本巻所収のごく初期の論文「明の龐天寿よりローマ法皇に送呈せし文書」のうち、宦官龐天寿《ほうてんじゅ》の肩がき

「提調漢土官兵・兼理財催餉・便宜行事」を釈せられた際、

漢土官兵とは韃靼に対せし称呼なるべしと推すれども明解を得ず。キルヘルス氏のラテン訳には……広西の諸将校の統御者の義とせり。愈〻了解し難ければ、しばらく疑を存す。

と当惑していられる箇所（本巻三九五ページ）のごとき、今日では少くとも大学院初年級の学生ならば、何の造作もなくすらすらと読みすすむところであろう。漢土は漢と土、漢は漢人、漢民族の漢、土は土司の土、現地の少数民族、つまり漢土官兵とは漢官漢兵・土官土兵の意。要するに東洋史学は、博士以後、それだけ進歩したということである。とくに古典漢文とちがう官文書の研究など、飛躍的に進歩した。――もちろん、博士三十歳の作にすぎぬ、そして博士じしんが不備を率直に告白していられる。この論文をとりあげるのはあまり適当ではない。ただしかし、堅牢無比の博士の実証主義も、実は、こういう模索のくりかえしによってたたみ上げられていったものに他ならないことを知ることは、われわれにとって、多少の慰めと大きなはげましにはなるであろう。

中国史の研究者としてかならず先ず一読しておくべき文献如何、こういう質問を時々、学生から受けることがある。そんなとき私は、きまって次の三種をあげることにしている。

小島祐馬「支那古代の社会経済思想」（昭和十一年岩波講座『東洋思潮』いま同氏『古代支那研究』所収）

桑原隲蔵「歴史上より観たる南北支那」（全集本巻所収）

同　「支那の孝道殊に法律上より観たる支那の孝道」もしくは「支那の古代法律」（『支那法制史論叢』すなわち全集第三巻所収）

もちろん、挙ぐべきものがこれ以外にも数多くあることを、知らぬではない。たとえば内藤湖南。湖南の「応仁の乱について」のごときは史学的短篇中の絶品と称すべく、なかでも「日本の歴史家は深刻な事を平凡に解釈することが歴史家の職務であるように考えているようです」という一段など、何度よんでもそのたびにゾクゾクッと来るほどなのであるが、しかし何といっても日本史畑の論文であるし、それに、たとえ中国史関係のものでも、今の場合、天才的奔放さといわんよりは多少とも概論的、提要的な律気さ、周到さ、というものの必要を考慮しているのである。この三者は自分でも何度読んだかしれず、また人にも何度すすめたか知れない。もっとも、第二のものを必読とすることは敢て異とするに足りぬ東洋史学の常識であるから、私のミソは第一と第三とにある。私はこの二種を専門の中国研究者に対してのみでなく、専門外の一般知識人にも、質問をうけるごとに、すすめてきた。そしてそのたびに感謝されたように思う。難点は両者とも、返り点つきとはいえ生《なま》の漢文がそのまま引いてある点であるが、絶対の障害という程ではない。小島博士のものは、「支那古代」と題するとおり儒教や諸子百家を中心とするものの、必要に応じて後世にも及び、清末の龔自珍《きょうじちん》、康有為《こうゆうい》、譚嗣同《たんしどう》などにもふれる。限られた角度からではあるが、社会科学風な中国思想概論としてずばぬけており、例の有名な『中国の革命思想』とあわせて、小島博士の代表作と称してよい。

それに対して桑原博士のものは、これまた全面的とはいえぬにしても、本質的な面について周到精密な、卓越した中国文明原論と称することができる。いったい博士の論文は、その実証一点ばりである点において極度に専門的であり、局外者には容易に近づきがたいものと思われているようであるが、それはむしろ誤解である。「支那の古代法律」は一般むけの講演であるから特別としても、そのほかの論文も、一々の事実にはそれぞれ懇切丁寧な解説がほどこされていて決して高飛車でなく、ただ引用の漢文がよみくだし文にしてないという点を除いては、一般読者をよせつけぬものでは決してない。「支那の古代法律」の原型ともいうべき論文「支那の孝道」もまさにそのような一篇、否、東洋史学者の書いた専門論文で、これほど一般的にも興味津々たるものはあまり無いのではなかろうか。応接にいとまないほど次ぎ次ぎに提示され、且つ懇切に解説されるわれわれ今日のとは異種の風俗、法規、史実、それに加うるに、ここでの博士は「支那ぎらい」どころではない、儒教文化に対する満腔の同情者、共感者、弁護者である。冷徹をもって鳴る筆端が、しばしば、はげしく熱をおびる。やがて次回には配本されることであるから内容の詳細を紹介する必要もないと思うが、ともかく「支那の孝道」（または「支那の古代法律」）は古典的中国文化、つまり儒教が支配的であった時代の中国文化、へのイントロダクションとして最高のものの一つであると思う。わが国で過去の中国を論ずる場合、どちらかというと君臣関係に比重をかけて論ずる傾向がある。つまり社会としてよりも国家として見ようとする傾向がつよい。武士道徳と習合した徳川朱子学、明治以来の天皇制国家主義、そんなものがわれわれの中国理解、儒教理解の方向を深い無意識のところで規制している。それから免れるのは、とくに首尾一貫して免れるのは、容易なことではない。たとえば「大義名分」という語は、儒教とくに朱子学のお題目のように頭から考えられている。私は中国の書物をよむ場合このことを絶えず意識して注意を怠らなかったが、今日までのところ、この四字にゆきあったことは唯の一度もない。大義と名分とをきり離した場合も、必ずしも君臣の間にのみ言うのでない「大義親を滅す」（『左伝』）のごとき成句のほか、「君臣の義」（五倫の一）は極めて普通であるが、「君臣の大義」という風な表現は殆ど見たことはないし、「名分」二字にいたってはきわめて普通の語で、特に君臣の名分にのみ限られるものではない。要するに「大義名分」「大義」「名分」どの言葉も、中国では、日本でいうような意味に排他的に用いられてはいないように思われる。これは単に言語の上のことにすぎないが、ともかく桑原博士のこの論文は中国儒教文明の公正な理解のための何よりの手がかりとなるであろう。

そのほか、これは「支那の孝道」におけるのみではないが、博士がコンテンポラリイな中国の動向につねに関心をもち、学報の類はもとより、中国の一般の雑誌、新聞にもひろく眼を通していられたらしいことは、当然といえば当然のことながら、やはり注目に値する点であろう。しかし、いまは説かない。いまはただ、「支那の孝道」を一般知識人に推薦するのみに止めて、この稿を終ることにしたい。ちなみに言う、この論文は引用の漢文をよみくだしにし、言葉づかいを多少平易にして、「カルピス文化叢書」（カルピス本舗発行、無料）の一冊として、最近、単行されている。私は以前、「支那の孝道」と小島博士の前記の論文とを新書版か文庫版に入れることを一、二の書店にすすめてみたが、ただキョトンとした顔をされるのみであった。

私の内藤湖南

これまでこの月報に執筆せられた諸氏は、いずれも湖南博士の直接のお弟子たちばかりであったが、私はそうではない。博士の逝去の昭和九年、私は遠隔の地でまだ中学生であった。要するに私は、孫弟子以外ではない。博士の著述は、それが刊行されたものであるかぎり、清朝書画譜、満州写真帖などをのぞいて大ていみな架蔵し、一度は通読しているつもりである。『涙珠唾珠』のようにどうしても入手できず、数年前、ついに写真焼付をこしらえて製本したものもある。しかし生前の博士を知り、その数々のエピソードを披露するという特権は、私のものではないのである。月報の執筆者としては、いささか分がわるいといわねばならない。

湖南の著書のうち、好きな本という点でいえば、一番すきなのは『日本文化史研究』『先哲の学問』など日本関係のものである。なぜなら、自分の専門外の分野なのであまり勉強の意識なしに気らくに読むことができ、しかも専門に対しても無量の示唆をうることができるから。思いなしか、博士その人の筆致も語りくちも、中国関係の場合よりも伸びのびしており、しばしば口をついて出る皮肉も、格段によく効いているように感ぜられる。時には学術論文だということを忘れさせられることすらある（たとえば「応仁の乱について」）。新井白石に対する皮肉な見方も、あまり白石ファンでない私にはかえっておもしろいし、山崎闇斎論もおだやかながら警抜で、凡百の闇斎論の間にあって独特の地位を占めているように思われる。平田篤胤の『俗神道大意』という本を教えられたのも博士からであり、それが余りに面白かったので次からつぎへ篤胤を読みあさり、思いもかけぬ益をうけた。卒業論文に富永仲基『翁の文』に言及したのも、博士じこみのネタである。実際こうして考えてみると、私の日本関係の知識はほとんど全く『日本文化史研究』や『先哲の学問』それに『近世文学史論』の類から来ているような気がするくらいであるが、ただひとつ恨めしいのは、博士がついに三浦梅園論をのこさなかったことである。「之を前輩（内藤恥叟）の言にきく、三百年間、其の一毫人に資る所なくして、断々たる発明の説を為せる者、富永仲基の『出定後語』三浦梅園の『三語』山片蟠桃の『夢の代』三書是のみ」（『文学史論』）と称揚し、事実、富永と山片の二人については文章や講演筆記をのこしているのに、ひとり梅園に対してのみはついに何も残さなかった。明末清初の自然学思想との関連からかねがね梅園に関心を寄せている、そして最近同志諸氏と梅園の書の会読をはじめてつくづくその難解をかこっている私としては、残念とも恨めしいとも言いようがないのである。

しかし、いじましい話であるが、それらは要するに私には専門外の領域である。専攻の中国関係となると、いわゆる宋以後近世説はいま別として、何といっても『支那史学史』の恩恵が莫大である。この本ばかりは中味も外観も、きわだって汚れている。今度の全集本では伊藤道治氏の御努力で、詳細な索引が加えられたので、これからは一層頻繁に御蔭を蒙ることであろう。

もっとも『支那史学史』は、必ずしも物識りになるための本ではない。それは単なる余恵というもので、見どころがむしろその識見にあることは、誰しものいう通りである。その「清朝の考訂旧史の史学」に云う、

清朝の学者は明の理学を空疎であるとて攻撃するが、空疎であつても理論を知らねば理学は分らない。考証さへすれば学問になるといふのであれば、大して学問の素養のない人でも、例へば富豪の子供などで本を読み得る暇さへあれば、本を校正して学者の顔をすることができるので、これが永く続いた。故にかかる著述は校正してもそれが皆正確とは云へぬ。校正者の頭によつて定まることであるから分別する必要がある云々。

私のように面倒な考証の苦が手なものにとって、そして少なからず明学びいきの者にとって、これはまた何という有り難い御託宣であろう。この一段と、例の「応仁の乱について」(『日本文化史研究』のなかの、日本の歴史家というものは深刻な事柄を平凡に解釈することを職務と心得ているらしい(全集第九巻一三六ページ)という一段とは、湖南のうちでも私の格別に好きな、好きで好きでたまらぬくだりである。

二十年まえ、『史学史』を手にして一番おどろいたのは、その中に「李贄の史論」という一章が、この章名はもちろん編者の加えたものであるが、すでに立てられてあったことである。しかも、明代関係の諸章のうち、もっとも多くのスペースが割かれている。『史学史』の底本となったのは大正八、九、十、十四年の講義ノートというから、この部分はおそらく九、十どちらかの年度であろう。今は

その内容を知りえない大正三、四年度講義においても、或はすでに言及されていたかも知れない。つまり大正年間すでに京都大学の講壇では、まともに扱うべき重要な題目の一として李卓吾がとりあげられ、講ぜられていたのであった。中国で李卓吾再評価の口火をきった例の呉虞《ごぐ》の「明李卓吾別伝」は、民国十年十月刊の『呉虞文録』所収、つまりやはり大正十年。最近のはなばなしい李卓吾再認識を思いあわせるならば、このことは、有名な章学誠《しょうがくせい》顕彰（ただし、中国人もそれによってはじめて章氏の存在に気づいたという伝説はオーバーだが）にも劣らぬ学問史的事実といってよいのではあるまいか。

ところで、博士の李卓吾論はこれが最初ではない。さらにさかのぼって『目睹書譚』所収「読書記三則」、その最後の一則「李氏蔵書」という文章がある。まだ新聞記者時代、明治三十四年八月、三宅雪嶺、志賀重昂や陸羯南の主宰する雑誌『日本人』にのせられたもので、さいわい今度の巻に入っているることであるから、あらためていちいち引用する必要はあるまい。「但だ此は激薬の若し、以て常食とはすべからず」と結んではあるが、当時の漢学的教養の一般的雰囲気との対比において考えれば、この「古今未曾有の過激思想家」（『史学史』）に対するほとんど全面的肯定である。全集第十巻月報の神田喜一郎先生の語を借りれば、「喧嘩ずきの暴ん坊」に対する全面的弁護である。戦後、李卓吾がわが国でクローズアップされはじめたころ、「進歩的」諸学者がいっせいに努めたのは、その意義を割引しようと躍気になることであった。旧中国にそんな思想家がいる筈がない、という例の高飛車な発展段階説的、法則主義的きめつけが多分そうさせたのであろうが、私にはどうもジャーナリスト内藤湖南の感覚の方がだいぶ健康であったような気がする（私が『目睹書譚』〈昭和二十三年刊〉を手った）。

にしたのは、ある事情で、大分おくれた。それで私の最初の李卓吾論では、残念ながら言及することができなか

閑話休題。今日の李卓吾の復権が博士の文章や講義から直接くるのではなく、やはり中国における李卓吾再発見、再評価の流れに由来するものであることは、残念ながら否定できない。ただその場合も、再発見のそもそもの端緒はやはり日本であったのではないか、そして湖南もそれに一役買っているのではないか、という疑を、私はもっているのである。すなわち、明治二十九年にはじまる清末の留学生（それは必ずしも今日の意味での学生のみではなく、すでに学者と称してよい壮年者もふくまれる）が、ことに民族革命的意識を抱いていた留学生が、日本で「思想家」李卓吾を再発見したのではなかろうか。吉田松陰崇拝は彼らのあいだに普遍的で、松陰の遺著は争って読まれた。さらにまた、松陰と、南洲など明治維新の志士たちはみな陽明学の徒であったという伝説も一因となって、陽明学再認識も清末知識人のあいだの新機運であった。言論界の雄・三宅雪嶺の『王陽明』（明治二十六年、陸羯南の跋文を附す）も読まれたであろう。吉田松陰がもっとも傾倒したのが李卓吾であり、明治に入って最初に李卓吾を顕彰したのがこの羯南の跋文であった。私の知るかぎり、中国における李卓吾再発見の歴史は、革命主義的国学者の雑誌『国粋学報』第一巻十一号（わが国では明治三十八年）に「答焦弱侯書」、焦弱侯「李氏焚書序」の二篇が再録されたのに始まるが、その鄧実《とうじつ》の附記の言葉の中には、あきらかに私の推測を助けるものがある。がんらい李卓吾はわが安藤昌益とちがって、完全に忘れ去られた思想家ではなかった。陽明学のいわゆる「横流」を述べるに際して、遂に李卓吾のごとき放縦無

頼の徒があらわれるに到った、と慨歎して結ぶのは清朝以来の定型であった。極度に否定的な評価が一定していた点では墨子の場合と似ているが、ちがうのはその書が禁書リストに列せられたことである。禁書に指定せられたといっても、乾隆ごろまではまだ案外読まれていたのではないかと思われるふしも無いではない（朝鮮の朴趾源『熱河日記』）。ただ清末の中国に於いてはその書はほとんど存在を知られなくなってしまっていたらしいこと、確実である。いわんや、李卓吾を思想家として評価しようとする、試みなど、清朝を通じて絶無といってよい。羯南ののち八年、『国粋学報』に先だつこと四年の湖南の文章もまた、かならずや心ある中国留学生の眼にふれ、李卓吾再発見の一つの機縁をなしたであろうと想像することは、決して根拠のないことではないのである。『国粋学報』創刊の辞は「三宅雄二郎、志賀重昂らの雑誌」に触発されたことをはっきり告白している。

かくて私としては、湖南先生に対して衷心より感謝の意を表明すべき充分なる理由がある。『目睹書譚』や『史学史』に接するまでは、私は絶えざる自責の念にさいなまれていた。清朝考証学の牙城たる京都の地において陽明学を修めるさえあるに、あろうことか放埒無頼、かの進歩的学者からすら も社会性も創造性もなく、ただ恣意と頽廃あるのみと評し去られるごとき李卓吾の輩にうつつをぬかすとは、何たるバチあたりか。これが私の絶えざるうしろめたさ、コムプレックス、であった。然るに見よ、見よ、京都シナ学の開山大師たる湖南先生は、終始一貫、李卓吾を評価し、李卓吾の学問を顕彰していられるではないか。つまらん考証学より明の理学の方がましだ、とおっしゃっているではないか。私たるもの豁然大悟、安心立命の心境に達しないでいられようか。先生が御存命であったら即座に私を一番弟子にとりたて、為がきの軸の一本ぐらいさらさらと書いて下さるに相違ない。私はしんじつ、そう思っている。

宮崎史学の系譜論

長野県飯山市は平成四年一月、宮崎市定先生を名誉市民（先生の郷里秋津村は今は飯山市内）に選んだ（以下、敬称を省略）。市はその事を紀念するために宮崎を招いて講演会を計画したが、何分にも九十歳を超える高齢の上に、体調を崩してやっと危機を脱したばかりという時であった為め、私が代役をつとめるよう仰せつかったのは、やむを得なかった。次いで飯山市から私への註文は、テーマは成るべく宮崎先生の学問の解説といった風なものを願いたいと、これ亦た、まことに尤もな御申出である。かくて一九九三年十月十六日、飯山市の市民会館において、「宮崎市定先生の歴史学」の題目のもとに、百八十人ほどの聴衆を前にして、しゃべった。私の前に市長が登壇して「本日は当公民館が「ゆきぐに大学」を開講するに当り云々」と挨拶したのは、つまり連続文化講座の第一回を宮崎の講演ではなばなしく飾ろうという思惑であったらしい。

だいたい私は講演を余儀なくされたときは、要旨（レジュメ）をあらかじめプリントして聴衆に配布しておき、それに依りながら話をすすめるのが例である。というのは、私の話はうまく時間内に収ったことは殆どなく、大抵は尻切れで終ってしまう。時には、言い残しがひどく未練に感ぜられることもあった。それで何時の頃よりか話のレジュメをあらかじめ配布しておき、たとえ途中で終ってしまっても、大体の構想はあとで各位に脳中で再現してもらえるようにしたのである。もっとも最近では、今度はそれが裏目に出て、あくまで講じ了ろうという意気ごみが薄れる気味があるらしいのは、我ながら遺憾といわざるを得ない。――ところで、当日私の配布したレジュメは、次のごとく始まるのであった。

先生の学問の前提として京都学派について（但、現にその学派中にいる人間の話すことなので多少の我田引水あるやも知れず、御海容あれ）。文科系学問で京都学派と呼ばれるもの二あり（戦後のいわゆる新京都学派はまた別）。一は哲学（西田哲学、西田幾多郎（及び後継者田辺元）とその門下）。二は中国研究（大学の学科区分でいえば中国哲学・中国文学・東洋史）。雑誌『支那学』（一九二〇年創刊）、漢学的道学臭を排斥、清朝考証学。狩野直喜（君山、歴史でなく中文の、また中哲の教授、遺著は筑摩やみすずなどより間歇的に刊行中）。正確な読書力（漢文読解力）、和習をきらう。内藤虎次郎（湖南、東洋史の教授、筑摩より全集十四巻）、天才的な論断、時代区分論（漢代以前が古代、六朝隋唐が中世、宋以後が近世との説、京都学派中国史の最大の特色）。桑原隲蔵（東洋史の教授、岩波より全集五巻・別冊）、堅牢無比の実証主義、「東洋史」的視野（『蒲寿庚の事蹟』）。宮崎先生はこれらの何れをも承けている、但、中国のめり込み的なところ全く無し。

レジュメはこの次に「宮崎史学の特色」として、思いつくままに十カ条（!!）ほどを列挙したのであるが、果せるかな、気がついた時には肝腎のその部分に立ち入る余裕は全然なく、けっきょくレジュメ末尾のトピックスの部分に挙げた「中国に於ける奢侈の変遷」（全集十七巻）、「身振りと文学——史記成立についての一試論——」（全集五巻）、「東洋のルネッサンスと西洋のルネッサンス」（全集十九巻）、「雍正帝——中国の独裁君主——」（全集十四巻）などをざっと一瞥して、宮崎史学の「面白さ」を「伝授」するにとどめたのであった。本当は『中国史』のはじめの方に掲げてある「世界史略年表」（全集一巻十八ページ）を取り上げて説明を加えるのが「宮崎史学入門」として最善の方法であろうと思ったのであるが、ただその場合は大なり小なり専門史学的な色彩が強くなりすぎ、私の力量を以てしては一般聴衆の興味をうまく引きつけられそうもない、それでやめにした。『月報』十九（全集十七巻付録）の伊東俊太郎「非ヨーロッパ史における「近世」と「近代」」は、私の意図するところとはちがうが、この年表について論じたものである。

ところで私がいま当日配布のレジュメを引用した箇所は、要するに宮崎の学問の系譜論であるが、実はこの箇所の下がきを作るとき判断に非常に苦しんだ点があって、結局あまり要領を得ない書き方でお茶をにごしてしまった。そしてこの何ケ月か、それがずっと気になっていた。そこでその点を取りあげてもう一度考え直してみることは、宮崎史学の理解への多少の貢献になるかも知れないと思って、この一文を草する気になったのである。

宮崎の学問形成の背景としての京都学派が、狩野・内藤・桑原の三教授に淵源したことは、今日では周知のところであろう。狩野教授からは漢文を正確に読む訓練を受けた。中国研究者が漢文をちゃんと読むのはあたり前のことと言われるかも知れないが、それは必ずしもそうでない。当時一般の通念として漢文というものはすらすらと訓読《くんどく》できさえすれば、つまり訓《よ》みが下《くだ》りさえすれば、意味はわかっているものと見なしてよい、というのが普通の了解であったらしい。狩野教授はそれを一字一句、助字の一つ一つまで、煩しいまでに正確に読むことを要求したのである。漢詩文の実作演習も多分にその為めのものであったが、史学科学生にとっては任意課目にすぎないそれをも宮崎学生は落伍することなく、最後まで出席し通したという。

狩野に関していま一つ注目すべきは、その清朝の官制に対する蘊蓄である。何しろ狩野は、法律の専門家たる織田万博士とともに、明治期日本の中国研究の一大モニュメントたる『清国行政法』編纂の中心メンバーであったし、『清朝の制度と文学』「清朝の地方制度」などの名篇もある。宮崎の中国史学の一特徴たる官制・制度に対する確乎たる史的把握というものがここに淵源することは言うまでもない（私が三年生（当時は最高学年）のとき聴いた宮崎の「清朝の制度」という講義がいかに素晴しかったかは、数年前刊行された『京大史記』に既に書いたのでくりかえさない。また、狩野は何といっても史学科の教官でなかったので、次の内藤、桑原とは一応別に考えるべきであろう）。

内藤湖南に対する傾倒は、「京都学派のひと宮崎市定」というストーリーのうち最もよく知られた話柄であろう。そしてその話柄が、今日では通常、時代区分論（いわゆる宋以後近世説）という一点に収斂していることもまた、改めて紹介するまでもない（内藤説については内藤全集八巻「概括的唐宋時代観」、十巻『支那近世史』を参照）。戦後、宮崎がもっとも頑強な内藤説の擁護者として、気鋭のマルクス主義者たち、いわゆる歴研派——会派でいえば「歴史学研究会」派、雑誌の名称でいえば『歴史学研究』派。この会と機関誌とは戦前からの継続であるが、戦後、学問世界での諸タブーの消滅とともに科学的歴史学、マルクス主義歴史学を標榜してもっとも精彩ある活動を展開し、多くの青年学徒を引きつけたのであり、そのメンバーの中には京都大学出身の少壮学者も数多かった。この歴研派のセオリーによれば宋は中国の近世のはじまりなのではなく、中世のはじまりなのであった――に対して一歩もひかぬ論陣を張ったことは、われわれの耳目にまだ新しい。実は、戦前においては、内藤の、つまりいわゆる京都学派の時代区分論は、明確な対立者（学派的対立者）を持たなかったといっていい。いわば独りでイキがっていた形なのであるが、戦後のマルクス派史学の盛行が京都派・歴研派（この内には京都大学出身者も非常に多かったことは上述）両者対決の図式を浮きあがらせ、京都学派イクォール宋以後近世説というふうに強烈に印象づけることになったのである。――但、この問題については、今はこれ以上踏みこまないことにする。また内藤湖南といえば、同時代史としての清朝史に対する狩野とはまた一風かわった史論家的、政論家的関心、というものも注目せられるが、その宮崎に対する影響如何という点にも立ち入らないことにする。

問題は実は、次の桑原隲蔵教授である。というより、宮崎はいったい内藤教授、桑原教授のどちらの影響をより多く、より本質的に受けたとすべきか、という問題である。宮崎は「自分を目して内藤史学の後継者にしてしまう」人々のことを懐疑して、「私のやり方は寧ろ桑原博士に近いかも知れない」と言っている（『アジア史研究　第一』はしがき、全集二十四巻）。このことを知らなかったわけでは決してないが、しかもさきのレジュメのなかで私が「宮崎はこれら（＝狩野、内藤、桑原）の何れをも承けている」と煮えきらない言い方をしているのは、この問題に対する私の認識が明確でなかった為めであって、妥当とはいえない。宮崎に対する内藤の影響は従、桑原のそれが主、というふうに明白に改めるべきであると信ずる。それは宮崎がしばしば語り、また実際に手を染めているように、西南アジア史（西アジアとも呼ばれている）に対して、生涯、並々ならぬ関心を持ち、それと中国史との綜合もしくは結合――これこそ桑原が提唱し、且つ身みずからいち早く一八九八年、その美事なモデル『中等東洋史』を提出してみせた「東洋史学」に他ならない――をあくまで目ざしていたからである。そしてその根底には、もしくはその行くえには、世界史というイメージが不断に存在していた。もちろん、個人の能力には限りがある。宮崎は西南アジア史を本格的に修める為めに必要な語学修得の点でその時期を失し、いちいち原史料に立脚する底《てい》の本格的な西南アジア史研究を行なったわけではない。したがって宮崎の史学は東洋史としても世界史としても、結局は、意図としてのそれにとどまったといわざるを得ない。しかし、早く昭和十年代よりの西南アジア史研究の提唱、西洋史学科と提携しての文部省への講座要求のくりかえしは、やがて京都大学における独立の学科としての西南アジア史学科の設置として、宮崎の定年退官以後になって結実したのであった（昭和四十四年）。

ところで、西南アジア史というにつけて、私には忘れられぬ思い出がある。今から十数年まえ、私が東洋史学科の教官であったある年の二月、姉妹学科たる西南アジア史の修士論文試問に陪席を要請せられたことがあった。論文はイランの近代史に関するものであったが、主任教授の本田実信さんが学生と押問答の末、「では君、ひとつ読んでみてくれたまえ」とイランの新聞を渡して声に出して読ませ、訳させられたことがあった。火焔のようなと形容せられるあのペルシャ文字を日本の学生が、まるで英語のリーダーでも読むような調子ですらすらと音読し、すらすらと日本語に訳してゆく、そういう光景を私は生れてはじめて眼のあたりにしたのであるが、その時の異様な感動は今もなお、はっきりと思いかえすことができる。西南アジア史でイラン専攻の学生がイランの新聞をすらすら読む、あたりまえの話ではないか、と笑われるかも知れないが、私はこういう学生が文学部の一隅に現《げん》に着実にそだちつつあることなど、今の今まで夢にも想像してみたことはなかった。そしてこの事実こそ、考えてみれば、まさしく宮崎先生の大きな置きみやげに他ならなかったのである。

〔付記〕現実の達成においては先生が中国史（東洋史に対して中国史）の学者として最高の成果を収められたことは、改めていうまでもない。その面についても論ずるつもりであったが、紙幅が尽きてしまったことを遺憾とする。

なお京都の中国研究の第一世代を代表する学者小島祐馬博士に、次のような恰好の文章がある。一般の眼には触れにくいものなので、長文ながら大部分を引用させて頂くことにする（カナづかいを改めたほか、符号など二、三加工を施した）。私は、京都学派の中国研究がそもそもの発端から、単純に狩野・内藤のいわゆる支那学一色でなく、相い対峙する桑原教授の科学的実証主義をもその内に包含していたことは、学派の成立発展のためには最高にハッピイであったと、しみじみ思うものである。

「〔京大文科〕開設当時の支那学関係の三教授〔狩野・内藤・桑原〕……の一致した意見として、

支那の学問というものは、各部門が相互に関連をもっているから、他と独立して一局部一時期のことを研究するわけにゆかない。されば一局部一時期のことを研究するにしても、先ず一応支那の学問全体に通じた上で然る後やるべきであるというのであった。これがその後京都大学でいう支那学の意味であって、単に支那に関する研究ならば何でもそれは支那学であるとするのとは少しく趣が違う。そこで狩野先生のごときは、文科の講座の構成を現在の如く哲学・史学・文学の三科に大別することをやめ、日本学・支那学・印度学などといったような別け方にして、その支那学科の中で哲学・史学・文学を専攻させるという風にすることを望んでいられた。しかし桑原先生は、学生時代東大の漢文科から東洋史学を独立させた張本人であっただけあって、狩野先生のこの主張には反対であったが、しかし支那学が現行の組織の如く哲学史学文学三科に分属しながら、お互に密接な関連を持して行くことには賛成であって、当時一部の東洋学者のように、古来東洋文化の中心であった支那本部のことなどは少しも知ろうとせず、塞外の一地域のことばかり専心に研究するといった研究態度には、少なからず不満の意を表していられた。

次にこれら三先生の間で一致していたことはその研究方法であった。尤も此点でも狩野内藤両先生と桑原先生とは多少傾向を異にし、狩野内藤両先生が主として清朝風の実事求是の方法で行こうとするに反し、桑原先生は支那人の研究はすべて粗漏で信用できないとし、西洋風の科学的研究方法を取っていられた。しかしそれが双方とも実証的で、従来の明学風の漢学に反対した点においては全く一致していた。これが京大支那学の第二の特徴であった。

今一つこれら三先生に共通なことは、いずれも支那文化に就いて深い理解をもっていられたということであった。ここでも狩野内藤両先生と桑原先生とは違っておって、狩野内藤両先生は共に支那文化を非常に愛好され、支那の文化人と親交を結ばれ、御自身でも支那的教養を身につけることに力めていられた〔島田の講演レジュメのなかで「中国のめり込み的」云々といっているのは（三ページ上〔編注、この書では三三〇ページ〕）、この辺の事情に関係する〕に反し、桑原先生は支那文化に対しては大体批判的であり、支那人をば概して好んでいられなかったが、それにも拘らず支那の研究には多大の興味を有っていられ、多方面のことに通じていられたのであった」。（昭和三十一年刊『京都大学文学部五十年史』附録・小島祐馬「開設当時の支那学の教授たち」）

あとがき（川勝義雄『中国人の歴史意識』）

本書は中国史家故川勝義雄氏の遺稿集である。川勝氏は一昨年春、癌のために逝去した。六十一歳であった。

氏にはさきに、みずからの手で編んだ『六朝貴族制社会の研究』一九八二年、岩波書店、があり、専門的な諸論文を収録しているが、いま本書はそれに収めるに及ばなかった文章を収める。あまり多作でなかった故人の文章は、この二冊でほぼ網羅せられたといってよい。二冊のうち前者は氏の主著というべく、正面きっての、いわば重装備の学術論文のみを集めたものであるが、本書に収めた文章の多くは、多少それよりも一般むけの感じがあろう。もちろん、なかには「中国前期の異端運動」「中国的新仏教形成へのエネルギー」「重田氏の六朝封建制論批判について」のごとく、当然前者に入れられて然るべき純然たる学術論文もあるから一概には言えぬが、大体の印象としてはそうであろうと思われる。

全体を三章に分かつうち、第Ⅰ章は中国における歴史観、歴史意識を論じた四篇。がんらい氏はかくれもない中国中世史の専門家である。もっともわが国では中国史の時代区分に二派あって、一は京都学派の説で魏晋南北朝・隋唐・五代の時代を中世とし（二二〇—九六〇年）、他は歴史学研究会派、略して歴研派の説で宋・元・明・清（のアヘン戦争まで）を中世とする（九六〇—一八四〇年）。つまり前者のいう中世は後者の説では古代に当るわけで、一般の人にとっては甚だややこしい（第Ⅲ章の「中国中世史研究の立場と方法」参照）。川勝氏はそのうち京都学派に属する、否それ以上に、谷川道雄氏と協同して中国中世史についての新しい理論を打ちたてて京都学派の現段階を代表している——というそういう学者であって、眼を中世史より他にふり向けることは一切しなかったのである。それがやがて中国における歴史哲学に興味をもちはじめたのは、自己の中世史学説がほぼ形を成したことを自覚したからであろう。筆者に対してもしばしば、最近いちばん面白いのは章学誠の『文史通義』だ、と語ったことがあった。ヨーロッパの諸学に対してアリストテレスが占める地位を中国で占めるのは司馬遷だ、哲学でなく史学こそ中国における「諸学の学」である、という説や、『春秋』を史書と見ることは杜預に始まる、という説の如きは、天がもし現代ひとなみの寿命を彼に与えることを吝まなかったら、必ずや十二分に展開せられ、単なる中国学のみにとどまらぬ大きな貢献となったであろうに、と悔まれてならない。天道是か非かの歎は、筆者にとっては、このセクションにおいて最も痛切である。

第Ⅱ章は道教と仏教とについての文章を収める。殊にかってのフランスシナ学の代表者マスペロの道教論についての二篇——はじめからペアをなすものとして訳され、書かれた——が収められているのが目を引く。そもそも彼は旧制高校では文科乙類、つまりドイツ語を第一語学とするクラスの生徒であったのに、何時の間にフランス語をマスターしたものか、一生を通じてフランスの学界と密接な関係をもち、大御所ポール・ドミエヴィル教授の要請によって前後二度もパリの高等学院いわゆるオート・ゼチュードで講義を担当しているし、マスペロの遺著『道教』（平凡社東洋文庫）や現代の学者の論文をいろいろ訳しているほか、直接フランス語で発表した論文も四篇を数える。フランスシナ学の伝統的名声ということもあったろうが、それより何より川勝君は気質的にフランスと合い性がよかったらしい。ドミエヴィル教授に対しては、終生、ふかい敬愛の情をいだきつづけていたようである。――戦後、道教研究は日本においてもフランスを中心とする欧米においても、飛躍的に進歩した。中国でも最近は、着実な学問的研究がはじまりつつあるらしい。しかし細部での研究の進展、とくに歴史的研究の進展は文句なく認めるにしても、マスペロほどの視野と学問的刺戟力をもった研究はその後まだ出現していないのではなかろうか。門外漢の率直な感想として、私にはそう思える。川勝君の仕事はまだその有効性を失っていないように思われる。

川勝君には仏教方面に渉る研究は殆どない。唯一のもの――フランス文での「慧恩の思想について」も下記と一連のものと考えうる――がこの「中国新仏教形成へのエネルギー――南岳慧恩の場合――」であり、それはまた、多分彼の最後の論文でもあった。ひと口に天台、華厳、禅といわれる中国独自の仏教の出現のうらに、時代と格闘するいかに真摯な宗教的情熱が存在したか、この一篇は中世精神史の作品として最高のものの一に数えてよいと、私には思われる。

第Ⅲ章の諸論文は川勝学説の入門篇といってよい。ほぼ完成した形での川勝中世史を、たっぷりした紙幅で平易に叙述したものとしては『中国の歴史3　魏晋南北朝』一九七四年、講談社、があり、今日手にしうる最高の概説書、と評せられている。それとくらべるのはもちろん不倫であるが、本章のはじめの二篇は彼の説がまだ形成途中の時期のものであり、且つ余りにスケッチ風である。それだけにかえって大づかみなイメージが得られるという点はあるかもしれない。このセクションで重要なのはむしろ「中国中世史研究における立場と方法」および「重田氏の六朝封建制論批判について」の二篇である。はじめの「立場と方法」の方は平生の谷川氏との討論の成果が色濃くにじみ出ているものであり、中国中世史についての自分たちのセオリーの理解をもとめて、ほとんどその世界観的基礎にまでふみ込んで論じているし、もう一方の重田批判の方は、今日ではもはや歴史的興味をしか呼ばないかもしれないが、川勝君たちの学説の提出がいかなる学界的雰囲気の中でおこなわれたかの一端を知るために役立つ。少し大袈裟にいえば、ひろく学問史的な意味があるといえよう。重田氏の川勝・谷川批判論文は、これまた遺稿集たる『清代社会経済史研究』一九七五年、岩波書店、に附録されている。重田君は当時、大阪市立大学にあり、私も常時あい会して激しい議論を交え、その自説を持するの頑強なるに感嘆していた。この二箇のずばぬけた才能は、そろいもそろって、どうしてこんなに死ぬことを急いだのであろう。

川勝君は大正十一年（一九二二年）粟田焼窯元の家の四男（末子）として京都市に生まれ、府立第一中学校、第三高等学校（ただし、三年間病気休学）をへて、昭和二十三年（一九四八年）京都大学文学部史学科（東洋史専攻）を卒業した。もっとも師事し、生涯その学恩をうけたのは宮崎市定、宇都宮清吉の両教授である。又、そもそも東洋史、なかでも中国史、を専攻したのは義兄下村寅太郎氏のすすめによる、ときいている。一中―三高―京大と進むことを、京都人はレギュラーコースと呼んだが、彼はまさにそのコースを歩んだのである。昭和二十五年、京都大学人文科学研究所に助手として入所。もっとも助手といっても東方部司書室勤務で、いわゆる事務助手であった。司書室というところは、半ば研究部門的性格を持つが、系統としてはあくまで事務系である。体軀堂々たる美丈夫で挙措すこぶる鷹揚、真に大人の風格のあった彼は、高校時代以来という遅刻癖の改まりようもなく、どう見ても事務系統の規律というものとはなじめそうもない。いわんや谷川道雄氏、当時名古屋在住、名古屋大学助手、と互の家に泊りこんでの「二人だけの研究会」を開始するまでに、学問的情熱は高潮してきた。彼はしばしば苦痛を訴えた。そのうちにその業績を評価する若手所員の間からも、彼を「適材適所」たらしむべきだとの声が強く湧き上り、けっきょく研究部門に移ることとなって助教授に昇格した。入所以来十五年目であった。彼がその後学界に印した足跡の大きさを思えば、この処置は真にハッピイであったと、つくづく思う。以後、教授に進み、一昨年昭和五十九年四月四日、あと二年で定年というに膵臓癌で逝去。つまり大学卒業以来の三十五年間のほぼすべてをただただ人文研のうちで過ごしたのである。

彼の司書室勤務のことにことさらにふれたのは、彼の学問的仕事のうちで余り知られていない部分について、一言しておきたかったからである。司書室というところは、図書の受入、分類、カード作成、排架などの業務をおこなうこと勿論であるが、人文研のばあい、いまひとつ特殊な業務があった。それは『東洋史研究文献類目』（毎年刊行、のち改題して『東洋学文献類目』）および『人文科学研究所所蔵漢籍分類目録』の編纂である。前者は年度ごとの日本、中国のみならず全世界の研究論文の分類目録、後者は十年二十年をへて改訂増補版が出版されるので一日一日がその準備作業である。いずれも研究者にとって不可欠の伴侶として世界的に有名であり、特に『文献類目』はもっとも珍重されている。もちろん、これらの編纂事業において彼は単なる一メンバーにすぎなかったし、衷心よりそれに献身したというのでもない。しかし、任務は忠実に果した。このことはやはり、記録しておくに値することである。

昭和五十七年八月中旬、奥さんとともに拙宅を訪問され、暢談に時を忘れた。彼はその十月、講義のために武漢大学に赴くべく招請を受けており、私たち夫婦も一年まえ武漢にしばらく滞在したことがあるから、その地の事情を聞きにみえたのである。彼の発病入院はそれから十日ほどしてからであった。その日だした点心の餃子がいけなかったかと、私たちはしばらく悩んだ。

一進一退、入院、手術、退院のくりかえし。相当すすんだ癌であることはやがて彼のさとるところとなった。しかしそれから死までの一年半、彼の態度の平静さというものは、いま思いかえしてみても驚歎のほかはない。万事に悠然たる挙措とうらはらに、その神経が時として異常なまでに繊細であったのを知っている私には、この驚歎の念は今も消えない。数日間はさすがに相当落ちこんだということであるが、それ以後は病院内においても病院外においても平生の彼と変わるところは全然なかった。あまりに平静な態度であったので、葬式の当日になってもまだ私は、彼が自分が癌であることを本当に知っていたのかどうか、どうしても判然とせず、誰れ彼れに訊いてまわって笑われた。こういう人物が存在するということは聞いたことがあるが、この眼でしたしく見たのは初めてである。

思えば終戦後数年、鈴木成高先生の御宅で初めて挨拶を交わしてより、四十年に近い交友であった。学問上の業績もさることながら、所内では次期所長の呼声が高かったのをひそかに喜んでいたが、それも空しくなってしまった。生きていたら今年、あと二箇月で定年退官のはずである。彼のためにこんな文章を草する日が来ようとは、思いもかけなかった。

平凡社の岸本武士氏は、川勝君が京大文学部に出講しはじめた頃の最初の学生であり、随分まえから川勝君の本を出すことを夢にしていた。本書はひとえに岸本君の努力によって成ったものである。

跋（森紀子訳『中国近世の宗教倫理と商人精神』）

原書『中国近世宗教倫理与商人精神』は一九八五年、台湾の清華大学（所在地は新竹市）の人文社会学院において、当時イェール大学教授であった余英時氏がおこなった講演が、のちに「清華文史講座」の第一冊として、一九八七年一月、台北の聯経出版事業公司より出版せられたものである。事の顚末は原書冒頭の学院長・李《り》亦園《えきえん》教授の「清華文史講座縁起」と余英時氏の「自序」に詳しい。原書では「縁起」と「自序」との中間に、楊《よう》聯《れん》陞《しょう》「商人とは何か（原商賈）」劉《りゅう》広《こう》京《けい》「近世制度と商人」という二篇の序文――両者あわせて五十頁、序文というよりはそれぞれ独立の学術論文――が置かれているが、今いずれも訳出の範囲からはずし、「自序」以下、余英時教授じしんの筆になるもののみを訳出したのが本書である。同じ年の十二月には大陸で、上海人民出版社「中華文化史叢書」（主編は周谷城）の一冊・余英時『士と中国文化』のうちにも収録された。余氏が共産主義体制のきびしい批判者であることはかくれもない事実であるが、それを大陸で、はっきり余英時著と銘うって刊行されているのは、今日では必ずしも珍しいことではない。

『士と中国文化』は要するに、一部の中国知識階級史論に他ならない。教授には早く『中国知識階層史論・古代篇』があるが（一九八〇年）、いまそのうちの諸論文に他の論文を交えて、一、古代知識階層の興起と発展、二、道統と政統の間——中国知識分子の原初形態、……、六、漢晋の際における士の新自覚と新思潮、という風な章だてに編成し、最終章は、八、中国近世の宗教倫理と商人精神、つまり本書がまるごと、但し「自序」と「付録」とをのぞいて、それに当てられているのである。要するに本書『宗教倫理と商人精神』は、その直接の執筆の動機はどうであろうと、一面で、教授のかねてよりの中国知識階級史研究への締めくくり——もちろん一応の締めくくり——という意味をもっていることが知られる。本書『宗教倫理と商人精神』の内容については訳者の「あとがき」で論ぜられるであろうから、私は余英時教授その人の紹介の一端として、その業績の大きな部分を占める知識階級史研究にもう少しふれておきたい。

『士と中国文化』の自序において教授はいう、中国史上の「士」は、ほぼ、今日いうところの「知識分子」に当たる。西方近代の知識分子は、一、知識、理知を重んじ、更に、二、「士は道に志す」、「恒産なくして恒心あるものは唯だ士のみ能くすと為す」という中国の言葉があてはまるような存在、「先知先覚」、「社会の良心」たるべきものである。「西方近代の知識分子は、ギリシアの哲学者・キリスト教の教士（修道士）に精神上思想上のふかい淵源があるのだが、しかし三者の間に直接の継承関係は存在しない。マンハイムなど西方の学人がそれをあくまで近代文化の産物であると主張するのは、この理由による」。ところが中国では、「士」の伝統は孔子いらい二千五百年、綿々として断絶することなく今日にまで及んでいる「世界文化史上独一無二の現象」なのである。特に注目すべきは、ヨーロッパの場合、近代知識分子の特徴としてあげられる「世俗化」（セキュラライゼーション）が、中国においては孔子において既に、そして以後も常に、そうであった、ということである。――もちろん、反論はただちに予想しうる。そのような「士」のイメージは客観的でない、「科学的」でない、士もひっきょう「学者・地主・官僚の三位一体」という社会的属性の規定をまぬかれることはできない云々。しかし教授は承服せず、云う、「それは一を見て二を見ざる偏見であり、決定論を以て「士」の超越性を抹殺せんとするものである。たとえ中国史上、なま身の人物で「士」の理想典型に完全に符号するような者は誰ひとりいなかったとしても、この理想典型の存在はあくまで否定できない客観的事実である。それは中国の文化伝統の中の無数の真実の「士」たちに対して、「至る能わずといえども、心、之に嚮往す」という鞭励作用を生み出した」と。ここに「士の超越性」といわれているものは個人的制限と社会的制限とからの超越、窮極的には現世からの超越、を意味するが、それが窮極的には世界観における内在超越（西方の外在超越に対して）に根ざすことは、教授の最近とりわけ強調せられるところであり、本書『宗教倫理と商人精神』のなかでも（上篇、一、注一八など諸処）、この『士と中国文化』自序においても、またもっとも新しい論文「中国知識人の史的考察」（『中国――社会と文化』五号、東大中国学会、とくに第二、第三章）においても力説されている。教授のマックス・ウェーバー批判の最も深い根底にあるものとして、留意しておかねばならないであろう。更にその上で私は教授において最も深い根底にあるいまひとつのものを指摘するために、本書『宗教倫理と商人精神』の最後のページ、最後の二行ほどを引用しておきたい。「もし私たちが新たな概念構築に基づいて、関連する資料を全面的に掌握し、たゆまず追究してゆくならば、「儒家倫理」というこの意味豊富な歴史的命題が、いつかついに徹底的に究明される日がくるであろう、と私は信じているのである」。私は余英時教授の倦むことのない研究活動を貫いて、儒教に対する誠実な愛惜の念が脈うっていることに、心からの敬意を抱くものである。

もちろん、余英時氏の業績が知識階級史——ここでは『士と中国文化』一冊を取りあげたが、それ以外にも関連論文は多い——に尽きるものでないことは、いうまでもない。早くは《Trade and Expansion in Han China: A Study in the Structure of Sino-Barbarian Economic Relations》1967の如き漢代経済史の専著もあるし、清代の小説『紅楼夢』についての研究も見落とせない。台湾や香港の新聞雑誌につねに発表される氏の時論や学問的随筆の類は、中国古典や欧米の著作家より縦横に引用して甚だ精彩がある。しかし今はただひとつ、知識階級史と相い渉ることの深い業績、教授の清代思想史研究について一言しておきたい。論文名の列挙はいま避けるとして、その主張を要約してみると、尊徳性の理学（哲学）より道問学の考証学（文献学）への転換は、つまりアンチ・インテレクチュアリズムよりインテレクチュアリズムへの転換であるが、それは決して従来の説のごとく野蛮残酷な「清朝の弾圧による」ものでもなく、「市民階級の興起による」ものでもない。そのような外在的な原因でなく、中国思想史そのものの「内在理路」（道問学と尊徳性の交替生起という）によってこそそうなったのである。そして、「もっとも大切なことは（理学より考証学への）この新展開が、恰も好し、儒学の為めに伝統より現代への過渡に始点を提供している」ことである。「儒学の現代的課題は、主要には、いかにして客観的認識〔客観認知〕の精神をうちたてるか、にある。なぜなら、もしそうでなかったら、西方文化の衝撃（ウエスタン・インパクト）に対抗するすべがないであろうから」（『戴震と章学誠の思想を論ず』自序、のち論文集『歴史と思想』所収）。

私には教授の「内在理路」の説は、教授じしんもすでに気づいていられるらしい如く、あまり説得的でないように思われる。そもそもプロ清《しん》学の教授とプロ明《みん》学の私とでは、どうしても相い容れない点が出てくるのは避けられない。私には「清朝の弾圧」説がもっとも合理的解釈のように思える。明末清初の規模雄大な思想界が、何故に全盛期清学のような、ただ考証学たる限りでの考証学、に変貌してしまったのか、教授の立場では、結局、説明できないのではなかろうか。王国維のいわゆる「国初の学は大、乾嘉（乾隆・嘉慶）の学は精」の「大」に対する教授の不可解な解釈はそのことを物語る（胡頌平『胡適之先生年譜長編初稿』第一冊巻頭の余英時「中国近代思想史上の胡適」六八頁）。しかし、考証学というこの巨大な歴史的事件の意味するところを、教授以外のいったい誰がここまで執拗に深く考えようと試みたであろうか。そしてその試みは、たとえ成功しなかったとしても、多くの先見性のある副産物、発見、を随伴しなかったであろうか。

余英時（Ying-shih, Yü）、一九三〇年河北省天津に生まれた。本籍は安徽省潜山県である。革命の動乱に際して香港に脱出、同じく本国を逃れて来た思想史の銭穆《せんぼく》（北京大学教授）らが香港に開設した新亜書院に入り銭氏に師事、書院の第一回卒業生となる。ついでハーバード大学で楊聯陞に師事、一九六二年、論文〈Views of Life and Death in Later Han China〉によって学位を得た。一九六九年以降、ハーバードの中国史の教授（一時、新亜書院の校長を兼任）、次いでイェール大学に移り、現在はプリンストンの教授である。楊聯陞氏が経済史の大家であったため余氏も初期には漢代史家・経済史家として英文の著述もあるが、本領はやはり思想史にあろう。碩学銭穆の弟子たるに恥じず、古典の教養に裏打ちされた重厚な思想史家、それが余英時であろう。本書などはその経済史家の面と思想史家の面とがみごとに融合した傑作といってよい（余氏と銭・楊両氏との師承関係については、『史学と伝統』一―二四頁参照、ちなみに両氏とも昨一九九〇年長逝）。いまその著書を書架より抽き出し、改めて列挙してみるならば（但し、初期以外は殆どまったく中文で著述している）

歴史与思想（論文集、一九六五、台北、聯経）
方以智晩節考（一九七二、香港、中文大学新亜研究所、八六、台北、允晨公司より増訂拡大版）
論戴震与章学誠――清代中期学術思想史研究（一九七六、香港、龍門書店）
中国知識階層史論・古代篇（一九八〇、台北、聯経）
史学与伝統（論文集、一九八二、台北、時報出版公司）
従価値系統看中国文化的現代意義（一九八四、台北、時報）
中国近世宗教倫理与商人精神（一九八七、台北、聯経）
中国思想伝統的現代詮釈（論文集、一九八七、台北、聯経）
士与中国文化（一九八七、上海人民出版社）

文化評論与中国情懐（論文雑文集、一九八九、台北、允晨）

一、二遺漏はあるかも知れない。なお、『史林』六〇巻五号（一九七七年九月）の河田悌一氏の『論戴震与章学誠』の書評は、論旨を詳細にたどり学風を紹介したもので、日本文で書かれた最上のものといえる。

私が余英時教授から本書を贈られたのは八七年三月、ただちに読了、ぜひ訳出して日本の中国研究者はもとより、特に中国研究者以外の読者にもおくりたいと痛切に思った。それはウェーバー風な観点を常に意識しながらの史実分析というものが、日本の中国研究者の関心にもマッチして非常に興味深いのみならず、一方また、別に意図してのことではなしに、中国研究以外の普通の学者の中国観を訂正するに足るような指摘に満ちているからである（士農工商イデオロギーの実態、士大夫・商人の実態、必ずしも現世利益追求のみでない宗教意識のまじめさ、等々）。訳者としては、明清時代の思想史と経済史の双方に関心と業績を持つ人をと思っていたが、果してその人を得たのは幸いであった。言い出しっぺの責任として、訳稿は最初から最後まで読ましてもらったから、もちろん口を出さなかったとは言わぬが、私の貢献の量は案外少なかったことを申上げておきたい。なお、余りに私的なことで恐縮であるが、冒頭でふれた清華大学人文社会学院には私も招かれたことがある。その歴史研究所、所長は張永堂教授。この訳書の刊行にかかわり得たことは、その意味でも、私にとって大きなよろこびであらざるをえないのである。

さて、まっ先に特筆大書すべきことが最後になってしまったが、「日本語版への自序」において余英時教授は、われわれ日本の中国研究者たちの業績に対して不断に注意を怠らなかったことを率直に言い、更に、それなくして本書は書きあげ得なかった、とまで言って下さった。敢て当たらずとは思いながらも、正直なところ、中国人学者からそのようにいわれたことは最高にうれしい。心から御礼を申し上げるとともに、御言葉のごとく教授の開拓された新しい研究領域を日本学者としてともに耕すことの決意を、僭越ながらいわゆる「右代表」として、披瀝しておきたい。

跋（山本和人訳『論語は問いかける』）

欧米の最近の中国研究書を漫読していていつとはなしに気がついたのは、H. Fingarette《Confucius——the Secular as Sacred》という聞いたこともない著者の聞いたこともない本への言及、引用が、しばしば見られることである（もっとも、今のところアメリカ書にかぎるが）。それも「素晴しい研究」、「多くのみのりを約束する書物」、「刺激的で高度に示唆的な労作」など、非常な敬意をもってである。たとえばTu Wei-ming（杜維明、ハーバード大学）は清初の特異な思想家・顔元《がんげん》（顔習斎、清初四大儒の一）の静坐読書主義反対、礼楽実践主義強調の主張を再検討したさい、にもかかわらず顔元は「聖なる儀礼としての人間社会」という哲学を展開するまでには到らなかったであろうが云々、と述べ、且つこの引用句について、「フィンガレットの孔子研究論文の題名を借用して言えば」と注釈している（Wm. T. de Bary編《The Unfolding of Neo-Confucianism》五三四ページ、但しここで言及されているのは『ハーバード神学評論』一九六六年一月号に発表された原型論文）。またトマス・メッガー（カリフォルニア大学）の「挑発的な」書物『苦悩からの逃走』（T. Metzger《Escape from Predicament》1977）は、ネオ・コンフューシャニスム（宋明理学）の内面主義は現実社会との鋭い緊張をもたらし、それが清朝末期の中国知識人の心中にいやし難い苦悩の意識を生み出していた、といい、マクス・ウェーバーの有名なセオリー、儒教のエトスには「現世との緊張」というものが無い、故に現世克服、変革への衝動は発動することがなく、停滞は破られることがなく、「近代」は開幕されることがない、というセオリーに異をとなえたのであるが（メッガーの書については、コーエン著、佐藤慎一訳『知の帝国主義』平凡社刊、一三七—一四五ページ参照）、その際、関連してフィンガレットの本書をも詳しく論じ、その儀式（セレモニー）の強調がウェーバーの儒教は個人の内面性をみとめないとする説に似ている、「もっとも、フィンガレットが儒教における儀式行動の「尊厳」を熱情をこめて説いている点はウェーバーには見られぬところであるけれども」と指摘している。——中国では、私の気づいたかぎり、李沢厚（社会科学院哲学研究所）がしばしば言及し、批判していることは、李沢厚著、坂元ひろ子ほか訳『中国の文化心理構造——現代中国を解く鍵』（平凡社刊）を参照のこと。

こういう次第で、私はフィンガレット『孔子』という本の存在を知り、やがて入手し、読んだ。Harper Torchbooks のペーパーバック、序文五ページ、本文七九ページという小部さにまず驚いた記憶がある。内容は英米系の分析哲学の立場で書かれており、私はその方面に完全に無知なので、所説の筋みちを十分に理解し、結論の当否を十分に判断するための資格をそもそも欠くが、ともかく「内面性」と本来的に無縁であるような儀礼世界的人間という、そのような独特の人間類型の設定……本書がきわめて刺激的な書物であることだけは疑ない。いま念のため、著者自身の手による各章へのコメントを更に私流に要約して次に紹介しておく。本文の理解のために多少でも役立てばと願うからである。ある人が魔術云々の議論こそ本書の中心テーマなりとしてその点に集中してきびしい書評を発表したのに対して、自己の立場を釈明した反駁文（Reply to Prof. Hansen. 訳者あとがき中のリスト参照）のうちに見えるものである。

第一章は魔術的なものを中心とした議論から始るが、しかしそれがすべてではない。そのテーマは本章の中ほどまでくらいで乗り越えられ、いかにして人間（生まれたままでは単なる素材にしか過ぎぬところの人間）の行為は「礼」を通じて文明化《シビライズド》された行為に成ってゆくかという、もっと一般的なテーマに移ってゆく。そして最終的には、「人間的（つまりシビライズド）存在の譬喩《メタファ》としての〈聖なる儀礼（礼）〉」という概念におもむく。この譬喩から「社会のうちなる人間（man-in-community）」という着想がおこり、それは以下の諸章の中心課題たる宗教的視角、哲学的人間学、を生むであろう。

第二章ではこの哲学的人間学、つまり孔子の人間論、又それと結びついた道徳心理学の基本特徴が提示される。ここでは「道《タオ》（Way, path）」、特に、人に選択、決意、内的葛藤をせまる岐路というものの存在しない道《タオ》、が中心である。孔子のわれわれに示すのは西欧風な「内的な生」と無縁なような人間のイメージ。西欧風な自立的個人のおこなう選択、人間における悲劇やドラマを生む「内的な葛藤」、「責任」、「罪」などといったものとそもそも無関係なような、そのかわり人間的（humane）にゆたかな人間のビジョン。道《タオ》を歩むことを「学ぶ」べく宿命づけられているものとしての人間、その完成が社会の偉大なる「儀礼」への参加のうちにこそあるところのものとしての人間、のビジョン。

第三章。社会《コミュニティ》生活の強調は決して個人の否定を意味するものではない。「仁」は「礼」と同等な重要性をもつ。仁と礼は同一物の異った側面である。ただ私は、仁を心理的、主観的、内面的な徳とは見ないで、客観的、社会的、状況的に分析する。仁と礼は道《タオ》を歩むことに対する相互補完的な視角である。仁はわれわれの注意を行為＝演者としての個人に向けさせるのに対して、礼は行為（時空を通しての運動の連鎖としての）に向けさせる。どちらの見方も、もう一つの見方に解消させることはできない。孔子は喪礼に本質的なものとして「哀」ということを言ったが、それは音楽にたとえていえば、演奏者においてのことであるよりも客観的な演奏そのものにおいてのことなのである。結局のところ、自己《セルフ》のエッセンスとしての「内的」な「私的」な領域という現代西欧のメタファに依存しないところの人間的な個人概念に到達する。

第四章。「社会の内なる人間」は「礼」において形成されるが、その礼は伝統、過去、と結びついている。伝統を指向する文化が真の儀式（人間の尊厳性はそこでこそかがやき出る）を生み出す。孔子はその時代を乱世と見ていた。それをたて直すためには、地方的な偏狭な伝統を解釈し直し刷新し、新たな普遍的文明を創造しようとした。それは忘れられていた真の伝統の復活とされ、神話、物語として語られた。著者が示そうとしたのは、その時代において孔子がいかに革命的な思想家であったか、ということである。それは既に多くの人が指摘しているような、仁、礼、道などという新しい理念を提出した点のみではない。いつか実現されたあかつきには、人類史における瞠目すべき現実でありつづけるであろうような将来の文化的調和・統一、のビジョンを示した点を言っているのである。

第五章。伝統主義的人間観、そしてヒェラルキー的社会関係の概念は、誰もが尊厳において平等であるような共同体の概念と両立可能であること、この点を理解することが肝要である。聖なる儀礼の参加者として、各人は平等に尊厳である。西欧での多くの人がやるように、ヒェラルキー的関係というものは各個人の尊厳が平等に尊敬されるような関係の正反対の関係を形づくるものだ、と想定するのは重大な誤である。孔子が示したのは、いかにして個人の尊厳、そして此の世とそこにおける事物の神聖さ、は身分区別においてよりも儀式と儀礼において明白なものとなるか、ということであった――というのが著者のテーゼに他ならない。ここに儀礼としての理想文明の根源的イメージが存在する。儀礼においては、役割や身分はさまざまであっても、すべてが神聖であり、また神聖であると見られるのである。

孔子解釈（しばしば儒教解釈）には「礼」を中心教義だとするものと、「仁」をそれだとするものとの二つの類型がある。礼の強調が目前現実の礼俗、礼教の強調に移行し、伝統主義・保守主義と結びつきやすいのはごく自然なりゆきであり、また、それ故に孔子を聖人中の聖人として賛美する立場もあれば、逆にそれ故に孔子を反動の元祖として詛う立場もある。図式的にいえば、地位保持に汲々たる郷紳は前者、あらゆる非人道・反民主の元凶（魯迅のいわゆる「人を吃《く》う礼教」）として徹底的糾弾に立ち上った五四の反儒教主義者たちは後者であろう。今日でも孔子は礼を主張したのだと追撃の手を緩めない復旦大学の老教授蔡尚思《さいしょうし》のような人もある。いまフィンガレットは「儀式を行なう存在としての人間という最近明らかになった考え方」（四六ページ）に立って、『論語』における孔子の教説を礼の教説としてとらえ、純粋に哲学論としてそれを展開していった、という。私はその新しい人間観について何の知識もないし、そもそも氏の議論のすみずみまでを理解しおおせたという自信もない。それにまた従来の注釈学の成果などを顧慮することなく、ひたすら原典（常識的な意味での『論語』原典ではなく基本的にはレッグやウェイリーによって英訳された英文『論語』）を哲学的に分析・解釈しようとしていった著者の態度、成果が果して伝統的中国学のディシプリンを受けた人々のよく許容するところとなるか否か、予測が立たない（一六七—一六九ページ参照）。細部にわたればいくらも問題が出てくることは、避けることはできまい。しかし孔子解釈史、とくに「礼」中心の孔子解釈史のうちで、本書がきわめて異彩を放つ地位を保持するであろうことは、疑ないと思われる。それで最後に、話題として、ベンジャミン・シュワルツ（B. I. Schwartz、ハーバード大学）の《The World of Thought in Ancient China》Harvard U. P. 1985 のことを、紹介しておきたい。シュワルツは本格的な中国学者であり、特に思想史家として有名であるが、中国古代哲学史として恐らく劃期的と称してよい本書は二十数ケ処においてフィンガレットの所説に言及し、丁寧な吟味、批判を加えているのである。関心ある人の一読をおすすめしておく。

V

自　述

これは昨一九九三年十二月十八日に京大芝蘭会館で、島田虔次先生が主に飈風同人に話して下さったものを文字化し、さらに先生の綿密な校訂を経たものである。先生は最初、何ら学問に資するところがないから、公表しなくてよいと渋られた。しかしわたしたちのたっての要請に根負けしてか最後には諾された。その人の学問がその人格となにがしかの関わりがあるとするならば、ここには島田学の基底があらわである。それはともかく、見よ！　ここに少年島田虔次の躍如たるを、とはいささかアナクロか。そしてわたしたちはついでこの誌上に先生の直接学問に関わるお話を読まんことを、わけても期待するのである。

（『飈風』編集主編）

三次中学まで

――島田先生にお出ましいただいてお話をしていただくということなんですが、ここに集まったのは二、三の人を除いて、あとはすこし畑が違いますので、先生の御本のいい読者じゃないと思います。

それでも一度、先生をお招びしてみんなでお話をお聞きしたいというので、学問の本道のお話をしていただいたら理解できませんので（笑）、学問の周辺というような形でいろいろお聞きしたいんですけれども。

まずこれは京大東洋史の「美風」だそうですが、ふつう退官なさるときはだいたい簡単な履歴みたいなものを添えて、○○先生退休記念号とかいうのを出すのがこれまで一般のようですが、東洋史にはそれがない。それで私どもではざっとしたご履歴のようなものをよく存じあげないものですから、ごく簡単で結構ですからそのへんからお話を始めていただいて、あとはどこへ話が行くか分かりませんけれども、やっていただけたらと思うんですが。先生のご履歴についてはこの『中国における近代思惟の挫折』のあとがきに書いておられるぐらいしか資料がないもんですから。

——有名なあとがき……（笑）、名文として。

——先生は大正何年のお生れですか。

島田　ぼくは大正六年です。六年の八月十二日に生れましてね。広島県の三次《みよし》の生れです。三次といってもね、昔は三次両町といってね、三次は川を挟んで向う側が五日市、こっち側が十日市という町でね、五日市というのがいわゆる三次なんですよ。五日市の人に言わしたら十日市なんての三次と違うと言ってえらい威張るけど（笑）。三次は皆さんはおそらくご存知ないと思うが、ただ、唯一つだけ皆さんご存知なことがあるはずなんです。それはね、例の「忠臣蔵」の浅野内匠守の奥さん、瑶泉院さんは、三次の城主浅野氏の娘さんなんです（笑）。だから大石良雄は御こし入れを迎えに来たことがある。本当か嘘かは保証の限りではないけれども、大石良雄手植えの、何やったかな、桜やったかな、なんかがあります（笑）。それから潮田又之丞は討入の少し前まで、三次に隠れておったらしいですね。これは本当らしい。まあそのくらいのことですわ。あとは例の頼山陽のおじさん、あの頼杏坪という人が代官でおったんですが。三次ってのは、初めは独立の藩だったんですけど、それはすぐもう広島の本家浅野家に併合せられて、三次には代官を置いたですね。その代官で有名なのが頼杏坪ですわ。

――それでそこでずっと小学校……。

島田　いや、ぼくは小さいときは家を離れておったんです。小学校も違う。

――中学はどちらですか。

島田　中学は、三次ですね。中学はぼくはすこぶる気持ちよかったんです。ぼくの話はだいたい、そこからです。中学のね、二年か三年の頃か。それ以前は、もうこれはまったく普通の人とおんなじでしたけどね。ぼくの兄貴は、中国へ行ってたんです。中国へ行って、工場をやっておったんですけど、それがつまり、ちょっと左傾しまして、そのいろんな……、つまり我が家はああいうところの田舎町の普通の家であったにしてはですね、非常に先端的な書物が多かったんですわ。雑誌は『改造』と『中央公論』でしょ。それから『戦旗』というの（笑）、それから『ナップ』、それからまあ『戦旗』と仲悪かったけど『文芸戦線』もあった。そういうふうなものがいろいろあったんです。それは兄貴が自分の蔵書用に送ってよこすんですわ。するとこっちは、ぼくは年寄りと一緒、妹が一人いるがまだ小学校にも入らぬ。とにかく年寄りはそんなもの全然無関心なんです、あれが送ってきたから取っといてやれっていうわけでね。それでぼくはそういうものを早くから読んでおったんです。あの頃の雰囲気は皆さんちょっと想像できんかもしらんが、戦後は非常に左翼運動なんてものがおおっぴらになったから、前のことは分からんかも知らんけども、私の町に紙会社があってね、紙会社の工員なんかの間に左翼思想が入ってきてね。そしてぼくのすぐ隣家にぼくより五つ、六つ上のそこへ勤める青年、群ちゃんという人がおって、ぼくと仲良しだったが、それがある晩ぼくをそういう人たちの会合へ連れてったんですわ。それは一遍だけ。四人ぐらいの集まりだったです。それのキャップは九州へんの炭鉱におった、これは筋金入りの人だったらしい。藤原さんといいました。ぼくは実際に見なかったけれども、群ちゃんが言うとった、藤原さんていう人が背中を脱いだら、背中一面にゴマを撒いたような、なんていうかな、痣といいますか、それがある、と。それは要するに炭鉱で石炭掘ってて、石炭の粉、炭塵が皮膚へ食込んでぬけなくなったんだと、言ってくれたことがあります。それと、もう一つ(あ、そうか、だから一遍じゃないですね、二遍ぐらいだ、行っとったのは)。おそらく二遍目のときだったと思うが、まあこういう話はぼくも気楽な思い出話としてするから、あまり大義に関せざることをしゃべりますけど、その藤原さんていう人は温厚な人でしたが、夜、藤原さんがおって、ほかに四人ぐらいおって、本かなにかを藤原さんに見せたんだろうなあ。そしたらその中に、ま、みんな二十歳前後なんです、結婚なんかしてない人ばかりやったけども、紙におそらく自分のでしょうな、ペニスの絵をね、実に細密にかいたのがはさんであってね、それを藤原さんが見つけてえらい怒りよってねえ（笑）、こういうものは菊池寛の小説あたりに入れたらいいのや、こんなものをここへ入れるとは何事や、言うて、えらい怒りはったことがあります、それをいまだに覚えてます（笑）。

ま、それぐらいのことで、あとはどういう話をしたか、それほど重要な話は出なかったように思う。そこでぼくの一生に関わってくるのは、皆さんご承知かどうかしらんが、徳永直と、もう一人は中野重治だったと思うが、その二人の編集で出てる『文学新聞』という新聞がありました。これはあんまり戦後いわれないように思うけれども――いまお話してるのは昭和七年の暮から八年の前半にかけてのことですけど、――この『文学新聞』というのは、徳永直が関わっとったこと、これは間違いない。も一人が貴司山治であったか中野重治であったか、忘れましたが。タブロイドの、畳んで四ページの新聞、です。『文学新聞』、それをおおいに広めなくちゃいかんということでね、ぼくに（警察なんかの調査では細胞ということになってたんだろうと思う）、とにかく中学でひとつやってくれ、ということになったんです。さすがにそれはちょっと考えた、これは下手したらえらいことになると思った。もうその頃は満州事変が始まっとったんです。そしてそういう左翼運動的なものがなにもない町で、これはえらいことになるかもしらんなと思ったが、まあなんていうかな、一種の時の勢いみたいもので、引受けたんですね。まあ、ちょっと、やっぱり一種の英雄気分もあったかもしらんが、引き受けたんです。そしてそれを実際には、ぼくはある一人だけには配った（？　やった？）ことは確かです。だけどもそんなに誰にでも配ったわけじゃないんです。そして藤原さんのアジトへ行くのも、どういうわけだかしらんが、ぼくは二回ぐらいしか行かなかったように思う。それは夜八時ぐらいから十時位まで集まるんで、冬でみんなで炬燵へあたってちょうどぐらいの人数だったから、四人か五人ぐらいだったと思います。テキストを使ったかどうか覚えていないが、藤原さんの社会主義原論の講義とでもいうような話があったと思います。なんていうのかな、一種の、この、謀議を凝らすというか、なんかちょっとやっぱり一種の雰囲気があってね、幕末の志士もこういうふうだったかと思って（笑）、一人で悦に入ったようなところもあったけど。それがつまり、ま、ひとつの大きな経験ですけどね。

同時に、ぼくはどうも、あの満州事変てものに対して、非常に、何というか、どうしてか知らんけれども、ちょっと不愉快な、というか、ほかの人のようには満州事変に、あんまり正義を感ずることはできなかったな。どうしてと、言われても困るけど、まあ常識的に考えて、よその国へ行ってあんな無茶なことをしてもよいものだろうか、と思った。このへんがそろそろ兄貴の薬が効いてきたのかも知らんけれども。それでそういうことをぼくは友達に、ぼく自身はほとんど覚えてませんけど、友達に言うたらしいんですね。あとでこの事で配属将校にしぼられたが（第一回目の訊問）、僕は心中、ちっとも納得しなかった。それと、いま一つは、あなたがた戦後はもうおおっぴらに歌とうとったから珍しくもなんともないでしょうが、「民衆の旗赤旗は」ていう歌あったでしょ（笑）、あれはぼくね、あるところで覚えてきて、若いからああいうことやったんだけれども、同級生に、わしがいまおもしろい歌、歌とうて聴かせてやる言うてね（笑）。ぼくらの中学はちょうど外が田んぼで、田んぼとの間に、こう、コンクリートの高い壁があって、そこの上にぼくが腰掛けて、その内側にみんな、あの頃五十人クラスだったけれどね、クラスのやつがおるのに、いい気になって歌とうて聴かしたんですわ(笑)。そしたら、ぼくのクラスだけならよかったんですが、その隣が物理化学の実験室いうものがあって、そこにおった教師が聞きよってね、えらいことあいつはやってるということを、配属将校に知らせよったんですわ。本人は別に、いわゆる密告とかなんとかいう意識はない。物理と化学の先生で、悪い先生じゃなかったけれども、これはほっといたらいかん、と思わはったのやろね、言いつけよったんですわ。それで問題になってね。そらま、あの頃の雰囲気として中学校でそんなことやったら、そらあ問題になる、校長はふるえ上がったと思う。

ところがね、それと同時に、もうひとつ問題が起こった。とにかく両方が同時に起こった。つまり、我が町のやね、平和なる町のそういう左翼青年たちが、製紙工場――われわれは紙会社、紙会社いうとったけれど――の工員の間に細胞かなんか作った。それが挙げられたんですわ、みんな。挙げられて、さあ一週間もしたかどうかというときに、こんなこと今日だったら警察の無神経行為として問題になると思うんだが、刑事が二人、直接教室へ来よって、授業が済んでみんな――済んでかどうか、午後の授業はまだあったかも知れない。われわれのところは田舎で、ストーヴというものすらまだないんですよ。大きな、こんな一米四方の火鉢がある、コンクリートで拵えた四角い火鉢があって、そこへみんな集まってわいわい言うてるときに来よってねえ。これはちょっと具合悪かったな。誰だれおるか、おる、と言うたら、君んとこ机どこや言うて、開けて中のもの調べてね、そして、いまから帰れるか、言うからね、そりゃもう授業は済んどるし、それなら帰りましょう、言うてね。まあぼくも、そのうちそんなことがあるかもしらん、という気はせんでもなかったけど。……しかし、いよいよ来るまでは分からへん、現実感は何もなかったですよ。そうしたらそれが来た。ぼくが『文学新聞』渡した男が一人おるんです。もう死にましたけれど、そいつが引っ張られたりしたら、これはちょっと、おれは具合が悪いなあと思うておったけれども、もうしょうがない。また、学校から家までが長い。その二人の鬱陶しい男に、間に挟まれるようにして、家まで帰る道の長かったこと。普通でも三十分以上かかるんですけど。そいで、家へ帰ったら、まあ、じいさんばあさんは慌てるわねえ、えらいこっちゃ、と。ぼくは裏の離れの二階におったけれども、あっちこっち開けたら『戦旗』が出て来るわ、なにが出て来るわ、ろくなこたあない（笑）。いや、こっちがそれを本気で信奉しているんなら、昂然たるもので、なんでもないけど、中途半端なぼくとしたらやっぱり体裁悪いわな。刑事に付き添われて警察へ連れて行かれたなんていうたら。だけどこうなったらもうしょうがないから、連れて行かれて、そして警察へ入ったら、入ったところにとにかくたくさん若い衆が炬燵に集まってわいわい言うてるところ、それを横切って、ぼくらは二階の取調室みたいなところへ行ったわけですが、ともかくその入口の部屋に、ぼくを夜の集会へ連れて行った群ちゃんという人が、びっくりした顔をしてね、あいつも来たか、いうような顔しとった。そいでぼくはちょっと安心したんですわ。ああ、ああやってわいわいやってるぶんなら、もう大事にゃならんやろうという気がしたんですよ。また事実そうだったけれども。

それでそうやって調書をとられているうちに、相棒の、ぼくの『文学新聞』配り先のクラスメートが連れられて来たですよ。そりゃそうなるやろと思うとったけどね。結局ほとんどもう細かいことは忘れましたけど、二人は同時に「帰れ」いうことになったように思います。とにかく、ぼくがいつまでも頑張るほどのこととも思えなかったしね。それと、途中の部屋で群ちゃんていう人がえらいにこにこしてたから、これは、群ちゃんに責任持ってもらうのが一番いいと思うてね。ぼくはいまでもこれを後ろめたい気がするのですけどね。なんでも群ちゃんに教わりましたと言うてね（笑）。歌、どこで覚えたか、いうのが一番問題になったんや（笑）。そいでね、いや、そら群ちゃんが教えてくれました、と（笑）。そしたら、そのとき、群ちゃんはその歌、知らんかったらしい（笑）。あとでぼくに言うた、わしゃそういう歌、ぜんぜん聞いたこともないし、知らんのや、言うたけどね（笑）。しかし、それ以後、やっぱりぼくは大きな運動の、本質的な運動の中へ入れるような人間じゃないという気がしました。いま考えてみたら、そういう気持ちがしたというのがちょっと大袈裟なんでね、なんでもないことなんだけれども。自分はちょっとやっぱり人を裏切ったという感じがしたんです。だから、ぼくはいまでもその人の未亡人とは年賀状の交換をしています。ぼくははっきりそれ言ってね、群ちゃんには昔済まんことをした、言うてね。群ちゃんは、「ああ、そんなもん何でもなかった、なんにもそのためにわしは困りゃせんかった、ウソかホントか追及されもせんかった」と言うてくれましたが、やっぱりそれは一種の後ろめたさとして残りました。そこから帰された時が十一時ぐらいじゃないかと思います。その晩は飯食ってないから、弁当とどけさせてやるからって、家から弁当もって来させて食わしてくれたが、さすがに飯は食べる気にならなかったな。ま、あんまり威勢のいい話でなくて申し訳ない（笑）。

それで、翌日になったら、もちろん配属将校から呼出しがあってね。学校へはもう通知が行ってましたよ。配属将校（三次中学は大尉でした）へは、すぐ。つまり配属将校というのは、学内のどういうんだろうね、……。

——学内の憲兵。

島田　そうそう、憲兵みたいな役目なんです。そいで、お前、きのう……（もちろん校長なんかも、もう知っておる。校長にもちょっと呼ばれましたがこれは本番ではない）、いったいどういうふうなことを訊かれたか、どういうふうに答えたか、そういうこと大尉殿に一々言わされました（第二回目の訊問）。……ああ、そうか、失礼。いまのは七年の正月じゃなしに、八年です。八年の正月か、二月の話です。いまちょっと思いだしたけどね。というのは、この事件はぼくにとって大問題の伏線だったんです。まあ配属将校も単に刑事との問答をいろいろ訊いた程度で、その場かぎり、以後何事もなかったんですが、問題はその先にあったんですわ。ぼくも女学校の先生しとったから経験あるんだけれども、毎学期と学年の終りには職員会議があって、まあだいたい形式的なものなんだけれども、誰と誰とは落第させるとか、誰と誰との操行は……というのをガリ版にして回す、そしてそれについて「異議のある人ありますか」というようなことでね。まあ、めったに異議もなにもない。たいていはそのまま承認するんだけど、ぼくはそのときにひっかかったらしいんですわ。ぼくの操行——こりゃ皆さん想像できんか知らんが、昔はね、操行点てのがある。これは受持ちの先生がつける。たいていのものは乙なんです。操行点甲なんてのは、そりゃよっぽど石部金吉みたいな、仏さんみたいな人でなきゃいない。その逆に丙なんてのは、こりゃもうどうにもならんていうようなやつで、ふつうは皆乙なんです。で、ぼくも乙だったんです。ところが、配属将校が異議を唱えたんですね。これは丙にしなくちゃいかん。ところが、ぼくはそれについて非常に感謝しておる、というか、結果から見ればよかったか悪かったかは別として、ぼくの受持ちであった先生が、――これは東京の高師（高等師範学校）を出てすぐ来られた、生物あの頃の学科目でいう博物の先生、はじめ大井了、結婚して小山といわれた。この先生がいい先生で、この先生が実はぼくにエスペラントを教えてくれたんです。別に左翼でもなんでもなかったが、非常に純情な立派な先生でした。気の毒に、あの原爆で亡くなりました。ぼくが転校してすぐ、忠の海だったかどこかの学校にかわって行かれて、そして、あの八月六日に勤労奉仕で広島に来ておられて、原爆で亡くなったんですけどね、――その先生がね、ぼくは偉い人だと思うのは、配属将校に敢然として楯突かはったんです。これは乙でよろし、なぜ丙にせんならん。そしたら、まあとにかく、思想が悪いとかなんとか言ったんでしょうね。そしたら、いや、警察へ連れて行かれたけれども、別に罪を犯したわけじゃない、ただ、なにも知らんのに、新聞配ってくれんかといわれて、単に友人ひとりに配っただけじゃないか、なぜ丙にしなくちゃならんか、乙でよろしい、って頑張らはったらしい。これは、ほんとは、ぼくはなにも知らずに済むはずだったんだが、面白いことには、妙な巡り合わせで知ることになったんです。

そのとき、ぼくは親も兄貴もみんな中国へ行って家は老人だけだったから、一朝事ある時には親類の誰かにお世話にならんならんのですね。で、親類でぼくの後見役で呼び出されたのが、ぼくの従姉のご主人でした。その人広島に居たのですけど、その人の娘が結婚する時に、校長が――校長も広島に転勤になっとって、その校長が仲人したんです。婿さんは大井先生の弟さんでした。まあ当時の仲人やから嫁さんの家と婿さんの家を何度も行ったり来たりするでしょう。つまり、花嫁さんの親父さんというのは、昔ぼくのことで校長やら何やらに呼びだされて（但、配属将校はこんな時絶対に顔を出さない）、「注意して監督してくれんと困る」というようなことを言われた仲だもんでね、それが巡り巡って、その娘の仲人ということになってね、それでその家に来ての雑談に、実は虔次君のことはこうこうしかじかのいきさつでと、顚末をその親類に話したんです。その説明によると、こうなんですわ。つまり、配属将校はいきりたつ。当時配属将校が、しかも田舎なんかの学校で、これはいけない、と言ったとして、それに対して楯突くような先生がおるっていうことが、そもそも考えられなかったことなんです、当時は。それを、その先生はあくまで頑張ったらしい。それで校長は困った。校長はぼくに目を掛けてくれはった受持ちの先生の、同じ町から同じ東京高等師範へ行った先輩後輩に当たるんです。だからその人は校長が三次中学に呼んで来たんですね。校長ってのは損な役でね、どんなことをしても必ず悪う言われるんだけども、ぼくら――何も知らずに、たぬき、たぬき言うとったけども、よう考えたらわるい人ではなかったと思いますね（笑）。それが困ったんですね。こんな喧嘩をほっておいたら、ぼくはまあどうでもいいと――彼がどう思ったか知らんが――いいとしても、その先生にはちっともよくない、これからその先生の出世に妨げがあるから。校長は非常に困ったんだろうと思うけれども、とっさの知恵でね、「いや、これは転校させるからよろしい、乙にしといて下さい」と、こう言うたらしい。転校する時に丙じゃ困るからね、どこも受け取りゃせんから。そう言ったらしいんです。それで切抜けた。それでぼくはどうしても転校せんならん(笑)。その先生はなんにもそんな内情は言わなかったけど、ぼくが青島の中学へ行って、「着きました、これから一生懸命やります」という手紙を書いた時に、その先生が返事をくれてね、大袈裟なことが書いてあったのを覚えています。それは「大厦の将に倒れんとするや一木の能く支うる所に非ず」(笑)、たかが中学生の転校に対してそんな大袈裟なこと書いてあったのを、いまだに覚えてます。しかしいい先生でした。ほんと、ぼくが可愛がってもろうて、しかもその先生のおかげで、ぼくはエスペラントっていうものを知ってね。その先生自身は、いま考えてみたらそれほどエスペラントは上手な人ではなかったと思うけれども、ま、理論的に(エスペランチストのいう interna ideo 内在思想に)関心をもたはったんだろうけど。しかしほんとにぼくはいま考えても人格としても、思想としても立派な先生やったと思いますね。

青島日本中学校・中国のエスペランチストたち

それで結局ぼくはいろいろ考えたけれども、これは親父も兄貴も大陸におるこっちゃから……。親父が済南におったですね。兄貴がやっておった工場を引き継いでおったんです……。そいで兄貴は満州へ行って、満州棉花っていう所におってね。これは皆さんご存知かどうか知らんけれども、当時の満鉄の中国語のリーダーは秩父固太郎っていう人、あまりその後聞かんけれども、ぼくの兄貴はもう神様みたいに尊敬しとったなあ。中国語に関してはね（のちに兄は満鉄の一等通訳の試験にパスしました）。ま、とにかくぼくはそうして中国へ行ったが、もう、おもしろくない。三次中学のクラスでは、みんな仲好うしてくれたし、居心地よかったんだけれど。こんなことになっておもしろくもない。青島じゃ、それでなくても、新顔やからね。

——青島中学ですね。

島田　ああ、青島日本中学校。四年生の二学期。さっきの、ぼくが警察へ連行された事件がいつだったかいうのは、それから逆算すべきだったのをうっかりしとった。それから逆算すると、つまり一月か二月(1)、そのときに連行事件があって、そして、それが響いて職員会議の、つまり学年末の成績会議の時に引っ掛かったんだから。それは非常にはっきりしていますね。もちろん青島でも配属将校へすぐ書類が廻った。これはもう最後までぼくの疫病神でね、付いて廻った。ぼく自身はそんなに危険思想だったとは、今考えても思わない(2)。ま、高等学校の時はなんていうか、こっちが生意気になって、特高警察なんていうものと、ちょっとこう、小競り合いみたいになるのを、一種得意になる所があったから、こりゃやられても仕方ないなと思ってます。しかし大学なんて、ぼくはほんま、おとなしいものやった。それでも警察に留置され、教練には落第したですよ。

——済南にお父さんがおられたので山東へ？

島田　まあそういうことやねえ。

青島日本中学校正門

——日本人の中学は青島にしかなかったんですか。

島田　ああ、そうそう、青島にしかなかった（満州の諸都市を除いては）。だいたいにおいて、いわゆる華北の、北京なんかにおる日本人の子弟でも、来る人があったですね。中には、あすこへ行くぐらいなら内地までいったほうがいいというので、内地に行く人もありました。

——これ（青島中学の古い写真を示して）昭和十四年のですが。

島田　そうです。そうです。この門、ものすごい、……京大のなんかと、全然違う。まったく本格的な石造建築。なぜかというと、これはドイツ占領時代の兵営なんですわ、本来は。これはものすごい。これが入口の、正門の門柱ですけど、五人抱えでも手が廻らんぐらい。そしてここが（正面の塔を指して）武器庫だったらしいですね、ドイツ軍の。それにね、寄宿舎の裏のこの山、この山のすそを斜め後ろの方へ、直線距離にして五百米ほど行った所に山東大学。あの、老舎《ろうしや》とか、そういう人が教えてた所ですわ。ぼくがおる時に老舎は山東大学におったんと違うかなあ。

——小川先生が三五年に、行けば逢えたのに、とおっしゃっていました。

島田　あ、一九三五年ね。三五年といえばぼくが卒業した年です。

それで、青島中学へ行ってね。そしたら、もちろんすぐ配属将校から呼びだされて、「君はこうこう、こうこうだったか」、「はい、そうです」、「はい、そうです」、「心を入替えてしっかりやれよ（笑）……要するに中学の教練の及第というものは、最終の学校で——前の学校のなんかは問題にならないので、ここで——及第しさえすればそれでいいんだから、心を入替えてしっかりやれ」というようなことで、「はっ」と言うて引き退ったわけ（笑）。ところが、友だちもおらんし、結局寄宿舎で——この（と写真を見ながら）後ろに寄宿舎があるんですけど。そこは詩人の黄瀛《こうえい》のおった所です。寄宿舎の図書室の落書きに、あったんです。黄瀛の書いたもんじゃなしに、黄瀛がここにおったということを書いたものがあったんです。——そこでね、ま、つれづれなるままにエスペラントに精を出したんです。中国語をやればいいけど、これ、不思議な学校でね、中国にあるのに、中国語っていうものは二年生までしか正課でないですよ。三・四・五年は正課じゃないんですよ、同好会みたいな形であった。先生は岡田先生という、宣統帝の家庭教師であったという方。当時既に失明していられました。しかしその日は料理の話で、それで一回出席しただけでやめました。いかにもあの頃の日本人がどっちへ顔向けとったか、よう分かる。帰って日本の上級学校へ入るためには英語が必要やから、英語ばっかりやっておる。そいで、ぼくはしょうもない。ぼくはここでね、同級生同士でも丁寧語で話しとったです。これは、わざとそうしとった。誰かが「おい、行こか」、「はい、行きましょう」ってな具合でね。これはなんていうのかな、青島の人に何の罪もないんやけど、むかっ腹をたてていた。癪に障ってた。敬語とは言わんが、丁寧語、最後までそれを通しとったです。しかしね、人間て不思議なもんやね。そのときの同じ寄宿舎におって福岡の高等学校へ行った男が、卒業してから、六十年ぶりぐらいに、去年懐かしいから逢いたい言うて、河原町のロイヤル・ホテルへ呼び出して、中華料理おごってくれたけれども、そのときには、彼は頭から高等学校のやり方で、おまえ、おれだった。中学校の時にそういう気づまりなやり方やっとったの、簡単に忘れるもんですね。ちょっと不思議な感じがしたなあ。その当時の習慣て忘れるもんかなあ（笑）。

——五十年たって、あたりまえ……（笑）。

島田　しかしそう無造作にねえ……。しかし今となっては、おれ、おまえでやってくれたことに感謝しています。

——植民地のあれは標準語ですか。

島田　標準語です。標準語です。あの、なんていうかね、植民地には特有の気風があってね。ぼくの従兄弟が、——のちに大阪外語へ入った男やけど——それが北京へ行ってね、叔父の家で、従兄弟たちと住んでおったんだけれども、それが言うには、植民地っていうのは妙な所だ、日本女学校の先生が生徒に「皆さんは、日本国民の代表として中国人の間に生活しておるんだから、決して、粗野な行動をしてはいかん（笑）。ことばづかいでも、吟味しなくてはいかん。例えば、さよなら、っていうようなことばはよくない。ごきげんよう、と言わなくてはいけない」（笑）。それでね、ごきげんよう、ってのはそんなに上品なことばかなあ、と言いよったけどね（笑）。だいたい、ことばは標準語です。標準語だけど、家庭ではもちろん別でしたでしょう。

それでぼくは一生懸命エスペラントやって、で、青島に——中国にもエスペランチストいるやろうと思ったらね、学校のすぐ坂を下りた所に、こっち側に監獄——この監獄はぼくものちにちょっと、多少のひっかかりができるわけだが——それからこっちの方に市場があってね。そしてそばに非常にきれいな、小さいが瀟洒たる本屋があってね。その頃ぼくは中国語は読めんけれども、時々そういう所へ入って見ていたんです。良友図書公司とか、開明書店とか、そういう所の本が非常に多かったですね。そこへいって、ぼくはとにかく中国語で全然話せない。だからそういう時には英語ですわ。もういまはちょっとよう言わんけどね、「Do you know someone……」とかなんとか言うと、そしたら教えてくれてね。こういう人がエスペランチストだと、世界語者だと。で、一番最初に行ったのがハンチンツアイ。ハンは韓国の韓、チンは青いという字と、それから才能の才、日本語の感覚では何だか変だった（笑）。韓青才という人、これに行ってみたらいいだろうと言われて、行ったら、この人の正式の仕事は、国民政府の無電台の、無電の技師です。それから識るようになった中国のエスペランチストはほとんど全部無電技師でした。無電技師でありながら大学生でもあったんだ、山東大学のね。どっちがどうなんか、両方とも正式の身分だったのだと思います。ぼくはその人の友達で寿俊威、それから季菁、そういう人たちとはすぐ非常に親しくなったです。それがいつごろだったか覚えていないが、とにかく翌年の三月くらいまでには、そうやっておたがいに行き来……行き来って、向こうが来ることはなかったけれども、こっちはよく行って、そのうちに紹介されたのが、いまも――いまも、っていうのは一昨年、六十年近くぶりに連絡が取れた呂吟声《りょぎんせい》という人です。

呂吟声は、何と中学校のすぐ前に家があった。正門から街へずうっとダラダラ坂になって、疎林の間をちょっと下りてゆくんですわ（名は魚山路）。そして下りたら左手の方が監獄で、右の方が市場。ぼくが行った本屋はその市場のこっち側にあったんです。この前のダラダラ坂を、ものの二、三分も歩かない、そうですね、五十米ぐらい下がったところに、家があった。これにはびっくりした。こんな近い所にエスペランチストの家があった。そしてそこへはよく行ったです。なんとかかんとか言ってね。すき焼きというものは、旨いそうやけどやってみせてくれ、言われてね（笑）。寄宿舎のまかないから七輪を借りて行って、すき焼きをやってあげたこともある（笑）。

――評判はどうでした。

島田　ああ、そりゃ旨い、大好評でした（笑）。それから向こうは正月は君はおらんからと言って、餃子《ぎょうざ》ていうやつかな、これぐらいの小さいやつ、あれをたくさん作って食べさせてくれた。一番参ったのは、豚の尻尾を煮たのを食わされたです。別にどうとも思わんけれども、何だか妙な感じがして（笑）。その餃子を食べる時には、なるほどこれは感じのええもんやと思うたのは、こんな大鍋でしょ、それの蓋をうらがえしに置いといて、その上へ片っ端から並べていくんですよ。奥さんは奉天の人で、呂吟声は蘇州の人です。あれはなんというか、こう、豊かなという感じがしますな。ずらーっとこういう木の蓋の上に並べていってね、作っては並べて、それをこう持っていって、ザアッと包丁かなんかでこうやって押し出して、下へ入れる。下の鍋の中で湯がぐらぐらしてるから、もうこんなになるでしょ。あれはほんとになんて言うか、日本のおせち料理もいいけど、ああいうのは、なんか豊かな感じがしますなあ、これは。そうそう豊盛《フォンシヨン》。とにかくそういう感じがしたですね。それが非常に印象に残ってます。

奥さんはエスペランチストではなかったですけど、奉天の人だと言っとったから、日本語は出来たんじゃないかなあ。

——呂吟声さんは先生とそんなに年違わないでしょ。

島田　いや、違うんです。ぼくより八つ上です。いま八十四です。つい数日前に来た年賀状に、もう生きてる間はおまえには逢えんやろう、いうて書いてあったけどね。

——いまも山東におられるんですか。

島田　いやいや。北京。これの話もせんならんのやけど、この人はね……。ま、いいや、それはもう少しして……。話が前後しては具合が悪い。この人はね、中国の『翻訳家辞典』(3)というものがあるらしいが、彼はそれに載ってるそうです。翻訳家としてのペン・ネームは斉蜀夫、斉は斉の国の斉、蜀は四川の蜀。彼は四川へ行ったんです。四川へ行く前の日、今釈放された、これから四川へ行くんだという葉書を杭州からくれて、それきり会わない、文通も途絶えた。

ぼくはだいたいそういう人と付き合っとったから、普通の中学生と違って——向こうにおる中学生だからね、毛沢東の名前ぐらい誰でも知っとると思ったら、全然知らない。ぼくが一番よく知ってる

（笑）。ぼくがなぜ知っているかというとね、あの頃中共区のことを一番よく書いた――もちろん特殊な専門家は別として――書いたのは、中山コウ太郎、中山、耕すという字、岩村三千夫のペン・ネームです。岩波新書で『中国革命史』みたいものを書いている、その人のペン・ネームらしいんだ。それが『新支那読本』というものを出しとってね。ぼくはそれを読んどった。だからだいたい中共軍というものがどういうふうに活躍して、毛沢東の統率のもとにどうなってるというような、大体のことは、ぼくは知っておったです。

中国のそういう彼等はみんな「打倒帝国主義」だから、ぼくはしばしば困る場面があったですよ。ぼくがおる間に、帝国海軍の艦隊が、青島沖に入って来たことがあるんです。まあ、示威のためでしょうが、どういう名目だったか分からない。入って来ると、たいてい「アト・ホーム」(at home) という、無礼講みたいなのを催すんです。そこの居留民と「アト・ホーム」という名の交歓会をやるんですね。まあみんな喜んで、軍艦へお招ばれに行くわけです。だけどぼくは、それが来たおかげで、いったい日本の海軍は何の目的で来たかっていうことで、見たこともない青年を交えた数人――もちろん、主体はエスペランチスト――から糾弾されるんやね。そんなこと、いちいち知らんもんね（笑）。参るですよ。ほんとにちょっと困った。

ま、そうやって、ぼくが特別に仲良くなった呂吟声（いま呂福田ともいう）って人は、中国航空公司という（アメリカ系？）会社の無電技師だったんです。無電技師で、家はすぐそこで、歩いて五分ほどの所に一室を借りて、そこであのツー・ツーってのをやって、一日に何回か、どこか航空公司の本部かなあ、どこかしらんへ、気候とかなんとか報告事項があるんでしょう、それをやってんですよ。だからそこへ訪ねて行っても、こうやってレシーバーを耳に当てて一生懸命やってる時は、仕事だから、見向きもしない。そういう人と仲良しになってね。その人の所で、ソヴィエトの文学雑誌ってものを、International Literature っていうようなものをいつも見ておった。日本であゝいうもの、普通は見られなかったらしいけども。たしか、ショーロホフのね、『開かれた……』何とかっての……。

――『開かれた処女地』。

島田　うん、『開かれた処女地』（だったと思う、とにかくショーロホフの小説）が載ってるのを見たことがあります。

それでぼくがこっちへ来てから、三高へ来てからですがね。呂さんはゴンチャロフの『オブローモフ』を訳すつもりだと言って、日本語の『オブローモフ』の訳があったら送ってくれって言うんで、その頃岩波文庫にはまだ入っていなかった、それで山内封介っていう、たしかこの人の息子が山内一郎さんっていう、ソヴィエト法の大家なんですね、東大の先生してた、その人の本を送ってやったことがありました。

――呂吟声氏は日本語も出来るんですか。

島田　いや、でけへん。でけへんのやけれども、なにしろ漢字が混じっとるからね（笑）、見たら分かるやろうと。あるいは誰か日本語の読める人に教えてもらえばいいということだったんでしょうね。それはね、重慶にいる時に、胡風《こふう》ね――胡風事件の胡風の知己を得て、胡風の世話で出版した。それがね、せっかくなんだけども、君には送れん。ぼくはこんど六十年近くぶりに、連絡とれた時に嬉しいもんやから、ぼくのやったものは、翻訳やら書いたもの、全部一纏めにして送ったんですよ。そしたら「わしはゴンチャロフの『オブローモフ』の訳があるんだけど、いま、もうまったく本屋になくなって送りようがないから、そのうち見つけたら送る」と言うて、こないだ、どっかの図書館のハンコがべたべたついてあるやつを、一冊送ってくれた（笑）。

——それは、古本屋には、一昔前の、学校の本とか図書館の本とかが廃棄されてどっと出ることがあるんですよ。

——ぼくは復旦大学とか人民大学とかのハンコの入った本、持ってますよ。

島田　あ、そうですか。

——ぼくは満州医科大学の本持ってます（笑）。

島田　あ、そう。そんなら、まあ、だいぶ、ぼくも気持ちが楽やけどね。いや、彼はね、中国人はああいうふうに考えるのかなあ。とにかく、ぼくに本を送れないってことを、「人の道に悖《もと》る」というつも言っておった。どうもしかしね、日本人でそんなとき、お前があしてくれたのに、こっちからそれのお返しせんのは「人の道に悖る」って言うような言いかたはせんと思うなあ。日本人は、「申し訳ない」とかね、「合わす顔がない」ってことは言うだろうが。「これは人の道に悖る」って彼はよく書いてきたがね。

——「礼は往来を尚ぶ」で。

島田　うん。「往来を尚ぶ」ですねえ。……それでも、ぼくは日本人の学生とはほとんど大して付きおうとらん、……そういう中国人のエスペランチストとばかりやっとった。

それからこれは三高へ入ってからのことで、少し話が跳ぶけれど、もう一つ。これは皆さん信じられるか信じられないか分からんけれども、ちょっとあまりに小説的かも知らん。だから今まで、あまり人に話したことはない。それは、高等学校へ入った夏に、済南へ帰るときに、青島を通って、呂吟声の家へ行ったわけです。そこでね、中共の党員が何らかの任務を帯びて、いわば地下工作をしているのに、偶然一緒になったんです。それは間違いないと思う。その人の名前が第一分からん。呂吟声に、なんていう人やて訊いても、「知らん。ルー・シャオバオとか言ったけど」。「ルー・シャオバオてどう書くんだ」言うたら、「たぶんこうだと思うけどなあ」言うて、それでおしまい。その人ね、人なつっこい無類の好人物で、胡弓の名人、よく弾いてくれた。その人に教わった歌が一つあってね。「燕双飛」という詞です。メロディも情緒テンメンたるものです。その人であったか、呂氏の弟が教えてくれたのかも、ちょっと分からんが――その人の一番好きな歌は、「ぼくのいちばん好きな歌は日本の歌や」言うてね。あの頃「黒き汝《な》が瞳、悩ましや」って歌があったんです。それが好きだ（もちろん、メロディだけの話でしょう）と言うて、よう胡弓で弾いてくれました。それが急におらんようになってね。宿主の呂氏も心配して、「済南の方に行ったらちょっと調べてみてくれ」言うて。あの頃左翼の人で、共産党員なんかが、転向するでしょ。転向したり、あるいは転向させようと思う時には、「反省院」ていう所があるんです。日に三たび反省す、というあの反省。その反省院という所へ、おそらく入れられているはずだ。あんたちょうどいい、日本人だからね。われわれはちょっと行きにくい、だが、君は日本人やから、面の皮厚くして行ってみてくれ、こういうのはおらんかと、訊いてみてくれ、と。そこでぼくはその役を買うて出た。買うて出たって分からへん、中国語がね、そんな中国語は。だから結局——第一名前が分からんのやから、どういう名前か。陸小保とたしか書いたように思うけど——こういう人はおるかおらんかということを訊いて廻って、反省院長ってな人に会ったですよ。その頃、日本人というものは、そういう無茶なことでも通ったんですわ。中国人でもなんでも、例えば監獄のね、所長てな人のところへ、全然紹介状もなにも無しに行ったって、会ってくれないと思いますけどねえ。そしてそれが当然だと思う。日本人というのはそれほど厚かましかったんやね。それでまた、それを利用したんやね。しかし結局どこにもおらんということになって。そして夏休み終って、帰るときに、もう一遍、呂氏の所へいったら、「おった、おった、下の監獄におった」というわけや。それでその監獄へ会いに行った、ぼくと二人でね。

——それがさっきおっしゃった「下の青島監獄」……。

島田　そう、そう、そう。そしたら、あそこはね、面会というのは構内に入るのではない。こちらは監獄にめぐらした壁の外側に立つ。こういうところに、このぐらいの窓がある、そこへこっちから立って話をし、向こうからも立って、こたえて話をする。それがここに一つあるとする、それからすぐ横にもある。一遍に、さあ三組か四組ぐらいやれるようになってる。それで、ぼくは多少は勉強しておったが、とてもちゃんとした話はでけへんからね。片言で「ニイハオマ？」ぐらいのこっちゃ

（笑）。それ以上、言うことがない。にこにこ笑顔を交わしているうちに時間が来たように思います。呂氏は隣で面会しとった別の一組のことを「始めから終りまで食うものの話しかしようらんかった」とかあとで言っとったです。

これはちょっと、あまりに劇的な話だから。あれは果たして何者だったか……。しかし中共党員だったことには間違いないと思います。その人を主役にしてか、一席――これはエスペランチストばっかりじゃないけれども、青島のいわば文芸愛好家という青年たちが集まって、パーティをやったことがあってね、そこへぼくも招ばれました。彼が「黒き汝が瞳」を胡弓でやった。その人いまどうしてるか、さっぱり分かりません。(4)

いろんな人にあったですよ。エスペラントのおかげで。エスペラントのおかげで、ぼくは中学のときに、昭和九年の夏休み、北京の師範大学の寄宿舎に会いに行って傅銘第《ふめいだい》、エス名はFulmeto（いなびかり）という人に会いましたがね。彼はのちに中国では有数のエスペランチストになったはずです。その人に会ったことがある。その人の机上に、日本の雑誌『改造』が載っていたのを覚えています。それからそのときは勿論、まだ日支事変は始まっていなかったからでもあるけど、重慶から来た人が寄宿舎へぼくを訪ねて来てくれたことがある。そのときはたしか、富山薬学専門学校を出た本田宗一郎さんという人が一緒に来た。後に重慶からいろいろなものを送って来るようになったのは、その人、霍非《かくひ》という人、がおそらく指示してぼくに送らしたんだと思う。(5)いろんな人に会いました。

ところで話を戻して、そしていよいよ卒業、卒業式のときの話をせんならん……。それでね、青島中学のいよいよ最後の卒業式のときに、クラスでトップの男、級長、が風邪引きかなんかで休みよって、ぼくがクラス総代（卒業生総代？）として卒業証書もらいに出たんだが、ところがね、そこまでは大いによかったんやけれども、さて式がすんで階下に降りて、この後ろ側に雨天体操場がある、雨天体操場を通って、校庭を通って、寄宿舎へ帰るわけ、……雨天体操場にね、通達なんかを張ったり書いたりする掲示板がある、そこにね、「島田虔次、○○○――○○○ってのは、こらあもう、どうしようもない軟派やったけど（笑）――右の者、教練不合格」と貼出してある。これはちょっとショックやったね。ぼくは、何といっても「右の者、卒業生総代」って「卒業証書」をもらいに出たんやからね。まさかそんなこと、貼出されてるとは思わへんもんなあ（笑）。ええ調子や、こらあ下級生にも幅が利くわ、と思うとったら、そんなのが出ててね。面目まるつぶれ。もう腹たってね、それから一切、中学の帽子は被らん。ほかの連中は、あれ、愛校心かなんかしらんけど、いつまでもめそめそと卒業した学校の帽子被ってね（笑）。それで埠頭へ行って船に乗る時でも、内地へ帰るときの船でも、もう、後生大事に帽子をかぶって、下級生と握手したりなんかしてる。ぼくはもう絶対に被らなかった。それから……。

――教練は不合格でも、卒業は出来るんですか。

島田　誰も文句言わんかったら卒業できる（笑）。それを合格にせよ言うたら、今度はまたもめて、お前もう一年やれ、いうことになったかも知らん。前のとこでぼくがおられんようになったのは、異議を申し立てる――受持ちの先生が異議を申し立てて、どっちも譲らんから、校長が困って、あれは転校させるから……

――なんで教練不合格になったんですか。

島田　知らん。そんなこと、知らん。

――思想が悪いから、ですか。

島田　おそらく。そうとしか考えられん。

――しかし、教練は不合格でも、卒業資格が欠格にはならないんですか。

島田　ならん。ならん。教練は別なんです。だからね、ぼくは思うのに、そもそもあの配属将校が成績会議っていう職員会議に出席したのが違法だと思うな。――因みに、配属将校はふつうはせいぜい大尉止りです、三次中学は大尉だったです。青島は中佐ですよ。三高も中佐でした。青中のは中佐(しかも天保銭だった、つまり陸軍大学校卒業)というのは、もちろん、軍の特殊任務を帯びていたからです。

それからというもの、ぼくは絶対に帽子は被らん。これがちょっと、あんまり可愛げのない所かもしらんが(笑)。ぼくひとりだったなあ、鳥打ち被っとったのは。青島は波止場はそこしかないから、みんな受験なんかのために大挙して船に乗って行くわけでしょ。見送りも盛大です。みんな、名残惜しそうに帽子被って、中学の帽子被って行きよる。ぼくはもう鳥打ちで通した。

ま、そういうことで卒業はしました。青島では中国人とばかり付合ってましたから、そういうふうに、だいたい中国人と気安う往来するってのが、そもそも日本人たる者の体面を心得ざる仕業である、と思われるような雰囲気でしたからね、誰からもよくは言われなかったに違いないが、ひとつ、最近こういうことがあったんですわ。ぼく、高等学校への入学試験をどこにしようかっていうときにね、これはつい去年——いや、まだ今年だ（一九九三年）——今年の六月に、ぼくと中学の寄宿舎で同室だった下級生と逢うてね、早稲田の理工科を出て、電気関係の仕事をやっている、それが非常にぼくに好感を持ってくれていたらしい。嬉しかったですよ。ぼくは、どうせろくな、よい印象などもたれてないとばっかり思うとったから。彼は非常に好感持ってくれて、あるとき、山陰の松江かどこかでクラス会やってね、それから散会して帰るときに、そっちを回る必要もないところだけれども、室長・島田君——下級生は上級生を君付けで呼ぶことになっていた——の、あの人の故郷ってどんなところやろ、っていうんで、わざわざ汽車を遠回りをして三次を経由してくれたらしい。ぼくは、それ、えらい感動したな。ぼくにも、そういうふうに思ってくれる人がおるかと、思うてね。

第三高等学校

その人が、ぼくが三高を受けるに至った動機を、妙なことで覚えとった。それはなにかの本をでたら目にこう開けて、何という字が出たらどこを受ける、というふうにしてきめたんだと言うてました。

ぼくは全然覚えてないが、そういうことがあったかもしれない。でもね、三高に決めたのは、三高だけにエスペラント部というものがある、ということを聞いておったんです。それはエスペランチストの間の常識だった。だから、ここへ行ってやろう、という気があったんです。

ところがね、そろそろ願書を取り寄せないかんなと思ってるときに、発熱してね。ひどい発熱して、医者が呼ばれて来たら、「これはいかん、隔離せい」っていうことになって、仮痘、仮の天然痘。天然痘それ自体じゃないらしいんだけど、後になって、お前たちゃ天然痘ってもの知らんやろ、わしゃ天然痘になったんだぞ、と威ばったら、どういう症状やって訊くから、「仮痘っていう診断や」と言うたら、「あんなもの天然痘であるもんか」(笑)。……要するに天然痘のまがいもんで、天然痘じゃなかったらしいんですけど、天然痘に準じてそうとう重い伝染病として指定されているらしいんです。どんなに言うても医者は帰してくれんのです。ぼくはこれから高等学校受けんならんのやから、それのための願書やらを書くのに、ぼくはいっぺん寄宿舎から物を持って来なくてはならん。ぼくの部屋の中にあるアドレスとかなんとか。……皆さんはどうかしらんが、記入事項の、郷里の家の番地なんてのは全然知らへんわね。一度くらい郷里の役場から取り寄せたかどうか位だから、それが分からんかったら、一体、どうなる。願書が出せん、これ一生の大事なんや。そう言うたってね、頑として聴きよらん。「天然痘を、とにかく一時でも、帰すという例は絶対ない」言うてね。それで参ってね。こりゃ一年棒に振らんならんかと思うて、参ってしまった。それが、窮すれば通ずで、考えついたのが、つまり、これはエスペランチストとしての縁があるからそこを選んだんやから、三高エスペラント部いうものに、今こそ大いに役に立ってもらわにゃいかん（笑）。それで「三高エスペラント部様」と言うて、全文エスペラントで書いてね。例えば、必要な書類があったら、これこれこういうところの役場に請求してくれ、と。それから、生年月日はこうこうで、父母の名前はこうこうで、と、そういう書き込まんならん項目全部、自分で想像できる限りの、書き込まんならん要項を全部挙げて、そして、済まんけれども、私に成り済ましてやってください、そのへんの三文判買うて来てやってください、という手紙を出したら、なんと、やってくれはったんや（笑）。ほんとに感謝した。だからぼくは受験に京都へ来たら、その晩真っ先にその人のところへ行った。その人は野間宏の親友でね、あの小説家の同級生で、ずうっと停年まで大阪市立大学の哲学の先生してはった西村嘉彦さんていう人です。たずねて行ったらその人が、全部お前のいう通りにして願書だした、安心せい、と言うのを聞いて、ほんとにぼくは感激したわ……。西村さんていう人は、お父さんとたったふたりで住んではったけどね。静かな、実に物静かな人でした。その人とは三高は入れちがいでしたが、それからあと、野間宏と二人が大学生で、もう一人その後どんどん有名になった富士正晴、この三人で路上を歩いているところをお目に掛かった。それ以外は大阪市大に講義に行ったとき学生食堂で一回、伊吹武彦先生の八十歳のお祝いの席で一回、お目にかかったのはそれだけでしたけれども、ほんとうに有難かったです。

——受かってよかったですね。

島田　ほんとによかったですわ、ほんまに。ところがね、実際は入試がすんで、ぼくはもうてっきり駄目や、落ちた、と思うたんです。てっきり駄目やと思うてね、駄目なときに——あ、そうや、これも話さないかん——駄目なときは、誰でも次をやるでしょ。それね、ぼくは東京高等無線電信学校というところを受けることにしていたんです。それは動機は非常にはっきりしてるんでね。ぼくは、昔からではないが、五年生になってからしきりにそれを考えだしたんだ。どうしたら一番確実に西洋へ行けるかということばかり考えとったんですわ。まあいろいろ考えたらね、結局これは船医か、船の無電技師になるのが一番いい。ま、船員になれば一番確実ですよ。しかし、船員てのはあまり感心しない、あれはからだがしんどい(笑)。船医、船の医者ってのは、なぜそう言ったかというと、野村佐一郎さんていう方が、これは滋賀県の人でもう年配の船医で、エスペランチストで、時々寄宿舎を訪ねてくれていた。その人がすすめてくれたのか、あるいはその人のように、と思うたのか、そのへんが分からんが、とにかくいちばん早く、安く西洋へ行く方法というのを考えたら、無電技師がいいと気がついた、それで、その学校へも申し込んどったんです。

——西洋に行ってなにを……。

島田　いや、いや、それは、何をするかは分からない。そんなのは分からんのだが、とにかく西洋を見たい、行ってみたい、という気持ちが強かったね。高等学校を受ける前に、たぶん退院直後のことだったと思いますが、クラスのなん人か、十人ぐらいが何のことだったか集まって、ぼくはあんまりそういうグループに呼ばれたことはないんだけど、呼ばれてね、いわば将来のことを語り合う会とでもいうようなものだったんだろうが、みんな、自分はどこを受ける、と、それから将来はこういうことをやる、と語りあったような気がする。そのときにぼくは、それをはっきり言うたのを覚えているんです。自分は三高を受ける、しかしこれはどうもあんまりうまいこと行きそうもないから、むしろいまでは第二志望の東京高等無線電信学校というものへ行きたい、と言ったら、それで一体なんでそんなとこへ行くのや、ときいたから、それは、一番手っ取り早く西洋へ行けるのはこれだ、という結論に達したからだ……。これは、ぼくはほんとに、理詰めに考えて得た結論だった（笑）。僕はへいぜい理詰めに考えて行動したことは余りないけど、この一事だけは理詰めでした。それを言うたことは、はっきり覚えています。

それで三高が駄目だったらそこへ行くつもりでした。果たして駄目だったと思ったもんだから、郷里へは帰らずに、そのまま東京へ行ったんですわ。そして東京で、ぼくの友達で慈恵医大に入った男がおって——その男は三次中学の友達ですけど、いまだに友達で、こないだもちょっと行って泊めてもろうて来たけれども——彼の医大受験のとき泊まった下宿屋に泊まった。ともかく一遍目黒の東京高等無線電信学校、そこの場所を確かめに行って、あと、することもないしね、毎日ぶらりぶらりと歩いとったらね、ちょうどそのとき満州国皇帝が日本へ来るときに当たってね、ものすごい警戒。ぼくは、驚くなかれ、一日に五回引っ掛かった。それはなぜかと言うたらね、中学卒業以来ずっと鳥打ち帽子で通して来たからね、それで東京でも鳥打ち被っとった。そしたらとにかく、一日五遍、不審尋問に引っ掛かった。つまり「不逞支那人」あるいは「不逞朝鮮人」と思われて、疑いを持たれたんやろうね。それこそ満州国皇帝に、何かピストルでも撃ちゃあせんかと思うたか。あの頃の警官ていうのは――警官じゃない、刑事なんだろうが、ずいぶん横柄なもんでね。なんかちょっとでも気に入らんかったら、すぐ机を叩いて怒鳴り出す。あれは新宿駅だと思うが、ちょうど駅の真ん前に交番があって、そこへ連れ込まれて、身体検査されてね。ちょうどよかったのは故郷から送って寄越した三高にパスしたという手紙を持っててね。家の方へ来たんだが、ぼくんとこは爺さんとばあさんしかおらんのやから、分からへんから、それをそのまま送ってきとったんです、東京の下宿宛にね。それをポケットへ入れとったから、これこの通り、ちゃんと高等学校へパスしたから、これから高等学校へ入るところだ、と言うても、なかなか聴きよらん。最初にあんまり居丈高になったから、やさしゅう引き下がるわけにいかんのやね。ほんまに、威張りやがってから。

ま、そういうことがあって入ったんです、三高へ。入ったら、まあお定まりのごとく、配属将校から呼び出しがあって、「教練の成績というのは、最終学校が問題なんだ、それまでの、前の学校のものは、有っても無うてもいい、最終学校さえパスしとったらええんやから、くよくよせずに、心入替えてしっかりやれよ」(笑)。いい配属将校でしたよ。みんな狆くしゃ狆くしゃ言うとったが、これも天保銭組でね、陸大卒の中佐でした。……だいぶ長い間、名前覚えとったんやけどな。

――三高の配属将校いうたら、やっぱりちょっと偉いんですか。

島田　偉いですよ。三高のは中佐でした。ぼくはね青島でも配属将校その人には――その前の三次の配属将校は、ほんまになんて言うか、これはもう許し難いような感じがしたけど、青島のときは、だいたいこっちが青島では成績など気にせずに、他の事ばっかりしとったから、まあしょうがないわ、ってなもんでしたよ。ただ、そんなところへ教練の成績が貼出されるとは、夢にも思わんかったからなあ（笑）。しかも軟派と一緒に二人だけ。ああいう所はわりあいぼくと同じように内地で持て余し者になって、来てるのが多かったのではないか。あと現地の学生はわりあいに外務省の官吏とか、そういうのの子弟とかいう、相当なハイ・クラスもおりましたけどね。学者でいっても東大の日高六郎、日高八郎両教授、原子力工学の安藤教授、われわれシナ学の仲間で東北大の村上哲見教授、などはみな青島中学出身です。その一方で、内地でもうどこへもおりようがなくなって、流された（笑）、追いやられた、というような者もいました。その〇〇〇ってのはどうしてるかしらんが、これは本当にもう、どうしようもない軟派やったな。

——三高に入られたのは昭和九年でしたか。

島田　いや、十年。

——先生その頃は中国のことやる気はまったくなかったんですか……。

島田　うん、なかったですね。その頃はまだなかった……。

——文科には違いなかった……。

島田　そうねえ、もっともぼくは、中学のときぼくを庇ってくれた先生の影響があってね、一時、生物学ってものはやってみたいと思ったことがあります。

——いわゆる理乙ですね。

島田　理乙はふつう医者の息子など、医者になるのが行くんです。ともかくしかし、これはもう駄目やと思うて、止めたことがありますわ。三高に入る前にね。たしか大島正満、と言うたら哲学者か(?)、ま、大島なに満とかいう人の『生物学概論』という本を買うてきてね……。妙なこと覚えてるのは、細胞分裂のメカニズムというようなものをその本で教えられたことを覚えています。あとはもうきれいに忘れてしもうたけど、その頃ちょっとそういう気があったことは事実です。それから、ぼくが三次中学におられなくなったころ、その後まあ終戦までそうですけど、学生——中学生はごく少ないでしょうが——が左翼になるということは、なんて言うかなあ、ぼくの後見人（伯父）が言った言葉を借りれば、女狂いよりまだ悪い、と思われていた。女狂いなら目が覚めるときがある、こういう思想問題でぐれたら、その男は一生駄目になる、だから女狂いの方がまだいいんだ、と面と向かって言われたことがある。それともう一人、これは奉天の満鉄関係の会社におった伯父が、内地に帰ってぼくに説教したのはね、医者になれ、医者というものは、つまり、直接に——お前が仮に文科へでも行って政治家になるとか、あるいは実業家になるとかしても、人を助けるという点では、まあ、廻り廻った効果しかない。だけど医者というものは現に目の前で苦しんでいる者を助ける、自分の匙加減で助かった、ということが如実にわかるじゃないか、これほど生き甲斐のある仕事はない、と言われたときは、なるほど、と思うたけどね。しかしその頃、もう理科は難しかったんですよ。ぼくは、わりあい幾何なんかは好きで、点はよかったけれども、青島中学のときに、五年生になったら三角を習うんです、三角法を。この教師が嫌いだった。だから三角というものをさっぱり勉強せんかった、最後まで。あとで、あのとき三角やっときゃよかったなあ、と何度も思ったですけど。どうもぼくの家は、そういうスジがあって、ぼくの兄貴は中学の五年の二学期まで行って、つまり、あと一学期というところまで行きながら中学をやめた男ですけどね、……これはね、去年、おとどしか、兄貴に法事の席で、「なんであのとき、あと僅かで中学やめたんや」ときいたらね、ぼくも習ろうたんやけど、数学の先生がおったんですわ、プリ言う綽名やったけどね。「わしは数学が嫌いやったし、第一、プリが嫌いだった、あのプリがわしにいい点くれるとは思われん。それに、人が言うてたけど、プリは「島田はわしの目の黒いうちは、絶対に卒業させせん」言うとるそうや。そんな奴の授業へ、なんで出んならんのや」言うてね。兄貴も、あれもひどい奴でね、とうとう数学の教科書というものは頭から買わんかった、そう言うとった(笑)。……それで、自分はもう卒業さしてもらえんのは分かっとるから、やめてもいいんだ、言うて、やめて、中国へ行ったわけらしい、もちろん家の事情もあったにしても。まあそうねえ、ぼくは数学はそんなに嫌いじゃなかったけれども、三角というものは、もう、どうにもならんていう気がしてね。そっちの方の入試は受けなかったし、そっちへ行こうという気は持たなかったです。いや、中学校なんてものは、そういう何でもないことで……、人生決まるもんですなあ。

——じゃ、文甲に入られたんですか。

島田　文丙です。フランス語をやった。それでエスペラント、大いに役立ったですよ。とにかく、エスペラントというものは、フランス語やる人には便利に出来てますなあ。単語でもだいたい共通ですしね。

三高では、これは、誰でも高等学校時代ってのは同じでしょうけど、ほんとにいきりたって、、、、、（つまり、思想とか学問文化とかに対していきりたって）生活してたけれどね、そのハイな気分のせいか、三高の教官は、ぼくは嫌いな人ほとんどいなかった。教練の先生もね、……配属将校はほとんど顔出さんのです。それで、いつもやってくるのは、退役の軍人が、体操の講師とか何とかいう形でやってくれました。金子又兵衛っていう、ほんまにいい先生やったなあ、金子又兵衛さん……。

——すごい名前ですね。

島田　うーん。又兵衛ってね、後藤又兵衛……。まだあの頃にはそういう名前ありましたよ。ぼくの一級上に板倉又左衛門っていうのがおった。さすがに卒業して、創造っていうのに変えて、板倉創造と名乗って、なにか公団の役員なんかしている……。板倉又左衛門、又左、又左って言うとった（笑）。

——湯浅廉孫先生に……。

島田　廉孫さんはぼくら習わんかった。もう三高はやめていられた筈です。廉孫さんは、あすこの前を——ぼくは北白川の方に下宿しとったから、三高へ行くときは大学の中を通るのがふつうでしたが、通らずにこっち側、東側の道を行くこともときどきあって、大学の築地の横を通って行くと廉孫先生の家の前を通るわけですわ。廉孫先生、よく家の前で、なにをしてはるのかな、懐手してよく睥睨してはるんです。じろーっと見てね（笑）。

——北山茂夫さんは湯浅廉孫先生に習われたとか……。

島田　あ、そうかもしらんね、あの年代ぐらいは、ぼくらは最初から重沢先生……、あ、違う、最初の一年が、えーと、いま愛知学院大学という曹洞宗の大学にいられる佐藤匡玄先生でした。

——さっきは三高のフランス語のクラスへ行かれたということでしたね。

島田　まあ三高ではね、嫌な思いも、こっちが肩肘怒らしてどうこう、ということもなかったです。ただまあ、上海から出てた上海世界語協会の機関誌 La mondo（世界）っていうものをずっと取っておって、それに載った艾蕪《がいぶ》の小説（のエス訳）をクラス雑誌に翻訳した。「左手で敬礼する兵隊」っていう短篇でね、艾蕪を日本に紹介したのは、おそらくぼくが最初だろうと思うな（昭和十二年）。その実物を持って来たら、皆さんに否応なしにぼくの成績を示せるんだけど（笑）、それがどう捜しても出てこんので、どうにも仕様がない。

——それが先生の処女作ですか。

島田　翻訳しただけですがね、エスペラントから。

——戦前のエスペラントというのはだいたいが左翼系でしょう。プロエス（プロレタリア・エスペラント）とか言って。

島田　そうでもないですよ。プロエスもいたが、右翼では例えば九州大学の鹿子木員信教授とかね。右翼はしかしそれを使ってどうというより、語学が好きだったんでしょう。それから、これは右翼ではないけれど、国史の黒板勝美も、一時は総帥的な地位にあった。

——アナキストもたくさんいましたね。

島田　アナキストね、アナキストはおったね。(6) 前にもいいましたが、昭和十五年まで、ぼくの所へ重慶から定期的にちゃんと重慶出版のエスペラントの抗日アピール文書『チニオ・フルラス（Ĉinio hurlas）』っていうのが届いていた。例のトレチャコフの『吼えろ支那』っていう有名な戯曲の題名を使っている。「チニオ・フルラス」とは支那は吼えるという意味なんだけど、タブロイドというのか四ページぐらいのものです。それはぼくが大学時代に連行されたとき持っていかれましたが。しかし定期的に（途中で検閲したかどうか知らないが）、確実に着いてたんですよ。それは持っていかれたけれども、他にね、今日の話と関係あるものね、例の小説を訳したクラス雑誌――これは一号出してぽしゃった、とか、戦時中にぼくが呂吟声からもらった手紙の束とか、捜したんだがいくら捜しても全然出てこない。(7) ほんとに不思議なんですわ。雑誌はたしかにあったはずなんですが、ぼくの家でいくら捜しても間に合いそうにないんで十四日に、教養部の図書館に行ってみたんですわ。つまり三高の図書館ですが、そこにむかし非常に熱心な人が司書におりましてね、同人雑誌でもクラス雑誌でもとにかく全部入れてくれということで、みんな入れていた。いわんやエスペラント部は、これはもう全国ただ一つ三高だけが部であって、校友会の金を貰ってたんですよ。ですから、なおさらそういうところへ出版物を納める義務があった。少なくともぼくのおるうちに機関誌を二冊は出してるんです。La Libero っていうのをね。それがこのあいだ行ってみたら何一つない。その頃三高ではフランス語の先生は非常に好意的なんです、伊吹武彦先生とかね。伊吹先生は最後までぼくらの部の部長。正式の部だから誰か教授が部長になるんです。戦争が激しくなると特高が仕事がなくなってきたんだね。それでなんかというと三高に来てうろつく。それで、いろんなものを伊吹先生や他の人に預けたんです。いま仏教大学、もと関西大学の国史の横田健一さん（三高で一年上級）が二、三年前、わしはあんたにたのまれてエスペラント部の文書類をだいぶ預かったことがある、と言われたことがある。ぼくはきれいに忘れてたけどね。伊吹先生はそのことをはっきり書いてはってね。預かったけれど、いつまでも預かっているわけにもいかないから、三高の図書館に事情を話して預かってもらった、それは今でもあるはずだ、と書いておられる。(8) ところがそれが何ひとつない。ウクライナの詩人で Izgur という人の詩集があった筈だが、それもない。三高も役所だから、文書はものすごくあるんですよ。この半分ぐらいの部屋にぎっしりある。それはつまり、古いときのは舎密局からあるというから、舎密局は明治以前、慶応ぐらいでしょ。事務関係の書類、そう、檔案ですね、それはいっぱいある。じゃあ雑誌のようなものはどうかというと、岳水会雑誌と校友会と言ったか学友会と言ったかその雑誌と、決りきったものがごくごく僅かあるだけで、なんにもない。

——廃棄されたんですかね。

島田　それはけしからんと思うんやね。ぼくがそのとき望みを掛けたのは、黒谷から西へゆく通りに元あった三高会館で預かってやせんかと思って、訊いてみたら、あんなものとうの昔にありませんと言った。会館というものは、売ってしまったらしい。こういうわけで、どうにもならん。まだ同級生が十人ほど生きているから訊いてみるつもりだけれど。そのうちの三人に訊いてみたら、一人は今年確かに自分のところで見たから、かならず探しておいてやると言ったのに、送って来ない（笑）。一昨日催促したら、いや、まだ出て来んけど、あるのは確実やと言う（笑）。ともかくあと七、八人に当たれば誰か持ってるでしょう。だけど空襲なんかで焼かれたやつがいるしね、どうだか。

ええっと、それで、クラス雑誌はクラス雑誌として、三高は代々毎年エスペラントの雑誌 Libero という雑誌を謄写版で出しとったんです。(9) で、ぼくが今度は編集する役になって、どういうのにしようかと。だいいち部員なんておりゃせんのや。ぼくひとりやもん（笑）。ところが、講習会やるとね、わりあいたくさん受けに来るんですわ。でも、部員になってくれそうな奴を待っとっても誰もいうて来んしね。こっちも押し掛けてまで……。ええわ、そのうち誰か来るやろ。部はこの部屋の半分ぐらいの部室というものを持ってるんですよ。隣が文芸部で、裏が弁論部で、その隣がどこやったかなあ、四つ一塊になっとるのやが、そこへ要りもせんぼくのクラスの奴がね、みんな朝から晩まで入り浸りよってね。そして、なんでも構わん、そこらにあるものに、三高エスペラント部とか何とか、することがないから誰の本だろうと、判子捺しよる（笑）。三高エスペラント部のをね。こういう風でもう、様を為してない。だからね、『三高エスペラント会小史』というのを——何年ぐらい前かな、もう十年ぐらいも前かな——熱心な人がね、出版して、ぼくも一文を徴せられました。それで手紙という形で書いたことがある。そのときにも言っておいたけれども、ぼくはどうもそういうちゃんとした部のオルガナイザーとしては失格だったようだ、と。結局、誰一人部員というものを獲得出来なかったんでね。でも部費というものは、もろうとった。確か一年に二十八円かなんか。二十八円ていうのはもちろん最低ですが、当時の金でやっぱり相当使いでがあったですよ。あのガリ版の雑誌をともかく出して、世界各国に郵送できた。……二十八円だったと思うけど、六十円かなあ——どういうわけか、それを考えると、頭に、二十八という数字と六十という数字と、両方出て来る（笑）。六十ってのはちょっと多すぎるんです、当時の常識ではね。エスペラントなどというのは、みんなまともには考えてやせんかった。エスペラントか、ああ、二十円ぐらいでもやっとけ、ってなもんでね。それでも、いっぺんぼくが配分会議に、時間遅れて行ったら、それを主宰する大先生にえらい目玉食ってねえ。ほんま、しょうもない端金で、えらい怒りよる、思うたけどね（笑）。確か二十八円だったと思う。それでとにかく印刷代も発送費も、なにもかも出来たもん。お金が足りんかったっていう記憶ないです。

——部員はぼくひとりだった、というのはいつの段階ですか。

島田　昭和……、ぼくが卒業するまで。

——そんなら潰れたんですか。

島田　ああ、すぐ潰れた——と思います。ぼくがおるときからもう……、ぼくが途中でもう、する気なくなったしね。それから、ぼくが出てからは——卒業してからはもう、正式に潰れたんじゃないかな。

——昭和十三年ぐらいですか。

島田　そうです。十三年ぐらいです（昭和十三年三月卒業）。

——入学されたときは、その西村さんという方はまだおられたんですか。

島田　おられた――いや、入れ違いに卒業されたんです。

――それじゃ、それで、もう他に部員というものはいなかったんですか。

島田　いや、いや。あのね、その手紙にぼくは書いておいたんだけど、三年生に奥村さんという人が、文甲の、おとなしい人がおられた。その人は、エスペラントははるかに君の方が出来るんやから、全部やってくれ、とか言うて（笑）、もう、寄りつかはらへんかったね。それから一級上の文乙の海原さんという人とぼくは親しかったけど、海原さんて人はなかなか理論家だった。この人は、ぼくが二年生になりたての頃に、病気で亡くなったですわ。海原なんて言ったか（徳雄？）。そのころ数学の先生に秋月さんて人、おったでしょう。有名な数学者で秋月康夫。秋月さんはまた意地が悪くてねえ、あんなもの潰してしまえと、公然と言いよったなあ、秋月さん……。それで、秋月のおる間は潰すもんか、と思うとったけど。

――じゃあ、日本で唯一の、正式の部は、島田虔次を以て潰えたんですか。

島田　そうやねえ（笑）。後はほとんど誰もおらんのじゃないの。

――もうそういう時代でなくなって来たということですか。

島田　そうそう、そうそう。それはね、一つはこっちも悪かったんですよ。こっちもまあ若気の至りでね。つまり特高が、むやみやたらと三高の中を徘徊し出したんです。そして、今はどうかしらんが、昔の高等学校というものはむやみやたらと「檄」というものを張出すんですわ。例えば一高戦なんかあるでしょ。もう、この戦いに勝たずんば、天地は真っ暗になるというようなね（笑）、世界は滅亡する、と言わんばかりの大袈裟なやつを書くわけだ。テニスの試合に勝つか負けるかくらいの事で、「三高自由の伝統はいづくに往かんとするか」ってなわけ。そういう、幅一米以上、長さはこっちから向こうまでもあるような檄を張り出す。

――大字報。

島田　そう、大字報。ばあっと書くわけや。もう最初から最後まで、そういう調子で書くわけや。「吾等今にして起たずんば、何の面目ありて……」てなぐあいでね、「起て、神陵の健児よ」ってなことを書く。そういうのを、いちいち……、よっぽどすることがなくなったんや、そういうものを特高が来て写しよる（笑）。そんなものを写してどうすんの（笑）。ただ、そういうものの中で、多少ともましなのはエスペラントのでね。世界の大勢とか言語問題とかなんとかいう、理論的な（?）色彩を、ちょっと入れて書くでしょ。それで彼等はそういうものを写す。そうすると、これが要らんことをしたとぼくが思うのはね、あいつら写しよるぞ、ということになったら、一丁からこうたろか、いうわけで、目の前で、さあっとそれをはがしにかかるわけや。あ、新しいのと張り換えますから、とか言うて、さあっと。そしたらやっぱり怒りよるわねえ（笑）。そら怒るわ。忠実に任務を遂行しているのを妨碍する……、言うたって、こっちにも理屈はある、これはもう掲示が済んで、新しいのをいまもう書いておりますから……。そういうことをね、……それは確かに若気の至りでね、不必要に怒らせよったんや、又、そういう時にかぎって、はずし役の志願者がなんぼでもおる。それで、「左手で敬礼する兵隊」っていう小説なんぞも、そういう部類に入っとったんだろうね。向こうを怒らせるというか、刺激する材料に。

それでも、それを理由にしてなにかせられる、たとえば呼び出されて詰問される、ということはなかった。なかったけれども、そういうことがいちいち、なんていうかなあ、配属将校なんかには、島田虔次は未だ改悛の情がない、ということになってたんだろうなあ。だから結局……、これはちょっと意外でしたよ。三高ではぼくは合格やとばかり思うとったもの。だって教練は積極的にサボったことないもの。そらまあ、みんな、ぼくがやるぐらいのことはみんなやっとった。例えば滋賀県ビワ湖畔で発火演習(バンバン、バンバン、音がするばっかりで実弾ではないやつ)をやるとき、そのときに野菊をね、秋やったから野菊を、第二ボタンあたりにこう挿して、風流部隊やと称して整列、行進する。それでも怒らへんかったよ、配属将校は、いや、配属将校やない。そういうときに来るのは。まあ、配属将校も、始めと終りぐらいには来るけど、だいたい、あの金子又兵衛さんが来るのやが、全然怒らへん。ひどい奴になったら、草履はいて、ゲートル着けてる奴がおったからね(笑)。怒らへんかった、全然怒らへんかった。草履はいてなにしてる奴は多かったですよ。

——先生、三高でまた教練落第しやはったんですか。

島田　落第した(笑)。それで金子又兵衛さんが、さすがに気の毒と思うたか、後に道で逢うたときに、「島田君!」言うてね、「気を落としたらいかんよ。君は大学まで行くんだから。大学で取りさえすりゃいいんだから」(笑)。ほんまに……、金子さんて人は好い人だったね、ほんまに好々爺だった。いっぺん怒らしたことあったけど、それは僕が悪かった。僕は一言も弁解せずに叱られました。

そういうときに、日高第四郎さんていう人が、広島高等学校から来られた。広島高等学校にストライキ騒ぎがあって、そのときの対応が悪かった——つまり文部省側から見て悪かった、というので、詰め腹切らされて罷めさせられてね、遊んでおられたのを、西田幾多郎門下の人たちの肝煎で、出て来て再度勤めはって、いわば学生輔導教官みたいな役らしかったですね。これはもうまったくの紳士——さすが哲学者であって、憲兵的なところは全然なかった。この先生には、大学へ行ってもお世話になったですよ。この先生は配属将校と連絡を取って、ぼくのことはしっかり知ってはった、そしてかばって下さった。日高第四郎って、後に終戦後に文部次官までなった人ですわ。まあ、こういう人たちの御蔭ですね、その後もなんとかやって行けたのは。

三高の三年ぐらいから後は、ほとんどぼくはエスペラントの活動止めましたけどね、それまでは、京都のエスペラント界でも、ぼくはよく働いたほうです。[10] その頃だったと思うけれども、フランスの有名な L'ANTI ランティっていうエスペランチストが来てね。これは SAT（Senacieca Asocio Tutmonda）っていうところに属する人、その会長でね、「全世界無国籍者協会」という、名前からしてアナキスト的なんですが、彼はもうアンチ・スターリンの驍将というか、高杉一郎氏の『スターリン批判以後』という、岩波文庫より少し大きい、くすんだような色の本があるでしょう、同時代ライブラリー。その中にこのランティはアンチ・スターリンのアクティヴィストとして出てきます（四九ページ以下、また注（6）の向井氏の書、一三四ページ以下）。ランティが京都へ来たときに案内したのはぼくです。

ランティがどうして来たのか、ぼくはそのとき知ろうとも思わなかったが……。顎髭をこう生やしてね、トルストイのでき損ないみたいな顔しとった（笑）、いいおじいさんだったけどね。なんか東京にも居られなくて、北陸の竹内藤吉という、仏教のエスペランチストがいて、そこへ身を寄せてたんです。そうしたところ、竹内さんは、もう六十、七十くらいだったかな……、お寺しか連れて行かんのや、言うて、えらい不平いうとったけどね。京都では一日ぼくが――竹内さんと一緒に来たんですが――ランティを案内したのです。結局つれて行ったのは、清水寺など寺ばかりだったように思います。それから、京都を去って、オーストラリアへ行って、メキシコへ行って、結局そこで自殺した。ランティってのはもちろん変名で、Anti は反帝国主義などというときの「反」にあたる。左翼運動の歴史の中ではわりあい知られた人らしいです。

もうその頃が最後で、以後ぼくは京都のエスペランチストの間では、ほとんどなにしなかったです。もう会議にも出ない。大きな声ではいえないですけど、ぼくはちょっとね、エスペラントってものに懐疑を持って来たんです。例えば、こんなもの、日本のアナキストとか労働者の運動なんかで、こんなものが実際に役に立つやろうかと思い出したなあ。そらあ、ごく簡単なことばでも、例えばイディオムみたいなものでも英語とかフランス語式のイディオムですからね。ぼくはこれはね、当時の同志の人々にも済まんと思うから今まであまり言うたことはないんです。ぼくは正直なところ、それより自分の仕事は中国語をやることやと思ったなあ。中国をやることに決めてからはね。

中国学へ

——いつ決められたんですか、中国をやるのは。

島田　それはね、はっきり決めたのは一年生の二学期……、三学期かな。大学へ入ってから。

——きっかけは何だったんですか。

島田　やっぱり中国のことやってみたいという気はあった。別に毛沢東とか、そういうふうなものよりも何よりも……、やっぱり青島におったことが、きっかけでしょうね。ぼくは歴史をやりたかった。皆さんはどう思うか知らんが、ぼくは高等学校のときに、——三年のときに、西洋史の鈴木成高先生っていう先生に出会ってね。皆さんはいわゆる京都学派とか、「近代の超克」派ということで、目の仇にするけれども、ぼくは鈴木先生好きやったし、今でも偉い人やったと思っています。ぼくはなんでも——志操は堅固でない方やからね、なんでもやり出したらおもしろい。大学へ入って、史学科へ入ったのは入ったんだが、史学科は最初一年は専攻を決めないんです。二年になるとき決めるんです。そんなとき、ある日、三高の校庭を近道して東山通りへ抜けて行こうとしたら、鈴木先生に逢うたんですわ。そいで鈴木先生が「君、何やるかもう決めたか」言わはったから、「いや、まだ決めていないのですけど……、考古学やろうかという気もあるんです」言うたら、「やめときたまえ」って、頭から言わはったんやね。それまでぼくは考古学が割合におもしろかった。あの梅原先生の考古学いうのはおもしろかったなあ。それでね、そう言ったら、にべもなかったなあ、「やめときたまえ」って言わはって。結局そう無茶苦茶にやりたくもなかったいうので、やめたんでしょうなあ。あのとき先生が一喝せんかったら、ぼく、考古学やっとったかもしれない（笑）。それから、あのときすぐやめたについては、あれがあるんですわ。あのころ、岡崎文夫博士、東北のね、岡崎文夫博士の令息が考古学にいられたんですわ。岡崎さんて人は、非常にシャイな人やったけど、いっぺん研究室へね――ぼくはその頃考古学の研究室へよく出入しとったんだけれども――自分の描いた絵を持ってきて見せてはったんや。それが南画なんです。それを見たときに、ぼくはほんとに、ああ、こういう人がおる、と思うてね、こういう人こそ、やっぱり考古学やる人や思うたね。

――南画が考古学……。

島田　いや、南画が、ということもないけれど、つまりそういう美の（?）、形の感覚がある人ということやね……。ぼくはとっても、絵……、字も絵も、とにかく様を成さんでしょ。それで思うたんですよ。それも一つは、下地としてあったと思います。それで、あ、こういう人と一緒にやったらとてもたまらん、と、思ったことがあります。しかし何ということなしに、いつということなしに、やっぱり中国のことをやりたいような気がしてきたのは、やっぱり青島中学におったからかもしらんですね。

――ヨーロッパをやろうという気はなかったですか。

島田　ああ、まあ、そのへんがねえ、自分でもはっきりよく分からんのですよ。それがないことはない証拠には、ぼくはそれから後もずいぶんヨーロッパのものは、英語かフランス語か、もちろん翻訳でもね、よく読んだし。だけれども、あのこれはちょっと皆さんにはよく分からんかも知らんが、中国へ行ってね、今でもときどき、あれはよかったなあと思うことは――よかったと言うのは変だけれども――懐かしく思うのはね、青島、……青島というのは要するにドイツ人の建設した町でね、それはまあ、海から見たら、赤い屋根、黄色い壁でねえ、まったくのヨーロッパの街みたいな感じのするところなんです。……ま、年齢が年齢だといえばそれはそうで、こっちも思春期だけどね、いまだにあの風景はよかったと思うのは、別に何がどうってことじゃないけど、当時、日本流に言えば女学校ですね。向こうでは中学、初級中学に行ってるような女の子が――あれはなんて言うんですかね、胡適なんかが着てる上下ずっと続いた、大褂児《ダアグワル》っていうのかな……、たしか大褂児《ダアグワル》とか言うたような気がするな。それを着た中国の女の子が、女学生がね、ここでこういうふうにずっと球をね、足のこっち側、ここでこうやってパアッとけりながら歩いて来る。ああいうなにを見てると、それ自体は何の意味もなかったんだろうけど、その後中国のいろんなことを思うときに、いちばん懐かしいし、……どう言ったらいいかなあ……、やっぱりぼくの中国に対するセンチメントの中核を為すのは、どうもああいう……、あの藍色のね、藍布《ランプウ》ですわ、藍色のこれを着て、そしてまあ、女の子のこっちゃからべちゃべちゃしゃべりながら行ってる、あるいは、球をここでこうけりながら行ってる、そういう風景に対する情感ねえ――中国の男の学生のことはあんまり印象に残ってないけどね（笑）。

――「札付きの軟派」やったんちがいますか（笑）。

島田　いや、ちがう、ちがう（笑）。ぼくはあんまり軟派のほうじゃなかった。ただなにもせずにこうやっとるときにね、――学問には何の関係もないが――いちばん思い出されるのはあれやなあ。そういうふうな、何ということなしに中国のことが気になるとか、中国のほうに惹かれるというふうなのがもとじゃないかと思います。ヤング・チャイナに対する漠然たる共感、シンパシイとでもいうようなもの。べつに毛沢東に心酔したとかなんとかいうのは、全然なかった。

――これからいよいよ本格的な学問の話……。

島田　いやいや、学問はもう、駄目だ。他の人のように、学問の方で皆さんにお話するようなことは……。

――大学へ入って、それから後のことは……。

――またもう一遍やってもろうたらええやん。

――もう三時間近くも話してもらっていますので、そういうことにせざるをえません。先生、今日は長い時間ほんとうにありがとうございました。この続きもどうかよろしくお願い致します。

補記（一九九四・十一・十六日）

一、はじめは、速記をおこした原稿を自分の手で頭から書き改め、その過程で多くの事実を補い、訂正し、かくて一部のきちんとした回想録に仕あげるつもりであった。しかし途中で、自分のような人間の回想（それも専攻に進む以前の一般学生としての回想）に何の価値があろうかと思いはじめ、この企画自体が何だか無意味のこと（失礼!!）のように思えて、ペンはさっぱり動かなくなった。ちょうどその頃、今から多分二週間くらい前ころ、紛失したとばかり思っていた中国人友人（大部分は呂吟声氏）からの手紙の束（一九三五・五月―一九三七・七月、約三十通）が、ひょっこり出てくるというハプニングがあり、いろんなことを改めて思出し、また自分の記憶がいつの間にかひどく間違ってしまっている事例にもいくつか気付かされたが、根本的な懐疑的気分は変らず、ちょっと呂氏に訊けば簡単に解決できそうな事項にも（時間的にも、どうにか間にあったであろうが）、気乗りがしなくなっていた。まずこのことを読者諸氏におことわりしておいた上で、六十年むかしのこれらの手紙から、いくつか抜きがきしてみたい。

二、中国研究者としての今日の自分と関係があるという点では、一九三七年四月六日付の呂氏の手紙によると、私が梁漱溟《りょうそうめい》の農村建設運動のことをたずねたらしく、山東省鄒平《すうへい》県、および河北省定県の実験区のアドレスを紹介し、「多分エスペラントでも通ずると思うが、もし彼らに通じない場合は自分が手紙を飜訳してあげよう云々」という一条、が注目をひく。一九三七年四月といえば私が旧制高校三年生のとき、盧溝橋七七事件のちょうど三カ月前、であるが、以後今日まで変ることなき私の梁漱溟への関心が、既にこの時期に始っているのを知ったことは、少なからぬおどろきであった。但、呂氏などにとっては、梁漱溟などの農村運動は要するに反動的な倒行逆施以外の何者でもないとうつっていた筈だから、文通の手助けをしてもよいという申出は、やはり友情的譲歩とでもいうべきものであったのだろう。もっとも、実際に実験区と交渉を持ったか否か、記憶がない。

三、一九三六年十二月十六日付の呂氏の手紙。本月二日、日本の海軍二千名が青島に上陸、国民党の支部（複数）を捜索し、七人の中国人を逮捕した、街は地獄のように（infera）なった、とても危険な状況だった、……西安では、張学良が蔣介石を逮捕……、「魯迅の死（直前、十月十九日）を紀念するためには、単なる世界的な文豪としてのみ見るべきでなく、人民解放運動の側面の価値をも取上げなくてはならないと思いませんか。彼の「雑文」(この二字はエス文ではない、漢字)こそ最も戦斗的な文章です。中国語でよかったら、彼の本はいくらでも送ってあげます。日本訳も送って下さい……」。「P・Kの本のこと、何とかして送ります。代金は心配しなくてもよろしい」。P・Kの本とは無政府主義者ピイター・クロポトキンの〈Appeal to the Youth〉のこと。これまで何度も「そのうち送る」と言ってきたが、いよいよ入手したらしい。社会主義への最上の導きといわれていたが、厳重な国禁の書であったらしく、私はそれまで表紙を見たこともなかった。それで、送ってもらうようたのんでおいたのである。なお冒頭の日本海軍上陸云々については注(11)を参考。

四、一九三七年一月十(?)日付けの呂氏の手紙。「一週間ほど前に送ったものは届きましたか。第三ページからが、P・Kの書いた論文です」。忘れもしないが、タイプ印刷をとじたのを、恰もカレンダーでも送るようにくるくる巻きに、固く固く巻いてあった。最初の二枚は、何か全然無関係の文章であった。P・Kのアピールは、たしか、医者が貧しい患者を往診するという風な場面から始る、社会主義(無政府主義)の宣伝パンフというよりは純然たる人道主義的作品、という印象が残っている。わたしの例のお節介でクラス中を流通したあげく、誰かのところで停頓して、そのままになってしまったらしい。私の手もとにはない。私には何故か、此の『アピール・ツー・ザ・ユース』は当局によって格別に厳重に禁止されていたらしい、という印象がつよい。同じクロポトキンの〈Mutual Aid〉(相互扶助論)などは、粗末な作りの本で、当時どこの古本屋にも必ずころがっていた「原書」で、私も一本を架蔵しているほどであるが。――ところで、呂吟声氏の手紙をよんで、疑問がひとつ氷解したことがある。それは六十年を経ての文通再開をよろこんで、彼が贈ってくれた詩の注に「六十年前、私はマルクス主義に心を寄せていたが、君は無政府主義に興味を示していた」という一節があった件である。私には、どうにも思い当るところがなくて当惑していたが、P・K云々のくだりをよんで豁然としてさとった。それは私の注文による無政府主義者P・Kの本さがし、タイプ打ち、発送、などいろいろ気をつかって、その印象が強かった、その結果ああいう思い込みにたち到ったのであろう。

（1）　この時期推定は実は疑わしい。なぜなら事件が一月か二月であったのなら、会議は三月の進級会議の筈で、そうすると転校が九―十月では遅すぎるからである。しかし、寒い時だったという印象記憶は否定しがたい。姑くこのままにしておく。

（2）　危険思想云々　昨年中のことだったかと思うが、狭間直樹君と雑談していて気がついたことがある。それは、中学生のころ、『中央公論』や『改造』などの評論がインドにふれた場合、ネールを大思想家、大人物として持ち上げるかわりに、ガンジーに対して冷たく、悪意的で、時には売国奴（民族の裏切者）といわんばかりに叙述する傾向があったことで、左翼度の高い人ほどそれは顕著であった。私はどういうものかガンジーを崇拝していて、このアンチ・ガンジー主義――と言わんよりはアンチ・ガンジー・プロパガンダ、に非常に反感を持ち、時には許しがたい思いがした。それにつけて思いあわされるのは、戦後、ルーマニアの作家ゲオルギューの『二十五時』を読んで感動したが、その時も、その後ややあって、ゲオルギューに対する露骨な左翼御都合主義的攻撃がはじまった。ネール、ガンジーの場合、私は中学生で事の真相を直感する能力はまだ具っていなかったと思うが、その時私の感じた不快感はこのゲオルギューの場合と同じ性質のものであったと、いま、考えている。明確にイデオロギー（マルクス主義的イデオロギー）を確立している者には、支離滅裂としか見えないであろうが、これが率直にいって、当時の私の思想的おませの実態であったのである。

（3）　この人はね云々　一九三四年、呂氏は杭州で逮捕留置（理由は聞いていない、なお、これは実は二回目の留置で、一回目は私が中学を卒業して日本に帰った一九三五年の十一月から除夕までの五十日、この時は制服私服あわせて十人によって家宅捜査が行なわれた由)、釈放の直後、これから四川にゆくというハガキ(このハガキ目下行方不明)をくれたのが最後で、以後、六十年近く、互に消息を知らなかった。それが、一九九一年十一月、「京都大学名誉教授島田虔次という名前を『読書』雑誌の「従章太炎到古史弁」という一文中に見かけたが、もしかするとあの島田ではないか」といって手紙をくれたのが、連絡再開のはじまり。何と彼は新中国成立後、中国銀行に入って外国勤務を転々とし、中国国際信託投資公司の経理 Deputy General Mgr. を最後に一九八二年に退休した、という意外なキャリアであった。「日本へも最初の私募債券一百億日本円のために行き、野村に引うけてもらった。重慶では胡風先生のおかげで拙訳『オブローモフ』を出版、何版も重ねている。その他それより大部な『ロックフェラー家史』や科技文献の飜訳など、みな業余の工作である。今は退職して悠悠自適の生活だが、ただひとつ、家内が脳軟化を患って正常な意識を失っているのが無限の惆悵である云々」(夫人は今年一月長逝)。彼はさいきん詩に凝っていて、消息判明の喜びをうたった次のような詩を送ってくれた。一九九一年十二月十八日の信中に同封してあった一連の詩を『吟声詩草』によって紹介しておく(但、二三、氏の記憶の誤を訂正)。

六十年前与島田虔次結交青島、戦後失聯係。近年多次尋訪、不得。偶従《読書》雑誌閲知彼系京都大学退休教授、投函得復、喜極賦寄。

(七律一首、従略)

再寄

天地一漩渦、歳月一長河、両水交滙処、蘋藻擦肩過。
同類不同族、性近不相逐、緑星填鵲橋通過世界語相識、坦誠傾心腹討論社会問題。

男児尚意気、清濁別涇渭、放眼看乾坤、共望遥天蔚。

世事幻滄桑、風雨驟猖狂、君家獰悪子、露刃顕凶芒。

分隷敵国民、勢必断晋秦、自茲六十年、不見似商参。

見難別亦難、晨夕憶芳蘭、恐君応徴召、暴骨蘆荻灘。

鶏唱天下白、干戈化玉帛、遠客瀛洲来、托訪仙踪迹。

青鳥去不回、我心漸成灰、読書見姓名、学術已成材。

往日取経僧(当年在青島読書)、学仏通大乗(現為研究宋明理学専家)、喜極通音問、回雁釈疑冰(因病未参軍)。

功成身已退、韜光静養晦、余緒達西隣、負誉任教誨(任武漢華中師大歴史研究所名誉教授)。

我老難遠行、爾来我歓迎、花間一壺酒、開懐話平生。

（4）現在どうしているか、生きているか亡くなったかは、相いかわらず不明であるが（近くその件について呂氏にききあわせてみたいと思っている）、それ以前、つまり私がかかわった当時のことは、相当あきらかになった。それは、無くしたとばかり思っていた（本文四〇〇ページ）呂吟声氏よりの手紙一束が思いがけなくも、出て来たからである。一九三五年（参考、私が青中を卒業、内地に帰って来たのはその二月）五月十三日付の手紙によると、「NĈN の刊行は停止しました。悲しまないで下さい。詳しく申しましょう。約一ケ月前、当地の活動家（funkciuloj）の何人かが逮捕されました。われわれの友人たる同志 Loĝo（ロージョー、拼音では Luo Ruo?）が、後で何とかして知らせてくれたところによると、彼は幸運にも逃げきりました。それ以上、何も彼から聞こえてきません。われわれは、政府の監視を避けるために望むと望まざるとにかかわらず、刊行を停止せざるを得ないのです。……私の二番目の弟と季青の弟とは、その危険な時期、学校へは行きませんでした。この夏、彼らを上海にやるつもりです。彼らは注目されているので、ここに留っているのは危険なのです。……われわれはN・Ĉ・Nを全部で三号刊行したわけです。君の信頼できるアドレスを持っていないので、第三号を君に送ることは出来ませんでした。私は、その時、残部全部と第四号の原稿とを焼却せざるをえませんでした。それで、もし君がぜひ欲しいというのなら……」（署名は「君の友人」）。

右の文中、「われわれの友人」というのは、僕と君との共通の友人の意味だと思われるので、たとえそれが何かの会合のさい同席したことがあるぐらいのことであっても、ともかく面識はあり、且つ名前も知っていた筈のわけである。しかも私は、五月には京都でこの手紙を読んで、その上で七月、青島の呂氏宅でその人に会っているのだ。とすれば、私の本文での書き方は余りのとぼけぶりと笑われそうであるが、私としては実感を無視した作為、とぼけ、を語ったつもりは全然ない。殊に呂氏が「名前は陸小保とでも書くのかなあ」と云ったことは、はっきりおぼえている。彼の方が白っぱくれていたのである。又、Lo氏が私を旧相識あつかいした記憶も全然ない。呂の側に何かかん違いがあるとしか考えられない。——とにかく、Lo氏が青島監獄にいる間に私は、呂氏を通しての希望により、ツルゲネフのA House of Gentlefolksその他の書物を送っているらしい（氏が私に、自分はツルゲネフが好きだといったのを、何だかコミュニストにふさわしくないような気持できいたような記憶がある、もちろん、呂氏宅でのはなし）。呂氏の別の手紙に、Lo氏の感謝を転達するむね記されているのでわかるが、これまた私はきれいに忘れていた。殊にLo氏が私の送ったP. Kursoによって獄中大いに（無聊を？）慰められた云々に至っては、いくら考えてもその本が思い出せない（プロ・エス講座？）なお、Lo氏は五年の刑期を判決され、青州監獄に移され、のち更に南京に移された、というところまで、私は京都で知らせを受けていた。その後のことは、呂氏との文通が断絶してしまったので、わからない（注（12）参照）。いまひとつ、NĈNというものが何という言葉の略称か、どうしても思出せない。N. Ĉ. または Ĉ. N. は Norda Ĉinio（Ĉinio Norda 北支那）かと思うが、もう一つの N. が何なのか見当がつかない（Novĵo ニュース?・）。文面によれば私は、少なくともそれの第一号、第二号を所持していた筈であるが、大学三回生の九月、下宿が捜索されたときに、他の一切とともに押収されたらしい。何しろP・クロポトキンの『仏蘭西革命史』（淡徳三郎訳、改造文庫で上下二冊）まで持って行ってしまって、返してくれなかったくらいだから。

（5）　これは誤。呂吟声氏の手紙を見ると、呂氏は早くから『チニオ・フルラス』のことを私に書いてきている。一九三七年七月七日、転勤さきの浙江省温州からの第一信には、『チニオ・フルラス』は受取ったか、とすら書いている。呂氏の配慮であったことは疑ない。侯志平『世界語運動在中国』四八ページによれば、一九三六年四月創刊、但、発行場所は書いてない。

（6）　アナキストのエスペランチストとして有名なのは、大杉栄などを別とすれば、山鹿泰治であろう。氏と師復（劉師復）との交友のことなど、向井孝『山鹿泰治・人と生涯――アナキズムとエスペラント』（一九八四年、自由思想社、これは一九七四年青蛾房版の増補改訂版）、狭間直樹氏の復刊『民声』――一九九二年十月、京都朋友書店刊、今日までのところ最も完全なエディション――の解題を参照のこと。山鹿は一時、京大北の喫茶店進々堂のバーテンをしていたことがあるらしい。

（7）　ところが手紙だけは遂に出てきた（「補記」参照）。

（8）　この辺のことは桑原利秀・林稲苗共編『三高エスペラント会小史』（一九七九年、林氏の個人発行）の六六ページ以下に奥村秀一、島田、西村嘉彦、野間宏、伊吹武彦などの諸氏の記述または口述が見えるのであるが、口述のさい伊吹先生の言葉を要約引用したところは大変に誤っている。『リベーロ』やクラス誌 Le Sabot が保存されていなかったことにぷんぷんした余り、原文の記憶が歪められてしまったのであろう。その誤の訂正かたがた、少し長が目に先生の原文を引用しておく。「当時は特高（思想警察）の活動が次第に盛んとなり、三高エス部もいつ取調べを受けるかわからない状態でありましたので、部員の一人が私を訪れ、諸外国から寄せられたビラ、パンフレット類など——十キロほどの大量でありました——をあずけて行きました。この書類は戦争が盛んになったころ図書館の事務当局に依頼して処分してもらいました。〃上述の次第でエス語部は私が部長になりました以降はほとんど活動を停止せざるを得なかったばかりか、部員リストそのほか重要な資料も全部なくなりました。——そのうち学徒動員、勤労奉仕、つづいて敗戦、そのような状態のなかでエス部は事実上消滅、敗戦後三高消滅まで復活することがついになかったのであります」。

(9) 私の記憶では、二冊は出している。その一冊は『東京大学セツルメント十八年史』というものの抄訳、もう一冊（多分翌年刊）は三高学生生活部（とでもいうような名称、売店の楼上に部室があった）の出した三高生生活調査報告（下宿の規模、下宿代、食費……など）の抄訳、であったと記憶している。幸いなことに Libero はほぼ全冊、東京の日本エスペラント学会に保存されている由である。次の機会に是非たしかめたく思っている。なお『リベーロ』は、呂氏の手紙にしばしば登場する。それは私の依頼によって、中国の大学のエス・グループと関係を持つべく、いろいろ骨を折ってくれていたからである。但し、何ら成果は得られなかったように記憶している。

(10) よく働いた方だと思うわけは、次のランティの案内もやったし、京都エス会の機関誌 TEMPO（編集長は戦後一時期の京大の施設部長・野島安太郎氏、タブロイド型半年刊？）に私は少なくとも二篇の文章を書いている。どちらも映画批評で、最初のは石川達三の芥川賞作品『蒼氓』の映画化の紹介（エス文の題名を忘れた）、第二回のはフランス映画『われらの仲間 Belle Equippe』への批評〈Veneneco de "Belle Equippe"〉。もちろん新聞紙上、文芸雑誌上の映画評論のまる写し（とくに後者は当時流行の人民戦線風まる出し）に近いものであった筈で、赤面の外はない。同人間での評判は、やさしいわかりやすい文章だと割合好評であったのをおぼえている（実は、計三篇と記憶しているのだが、第三篇目が題目、内容ともにどうしても思い出せない）。TEMPO は戦後集成復印されているので容易に見られると思うが、両文とも比較的長文であったと記憶している。

(11)「日本陸戦隊青島上陸——上海より波及した紡績罷業は益々悪化し、十二月二日青島日本紡績全工場を閉鎖するの余儀なきに至り、抗日気勢益々熾烈となったので、日本陸戦隊は遂に青島上陸、日本人の保護に当った。その後、事態の平穏をまち、二十三日より撤退す」（小島昌太郎『支那最近大事年表』昭和十七年刊、六七二ページ、一九三六年の条）。

(12) ゲラの出るのを待っている間に、Lojô 氏のことを呂氏に訊いてみた。その返事（九四年十一月二十四日付）に言う「Lojô は楽若です。原名は陸仲陶、人びとは阿楽と呼んでいました。晩年、楽于泓と改名しました。すでに世を去っています。『吟声詩草』の中で、私は何度も彼に言及しています。君は一九三五年以前に彼と識りあっている筈です」。——どうも三五年以前という呂氏の説が正しいらしい。それでこそ三五年夏に呂氏の家で対面したとき、あれほど打ちとけて対してくれたのであろう。『詩草』に「亡友楽于泓、季煥麟（すなわち前出の季蕎）を憶う」（一九九一年の作か）という五言古詩が見え、二人に解放後北京で会ったことがうたわれている。因みに、呂氏自身については、『詩草』の「自賦行状」の注に「加入中国共産党」とあるのは、どうやら重慶に行って後のことであるらしい。

あとがき

一、テープを起された原稿をよみかえしてみてびっくりしたのは、よくもまあと呆れるほどの無準備で、話をはじめたことである。何も準備はいりません、ただその場で質問に答えて頂けば、よいのです、という中島夫妻の甘言に乗せられた形であるが、これを裏がえせば、記憶というものへの無意識の過信があった、ということでもあろう。たとえば私は、三高エス部の機関誌『リベーロ』を二号出した、とばかり信じていたが、校正もひと通り終った今になって、何だか一号のみであったような気がして、それがだんだん強くなってきた。あらかじめ日本エス学会の書庫によって調査しておけば、済んだことである。同じようなケースは、まだまだ多かろう。呂吟声氏の手紙の束の出現によって訂正し得たものも、一、二にはとどまらない。

二、自分の話しことばがここまで京都弁（?）化していることにも、びっくりした。大声のわりには語尾がはっきりせぬ、と学生に苦情をいわれたことがあるが、テープから起こす際、その不明瞭なところをぜんぶ京都弁に直してしまったのではなかろうか、と邪推したくなる程である。標準語で妙にシャキッときまっているより余っ程ましだが、然しともかく、簡単にくに言葉を棄てた軽薄漢という証拠をつきつけられたようで、何か不安な、うしろめたい気持を禁じえないのである。

三、学校教練の話に結末をつけておくと、京大在学中、配属将校から呼出され査問を受けたことは、ただの一度もなかった。三年生の九月はじめ、そろそろ卒業論文に手を着けようかと思案していた頃、エスペラント運動——当時私はすでに余り熱心ではなかったが——の関係で数日間川端署に留置して調べられたことがあり、その通知はすぐさま配属将校に届いていたことは確実であるにも拘らず、遂に呼出しはなかった。授業への出席も、まずまずであったと思う。然し、徴兵検査の当日、徴兵官の言明によって結局、大学も不合格だったことを知った。

解説

著者島田虔次は二〇〇〇年春三月二一日、八二歳を以て病いのために世を辞した。

生前、中国前近代について書いた文章を編んで出版準備をととのえていたが、今回『中国の伝統思想』として本書を上梓するに当たっては、自らの青少年時代を回想した「自述」外二篇をこれに加えることになった。近代に関する文章は『隠者の尊重』（筑摩書房　一九九七）としてすでに刊行されている。

まず本書の書名となった「中国の伝統思想」について述べておこう。著者は書名について成案をもっていなかった。そのため、内容から考えて『万物一体の仁』とするか、或いは『良知の行方』とするか、と種々知恵をしぼってみたものの、著者亡き今となっては決めようがなく、結局、本書第Ⅱ部所収の文章の題名からとる外はなかった。平々凡々なんの変哲もないものだが、「伝統思想」という言葉に著者独特の思い入れがあったからである。

著者によれば、伝統思想とは、たんにその国にあった古い（古く成立した）思想をいうのではない。それが伝統思想であるためには、生きてはたらいている、作用している、ことが必要であった。中国についていえば、その作用が不断であったのは、儒教・仏教・道教の三教であるが、そのうち、儒教こそが、漢の武帝以来、生きた思想として存在し、今日も尚お生きてあるもの、だった。

このことをもっとも明快に語っているは、一九八八年、東アジア知識人会議における報告稿「儒教における生けるもの」である。ここでは以下のように語っている（一部省略）。

ひとは中国文明の悠久さ偉大さに常に驚歎するが、一方でたたえながらも、他方ではその文明の中核をなしてきたはずの儒教が糟粕だらけで呪詛、否定にしか値しなかったと説くのは、どう考えても常識に反する。私は儒教に対して普遍主義の立場をとる。世間には儒教を特殊主義的なものと見なし、世界の他の思想体系のごとき進歩発展の跡の何ひとつ見られぬままに、哲学としては浅薄、イデオロギーとしては反動、不毛で凝り固まったもの、とする見方が存在する。私はこれらの説に対しては深い疑いをもつ。また儒教が君主権、専制体制に対して奉仕的な思想体系であったか、それとも批判的であったか、といえば、大方の見方とは反対に、後者の、君主権に対して批判的であった、という見方をとる。

私は儒教を習俗というものから切りはなし、思想として見ようとする立場をとる。儒教は習俗を追認し合理化するのみではなかった。儒教とくに宋学の存在理由は習俗の改革にこそあった。情実に溺れぬ鉄石の心腸を持った理想主義者を歴史は無数に記録している。

儒教の中には今なお生きているものが存在し、また、それを正当に更に生きしめるべきであると信ずる。儒教のもつ欠点の故を以て儒教というものが非人道の権化であり、反動の権化であるかの如く考えることは、余りに誇張あるいは自虐ではあるまいか。キリスト教にも信仰対象を異にする故の残忍非道や荒唐無稽のでたらめが存在し、そのために人類は苦しめられてきたが、にもかかわらずキリスト教が人類に大きな貢献をしたことを誰一人疑うものはいない。私が期待するのは儒教に対する冷静な分析、正当な評価であり、新しく総合的に創造さるべき現代文化のなかでそれが生かされることである。

著者が生かされるべきもの、と考えた儒教思想の中味にはここで立ち入らない。中国の儒教文明に対して、著者はこのような愛惜の情と畏敬の念をもち、未来を紡ぐに足る思想たるを確信して、終生、儒教史、より適切には儒学史の研究に情熱を傾けた。その成果は、『中国に於ける近代思惟の挫折』（筑摩書房　一九四九、改訂版一九七〇）、『朱子学と陽明学』（岩波書店　一九六七）、『大学・中庸』（朝日新聞社　一九六七）、『王陽明集』（朝日新聞社　一九七五）としてみのった。学術論文・エッセイの類は枚挙にいとまがないが、本書が収録したのは、それらのうち、主に一般読者を対象として書いた文章である。なお明・清時代に関する主たる学術論文は、今秋、京都大学学術出版会から『中国思想史の研究』として刊行の予定であって、併せ読んでいただければ幸いである。

本書は五部の構成をとっている。巻頭に、著者の中国像の全体と明・清の学問についてのスケッチを提示し（Ⅰ）、ついでもっとも得意の、近世の思想史に関する各論（Ⅱ）と、古典の注釈、学問の方法に関する文章をまとめた（Ⅲ）。さらに著者の学問の源泉となった先学についてのエッセイを配し（Ⅳ）、最後は自画像ともいうべき「自述」を以てしめくくっている（Ⅴ）。

以下五部のうち主なものについてかんたんに紹介しよう。

第Ⅰ部は、中国および中国近世の文化を全般的に論じたものである。

巻頭の「中国」はもともと平凡社の『大百科事典』（一九八五）の一項目として書いたものであった。事典の項目とはいえ本書の頁数にして四九頁、中国文明にたいする著者のユニークな見方が随処に光る堂々の大論文である。中国を全体として紹介するとともに、それぞれのテーマに沿った著者の中国観が凝縮して展開されている。事典にありがちな無味乾燥な文章ではなく、思想史家としての豊かな学識とそれに裏付けられた明快な論断がこの文章をきわめて魅力的なものにしている。

冒頭、日本の知識人に対する批判が掲げられるのは、事典の項目としていささか奇異に見えるかも知れない。しかし、明治以来、日本人の教養が西洋に偏重し、日本人は中国について基本的な知識をさえ欠いてきた、というのは、著者がつねに遺憾としたところであった。たとえば中国の革命思想家として、孫文、毛沢東はともかく、そのあと二人でも三人でも直ちに挙げられる人はほとんどいないであろう。これは、中国文明、或いはまたアジア最初の共和国に対するあまりに不当な取り扱いだ、と著者はいつも語っていた。長大な専門の学術論文のみならず、その合間を縫って一般読者を対象とした書物にもすすんで執筆の労をとったのはそのためである。また朱子や王陽明などはいわずもがな、それほどの大思想家でなくとも、市井の人々の、時代を反映し、時代にインパクトを与えたエッセイや政治的パンフレットの類にも丹念に目を通し、その紹介と翻訳に時間を惜しまなかった。著者の紹介によってはじめて日本に知られることになった文章も少なからず存在する。

この「中国」の文章は以下の問題提起を以て終わっている。すなわちヨーロッパにたいして一歩もひけをとらなかった中国の科学文明がなぜ近代科学を生み出すことができなかったのか、と。著者によれば、それは、文字の獄に象徴される清朝の弾圧政策に萎縮して、ただひたすら高度で精密な古典研究に逃げこんでしまった清朝の学者の責任、彼らの格物致《かくぶっち》知《ち》、経世済民《けいせいさいみん》の責任の放棄にあった。ここにいう科学文明は、陽明学をふくめて中国の学問、或いは中国文明一般に置き換えてよいであろう。
それでは、中国の思想や学問は、近世、どの地点まで到達していたのか、清朝の弾圧政策の下で、天下国家に責任を負うべき知識人たちはどのように責任放棄を余儀なくされたのか、これらがI部におさめた以下の文章の主要なテーマであった。

そもそも京都の中国学にあっては、宋以後近世説をとりながらも明の学問にたいする評価はきわめて低かった。明の学問は元《げん》と大差はない、元はまだしも学術的研究の学者がいたが、明の学者に至っては「其の規模宋元のそれに比して較〻狭く、ただ経書の一言一句を玩味して一生己れの修養に資するという風であった」(狩野直喜)という。このような明の学問に対する京都学派の常識を一変せしめたのが、著者の『中国に於ける近代思惟の挫折』であった。そこでは王陽明の学問とその左派的な展開が、庶民を巻き込んだ熱狂的な心学運動に発展し、やがて思わざる結果として儒教の反逆者李卓吾を生むに至った過程があざやかに論証されている。明末清初は一転して戦国の諸子百家の時代にも比せられる、思想史の黄金時代になったのである。著者のいうように清末になって諸子百家が再発見された、とすれば、明末清初という時代は、著者によって再発見されたのである。少なくとも日本においてはそうであった。

著者はこれらの成果を基礎に「明代文化の庶民性」を書き、陽明学、或いは陽明学の流行と同時に起こった文学、数学、技術、宗教など各方面の新たな動向を論じた。それは当時の商業的発展とともにおこった文化の量的な拡大、庶民的な文化の勃興であった。

これに続く「文運栄える乾《けん》・嘉《か》」は、編集者がつけたタイトルだが、著者はこれにすこぶる不満であった。そこでまず取り上げるのは、清代学問の開祖とはいいながら、清朝に対するレジスタンスの思想をもち、実際にその活動に加わった黄宗羲《こうそうぎ》・顧炎武・王夫之《おうふうし》らの思想家である。しかしその後、清朝支配のもとで知識人は天下国家を論じられなくなり、考証学一色の時代を迎える。これについて著者ははっきりと指摘する、「乾隆・嘉慶は、文運のもっともさかえた時代、実証学がすばらしきみのりを示した時代、というが、その文運は、一面からいえば、先駆者たちのもっていたような精悍にして偉大な精神の喪失をもってあがなわれたもの」であり「明末、清初の多様な可能性は、ほとんど開花せず、ひとびとはただ綿密に本をよむというただひとすじの血路に集中し」てしまった、と。たしかに考証学は実事求是《じつじきゅうぜ》の精神に立って、客観的・科学的な方法論を確立し、近代文献学の方法を具現したであろう。その考証学の方法を用いながら、陽明学と同じ結論に到達した戴震のような学者もたしかに存在する。しかし、それらは明代の学問にくらべれば規模ははるかに小さい。ようやく諸子学や公羊学の研究が起こり、改革・革命の機運があらわれるのは、清末になってのことだ、という。皮肉なことに、期待されたタイトルとは全く逆の、乾隆・嘉慶の学問についての結論がここに導き出されてくるのである。これまた清朝考証学の圧倒的な影響下に、実証主義を誇ってきた京都学派とは異なる清朝の学問にたいする評価であった。

「士大夫思想の多様性」は、上述の二篇とは相当遅れて一九八三年、第三一回国際アジア・北アフリカ人文科学会議の報告として起草されたものである。この間、著者は本文でも引用するヴェトナムの革命家グエン・カック・ヴィエンのいう儒教における人民主義の伝統に大いに触発された。そこで陽明学の良知説の展開をそのコンテキストにおいて考えてみよう、としたのである。王陽明は人間の人間たる所以を内なる「良知」(道徳的な直覚)に求め、「街中が聖人だ」として、庶民にも学問の可能性を開いたが、左派はその内面主義を徹底的に押し進め、李卓吾にいたるや、「童心」にもとづいて孔子をすら批判する強烈な自己を主張しはじめた。それは、当然のことながら儒教の権威を低下させ、儒教の相対化を伴うものになったが、著者はそのような儒教にとっての危機的状況のなかに、かえって儒教の国民化の契機があったかも知れない、儒教の相対化はそれに有利な条件を提供したはずだ、と指摘する。これ以後、儒教の国民化によって民族としての思想的基盤が育まれたとしたら、中国の近代は或いは異なった展開になったかも知れない、というのが著者の見通しではなかったか。

第Ⅰ部のおおまかなスケッチに対し、第Ⅱ部はその各論とでもいおうか、さまざまな異なった視点から明・清の思想史を見直したものである。

巻頭の「中国の伝統思想」については一半をすでに紹介した。これは宋学の形成に「生きてはたらいた」唐以前の儒教についてその本質を論じた文章である。したがって、著者は漢‐唐の儒教をそれ自体として論ずるよりも、宋学の前提としての儒教、宋学の中心概念をなした所の「理」が、それ以前どのように把握されていたか、とくに「礼は理なり」とせられた礼の、儒教においてもった意義について論じ、その文明主義、文治主義の本質を述べる。そして宋以後の儒教が理を内面化していく過程を「内」と「外」の闘争史として整理し、それが行き着いた地点を指し示す。「内」は「外」を批判するまでに成長した。だが、清代、知識人たちは社会的現実を「括弧に入れた」文化至上主義・学問至上主義の立場に立たざるを得なかった。ふたたび伝統思想の発掘がはじまるのは清末であり、この作業は今日なお進行中である、という。儒教は、今日においても発掘すべき豊かな文明主義の内容をもっている。著者はのちにこのような観点から『新儒家哲学について――熊十力の哲学』(『五四運動の研究』第四函第一二分冊　同朋舎出版　一九八七）を書き、儒教のその後について論じていることを付け加えておきたい。

左派の思想家のなかで著者がもっとも好んだ思想家は、つぎに紹介する「王艮《こん》」すなわち王心斎であった。ここには「天地の為に心を立て生民の為に命《めい》を立てた」大丈夫の気象にたいする強い共鳴がある。つづく「良知説の展開」は講演要旨であるが、陽明学に近代を認めまいとする仁井田陞や板野長八にたいし、ヨーロッパにおける宗教改革の例をひきつつ反論している。短い文章だが、著者としてはぜひ入れたかったものであろう。

「明代思想研究の現段階」は、中国における最新の研究、とくに侯外廬《こうがいろ》の学説について紹介したものである。侯外廬の『中国思想通史』五巻全六冊は、一九五六年から六三年にかけて刊行された。その間の六〇年、著者は学術代表団の一員として解放後始めて中国を訪問し、科学院の宴席で侯外廬と隣り合わせの席についたことをとりわけ喜んだ。侯外廬の『思想通史』については、マルクス主義の立場に立つものとしてイデオロギッシュな批判があったが、著者は中国においてこのような本格的な思想史が出たことを大いに歓迎した。とくに唯物論の立場からする分析によって王廷相のような新しい思想家の発見があったことを評価している。侯外廬の研究が明末清初を資本主義萌芽の時代ととらえ、その思想史における現れとして泰州学派を評価したのも、著者の明末のとらえ方と期せずして符節を合するものがあったからであろう。但し侯外廬のように、王陽明を反動哲学とし、それと王心斎以後の泰州学派を切り離すことにはあくまで反対であった。

以下、後輩の書いた書物にことよせて、明・清の時代状況についての考えを述べた文章が収録されている。こうした場合、著者は可能な限りその書物に見合った新しい史料を提示し、自らの考えを述べるのが常であった。

第Ⅲ部は、朝日新聞社から刊行された「中国古典選」の『大学・中庸』と「中国文明選」の『王陽明集』に付せられた解説および注釈に関するエッセイを収録している。これらは、むろん朱子と王陽明の哲学を理解するためのもっともすぐれた解説であるが、このなかで著者は自らの思想史研究に対する根本的態度とでもいうべきものを表明している。

『大学・中庸』は、いうまでもなく宋以後の儒教において、四書として『論語』『孟子』とともに最も重じられたテキストである。これらについては日本でもすでに注釈書が存在するが、著者の注釈は徹頭徹尾朱子の立場に立ったものであって、たとい朱子による強引な解釈があったとしてもその立場を尊重しつつ注釈を試みたという点に特色がある。これは注釈に止まらず、著者が思想史研究を進める場合にとった方法でもあった。著者は対象とする思想家のふところに飛び込んで、そこに内在する論理をまるごと理解し、思索に思索を重ねて可能なかぎり相手の意図に沿ってこれを再構成しようとする。安易な自分なりの解釈を施すことを決して許さなかった。

『王陽明集』の方は、彼の『伝習録』、文集、『大学問』などからその哲学に関わる最も難解な部分を中心に注釈を施したものだが、『伝習録』後半の比較的興味をそそられる部分よりも敢えて教義的な部分を選んだ、という。朱子や王陽明の哲学にとって核心的な部分をしっかりと注釈したことがどれほど後学を裨益するものとなったか、はかり知れないものがあろう。

著者は中国の思想を解釈するにあたって、最初からヨーロッパとは異なった物差しをもって特殊中国的なものとすることに反対であった。ひとまずヨーロッパ思想の範疇によって考えた上で、そこに収まりきれないものを、中国思想の中国思想たる所以として把握すること、さらにそのような中国思想を含み得るものとして範疇そのものを鋳なおす必要がある、中国思想というのはそれだけの普遍的価値を有する、と考えていた。

ところが、そのための障碍は中国を専門とする学者たちの側にもあった。専門家の間でしか通用しないテクニカルタームを生で用い、資料を訓読のまま紹介して、それが専門家だ、とする風潮のあることをとりわけ苦々しく思っていた。そのために中国の哲学が日本の知識人に受け入れられず、ヨーロッパの哲学が支配的になってしまった。中国の哲学や思想は、より広範な、専門ちがいの人びとによって論じられることによって、はじめて普遍的なものの構築に寄与し得るはずである。若くして逝った安田二郎の如きはまさにその器の人であり、『中国近世思想研究』はその数少ない労作であった、と解説はその学問を顕彰している。

第Ⅳ部は月報の類に書かれたエッセイを集めたものである。武内義雄・内藤湖南・吉川幸次郎・桑原隲蔵・宮崎市定ら師の学問について語っていて、著者の学問の由来を知ることができるであろう。「古今未曾有の危険思想家」李卓吾をはじめて日本の学界に紹介したのは内藤湖南であった。

第Ⅴ部は「自述」である。これは中島長文・故中島みどりの慫慂によって、一九九四年一二月、雑誌『飆風』の同人たちとの座談において語ったもので、同誌三〇号に「島田虔次先生自述」として発表された。同人たちの質問に答えて著者独特の語り口で青少年時代のことが回想されている。そこには日中戦争下における時代背景とともに中国学を志すに至った内的な契機が問わずがたりに語られていて、著者の学問を理解する上での欠くべからざる個人史といえよう。日中戦争のさなか、多少左翼の影響をうけた少年が、教練の将校ににらまれて半植民地青島の中学に転校したいきさつ、中国のエスペランチストとの心暖まる交流、戦時下の旧制高等学校・大学の雰囲気が述べられていて、好個の自叙伝をなしている。著者は、このような暗鬱な時代のなかで、ルソーの「ハート」なるものに強く惹かれ、それと同じ「心情《ハート》」を王陽明に見出して陽明学研究に志を立てたのである。この「自述」を公表することには、若干の躊躇《ちゅうちょ》があったようだが、校正を待つ間に、エスペランチストとの間に交した書簡をさがし出し、丁寧な注釈を付することになった。日中交流の一齣として将来何らかの役に立つことがあるやも知れぬ、と考えてのことであろう。著者は、エスペランチストであるだけでつまらぬ政治的嫌疑がかけられる、戦時下のはりつめた空気のなかで、これらの資料をはがき一枚に至るまで大切に保存していた。

「自述」によって大学入学前後までのことはほぼ明らかなので、ここではそれ以後の経歴について簡単に記しておきたい。著者は一九四一年、「陽明学に於ける人間概念・自我意識の展開とその意義」という卒業論文を提出して、京都帝国大学文学部史学科を卒業した。その後、長野県の県立野沢高等女学校に奉職するが、二年後、東方文化研究所（人文科学研究所の前身）に入所し、経学文学研究室に属して、吉川幸次郎の指導のもとで『毛詩正義』の校勘に従事した。戦争のもっとも激しい時期、中途で教育召集をよぎなくされたが（病気のため除隊）、前後三年間に及んだこの校勘のしごとが、その後の思想史研究の上で必要な学問的基礎を培うものになった。敗戦後間もなく、静岡県清水にあった東海大学予科教授に赴任、ここで東洋史を講じながら『中国に於ける近代思惟の挫折』の執筆に着手して、陽明学研究に没頭した。その一方、ボランティアとして、エスペラント語を教えたり、フランス語を教えたり、予科の学生とともに敗戦直後の自由な時を楽しんだようである。

一九四九年、京都大学人文科学研究所に助教授として入所、以後一九七六年、同大学文学部教授に移るまでの二十数年間を研究所で過ごした。時に研究室で夜を明かし、時に終電に乗り遅れて深草から木幡まで歩いて帰った。一〇キロは優に越える深夜の家路は、その日読んだ書物についての思索を深める恰好の場となったであろう。しかし苛酷なまでの勉学の日々は若い身体をむしばむ結果になり、結核による長期の療養がしばしば研究を中断させた。

当時、人文科学研究所は、桑原武夫・貝塚茂樹・井上清などの学者を擁し、清新はつらつの空気に溢れていた。ここで著者は西洋部・日本部などの学者と自由に意見を交わしながら、儒学史研究をさらに発展させた。「中国近世の主観唯心論について——万物一体の仁の思想」(『東方学報』二八冊)、「明代思想の一基調——スケッチ」(同　三六冊)などの論文をつぎつぎに発表、清代についても「歴史的理性批判——「六経皆史」の説」(岩波講座『哲学』第四巻)、「章学誠の位置」(『東方学報』四一冊)などを書いた。この間、小野川秀美とともに近代史の研究に着手したことは、中国近代への展望を開く上できわめて大きな意味をもった。「清末とはウェスタン・インパクトを経由した明末であり、明末はそれを経由せざる清末である」という著者の名言がある。儒学史研究における近世と近代は著者においてみごとに連続せしめられたのである。

一九九七年、その研究業績を評価されて日本学士院会員に選定された。

著者は、本書のなかで言及しているように、ヴェトナムの思想家によって提起された儒教における人民主義の伝統に深い関心を寄せ、ヴェトナム・朝鮮・日本をふくめた東アジア儒教史を書きたい、という大きな構想をもっていた。しかし晩年それだけの時間は残されていない、と感じたからであろうか、もっぱら日本の江戸時代の儒教史に関心をしぼった。とくに中野三敏の『戯作《げさく》研究』に触発されて江戸時代の思想史において陽明学がもった意味を全面的に問い直してみたい、と考えていたようである。中野は著者の『中国に於ける近代思惟の挫折』にもとづきながら、江戸の文芸における陽明学の影響をじつに明快に指摘したのであった。

著者は江戸の思想家について「ここまでいえばもう陽明学だ。それなのに誰もそれが陽明学であるとは云わない」、「清朝の学問が圧倒的な名声を以て流入して以来、陽明学は明確な根拠のない言いぐさとして十把《ぱ》一からげに無視するのが当時のエチケットだったらしい。その風が今日まで続いている」と深く嘆いていた。なるほど丸山真男の分析になる徂徠学というものは、西洋近代の学問を学んだ者には分かりやすいかも知れない。だがそれが流行したのは一時期のこと、当時の人々にとっては、「心即理」の哲学の方がはるかに親しみやすかったはずだ。陽明学左派は江戸の日本に持ち込まれた近代思想であって、羅近渓だとか李卓吾だとか、儒学にはちがいないが儒学ではなく、陽明学ではあるがアンチ陽明学、中国ではあるが中国風ではない、これを何と呼ぶかは問題だが、我々が「近代化」と呼んでいるものであることは間違いない。朱子学の最高潮としての陽明学は、ヨーロッパ風のものではなかったが、やはり江戸の学問に大きな作用をもったはずである。我々は江戸の学問についてあまりにも無知ではなかったか。大体において中国で近代思想が育つはずはない、と考えているのがおかしい。著者はこのように述べて『儒学文集』を編集しよう、王心斎の「鰍鱔《しゅうぜん》説」、李卓吾の「童心説」、それに黄宗羲の「君とは何か」「臣とは何か」(『明夷待訪録』)も加えて、とその構想をふくらませつつあった。「丸山真男氏に論争を挑みたい」と語ったのはおそらく徂徠学の再検討を考えていたのであろう。

晩年、著者は『梁啓超年譜長編』を読む会でしばしばこのことを語り、また死の直前一月から二月にかけては、その口述を私が筆記することになった。聞くのがつらいほど弱々しくなっていた声は、口述がはじまると学問を語るときの楽しげな、いつもの凜とした声にかえった。

ついに果たすことを得なかった生前の志をここに書きとどめて著者の記念としたい。

著者亡き後、本書を出版にこぎつけることができたのは、ひとえに狭間直樹氏の尽力によるものである。また出版に当たってはみすず書房社長加藤敬事氏、編集者の岸本武士氏に一方ならぬお世話になった。ここに記して感謝の意を表したい。

二〇〇一年三月一五日

小野和子

出典一覧

I

中国　平凡社『大百科事典』一九八五年三月
明代文化の庶民性　中央公論社『世界の歴史』第九巻、一九六一年八月
文運栄える乾・嘉　中央公論社『世界の歴史』第九巻、一九六一年八月
士大夫思想の多様性　"The 31th International Congress of Human Sciences in Asia and North Africa" 1983での口頭発表草稿、一九八三年九月

II

中国の伝統思想　人文書院『世界の歴史』第四巻、一九六五年十月
王艮　弘文堂『青木正児博士還暦記念中華六十名家言行録』一九四八年二月
良知説の展開　『京都大学人文科学研究所所報』第三十三号、一九五三年二月
明清の思想界　角川書店『図説世界文化史大系』第十八巻、一九六〇年一月
明代思想研究の現段階　『歴史教育』第十巻第十号、一九六二年十月
陽明学と考証学　法律文化社『大学ゼミナール東洋史』一九七〇年五月
序（小野和子『明季党社考』）　同朋舎出版『明季党社考』所載、一九九六年二月
序（福本雅一『明末清初』）　同朋舎出版『明末清初』所載、一九八四年八月

Ⅲ

大学・中庸解説　朝日新聞社『大学・中庸』（新訂中国古典選第四巻）一九六七年一月
王陽明集解説　朝日新聞社『王陽明集』（中国文明選第六巻）一九七五年九月
注釈ということ　朝日新聞社『大学・中庸』（新訂中国古典選第四巻）月報十四、一九六七年一月
『大学』の解釈　『人文』十四号、一九七六年三月
安田二郎『中国近世思想研究』解説　筑摩書房『中国近世思想研究』所載、一九七六年一月
狩野直喜『春秋研究』解説　みすず書房『春秋研究』所載、一九九四年十一月

Ⅳ

黄宗羲と朱舜水　講談社『黄宗羲』（山井湧著、人類の知的遺産第三十三巻）月報六十三、一九八三年七月
朱子と三浦梅園　講談社『朱子』（三浦國雄著、人類の知的遺産第十九巻）月報十七、一九七九年八月
武内博士の学恩　角川書店『武内義雄全集』第八巻月報五、一九七八年十一月
似つかぬ弟子　筑摩書房『吉川幸次郎全集』第一巻月報六、一九六八年十一月
無題　岩波書店『桑原隲蔵全集』第二巻月報二、一九六八年三月
私の内藤湖南　筑摩書房『内藤湖南全集』第十二巻月報六、一九七〇年六月
宮崎史学の系譜論　岩波書店『宮崎市定全集』第二十四巻月報二十五、一九九四年二月
あとがき（川勝義雄『中国人の歴史意識』）　平凡社『中国人の歴史意識』（平凡社選書）所載、一九八六年二月

跋（森紀子訳『中国近世の宗教倫理と商人精神』）　平凡社『中国近世の宗教倫理と商人精神』（余英時著）所載、一九九一年四月
跋（山本和人訳『論語は問いかける』）　平凡社『論語は問いかける』（H・フィンガレット著）所載、一九八九年十一月

V

自述　飈風の会『飈風』第三十号、一九九四年十二月

索　引

＊　人名・事項・著作名・概念等の項目を併せて五十音順に配列したが，必ずしも網羅的ではない。
＊　中国の主要な歴史人名には適宜，生没年を付した。また朱子・王陽明など，通称で知られている人名はそのまま立項し，朱熹→朱子・王守仁→王陽明などの送り項目は立ててはいない。
＊　一般の利用の便を考慮してサブディヴィジョン形式の索引をとることは避けた。
＊　ページ数の後に付く f はその項目が次ページにもあること，ff は 3 ページ以上にわたることを示す。

あ

哀　356
青山秀夫　137
赤塚忠　260
秋月康夫　404
浅野内匠守　362
アジア主義　9
東敬治　256
アナキスト　399f
『アピール・ツー・ザ・ユース』　414
アヘン戦争　21
新井白石　323
荒木見悟　225
アリストテレス　339
アンダーソン, J. G.　14
安藤昌益　326
家　39
石川達三　420
椅子　16
板野長八　136f
異端　110, 127, 163, 173, 219
一神両化　265
一治一乱　33
一夫一婦多妾　39
イデア　265f
夷狄　186
井出孫六　6
伊東俊太郎　331
伊藤仁斎　196, 202
伊藤道治　323
伊吹武彦　391, 400f, 419
入矢義高　263
岩間一雄　174, 276
岩村三千夫　381
殷　13, 18
印刷　47
尹和靖（焞，1071–1142）　205
陰陽　123, 220, 264, 305
陰陽と五行　264
禹　18, 94, 111
Wing-tsit Chan（陳栄捷）　256
ウェイリー, A.　358
ウェーバー, M.　26, 137, 347, 351, 354, 101
ウエスタン・インパクト　349
宇都宮清吉　342
梅原末治　409
梅本克己　308
雲棲袾宏（1535–1615）　67
『易経』　26, 113, 120, 203, 237f, 284, 287, 293

『易と中庸の研究』 202, 311f
エスペランチスト 373, 378f, 384, 386, 390, 407f
エスペラント 371, 376, 378, 386, 390, 397, 399f, 408
エスペラント運動 423
塩商 33
袁崇煥（1584-1630） 188
袁中郎（宏道，1568-1610） 59f
『園冶』 49
袁了凡（黄，1533-1606） 96, 232
「袁了凡の研究」 233
王応麟（1223-1296） 203
王学左派 137, 164, 168, 171, 174, 180
王国維（1877-1927） 349
「王艮伝」 167
王錫闡（1628-1682） 166
王心斎（艮，1483-1540） 54, 92, 132f, 148, 163f, 171, 232
王世貞（1526-1590） 59
王鐸（1592-1652） 188
汪中（1745-1794） 100f
王廷相（1474-1544） 131, 161f
「応仁の乱について」 319, 323f
王念孫（1744-1822） 81
王弼（226-249） 120
王夫之（船山，1619-1692） 75f, 97, 151, 153, 162, 166, 189
『王文成公全書』 249, 254, 315
王陽明（守仁，1472-1528） 44, 50ff, 58f, 89ff, 94, 102, 124f, 133f, 136, 139, 143, 149, 155, 157f, 161, 163, 170, 200f, 210, 213f, 222ff, 242, 244, 261, 272, 295
『王陽明』（三宅雪嶺） 57, 174, 326
『王陽明』（保田清） 174
『王陽明』（山本正一） 223
『王陽明研究』 174
『王陽明の哲学』 174
王竜渓（畿，1498-1583） 54, 94, 134, 138, 148, 233ff
大石良雄 362
大井（小山）了 371
大塩平八郎 40
大島正満 396
太田錦城 199
岡崎文夫 410
小川環樹 375
『翁の文』 323
荻生徂徠 196
奥崎裕司 233
奥村秀一 404, 419
小倉金之助 214
小島祐馬 130, 294, 318, 335
織田万 332
小野和子 168, 174, 177f, 185, 296
小野川秀美 293
『オブローモフ』 382f, 416
音韻訓詁学 81

か

夏 18
我 237f
「概括的唐宋時代観」 332
『海国図志』 167
改制 85
『改造』 363, 386
『解体新書』 240
艾蕪（1904- ） 399
夏官 115
何休（129-182） 294
科挙 24, 27, 36, 40, 42, 48, 87f, 95, 203, 222, 242
学 84, 88
楽 112
覚解 236
『学記・大学』 201, 310
『楽経』 113
学者 43, 216

郭象（?–312） 308
霍非 386
格物 171, 223, 244
格物窮理 223f
格物説 125, 133, 144
格物致知 50, 89, 96, 141, 170f, 201, 206, 222, 227, 246
「格物補伝」 206
革命 85
革命論 282, 292
何景明（1483–1521） 245
歌訣 63
家産官僚制 26
何心隠（1517–1579） 54, 148, 163
夏曾佑（1863–1924） 167
学会 178, 182
学校 182, 184
加藤周一 240
金谷治 202
金子又兵衛 398, 406
鹿子木員信 399
狩野直喜 174, 186, 277, 314, 330, 335
狩野直禎 280
紙 47
火薬 47
ガリレイ, G. 166
川勝義雄 338ff
河田悌一 351
官 21, 23, 25, 28, 30
漢学 216
宦官 177, 181, 213, 245
顔元（習斎, 1635–1704） 76, 167, 189, 353
監察権 24
監察制度 23
憨山徳清（1546–1623） 66
顔山農（鈞, 1504–1596） 133
漢字 34
ガンジー, M. K. 415
『漢書』 291
『漢書』芸文志 100, 202f
監生 88
韓青才 378
漢族 14
神田喜一郎 325
韓侂冑（1151–1201） 208
皖派 172
『韓非子』 85
韓非子（前 280?–前 233） 109, 119
玩物喪志 217
韓愈（退之, 768–824） 9, 122, 202f, 236
官吏 25
官僚 24ff, 28f, 41, 43, 87, 230
気 82f, 123, 161, 220f, 264ff, 305f
気一元論 307
義学 44
偽学 249
偽学の禁 208
魏源（1794–1857） 85, 167, 313
『紀効新書』 49
貴司山治 365
気質の性 221
鬼神 46
季青 417, 421
北山茂夫 398
気と陰陽 264
気の哲学 240f
気物 307
気物性体 307
木村素衛 271
客帝 281
「客帝」 292
「客帝匡謬」 292
客観唯心論 161
『九経談』 199
九寺 22
給事中 21, 23

丘濬 211
『旭書』 292
窮理 123, 221f, 227
狂 65f
堯 18, 90, 111, 284, 294
境界 36, 236f
龔自珍（1792-1841） 85, 319
郷紳 28ff, 87, 357
竟陵派 60
教練 387f, 395, 406, 422
『玉海』 203
「玉山講義」 197
居敬 123, 221, 227
居敬窮理 208, 220
御史 21, 23
挙人 27ff, 33
拠乱世 284
拠乱世・升平世・太平世 287
義理 45
『今古奇観』 60
禁書 327
『吟声詩草』 416, 421
金聖歎（?-1661） 61, 312
『近世の儒教思想』 228, 312
『近世文学史論』 323
今文経学 84, 173, 290
均分相続 40
『金瓶梅』 60, 213
グエン・カック・ヴィエン
(Nguyen Khac Vien) 102, 229
陸羯南 57, 325f
楠本正継 174, 197
『孔叢子』 198
屈原（前340?-前278?） 6
『苦悩からの逃走』 353
公羊学 84f, 129, 173, 257, 281, 286, 290, 292, 294
『公羊伝』 84f, 173, 283, 289
公羊派 130, 178, 283, 288f
公羊派＝変法派 281
倉石武四郎 196
グラネ, M. 138
黒板勝美 399
クロポトキン, P. 414, 419
桑原隲蔵 317f, 330, 333ff
軍機処 22
郡県 20
君子 38, 113f, 116, 122
君臣義合 116
君・臣・民 43
敬 123, 125, 206, 224, 228
経学 81, 121, 173, 222, 286, 290, 315
桂蕚（?-1531） 249f
『経義考』 203
経書 288
計成 49
経生 121
経世致用 172
経世の学 97
経典 99f
経典注釈学 122
恵棟（1697-1758） 129
刑と兵 116
嵇文甫（1895-1963） 168
ゲオルギュー 415
華厳経 295
桀 18
県 21
玄学 120
言官 180
元気一元論 307
『元曲選』 314
「原君」 183
賢賢 181
『玄語』 239f
玄・史・文・儒 121
「原人」（韓愈） 236
阮大鋮（1587-1646） 189

『現代日本文学史』 5
「原道」 202f
「原法」 184
言論界 178
『呉偉業』 190
公安派 59f, 158
黄瀛 376
講会 182f
侯外廬（1903–1987） 97, 131, 155, 158f, 173, 215
功過格 47, 232f
講学 80f, 150, 163f, 248f
校勘学 81
孔教 43, 96, 173, 287ff
『孝経・曾子』 310
黄巾の乱 32
口語体小説 60f
孔子（前 551–前 479） 9, 18, 43, 85f, 88, 90, 92ff, 101, 112f, 120, 122, 198ff, 217, 284f, 287ff, 292, 294, 296, 355f
『孔子』（和辻哲郎） 310
『孔子』（フィンガレット，H） 354
『孔子改制考』 101, 167
孔子紀元 288
『孔子教大義』 293
考試権 24
「康氏の新学偽経考を読む」 297
侯志平 419
洪秀全（1814–1864） 191
考証学 58, 74, 77ff, 84ff, 97ff, 102, 128f, 152, 156ff, 170, 172ff, 196, 216, 297, 314, 324, 327, 348f
光緒帝（1871–1908） 178, 282f, 286
黄省曾 249
浩然の気 237f
黄宗羲（1610–1695） 71, 95, 97, 102, 150f, 172ff, 177f, 181, 183, 185, 187, 189, 301ff
『黄宗羲』 178
黄巣の乱 32
黄尊素（1584–1626） 71, 151, 178
黄帝 17ff, 43, 101
孝悌 114
幸徳秋水 42
広土衆民 11
『孔孟之道名詞簡釈』 250
康有為（1858–1927） 41, 43, 96, 101f, 167, 173, 178, 257ff, 282, 285, 287, 289ff, 295, 319
「康有為を駁するの書」 296
公理 284, 295
『黄梨洲文集』 304
『紅楼夢』 61
鴻臚寺 22
黄綰（1477–1551） 161f, 162
顧炎武（1613–1682） 73ff, 95, 97, 102, 150, 152, 156, 162, 172, 174, 187, 189
コーエン，P. 354
『吾学編』 98
五経 110, 195, 217
五行 123, 220, 264, 305
五行と万物 264
呉虞（1872–1949） 325
国学 289
告子 94
『国朝列卿紀』 98
『呉虞文録』 325
五権憲法 24
顧憲成（1550–1612） 145f, 165
『古今図書集成』 80
呉志忠 209
小島昌太郎 421
五常 218f
胡承珙（1776–1832） 313
胡宗憲 98
『古代支那研究』 318
胡適（1891–1962） 289
五溺 244

『古典への道』 174
後藤俊瑞 197
呉派 172
胡風（1902-1985） 382
コペルニクス, N. 166
『古本大学』 200, 225, 255
小山（大井）了 371
呉与弼（1391-1469） 142
五倫 218
五倫五常 217ff, 221
ゴンチャロフ, L.A. 382f
近藤光男 263
近藤康信 174, 256

さ

西郷隆盛 58, 157, 326
宰相 21f, 181
蔡尚思（1905- ） 357
『西遊記』 60
酒井忠夫 168, 233
相良亨 228, 312
『左氏伝』 84f, 130, 281, 283, 289
左伝派＝革命派 281
佐藤一斎 256
佐藤匡玄 399
佐藤慎一 295
左派王学 168
『左派王学』 168
左翼運動 364
『算学啓蒙』 63
三教 109f, 121, 225
三教論争 121
三玄 120
『三語』 323
『三高エスペラント会小史』 402, 419
三高エスペラント部 390, 402
三綱五常 251
『三国志演義』 60f
山人 65
山水画 34
三世説 258, 284f, 294f
三代の法 184f
『三民主義』 201
『三礼目録』 200
士 30, 346f
詩 35
人欲 141
gentry 26
思恩の乱 249
『史学と伝統』 350
志賀重昂 325, 327
『史記』 18, 198
『私記制旨中庸義』 203
『詩経』 113, 284, 294
重沢俊郎 399
「重田氏の六朝封建制論
批判について」 341
重田徳 341
始皇帝（前259-前210） 20
四庫全書 80
『四庫全書総目提要』 80
四言教 234
子思 198f, 201f
『詩集伝』 122, 208, 222
四書 42, 110, 195f, 199, 217
四書五経 288
『四書索引』 198
『四書集注』 122,195, 205, 208f, 222, 257
『四書大全』 210
時代区分論 20, 332f, 338
至大至剛 237f
士大夫 26, 28, 31, 34, 43, 65, 87f, 96f, 121, 128, 135, 150, 171f, 187, 189, 204, 210ff, 216, 351
『七経孟子考文』 81
『資治通鑑』 204f
『資治通鑑綱目』 208, 98

実事求是　79, 97f, 170
実証主義　78, 81
『実政録』　162
事天　237
『士と中国文化』　345ff
『支那近世史』　332
『支那経学史論』　310
「支那古代の社会経済思想」　318
『支那最近大事年表』　421
『支那史学史』　174, 323f, 327
『支那思想史』　311
「支那の孝道」　319ff
「支那の古代法律」　319f
「支那の宗教改革を論ず」　287
『支那法制史論叢』　319
地主　26
紫柏真可（1543–1603）　66
司馬光（1019–1086）　204f
司馬遷（前 145?–?）　339
資本主義義萌芽論　160, 213
四無説　234, 239
下村寅太郎　342
社会主義中国　10
社学　44
上海世界語協会　399
朱彝尊（1629–1709）　29, 203
主一無適　221
周　13, 18, 20
州　21
十家牌法　247
秋官　115
習慣　271f
『習慣論』　271
宗教　46
周公　18, 20, 88, 111ff, 122, 217
秀才　27
修身斉家　96
修身，斉家，治国，平天下　38
四有説　239
鰍鱔説　55
周濂渓（敦頤，1017–1073）　208, 216
儒家　37
「朱晦庵の理気説について」　270
儒学　84, 100, 156, 217
主観唯心論　161f, 215, 251
儒教　20, 35ff, 41, 43, 46, 53, 92, 94f, 102f, 109ff, 118ff, 124, 126, 128, 137, 147, 173, 177, 180, 195, 201ff, 216, 218, 230f, 267, 348, 357
儒教経典　26
儒教のエトス　354
儒教の革命説　293
儒教の危機　95, 102
『儒教の精神』　311
儒教の文化主義　118
祝允明（1460–1526）　66
『儒行』　203
朱子（熹，1130–1200）　38, 42, 52f, 92f, 122ff, 129, 142, 145f, 161, 170, 195ff, 205, 207, 210, 218, 220, 223, 238, 240, 251, 257, 259ff, 264, 267, 272, 305ff, 317
朱子学　15, 26, 42, 50, 57, 73, 76, 88, 122ff, 139ff, 147, 170f, 195ff, 201, 206f, 210, 215ff, 220, 222, 228, 244, 267f, 272
『朱子学と陽明学』　174, 227ff, 252, 308
『朱子語類』　124, 197, 205ff
『朱子集』　308
『朱子の自然学』　305
『朱子の思想形成』　267
『朱子晩年定論』　248
諸子百家　287
朱舜水（之瑜，1600–1682）　302
『朱舜水集』　303
朱世傑　63
『出定後語』　323
『朱文公文集』　197, 207, 211
『周礼』三百六十官　115

『儒林外史』 24, 61
シュワルツ, B. 358
舜 18, 90, 111, 284, 294
春官 115
荀子（前 313–前 238） 184
『春秋』 84f, 113, 284, 287ff, 294, 339
『春秋公羊伝解詁』 294
『春秋研究』 277
春秋戦国時代 20
『舜水遺書』 303
巡撫 23
徐愛 227, 252
書院 81, 145, 182f
妾 39f
蕭何（?–前 193） 102
蔣介石（1887–1975） 59, 158, 252, 413
章学誠（1738–1801） 172, 174, 325, 339
鄭玄（127–200） 84, 129, 172, 195, 200f, 290
城隍廟 46
掌故の学 98
焦循（1763–1820） 314
『尚書考異』 98
少数民族 14
浄土教 46f, 66
商人 33f
升平世 284, 287
章炳麟（太炎, 1869–1936） 40, 75, 101, 153, 281, 283, 285, 288, 292f, 297, 313
「章炳麟について」 296
笑話 61
ショーロホフ, M. A. 382
徐霞客（弘祖 ,1586–1641） 49, 65, 98, 158
『徐霞客遊記』 49, 65, 158
諸葛孔明（181–234） 9
『書経』 5, 79, 113, 284, 294
徐光啓（1562–1633） 64, 98, 165f
『諸子概説』 311
諸子学 129f, 173
諸士奇 301ff
諸子百家 85f, 97, 100, 109, 118, 139, 155f, 158
庶出 40
諸楚宇 302
徐禎卿（1479–1511） 66
書法 34f
胥吏 25, 28
秦 20
心 161, 226
仁 37f, 44, 53, 79, 147, 219, 230f, 356f
「辛亥革命期の孔子問題」 296f
『辛亥革命の研究』 296
心学 102, 124, 146, 149, 172, 225, 231
神学 166
『仁学』 76
『新学偽経考』 289
心学の横流 56, 128, 132, 135, 149, 170, 172, 326
『秦漢思想史研究』 202
『人間詩話』 313
仁義 112ff, 117, 187
仁・義・礼・智・信 218
『呻吟語』 162
真空家郷 32, 67
『新原人』 236, 238
『清国行政法』 332
進士 28f
『新支那読本』 381
沈周（石田, 1427–1509） 66
清初の三大家 153, 75
親親 181
身心の学 244
心＝性＋情 123, 140, 144, 171, 221, 225, 317
心即理 51ff, 57, 89, 95, 124f, 139, 144,

146, 148, 161, 170f, 208, 224, 225, 228, 241, 244, 246
『清代学術概論』 174
『清代社会経済史研究』 341
『清朝史通論』 174
『清朝の制度と文学』 332
真徳秀（1178–1235） 211
心と理 271
神農 17
『進歩の観念』 47
『清末政治思想研究』 293
「清末における学問の情況」 293
『清末民国初政治評論集』 294, 296
新民 226
親民 261
人民主義 41f
人民の儒教 102, 229f
『人文科学研究所所蔵漢籍分類目録』 343
人欲 82f, 89f, 122, 140, 171, 217, 221, 251
『新理学』 236
人倫 136, 217
『水滸伝』 60, 213
水墨画 34
『数学史研究』 214
スコラ哲学 166
鈴木成高 409
鈴木直治 256
『スターリン批判以後』 407
スノー, E. 9
性 218f, 221, 226
誠 202, 224, 226, 228
誠意 200f, 227f, 244
生員 27ff, 33, 43, 88, 213
西学 165f
『贅語』 240, 307f
『青春の歌』 75
『西廂記』 61
聖人 88ff, 100, 111ff, 122, 125ff, 140f, 170f, 216f, 224f, 238, 244, 246, 272, 289
聖人精金論 90, 272
「生生」の意識 233
性善説 129
性即理 50, 89, 122ff, 139ff, 144, 161, 170f, 208, 220f, 225, 317
西太后（1835–1908） 283
井田法 118
聖なる儀礼 355, 357
『西銘』 205
性＝理 124
性理学 216
戚継光（1528–1587） 49
釈奠 36, 43
石濤（1630–1707） 66, 189
世俗化（セキュラライゼーション） 347
薛侃 248
薛瑄（1389–1464） 143
『説文解字注』 172
禅 15, 47, 66
『戦旗』 363, 368
宣教師 165f, 166
船山学社 154
全世界無国籍者協会 407
銭大昕（1728–1804） 81, 315
全体大用 211
『先哲の学問』 322f
銭穆（1895–1990） 349f
宋応星（1587–?） 49, 64, 98, 158, 165
宋学 15, 36, 44, 89, 126ff, 136, 140, 147, 199ff, 208, 216f, 233
『相互扶助論』 414
荘子 37, 109, 219, 238
曾子 199f
『荘子』 120, 204, 237
『宋時代儒学の倫理学的研究』 233
『荘子』注 308

『蔵書』 57, 149, 171
相続 40
宗族 40f
荘廷鑨 77
総督 23
曹弼の乱 214
『蒼氓』 420
『宋明時代儒学思想の研究』 174
宋明理学 353
造命 232f
『俗神道大意』 323
族譜 41
族約 41
蘇州の四才子 66
蘇軾（東坡, 1036-1101） 45
蘇報事件 286
蘇輿 179
そろばん 63
孫文（1866-1925） 38, 41, 72, 102, 178, 201, 282, 295

た

太学 183
『大学』 38, 95, 195ff, 205f, 210, 224, 226f, 253, 257, 260
『大学衍義』 211
『大学衍義補』 211
『大学解』 204
『大学広義』 204
『大学古本』 227, 248, 255
大学士 22
『大学章句』 195, 197, 200, 205f, 209, 225
『大学定本』 204
『大学問』 227, 251f, 197, 206, 226, 261
大義 321
戴季陶（天仇, 1890-1949） 16
大義名分 320f
太虚 267
戴顒（378-441） 203
第三高等学校 389
「泰州学案」 132
泰州学派 91f, 157, 161, 163f, 215
『太上感応篇』 47
大乗仏教 46
戴震（1723-1777） 81ff, 99, 167, 172, 174, 263, 316
『戴震集』 263
『戴震と章学誠の思想を論ず』 349
大全 237
太祖（朱元璋 1328-1398） 22, 32, 42, 181
「大蔵経」 67
大同 284f, 295
大同思想 130
『大同書』 295
『太平経』 131
太平世 284, 287
太平天国 32
戴望（1837-1873） 257
戴名世（1653-1713） 77
大理寺 22
道（way, path） 355
高杉一郎 407
高田淳 174
「多賀墨卿にこたふる書」 307
竹内藤吉 408
武内義雄 199, 201f, 309
武田泰淳 186
「脱亜論」 8
田中正俊 168
田辺元 330
谷川道雄 339, 341
段玉裁（1735-1815） 81, 172
譚嗣同（1865-1898） 76, 153, 319
知 89, 222, 273
力 44f
地官 115

知行合一 51f, 125, 137, 145, 171, 224, 226ff, 234, 251
知県 29
治国平天下 96, 114, 116f, 122, 156
知識分子 346
地大物博 11
致知 171, 227
秩父固太郎 374
『チニオ・フルラス』 400, 419
『知の帝国主義』 354
知府 29
地方行政 23
嫡出 40
紂 18
『中央公論』 363
中華意識 16, 130
『籌海図編』 98
中華思想 130
「中華民国解」 292
中国科学 16, 47ff
『中国革命史』 381
『中国革命の先駆者たち』 293, 296
『中国近世思想研究』 262ff, 306
『中国近世の宗教倫理と商人精神』 345
「中国近代思想史上の胡適」 349
『中国史』 331
『中国思想通史』 131, 158f, 173, 215
『中国人の歴史意識』 338ff
中国数学 62f
『中国政治思想史研究』 174, 276
『中国善書の研究』 168, 233
『中国大同思想』 131
『中国大同思想資料』 131
『中国知識階層史論・古代篇』 345
「中国知識人の史的考察」 347
「中国中世史研究における立場と方法」 341
『中国哲学史』 174, 186, 293
『中国哲学大綱』 168
『中国に於ける近代思惟の挫折』 174, 228, 362
『中国の革命思想』 130, 319
『中国の思想家』 175
『中国の社会思想』 294
『中国の文化心理構造』 354
中国のルソー 72, 151f
『中国文化史』 191
中国文明 17, 20
『中国法制史』 136
『中国民約精義』 130
注釈 257
「忠臣蔵」 362
『中等東洋史』 334
中庸 201f
『中庸』 30, 38, 195ff, 217, 221, 236, 238
『中庸講疏』 203
『中庸章句』 195, 197, 199, 205f, 209
『中庸説』 202f
『中庸』二分説 202
『中庸或問』 197
張永堂 351
張横渠（載, 1020–1077） 75, 161, 208, 216, 220, 240, 265, 268, 317
張学良（1901– ） 413
張居正（1525–1582） 180
『長興学記』 167
張肯堂（?–1651） 70
張之洞（1837–1909） 293
張瑞図（1570–1641） 188
張岱年（1909– ） 168
趙翼（1727–1814） 190
趙儷生 174
致良知 171, 208, 224, 227f, 252
陳第（1541–1617） 98
青島中学 374ff, 386, 395
陳白沙（献章, 1428–1500） 143f, 272
陳澧（1810–1882） 101

『通雅』 165
通経致用 84, 290, 296
津田左右吉 269f
ツルゲネフ, I. S. 418
程伊川（頤，1033-1107） 88，129，161, 200, 204, 216f, 317
鄭曉（1499-1566） 98
『程氏全書』 200
鄭成功（1624-1662） 191
薙髪 187, 190
薙髪令 301
程明道（顥，1032-1085） 53, 129, 147, 199, 204, 216
デカルト, R. 166
デモクラシーとサイエンス 11
天下国家 217
天官 115
伝賢 181
天元術 62
『天工開物』 49, 64f, 98, 158, 165
天竄術 62
伝子 181
天子思想 33
田州の反乱 249
『伝習録』 53，174f，223ff，235，240，248ff, 315
『伝習録講義』 256
『伝習録欄外書』 256
『天主実義』 53
天地境界 236ff
天とゴッド 137
TEMPO 420f
天理 82f, 89ff, 122, 136, 140, 171, 217, 221f, 251, 272
ド・バリー, Wm. T. 102
杜維明 353
湯 18, 111
道 37, 88, 100, 204, 216, 218f, 355
唐寅（伯虎，1470-1523） 66
陶淵明（365?-427） 301
道家 37, 118f
道学 124, 162
道学先生 65
「桃花源記」 301
鄧豁渠（1498-?） 232
冬官 115
董其昌（1555-1636） 66, 188
道教 46f, 109f, 120ff, 202, 219, 244, 339
『道教』 340
『東京大学セツルメント十八年史』 420
唐虞三代 111
湯顕祖（1550-1617） 59
董作賓（1895-1963） 17
鄧実（1877-1951） 326
湯若望（Adam Schall, 1591-1668） 165
『東塾読書記』 101
湯寿潜 303
童心 56, 61, 171
道心 271
童心説 93
党争 177, 180, 185, 187f
「道蔵」 67
道統 121
道と器 153
道徳 119
湯武革命 293
鄧茂七の反乱 214
『東洋学の創始者たち』 280
『東洋学文献類目』 343
東洋史学 334, 336
『東洋史研究文献類目』 343
『東洋における素朴主義の民族と文明主義の社会』 309
道理 93
東林学派 149, 164, 168

東林書院 145
東林党 161, 164ff, 177f, 181, 188
東林派 71, 102, 146, 177ff
徳 37f, 44f, 113f, 120, 356
『読書簒余』 297
『読史方輿紀要』 98
読書人 26f, 87f, 91, 103, 121, 216, 230f, 242
徳永直 365
督撫 23
土豪劣紳 28f
杜甫 (712–770) 9
ドミエヴィル, P. 340
富永仲基 323
友枝竜太郎 267
杜預 (222–284) 339
トレチャコフ, C. M. 400

な

内閣 22f
内在思想 373
内在超越 347
内在理路 348f
内藤湖南 56, 174, 319, 322, 330, 332ff
中江兆民 42
『中江藤樹』 225
中島長文 422
中島みどり 422
中野重治 365
中村光夫 5
中山耕太郎 381
『ナップ』 363
夏目漱石 8
那波利貞 317
南懐仁 (Ferdinand Verbiest, 1623–1688) 165
『南山集』 77
「南詢録」 232
『南雷全集』 301
仁井田陞 136
ニーダム, J. 47f, 267
西田幾多郎 271, 314, 330, 407
西田太一郎 174
西村嘉彦 391, 419
『二十五時』 415
『日知録』 74f, 152f, 172, 175
二程子 208
Nivison, D. S. 174
日本エスペラント学会 420
『日本近代化と民衆思想』 232
『日本国志』 8, 16
『日本人』 325
『日本文化史研究』 322ff, 323, 324
『日本論』 16
ニュートン, I. 166
布目潮渢 316
寧王宸濠 (?–1519) 134
寧王宸濠の乱 247
ネール, P. J. 415
ネオ・コンフューシャニスム 88, 95, 97, 100, 353
無善無悪 235
『熱河日記』 327
ノアの大洪水 19
農家 118
『農政全書』 64, 98, 165
農村建設運動 413
農本主義 118
農本商末 117
農民 31f
農民起義 130f, 247, 251
農民戦争 32
農民の宗教 67
農民反乱 32, 177, 214f, 244
野島安太郎 420
野田又夫 271
野間宏 391, 419

は

心情（ハート）　52, 89, 125, 144, 227
バーリン, I.　35
『梅園全集』　307
売官　31
裴徽　120
梅鷟　98
伯夷　90
幕友　23, 25f
狭間直樹　295, 419
馬叙倫（1884-1970）　75
八大山人（1626-1705?）　66, 189
幕客　45
白居易（楽天, 772-846）　9, 45
服部宇之吉　293
「抜本塞源論」　253
バビット, I.　91
万斯同（1638-1702）　73
『パンセ・シノワズ』　138
万物　123, 264
万物一体　125, 133, 137, 171, 228, 261
万物一体の仁　44, 53, 147, 224, 226, 237, 295
微言大義　84
罷市　33f, 214
日高第四郎　407
日高八郎　395
日高六郎　395
秘密結社　67
秘密宗教結社　32
百姓一揆　32
白蓮教　33, 68
白蓮教の乱　32, 129
百家争鳴　49, 118, 215
ビュアリ, J. B.　47
繆荃孫（1844-1919）　98
廟会　46
『開かれた処女地』　382
平田篤胤　323
批林批孔　230, 250
府　21
フィンガレット, H.　353, 354
馮友蘭（1895-1990）　36f, 168, 215, 236
フェアバンク, J.　45
武王　18, 111
武挙人　31
服虔　129
福沢諭吉　8
復社　71, 73, 152, 167, 177, 188
「復性書」　203
福本雅一　186
武士　26, 30f, 96
父子・君臣・夫婦・長幼・朋友　218
富士正晴　391
武進士　31
武生員　31
布政使　23
伏羲　17ff, 187
仏教　15, 46, 66, 99, 109f, 120f, 129f, 202, 204, 219, 225, 244, 295, 339
『仏教と儒教』　225
『物理小識』　165, 240
武帝（漢）　110, 118, 201
『武備志』　49, 98
傅銘第　386
feudalism　21
『仏蘭西革命史』　419
プロエス　399
文王　18, 90, 111, 284, 293f
『文学新聞』　365, 368
文化大革命　10
『文芸戦線』　363
『文公家礼』　208
文史　121
『文史通義』　172, 176, 339
焚書　80
『焚書』　57, 149, 171, 175

文人画 34, 66
文徴明（1470–1559） 66
文悌 178f
ベイコン, R. 166
ヘーゲル, G. W. 17
「ベトナムにおける儒教と
マルクス主義」 229
弁髪 70, 187, 301
変法 178, 286, 293
変法運動 293
変法派 285, 288
変法論 282f
ホイヘンス, C. 166
方以智（1611–1671） 131, 165, 167, 240
法家 118f
報界（ジャーナリスム） 178
宝巻 67f
封建 20
茅元儀 49, 98
封建時代 20f, 32
封建制 32
「法国革命記」 295
龐天寿 317
『吼えろ支那』 400
墨家 118f
樸学 80f
墨子 41, 94f, 100f, 109
『墨子』 85
朴趾源 327
「墨子序」 100
『墨子批選』 232
保皇会 283, 294
『蒲寿庚の事蹟』 330
戊戌政変 282, 286
『牡丹亭還魂記』 59
ボルテール 19
『本草綱目』 49, 64, 98, 165
本田成之 310
本田実信 334
本田宗一郎 386
本然の性 221

ま

マスペロ, H. 339f
マテオ＝リッチ（Matteo Ricci,
利瑪竇，1552–1610） 53, 165
満州事変 366
マンダリン 26, 230
マンダリンの儒教 102, 229
マンハイム, K. 346
三浦国雄 308
三浦梅園 239f, 305, 323
『三浦梅園集』 307
「三浦梅園の自然哲学」 308
三島復 174
溝口雄三 102, 235, 256
源了圓 184
三宅雪嶺 57, 174, 325ff
宮崎市定 22, 26, 187, 280, 309, 317, 329ff, 342
宮崎滔天 9
三次 362
弥勒仏 67f
民 30
民歌 61
『明季党社考』 177ff
『明史』 73
『明史』王陽明伝 250
『明時代儒学の倫理学的研究』 225, 233
『明儒学案』 132, 157, 173
『民声』 419
『明代思想史』 173
『明代思想研究』 225
民変 29, 33, 168, 188, 213, 233
『明末清初』 186ff
「明李卓吾別伝」 325

無　120, 235
向井孝　419
無生父母　32, 67
無善無悪　234, 239
村上嘉実　276
村上哲見　395
『明夷待訪録』　71f, 95, 151f, 172, 174, 176f, 181, 183f, 293
明教　32
名教　37, 126, 148, 157
名教の学　121
名分　321
メシア思想　68
メッガー, T.　353
孟子（前372?-前289?）　9, 33, 41f, 45, 52, 90, 92, 94f, 100, 122, 199, 204, 218, 237f, 251
『孟子』　42, 56, 72, 82, 93, 152, 196, 198f, 205f, 217, 295, 310
『毛詩古音学』　98
『孟子古義』　196
『孟子字義疏証』　82, 84, 172, 174, 176, 263, 316
『孟子集注』　195
『毛詩正義』　314, 316
『孟子正義』　314
毛沢東（1893-1976）　10, 37, 76, 154, 380f, 409, 412
『目睹書譚』　325, 327
文字の獄　49, 77, 97, 172
森紀子　345
森本角蔵　198

や

安岡正篤　174
保田清　174
安田二郎　174, 197, 262ff, 306, 315
「安田二郎君伝」　263
安丸良夫　232
柳沢南　308
藪内清　16, 48, 169
山鹿泰治　419
『山鹿泰治・人と生涯』　419
山片蟠桃　323
山崎闇斎　323
山下竜二　168, 227, 239, 256, 260, 267
山田慶児　305f
山田準　256
山井鼎　81
山井湧　225
山内一郎　382
山内封介　382
山本和人　353
山本正一　223, 256
山本命　225, 233ff
耶律楚材（1190-1244）　24
湯浅廉孫　398
唯識　47
唯識哲学　296
唯心論　161, 241
唯物論　161
兪樾（1821-1907）　313
『夢の代』　323
「左手で敬礼する兵隊」　399
楊寡婦の乱　214
楊寛（1914-　）　131
楊亀山（時，1053-1135）　145
楊子　95
揚州八怪　66
葉紹鈞（聖陶，1894-1988）　27
瑶泉院　362
容肇祖（1897-　）　162, 173
楊文驄（1597-1645）　187
洋務論　282
陽明学　15, 50, 54, 57ff, 73, 83, 86, 88, 96, 99, 124, 127, 132, 139, 147, 149, 155, 157, 164, 170, 180, 200f, 208, 214ff, 219, 224f, 228, 231, 234, 242, 250, 253, 272f,

315, 326f
陽明学左派 54, 56, 58, 148f, 157, 231f
『陽明学の研究・成立篇』 227
『陽明学の研究・展開篇』 239, 268
陽明学派 171
楊茂 91
楊聯陞 345, 349f
余英時 97, 345ff
ヨーロッパ文明 17
欲 83
『翼教叢編』 179
横井小楠 184
横田健一 401
吉川幸次郎 16, 35, 174, 263, 280, 290f, 308, 313ff
吉田松陰 57f, 149, 157, 326
四大発明 48

ら

La mondo 399
『礼記』 41, 112f, 198, 200, 203, 209, 217, 286, 295
『礼記正義』 200
『礼記中庸伝』 203
頼杏坪 363
頼山陽 363
ラヴェッソン, F. 271
羅欽順（整庵, 1465-1547） 162
楽若 421
羅針盤 47
ラッセル, B. 45
ランティ 407f, 420
吏 21, 25
理 50, 82ff, 89, 123f, 141, 161, 172, 206, 217ff, 224, 235, 265ff, 271f
李亦園 345
理学 146, 216, 348
理気説 122, 208, 220
李顒（1627-1705） 95
理気論 263, 273
陸王学 53, 146, 246
六経 93, 110, 113, 118, 121, 288
六経皆史 172
陸象山（九淵, 1139-1193） 52, 124, 146, 147, 161, 208, 246
陸仲陶 421
『六朝貴族制社会の研究』 338
六部 21ff
李翺（1774-1836） 203
李三才 181
李自成（1605-1645） 187
李自成の乱 32
李時珍（1518-1593） 49, 64, 98, 165
李退渓（1501-1570） 184
李卓吾（贄, 1527-1602） 49, 55ff, 93f, 102, 127, 132, 136, 148, 157, 163f, 171, 215, 232, 325ff
李沢厚 354
立命 232f
literati 26
理と気 273
李白（太白, 701-762） 9
『リベーロ Libero』 400, 402, 419f, 422
李夢陽（1473-1529） 59, 245
劉瑾（?-1510） 51f, 170, 245f
劉恵・趙鐩の乱 214
劉広京 345
劉師培（1884-1920） 130, 167
劉師復（1884-1915） 419
劉少奇（1898-1969） 76
竜場の頓悟 171, 224, 246
劉千斤の乱 214
柳宗元（773-819） 41f
劉宗周（1578-1645） 71, 151
流賊 247
劉大年 169
劉六・劉七の乱 214

「両異人伝」 301ff
梁啓超（1873–1929） 24, 99, 167, 173f, 178, 190, 282, 287, 289, 292f, 296, 303
梁漱溟（1893–1988） 413
呂大臨（1040–1092） 204
良知 51ff, 90f, 95, 125ff, 144ff, 171, 224, 226ff, 234, 251, 273
良知説 89, 92f, 96, 133, 136f
梁の武帝 203
呂吟声 379ff, 400f, 413ff
呂坤（1536–1618） 161f
林兆恩（1533–1606） 96, 232
『涙珠唾珠』 322
ルーテル, M. 136f, 287
ルソー, J. 19, 42, 52, 73, 91, 130, 144, 227
礼 37f, 111ff, 119, 355ff
礼楽 23, 112ff, 217
礼教 157
雷礼 98
歴研派 332, 339
「歴史上より観たる南北支那」 318
レッグ, J. 358
錬丹術 47
婁一斎 244
老子 109, 120
『老子』 120, 310
『老子原始』 311
『老子と荘子』 311
『老子の研究』 311
老舎（1899–1966） 375
老荘 37, 109, 114, 120, 204, 219
ローマ 20
ロゴス 265f
魯迅（1881–1936） 37, 357, 413
魯班 43, 101
ロビンソン, J. 10
『論語』 56, 78, 93, 196, 198, 205f, 257f, 271, 309f, 358
『論語古義』 196
『論語集注』 195
『論語注』 257
『論語徴』 196
『論語之研究』 309
『論語は問いかける』 353

わ

淮南格物 133
和算 62
ワシントン, G. 184
和辻哲郎 310
『われらの仲間 Belle Equippe』 420

著者略歴

(しまだ・けんじ)

1917年広島県三次に生まれる．1941年京都帝国大学文学部史学科卒業．1943年東方文化研究所助手．1946年東海大学予科教授．1949年京都大学人文科学研究所助教授，ついで教授．1976年京都大学文学部教授．1981年退官．1997年日本学士院会員．2000年逝去．著書『中国に於ける近代思惟の挫折』(筑摩書房，1949，改訂版 1970)『中国革命の先駆者たち』(筑摩書房，1965)『朱子学と陽明学』(岩波新書，1967)『大学・中庸』(中国古典選4，朝日新聞社，1967)『荻生徂徠全集1　学問論集』(みすず書房，1973)『王陽明集』(中国文明選6，朝日新聞社，1975)『隠者の尊重』(筑摩書房，1997) 共訳・共編書　中江兆民『三酔人経綸問答』(桑原武夫との共訳・共編，岩波文庫，1965)『辛亥革命の思想』(小野信爾との共訳・共編，筑摩叢書，1968)『清末民国初政治評論集』(西順蔵との共編，中国古典文学大系58，平凡社，1971)『辛亥革命の研究』(小野川秀美との共編，筑摩書房，1978)『三浦梅園』(田口正治との共編注訳，日本思想大系41，岩波書店，1982) 宮崎滔天『三十三年の夢』(近藤秀樹との共編・校注，岩波文庫，1993)『三浦梅園自然哲学論集』(尾形純男との共編注訳，岩波文庫，1998) ほか．

島田虔次

中国の伝統思想

2001年5月25日　第1刷発行
2016年5月20日　第2刷発行

発行所　株式会社 みすず書房
〒113-0033　東京都文京区本郷5丁目32-21
電話　03-3814-0131(営業)　03-3815-9181(編集)
http://www.msz.co.jp

本文印刷所　理想社
扉・表紙・カバー印刷所　リヒトプランニング
製本所　松岳社

Printed in Japan
ISBN 4-622-03111-6
[ちゅうごくのでんとうしそう]